FINANCIAL MARKETING

金融营销

叶伟春 编著

（第三版）

首都经济贸易大学出版社
Capital University of Economics and Business Press
·北京·

图书在版编目(CIP)数据

金融营销/叶伟春编著. --3 版. --北京:首都经济贸易大学出版社,2019.5
ISBN 978-7-5638-2824-1

Ⅰ.①金… Ⅱ.①叶… Ⅲ.①金融市场—市场营销学 Ⅳ.①F830.9

中国版本图书馆 CIP 数据核字(2018)第 148424 号

金融营销(第三版)
叶伟春 编著
JINRONG YINGXIAO

责任编辑 王 猛
封面设计 风得信·阿东 FondesyDesign
出版发行 首都经济贸易大学出版社
地 址 北京市朝阳区红庙(邮编 100026)
电 话 (010)65976483 65065761 65071505(传真)
网 址 http://www.sjmcb.com
E-mail publish@cueb.edu.cn
经 销 全国新华书店
照 排 北京砚祥志远激光照排技术有限公司
印 刷 人民日报印刷厂
开 本 710 毫米×1000 毫米 1/16
字 数 435 千字
印 张 24.75
版 次 2009 年 7 月第 1 版 2012 年 8 月第 2 版
2019 年 5 月第 3 版 2019 年 5 月总第 6 次印刷
书 号 ISBN 978-7-5638-2824-1/F·1561
定 价 46.00 元

第三版前言

金融营销的理念自从1958年在全美银行协会会议上被提出来之后，在金融机构中得到广泛的应用，其内涵也伴随着国际经济与金融形势的变化而不断发展，特别是在近30年来，随着金融创新的日新月异，金融营销活动推陈出新，方法上也日益成熟，并对金融机构经营的改善与盈利能力的提升发挥了极其重要的作用。

进入21世纪以来，中国金融对外开放不断推进：2001年12月中国正式加入世界贸易组织，2006年12月中国取消了对外资银行开展人民币业务的地域限制，2015年1月起施行修改后的《中华人民共和国外资银行管理条例》……外资银行网点数量不断增加。截至2017年11月末，我国外资银行业金融机构210家，外资法人银行39家、外资新型农村金融机构17家、外资非银行金融机构31家，以及外国银行分行123家……。2017年12月13日，银监会称将放宽对除民营银行外的中资银行和金融资产管理公司的外资持股比例限制，实施内外一致的股权投资比例规则。这意味着国外银行的进入将更为便捷，这些金融机构已成为我国银行体系的有益补充，但也加大了我国金融市场的竞争。

与此同时，国内的各项金融改革也日渐深入。国内金融机构的公司治理不断完善，银行与金融机构上市数量大幅上升，截至2017年末，已有37家银行、34家证券公司、4家保险机构上市。另外，我国的利率市场化改革基本完成、存款保险制度已经推出，金融创新不断推进，交叉金融、互联网金融、普惠金融等热点领域不断涌现，随着2017年供给侧结构性改革的推进，金融机构在供给侧信贷方面将发挥积极的作用。

这一切都意味着金融机构的经营环境在不断变化，它们面临着更为激烈的挑战。为了在竞争中占得先机，金融机构必须面对市场不断调整经营策略，推进创新，开发产品与服务，更好地满足客户需求。而金融营销便是实现这一目标的一大法宝，通过金融营销理论的应用、营销组合策略的实施，金融机构可以更好地拓展业务，并改善经营。当然，目前我国金融营销工作仍存在许多不足，营销理论与实践中也出现了大量的问题，因此需要研究和借鉴国内外金融机构在营销活动中的先进经验，扬长避短，不断提升我国金融机构的营销水平。

为了更好地结合当前金融环境的发展，结合国际上金融营销活动的最新发展与管理经验，推动我国金融机构的营销活动，笔者对《金融营销》一书进行了再次修订。本次修订的主要工作包括：对本书相关知识点进行了补充与完善；对相关数据进行了更新；更改与增加了部分金融营销案例，特别是结合了互联网金融营销的相关内容。

本次修订工作由叶伟春负责总体规划，各章的修订工作分工为：叶伟春第一至四章，黄美玲、曾晓敏第六至八章，冒宛宜第九至十一章，夏哲林、石智坤第十二至十四章。

在修订过程中，笔者参考了大量国内外相关资料，修订工作也得到首都经济贸易大学出版社王猛编辑的大力支持，在此一并表示感谢！

但由于笔者水平与精力有限，书中难免有疏漏与差错，希望同行、专家与读者不吝指正。

作者

2019 年 3 月

目　录

第一篇　金融营销概述

第二篇　金融营销组合

第四篇　金融营销新发展

第一篇

金融营销概述

第一章

金融营销导论

营销是金融机构的一项重要经营管理活动,能否成功地运用营销策略开展营销对金融机构的经营至关重要。本章主要介绍金融营销的一些基本概念,回顾国内外金融营销的发展状况,并讨论金融营销的意义及如何发展我国的金融营销。

第一节　金融营销的含义与特点

营销是商品经济发展的产物,直到20世纪之后才开始出现。而“金融营销”的出现则要比一般工商企业营销晚得多,可以说,它是企业营销在金融领域的应用,要了解金融营销的概念先要了解企业市场营销。

一、市场营销的含义

1650年,日本三井家族的一家百货商店开始引入营销观念,但当时对营销的理解十分肤浅。人们真正深入研究营销活动是在20世纪之后,1910年,美国威斯康星大学的拉尔夫·斯达·巴特勒(Ralph Starr Butler)教授提出了“市场营销”一词,后得到广泛应用,并形成了市场营销学。

当然,不同的学者对于市场营销的理解存有差异,目前,有代表性的市场营销定义有以下几大类。

(一)美国市场营销协会的官方定义

美国市场营销协会(American Marketing Association,简称AMA,是全球最大的市场营销组织)于1960年正式定义:“市场营销是引导物资与劳务从生产者流转到消费者或用户所进行的一切企业活动。”但这是一个狭义的市场营销定义,它将“营销”混同于“销售”。

AMA于1985年又提出:“市场营销是对主意、货物与劳务等进行构想、定价、促销和分销的计划与实施的过程,由此产生满足个人和组织目标的交换。”这一定义大大拓展了市场营销的内涵,从流通领域扩大到了包括分析、计划与实施等管理活动。

2004年8月，AMA再次修订市场营销定义："市场营销既是一种组织职能，也是为了组织自身及利益相关者的利益而创造、传播、传递客户价值，管理客户关系的一系列过程。"这一定义始终围绕"客户价值"展开，强调了"管理客户关系"的重要性。

（二）菲利普·科特勒的定义

1967年，美国营销大师菲利普·科特勒（Philip Kotler）撰写了《营销管理》（Marketing Management：Application，Planning，Implementation and Control）一书，至今已推出15版，译成20多种文字并被50多个国家用作市场营销课程的教科书，堪称营销领域的经典读本。1983年，他提出一个广义的市场营销定义："市场营销是致力于通过交换过程以满足人们需要与欲望的人类活动。"①1994年，他又定义"市场营销"是"个人和集体通过创造、提供出售并同他人交换产品和价值，以获得其所需所欲之物的一种社会和管理过程"②。2014年的第15版区分了市场营销的社会定义和管理定义：社会定义的市场营销是一个社会过程，在这个过程中，个人和团体可以通过创造、提供和与他人自由交换有价值的产品与服务来获得他们的所需所求；而营销管理（ marketing management）则可看成是：选择目标市场并通过创造、传递和传播卓越顾客价值，来获取、维持和增加顾客的艺术和科学。③

（三）其他学者的定义

1910年，威斯康星大学拉尔夫·斯达·巴特勒教授提出"把关于产品的分配、管理的科学定义为市场营销"。

1960年，麦肯锡（J. E. McCarthy）定义市场营销为："企业经营活动的职责，它将产品及劳务从生产者直接引向消费者或使用者以便满足顾客需求及实现公司利润。"这一定义偏重于微观层面。

美国哈佛大学马尔康·麦克纳尔（Malcolm Macnair）教授认为："市场营销是创造与传递新的生活标准给社会。"这一定义偏重于市场营销的社会功效。

欧洲的格隆罗斯于1990年提出："营销是在一种利益之下，通过相互交换和承诺，建立、维持、巩固与消费者及其他参与者的关系以实现各方的目的。"这一定义偏重于市场营销活动中参与各方的关系。

从以上各种定义我们可以看出，市场营销的概念经历了生产观念、产品观念、推销观念、市场营销观念、顾客观念和社会市场营销观念等几个阶段，在互联网的背景下又加入了数字化营销……现代市场营销的内容越来越丰富，但以客户需求

---

① Philip Kotler，Gary Armstrong. Principles of Marketing[M]. 8ed. Prentice－Hall，2001：10.

② 菲利普· 科特勒. 营销管理：分析、计划、执行和控制[M]. 上海：上海人民出版社，1999：11.

③ 菲利普·科特勒，凯文·莱恩·凯勒. 营销管理[M]. 15版. 上海：格致出版社，2016.

作为营销管理核心这一理念并没有改变。

二、金融营销的含义

(一)金融营销的概念

金融营销是企业市场营销在金融领域的发展,首先在银行界得到应用。1958年,全美银行协会会议上最早提出了"银行营销"的概念,但直到20世纪70年代人们才真正地意识到营销在金融机构中的重要作用,从而开始了以金融营销为中心的经营管理。

1972年8月,英国的《银行家杂志》(The Bankers)把金融营销定义为:"指把可赢利的银行服务引向经过选择的客户的一种管理活动。"这里所说的"银行服务"意指所有金融机构提供的服务,也就是金融服务的意思。

20世纪90年代以后,一些学者也讨论了金融营销的概念,归纳起来,主要有以下几类观点:

1. 管理活动观。多数学者都持有这种观点,把金融营销当作一种金融机构的经营管理过程。

龚维新(1994)认为:"金融企业营销是以金融市场为导向,通过运用整体营销手段以金融产品和服务来满足客户的需要和欲望,从而实现金融企业的利益目标。"①

陶婷芳等(1998)定义:"金融营销是指金融机构以分析金融市场客户需求的具体内容与细节特征为出发点,以其特定的金融营销机制为基本运作框架,用适应社会金融需求的金融产品或服务去占领金融市场,巩固和发展金融业务并实现其自身金融经营目标的动态管理过程。"②

王方华等(2005)、张雪兰等(2009)、梁昭(2015)等人依据营销大师菲利普·科特勒对市场营销的阐述,认为:"金融营销是指金融机构以市场需求为核心,各金融机构采取整体营销的行为,通过交换、创造和销售满足人们需求的金融产品和服务价值,建立、维护和发展与各方面的关系,以实现各主体利益的一种经营活动。"③

李小丽、段晓华(2012)认为:"金融营销是指金融企业以金融市场为导向,以市场需求为核心,通过采取整体营销行为,以金融产品和服务来满足客户的需要和

---

① 龚维新. 现代金融企业营销[M]. 上海:立信会计出版社 1994:7.

② 陶婷芳,等. 上海金融业营销现状剖析[J]. 财经研究,1998(1).

③ 王方华,彭娟. 金融营销[M]. 上海:上海交通大学出版社,2005:27. 张雪兰,黄彬. 金融营销学[M]. 北京:中国财政经济出版社,2009:7. 梁昭. 金融产品营销与管理[M]. 北京:中国人民大学出版社,2015:16.

欲望,从而实现金融企业利益目标的经营管理活动。"①

2. 经营理念观。楼文龙(2007)认为:"金融营销是指金融企业设计营销策略,以赢得客户,获得合理利润,以顾客为导向的经营哲学和管理活动。"②

赵占波(2014)提出:"金融营销观念就是指金融业以满足顾客需求为中心来指导销售金融产品(或服务)的思想。"③

3. 社会行为观。万后芬(2003)根据市场营销的定义,将金融营销定义为:"金融营销是指金融机构通过交换,创造和出售他人所需所欲的金融产品和价值,建立、维持和发展与各个方面的关系,以实现各方利益的一种社会和管理过程。"④

李山赓(2016)认为:"金融营销是指金融企业以金融市场为导向,运用整体营销手段向客户提供金融产品和服务,在满足客户需要和欲望的过程中实现金融企业利益目标的社会行为过程。"⑤

以上定义各有侧重,笔者在进行综合之后,提出"金融营销"是"金融机构对金融产品的营销活动,指金融机构以市场需求为基础,以客户为核心,利用自己的资源优势,通过创造、提供与交换金融产品和服务,来满足客户的需求,实现金融机构的盈利目标的一系列社会与管理活动"。

(二)对于金融营销概念的理解

正确把握金融营销概念需要注意以下几点:

1. 金融营销不等同于推销。我们不能简单地将金融营销等同于推销金融产品以获得赢利。因为这种观点是十分狭隘的,它以金融机构本身为出发点,强调金融机构的销售就是为了赚钱。而现代金融营销则要求金融机构重视市场,以市场运作机制及规律为基础,灵活运用各种资源与多种手段,建立并维护与市场各方的关系。

2. 金融营销的内涵在不断地扩大。最初的金融营销可能主要关注金融产品,后来所包含的内容不断增加,加上了定价、渠道、人员等其他要素。而且在网络化背景下,客户的金融意识与行为都发生了巨大变化,金融营销活动也融入了互联网的要素,大数据、云计算、在线金融等都在金融机构得到广泛应用,金融营销也发生了翻天覆地的变化。

3. 金融营销要以客户为中心,与顾客建立同感和共鸣。菲利普·科特勒认为,以人为本是营销文化的核心所在,在营销的3.0阶段里,企业需要用思想、心灵、精

① 李小丽,段晓华. 金融营销实务[M]. 天津:天津大学出版社,2012:5.
② 楼文龙. 我国银行业的金融创新与监管引领[J]. 中国金融,2007(1).
③ 赵占波. 金融营销学[M]. 北京:北京大学出版社,2014:6.
④ 万后芬. 金融营销学[M]. 北京:中国金融出版社,2003:9.
⑤ 李山赓. 金融营销理论与实务[M]. 北京:北京理工大学出版社,2016:21.

神开展营销。客户的需求始终是金融机构开展营销活动的出发点。金融机构的客户包括现实与潜在的客户，从业务规模上又分为两大类：一类是公司客户，如国内与国外的工商企事业单位、金融机构及政府部门；另一类是零售客户，主要是个人消费者或投资者。不同的客户面临不同的问题，有着不同的金融需求，金融机构必须从客户的角度出发，认真分析、研究他们的需求，制定出与市场相符的营销战略，提供客户满意的服务。

4. 金融营销具有综合性。菲利普·科特勒在《营销管理》中明确地指出：营销是需要企业内部、外部各个环节的人员参与的工作。同样地，金融营销也是一项复杂的工作，它包括了与金融市场及金融产品提供与销售相关的各项活动，如金融营销环境分析、市场研究、市场预测与市场细分，也包括产品开发、价格制定、销售渠道拓展和促销等，还覆盖了售后服务、组织管理等各项工作，是一项综合性的管理活动。

三、金融营销的构成要素

金融营销是金融机构以满足消费者需求为中心的活动，它具有以下几个基本的构成要素。

（一）金融营销的主体

金融营销不同于其他的企业营销，它以客户为中心，由金融机构开展（关于客户这一主体的详细分析我们放在第二章中，因此，在此仅讨论金融机构）。金融机构是从事金融业务的机构，它是一国金融体系中最重要的组成部分。随着现代经济的发展，金融机构的类型也日益丰富，一般地我们可以把金融机构分为存款型金融机构、契约型储蓄机构和投资型金融机构三大类。

1. 存款型金融机构。存款型金融机构是从个人和机构接受存款并发放贷款的金融机构，它能够创造派生存款，影响货币供应，因此在一国的金融系统中占有重要地位。这类机构又包括：

(1)商业银行，主要通过吸收支票存款、储蓄存款和定期存款等来筹集资金，用于发放工商业贷款、消费者贷款和抵押贷款或购买政府债券，提供广泛的金融服务。无论在哪个国家，商业银行拥有的总资产规模最大，提供的金融服务也最全面。

(2)储蓄银行，是专门办理居民储蓄并以吸收储蓄存款作为主要资金来源的银行。储蓄银行在西方不少国家是独立的金融机构，它们名称各异，如储蓄贷款协会、互助储蓄银行、国民储蓄银行、信托储蓄银行和信贷协会等。

(3)信用社，是一种互助合作性质的金融组织，其资金主要来源于合作社成员缴纳的股本和吸收的存款，资金运用主要是对会员提供短期贷款、消费信贷和票据贴现，此外还有一部分用于证券投资。

2. 契约型储蓄机构。这类机构以合约方式定期、定量地或者一次性地从持约人手中收取资金,然后,按合约规定向持约人提供服务或养老金。它又包括:

(1)保险公司,是专门经营保险业务的机构,主要分人寿保险公司以及财产和意外灾害保险公司。其资金来源主要是保费收入,资金运用主要有理赔和投资等。人寿保险公司主要以人的生命、身体健康等进行保险,其保险赔偿额可以准确地加以预期;而财产和意外灾害保险公司主要是对火灾、盗窃、车祸和自然灾害等各种事件造成的财产损失进行保险。

(2)养老基金,也称政府退休基金,是一种向参加者以年金的形式提供退休收入的金融机构,其资金主要来自:①劳资双方的资金积聚,即雇主的缴款以及雇员工资中的扣除或雇员的自愿缴纳;②运营积聚资金所获得的收益。

3. 投资型金融机构。这类机构主要以金融市场上的投资活动作为主要业务,包括:

(1)投资银行,是最重要的投资型中介机构,主要从事一级市场的证券承销业务与二级市场的证券经纪和自营业务,同时也开展资产证券化、私募、风险投资和并购等资本市场运作。

(2)财务公司,是由企业集团内部集资组建的,主要是为企业集团内部各企业筹资和融资,促进其技术改造和技术进步。如华能集团财务公司、中国化工进出口财务公司、中国有色金属工业总公司财务公司等。其主要业务有:存款、贷款、结算、票据贴现、融资性租赁、投资、委托以及代理发行有价证券等。

(3)共同基金,又称投资基金,是一种间接的金融投资机构或工具。它们通过发行股票或者权证募集社会闲散资金,再以适度分散的组合方式投资于各种金融资产,以获取收益。投资基金可以发挥投资组合、分散风险、专家理财和规模经济等优势。

(4)货币市场共同基金,投资对象仅限于安全性高、流动性强的货币市场金融工具的共同基金。

(5)对冲基金是指将金融衍生产品及其他金融工具相结合,通过对冲、换位、套头等多种交易手段以实现营利目的的金融基金,其资金由合伙人(又分为LP与GP)提供,主要投资于股票、债券、贷款、外汇和其他资产。由于风险较大,一般对投资人有最低投资额的限制。

(6)金融公司,通过出售商业票据、发行股票或债券以及向商业银行借款等方式来筹集资金,并用于向购买汽车、家具等大型耐用消费品的消费者或小型企业发放贷款。

(7)信托公司,作为受托人按委托人的意愿以自己的名义,为了受益人的利益或者特定目的管理或处分信托财产,主要开展资金信托、动产信托和不动产信托等业务。

(8)金融租赁公司,为解决企业设备添置过程中的资金不足而开展融资租赁业务的金融机构。金融租赁公司的主要业务有:动产与不动产的租赁、转租赁、回租租赁业务;租赁标的物的购买业务;出租物和抵偿租金产品的处理;向金融机构借款及其他融资。

不同金融机构的主要资产和负债见表1-1。

表1-1 各种金融中介机构的主要资产和负债

金融中介机构的类型	主要负债(资金来源)	主要资产(资金运用)
存款型中介机构		
商业银行	存款	工商信贷、消费者信贷、抵押贷款、美国政府证券和市政债券
储蓄与贷款协会	存款	抵押贷款
互助储蓄银行	存款	抵押贷款
信用社	存款	消费者信贷
契约型储蓄机构		
人寿保险公司	保单的保费	企业债券和抵押贷款
财产和意外伤害保险公司	保单的保费	市政债券、企业债券和股票、美国政府债券
养老基金、政府退休基金	雇员和雇主的缴款	公司债券和股票
投资型中介机构		
投资银行	股份	证券承销、经纪和自营业务
财务公司	商业票据、股票和债券	消费者贷款、工商业贷款
共同基金	份额	股票、债券
货币市场共同基金	份额	货币市场工具
对冲基金	合伙人提供的资金	股票、债券、金融衍生产品、外汇和其他资产
金融公司	商业票据、股票、债券	消费者信贷和工商信贷
信托公司	受托资产	证券投资或其他投资
金融租赁公司	金融机构借款	动产、不动产的租赁

资料来源:米什金. 货币金融学[M]. 11版. 北京:中国人民大学出版社,2016:35.

(二)金融营销的客体

金融营销的客体不同于一般的企业产品,而是金融产品与金融服务。

狭义的金融产品是由各家金融机构创造的在金融市场上进行交易的各种金融工具,广义的金融产品包括狭义的金融工具及各种无形的金融服务。金融产品是金融企业针对不同客户的不同金融需求提供的,是交易者在金融市场上实现货币资金转让的证明,反映了特定的筹资需要和筹资特点,也体现了一定的金融理念。

20 世纪 70 年代以来,国际金融创新不断推进,各种新型金融产品层出不穷。总体上讲,金融产品可以分为两大类:一是基础金融产品,包括货币、黄金、外汇、票据、股票与债券等有价证券、存款与贷款、信用卡、信托和租赁等;二是在基础金融产品之上派生出来的衍生金融产品,包括期货、期权、互换、远期和权证等,它们的交易必须依赖于基础金融工具。

金融产品作为金融市场的客体,一般具有四个基本特征,即偿还性、收益性、流动性和风险性。

1. 偿还性。金融活动体现的是一种信用关系,而信用最基本的特性是到期必须偿还。金融产品根据其性质不同有不同的偿还性。一般来说,债务性金融工具(如票据、存单、债券)的债务人必须按预定期限偿还本金和利息,债权人有到期收回本金和利息的权利。所有权产品(如股票)或永久性债券一般不用归还本金,因此其偿还期是无穷大。银行活期存款的偿还期为零,这是由于存款人可随时支取。

2. 收益性。收益性是指金融产品能给持有者带来一定收益的能力,收益由资本利得和资本增益两部分组成,前者是持有金融资产期间获得的利息、股息和红利等投资收益,后者为金融产品的取得价格与卖出价格(或赎回价格)之差。金融产品收益上存在的差异主要决定于产品性质(债券、股权)、收益计算方式、发行人情况、产品期限以及金融市场状况等因素。收益一般以收益率来表示,即收益对本金的比率,根据计算方式不同又包括名义收益率、即期收益率、持有期收益率与到期收益率等。

3. 流动性。流动性是指金融产品可以在市场上随时变现且在价值上免遭损失的能力。

金融产品通常可以通过两种途径实现变现,即市场转让和发行人赎回(包括到期赎回和提前赎回)。金融产品在流动性方面的差异也非常大,有的产品是现金的替代品,例如,支票存款;有的产品具有很好的市场性,可以随时卖出;有些产品没有交易市场,但是可以要求发行者赎回;还有一些金融产品既没有公开的市场,也不可以赎回,持有者必须通过协议转让方式进行。

金融产品的流动性取决于以下几个方面的因素:①二级市场的深度和广度,二级市场越发达,流动性越强。②偿还期,流动性与偿还期成反比,即偿还期长的金融产品流动性差。③金融产品发行者的信用等级,信用等级越高流动性越强。

4.风险性。风险性是指金融产品的本金和预期收益发生变动而给投资者带来损失的可能性,比如,证券价格下跌可能导致投资者投入的资金发生亏损。金融产品的风险最重要的是信用风险和市场风险。信用风险是指债务人或交易对手不履行合约、不按期归还本金和利息而给债权人带来的风险,与债务人的资信等级及经营状况有关。市场风险是指由于市场利率、汇率、物价水平和有价证券行情等市场变量发生变化而引发金融产品价格波动导致价值改变的可能性。

偿还性、收益性、流动性和风险性之间存在一定的矛盾。一般地说,流动性同风险性和收益性之间存在反向关系:流动性强的金融工具,风险性与收益性较低;而流动性差的产品具有较高的风险性与收益性。

由于不同客户对金融产品性质的要求存在很大差异,作为金融产品的提供者,金融机构总要想方设法不断地开发出不同流动性、收益性与风险性组合的产品,满足不同金融客户的需求。

(三)金融营销的基本过程

金融营销管理是一项复杂的工作,它包括了与金融市场及金融产品销售相关的各项活动,一般可以分为分析、计划、执行和评估与控制四个阶段。

分析阶段是最基础的阶段,金融机构要通过对金融市场的调查研究,了解市场对金融产品、服务的需求及客户、竞争者的动向,为制订营销计划与战略提供依据。计划阶段是金融机构在分析的基础之上,根据自身条件,确立合适的营销目标,选择有利的目标市场,制定组合策略。执行阶段则是金融机构按照既定的营销目标与策略进行具体的营销活动的过程,也是实现预期目标的关键所在,在执行过程中需要金融机构的营销部门工作人员及其他各部门之间进行密切配合,以提升营销活动的整体性与协调性。为了提高营销工作的效果,在制订营销计划时还应该设定衡量计划执行状况的标准,以便对执行过程进行合理的评估,及时发现问题并采取有效措施对计划进行调整,使营销活动更加符合实际。同时,控制的结果又可作为制订新营销计划的依据。

金融营销便是由以上四个阶段组成的一个综合的、连续的过程(见图1-1)。

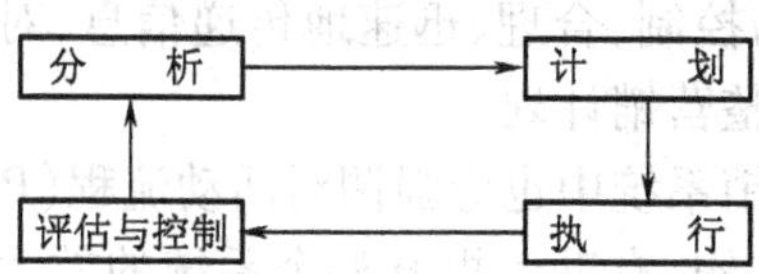

图1-1 金融营销的基本过程

(四)金融营销系统

为实现金融营销目标所必需的各种经营要素所组成的体系称为“金融营销系统”。一般来说,金融营销系统由金融营销环境与金融市场分析系统、金融营销战略与计划系统、金融营销组合系统、金融营销组织与控制系统四部分构成。

1. 金融营销环境与金融市场分析系统。金融营销是在一定的环境条件下开展的，不仅受到各种微观(即与金融营销有关的各个经济主体)的影响，也受到各种宏观因素(如经济发展状况、政府的政策改变)的制约。一般来说，与金融营销直接有关的经济主体包括金融机构本身、客户(包括现实客户与潜在客户)、竞争者以及提供设备、技术与服务的机构、政府、金融主管部门(如中央银行与货币监管当局等)等。它们的活动都会对金融营销产生一定影响。制约金融营销的宏观因素包括人口、经济、政治、技术、资源和法律等。金融机构必须对各种信息进行收集、整理、分析和判断。

2. 金融营销战略与计划系统。金融机构在营销环境分析的基础之上，可以结合自身实际情况制定营销战略与计划。现代营销理论认为，金融营销战略一般包括探查(Probing)、分割(Partitioning)、优先(Prioritizing)和定位(Positioning)四个要素。当然，金融机构的营销战略形式是多种多样的，包括市场领导者战略、市场竞争者战略、防御型战略、市场进攻型战略、市场追随者战略、市场缝隙战略和市场渗透者战略等，不同的战略适用于不同金融产品与金融市场。在营销战略指导下，金融机构可以制订营销计划，对资源的输入与输出进行具体配置，并规定时间进度与各方的具体职责，以减少营销活动的盲目性，提高金融营销的效率。

3. 金融营销组合系统。这是指金融机构为了实现营销目标所选择的一系列营销方式和手段的组合。

20 世纪 80 年代以来，市场营销理论发展迅速，出现了许多新的营销策略和思想，并被迅速地应用到金融机构的营销工作中，大大提高了金融营销的效果。

根据西方市场营销学中的“11Ps”理论，属于市场营销组合的策略主要包括六个方面：产品(Product)策略、定价(Pricing)策略、地点(Place)策略、促销(Promotion)策略、政治权力(Political Power)策略和公共关系(Public Relation)策略。

4. 金融营销组织与控制系统。为了实现特定的营销战略目标，更好地发挥营销功能，金融机构需要设置不同的营销岗位，确定相关人员的权责利，并对他们之间的关系进行一定协调与控制，合理、迅速地传递信息，对营销计划的执行情况进行评估与反馈，并随时调整营销计划。

当然，在整个金融营销系统中也应强调对活动流程(Process)的关注，因为它反映了营销管理的纪律与结构，有助于提升整个系统的效力。金融机构也要强调以人为本的金融营销文化(菲利普·科特勒)，人(People)在金融营销系统中是不可或缺的。同时，金融企业要想保持竞争优势必须构建品牌营销的理念，运用 CIS 策略使社会公众心里产生对金融产品的信赖。通过对金融机构实施金融营销产生的财务与非财务影响(如顾客满意度与忠诚度、社会责任、道德等)的评估，分析金融营销的绩效(Performance)。

由此所形成的便是全方位金融营销系统,本书的构架也正是基于这一系统的各个要素来展开分析:第一篇介绍金融营销环境分析系统与金融市场分析系统、金融营销战略与计划系统;第二篇讨论金融营销组合系统;第三篇介绍金融营销组织管理,包括流程管理、人才管理与风险控制;第四篇研究品牌营销中的CIS及绩效评价中的全方位客户满意,最后探讨在金融业激烈竞争及互联网背景下的网络营销。

四、金融营销的特点

金融机构是特殊的企业,它以金融产品与银行信用作为自己的经营对象,不同于一般的工商企业,其营销活动也具有自己的特点。与一般工商企业相比,金融营销具有以下几个特点。

(一)金融产品与服务的不可分割性

金融机构的经营活动不同于一般企业,普通企业产品的生产与销售在时间与地点上可以分离。而银行产品多是一种综合性的服务,产品的提供与服务的分配在时间、地点上同步,一旦金融机构向客户提供了金融产品便将有关的服务配置给了客户。金融机构不能储存、搬运金融服务,而客户一旦错过了特定的时间与场合就可能不需要这种服务了。因此,金融营销必须重视金融产品超越时空限制的特性,为客户利用这些产品提供便利。

金融服务的不可分割性使得金融产品一般都直接面向客户,因此,直接销售金融产品长期以来一直是金融企业的主要分销策略,设立直接的经营机构和营业网点是金融业扩大业务、占领市场通常采用的策略。但是近年来信用卡、ATM、POS、手机银行、网上银行等的广泛应用也使金融产品的提供与服务的分配出现了一定程度上的分离,因而间接分销渠道得到了飞速发展。

(二)金融业务的非差异性

对于一般企业来说,生产的产品是有形产品,有自己的特性,可以申请专利,免受仿制或伪造。而金融业务则不同,它们大多为无形产品,同一类金融机构所提供的金融产品非常相似。金融产品和服务的创新因缺乏法律保护而独占性非常有限,金融机构之间可以相互模仿采用,这大大缩短了竞争周期,使顾客在接受金融服务时往往首先不是被金融产品功能带来的服务便利或赢利所吸引。

业务的非差异性对金融营销提出更高要求,更需要强调整体营销与品牌营销。银行要树立整体形象,让客户从了解金融机构开始加深对金融产品的认识,顾客只有对金融机构产生认同和信任,才能接受其提供的金融服务,其产品才具有更大的市场。因此,金融机构的营销比一般企业的营销更注重整体营销。同时,由于同一类金融机构提供服务的功能都大致相同,一家金融机构若要长期维持其产品和服务特色的优势,就需要不断创新并在客户意识中树立起品牌,因此,品牌营销在金融营销中就显得更为重要。

（三）客户地位的特殊性

金融服务的接受者不同于一般的企业客户，一方面，他们要求金融机构将服务一视同仁地提供给不同客户，不因客户的种族、肤色、性别、长幼、长相、身材甚至宗教信仰的不同而异；另一方面，客户所需服务又具有很大的“不一致性”，每个人的效用函数及风险偏好存在很大差异，对金融产品的需求也各异。

这种特殊的状况使金融机构在营销中既要保持稳定的服务品质，向顾客提供标准化的服务，又要深入了解客户的实际需要，按照顾客的要求提供附加服务或特定的产品。

另外，一般企业的客户多是单一的买方，而金融企业客户可能是双重的，一方面是资金和信用的买方，另一方面又可能成为资金的卖方，这要求营销策略也必须具有双重性。

（四）金融业务受宏观环境的制约较大

对于一般的企业来说，营销活动所受到的其他限制相对较少，只要避免不正当竞争，不触犯法律，国家给它们的宏观环境比较宽松。而金融机构由于其地位特殊，对整个经济的影响较大，国家一般对其进行较为严格的限制，它们的营销活动也要受到货币信贷政策、金融规章制度以及金融监管等的约束，包括新业务的许可、分销网点的设置、产品价格的制定都要经过严格的审批程序，因此，金融机构营销的宏观环境比较严格。

（五）金融营销更需要互联网与大数据的支持

金融产品的无形性与客户的特殊性，使金融机构对客户的需求分析与营销方式的改进更为重要。金融营销要紧密结合现代科技与信息传播渠道。

互联网的出现，改变了金融机构市场分析和宣传推广的方式和手段，丰富了营销的内容。在金融服务信息化、电子化时代，客户能够获得更多的有关机构与产品的综合信息，更好地筛选他所希望的产品，掌握着消费的主动权；同时，在互联网上也积累了大量的客户行为数据，便于金融机构进行客户需求分析。这种双向的影响可以使金融机构更好地推进互联网营销与数字营销。

（六）金融营销的安全性

金融机构的营销对象是货币资金等金融产品及各种金融服务。金融机构对集中起来的资金大多只拥有使用权，到期必须足额偿还。而金融机构投放的资金也要求借款人到期按时足额归还并支付利息。这种信用特征使得金融机构的营销面临着比一般企业更大的风险。这些风险包括借款人到期不能或不愿归还款项的违约风险；由于市场利率变动引起的价格风险；由于汇率变化带来的外汇风险；国家政策改变导致的政治风险等。金融营销人员在营销活动中必须十分注意这些风险，避免到期出现大量损失。所以，金融营销必须以安全性为前提。

正是由于金融营销具有上述特点，使得它比一般企业营销更为复杂。金融机构的营销人员既要以企业营销理论与方法为指导，又要根据金融业的特点，不断拓展金融营销的理论与方法。

第二节 全球金融营销的发展状况

金融营销是指导金融机构经营活动的一种商业哲学，它是金融经济发展到一定阶段后企业营销理念在金融领域的运用。随着金融体系的发展，金融营销不断走向成熟，其内容不断完善。在每一个阶段，人们对金融营销的理解、评价及运用等各个方面都存有明显的差异。本节主要以西方国家金融营销的发展历史为线索，探讨营销思想在金融服务领域的演变。

一、金融营销的萌芽阶段（20世纪50年代中后期）

20世纪50年代中期以前，大家普遍认为市场营销与金融业无关，金融业与客户之间不需要营销活动，因为金融机构完全处于卖方市场，你该去金融机构办理业务的时候必须得去，金融产品经常出现供不应求的情况。此时，金融机构完全缺乏营销意识，工作人员态度高傲，客户根本不是银行的核心。

到了20世纪50年代中后期，随着各种银行与非银行金融机构的纷纷设立，金融业竞争日益激烈。特别是银行和其他一些金融机构在储蓄方面展开竞争，一些富有创新精神的银行工作人员逐渐意识到金融业也需要开展营销，于是他们借鉴工商企业的做法，在储蓄等业务上采用广告和促销等手段来吸引更多的新客户。

1958年的全美银行协会会议第一次公开提出了金融营销的观念，扭转了银行工作人员对营销观念的排斥，揭开了金融营销理论与实践的序幕。20世纪50年代末期，许多金融机构开始在日常工作中运用营销来改善经营。

二、金融营销的初步发展阶段（20世纪60年代）

尽管20世纪50年代末期金融业引入了营销的概念，但在整个60年代，营销在金融服务领域的发展非常缓慢，主要原因是长期以来金融产业被看作是产品导向的，金融产品的无形性等特性也给金融营销带来许多困难。

在这一阶段，金融机构建立的是“推销导向”的营销观念，以金融产品销售为中心，以激励销售、促进购买为重点。在大多数人眼中，金融营销只是简单地停留在“广告与公共关系”这一层面，金融营销只不过是广告与促销的代名词。

金融机构的营销人员认为，客户在购买中往往表现出一定的惰性和消极性，如果没有一定的动力去促进，消费者通常不会大量地购买金融机构的产品。因此，金融机构必须积极地组织推销和促销，促使客户大量购买本机构的产品。

根据这一理念，一些金融机构采用广告等营销手段，并以此为营销活动的内容。营销人员的主要任务是做好广告宣传、人员推销等各种促销活动，吸引更多的客户到银行里来，以促进产品的销售。

这时，尽管金融机构已开始将市场营销与银行经营相结合，但还没有充分认识到营销工作在银行活动中的重要作用，更别说将市场营销作为企业经营的指导理念了。

后来，金融机构在经营过程中，发现采用广告和促销方式所带来的优势很快为竞争者的仿效所抵消，于是他们认识到要吸引一批客户到银行来并不难，但要让他们与银行保持长久性的关系，使他们成为金融机构的忠实客户则是一项较困难的事。他们对此进行了深入研究，发现金融机构的经营环境与职员工作态度在很大程度上会影响金融机构与客户的关系。由此，他们意识到要留住客户必须提高服务质量，使客户得到喜悦与满足。于是，各家金融机构开展了对职工的各种培训工作，让他们学习如何面向客户，与客户进行沟通，并大力推行“微笑”服务。同时，金融机构为了给客户营造一种良好的气氛，还移除营业窗口前的栏杆，对营业场所的布局进行重新设计，花费资金对营业大厅进行装饰，给客户营造一种感觉：我是非常受欢迎的。此时，整个金融业的服务水平比以前有了大幅度的提高。

从广告与公关等推销到注重服务，这一阶段金融营销的观念有了进步，但各家金融企业都变得亲切感人，客户又很难依据哪一家态度好来选择金融企业，因此这种无差异的营销工作很难为金融企业带来长期的效益。

总的来说，推销观念作为金融营销的一种指导思想，已不能适应社会发展的需要。因此，金融企业必须进一步转变营销观念。

三、金融营销的快速发展阶段（20 世纪七八十年代）

进入 20 世纪 70 年代，整个西方的金融业发生了一场称之为“金融革命”的大变革，这场大变革推动了金融营销的迅速发展。这一时期西方金融营销的思想从简单的推销转变为广泛运用营销，营销的重点也放到了市场细分和市场定位上。

一些金融机构意识到金融创新是一项潜力巨大的营销活动。他们发现要想在竞争中立于不败之地，必须向客户提供多种新型的金融产品以满足客户的需求。于是，金融机构便从创新角度出发开展营销工作，吸引众多客户，以扩大金融机构的资金来源，提高资金运用的灵活性。

这一时期，金融机构逐步建立起市场营销部门，销售人员大量增加，大家开始意识到金融机构经营业务的本质是满足客户不断发展的金融需求，营销创新成为这一时期金融发展的主流，新产品开发的速度大大加快。银行开发了大额可转让定期存单（CD）、可转让支付命令（NOWs）、自动转账服务（ATS）、超级可转让支付命令（Super-NOWs）、信用卡服务、上门贷款和共同基金（MF）等；保险公司不断推出新的险种；基金等机构不断开发新的基金品种。

但金融产品具有相似性与易模仿性,一项新的金融工具推出之后,很快就会被其他金融机构模仿,开发的新产品因此会失去原有的优势。于是,一些金融机构开始考虑引入不太容易被竞争者模仿的营销手段以赢得在竞争中的有利地位。

金融企业逐渐认识到没有一家银行能满足所有的消费者,向所有客户提供所需的一切服务,为了使它们同竞争对手很好地区分开来,需要集中精力于自己领先的领域,提高银行在该市场上的更大份额,争取在该领域成为消费者心目中的最佳。

于是,金融营销进入了一个新的阶段——服务定位阶段。这个阶段,金融机构强调市场细分与市场定位,如有的把自己定位为商人银行,业务上偏重于保守的投资银行业务,强调自己精通各种金融技术;有的银行则以大公司作为其主要客户对象;有的则把自己的服务对象限于中小企业;有的则强调国际金融业务,通过树立鲜明的个性形象以获得竞争优势。

四、金融营销的成熟阶段(20 世纪 90 年代—21 世纪初)

20 世纪 90 年代以前,金融营销更多的是侧重于战术而不是战略,一些金融组织更乐于采用市场营销的一些具体方法,营销在金融企业的整个组织活动中没有处于重要地位。80 年代晚期,在经过了几十年的探索之后,金融营销逐渐走向成熟。

(一)认识作用

人们真正地意识到营销在金融机构经营中的重要作用,金融企业开始真正以市场营销为导向,以市场营销的观念指导企业的整体活动,金融营销成为金融机构经营管理的中心。

(二)深入了解

金融机构对营销也有了更为深入的理解。继广告促销、友好服务、产品创新和市场定位之后,它们开始思考金融营销的核心理念。它们认识到营销不是单个的广告、促销、创新或定位,而必须把它们作为一个整体来看待。

(三)重点分化

不同国家的金融营销重点出现了分化。由于各国的金融市场发展不同,为了更好地满足本国的客户需求,金融机构在营销活动中形成了不同的侧重点。

1. 美国便捷性模式。美国的金融机构认为,应向客户提供“一揽子的服务”,将各类金融产品和服务项目进行配套,从整体上满足和解决客户的各种需求,所以“一站式服务”在一些大的金融机构里成为吸引客户的重要口号;同时,美国的金融机构也强调“公共关系”在金融营销中的作用,投入大量的广告费用以赢得公众的舆论口碑。

2. 欧洲的综合化模式。欧洲的金融机构也主张提供综合性的金融服务。德国、荷兰等国银行一直遵循“金融百货公司”的发展思路,向客户提供各种金融产品,英国银行业于 20 世纪 90 年代也出现业务集中化的趋势,甚至有的银行连名字也由 Bank

改为 Bancassurance，这些国家的金融机构都开始强调金融服务的全面化。

3. 日本的精细化模式。日本的金融营销则更侧重于市场细分，许多人认为综合化发展的金融机构并不一定总是处在有利的地位，集中提供专门领域服务的金融机构也有大量的机会，因此，它们强调在营销过程中要确立自己的优势产品，占据特定市场。

（四）兴趣增加

这一时期对于在金融领域应用营销技巧和营销工具的兴趣也不断增加，出现了大量有关金融营销的杂志和出版物，如英国的《国际银行营销杂志》、美国的《银行零售业务杂志》等。

五、金融营销的进一步提升阶段（2008 年以后）

伴随着金融自由化和市场竞争的日益激烈，经过了几次大的金融危机的洗礼，西方金融营销得到进一步发展，营销理念得到大幅提升。

（一）系统化

为充分了解市场并掌握客户需求，金融机构认识到要对营销环境进行全面、认真的分析与预测；为使金融营销工作有条不紊地开展，金融机构应该制定更为精准的营销目标、营销战略与营销计划；在实际操作中，金融机构要灵活运用产品、价格、促销与分销等组合策略来实施计划；同时还必须对营销工作实施全面的控制。只有将分析、计划、执行与控制等各个环节相互配合，金融营销工作才能取得良好的效果，这便是金融机构的“系统营销”观念。为了获得良好的营销效果，保持持久的优势地位，金融机构必须整合企业的所有资源，培养企业的核心竞争能力，以谋求创立和保持与客户之间长期互利的合作关系，这就是“整合营销”。

（二）全球化

现代金融市场已超越国界，资金与金融产品在全球瞬间转移，客户在分析与选择金融服务时也立足于国际视野，因此，金融机构的经营应强调国际营销。

由于不同国家客户的复杂性，金融机构需要通过深入分析这些客户的需求，进行合理的计划、定价与促销，将金融产品与服务引入各个国家的消费者或用户手中，在全球基础上谋求收益最大化和市场份额提高，而不是局限在国内地区与市场。

（三）数字化与网络化

现代科技发展使得电子技术在金融领域得到广泛应用，互联网在金融营销中的作用不断深入，互联网营销成为整合营销的最佳代表，它将金融机构的内部网络和外部网络组合成一体，并可以利用大数据进行精准营销。

目前，越来越多的金融机构投入巨资在互联网上利用信息技术来整合各种营销手段与传播形式。它们建立自己的信息处理系统，以便积累海量数据分析出顾客的需求动向与行为模式，辨别顾客的独特需要和欲望进而确认顾客。在大数据分析的基础上，金融机构可以制订保住老顾客、开拓新顾客的科学策略。同时，金融机构也可以把自己的产品信息以多样化的方式在互联网上进行传播，使消费者可以方便地在网上查询产品与服务的信息，进行购买前的评估。

总之，互联网为金融机构通过双向沟通进行一对一营销提供了便利，成为金融营销的新潮流。

可见，金融营销经历了一个由低到高、由浅入深、由零为整的发展过程。这一演变是与经济发展、客户需求变化、金融市场竞争激烈化、金融管制放松、科技的进步等紧密联系在一起的。

第三节 金融营销在我国的应用

金融营销最初运用于西方国家，在我国，由于金融市场发展较晚，金融营销的应用时间还不长，与国外相比存在较大差距，在金融机构的营销活动中也暴露出诸多的问题。

一、我国金融营销的发展历史

国外的金融机构从20世纪50年代开始应用营销手段，但在新中国成立以后相当长的时间里我国实行高度集中的计划经济，从根本上排斥金融营销。20世纪50年代中期至70年代末期，在严格的计划体制下，银行等金融机构的功能被弱化，金融结构单一，推行的是大一统的金融体制，由中国人民银行统揽一切金融业务，而且各级银行对资金毫无自主权，吸收的存款逐级上交，资金运用要严格遵循国家的计划。在这种制度下，金融机构缺乏经营积极性，没有营销意识，根本不会也不必向市场推销自己的产品。改革开放以后，金融体制也在不断变革，金融市场发生了巨大的变化，金融机构也在经营中逐步认识到营销的必要性。中国金融营销的发展可以分为以下几个阶段。

（一）引入阶段（20世纪80年代—90年代初期）

1979年开始，我国打破了传统的高度集中的金融组织结构，中国农业银行、中国银行和中国人民建设银行分别从中国人民银行中分离出来；1979年10月，国务院组建了综合经营金融贸易技术服务的中国国际信托投资公司；1980年国内保险业务开始恢复，我国的保险业获得新生；1984年，中国人民银行单独行使中央银行职能，新建立的中国工商银行承接了中国人民银行原有的普通金融业务；1986年，经国务院批准重新组建了综合性、股份制的交通银行；1987年新中国第一家证券公司深圳特区证券公司成立，之后陆续成立了上海申银证券公司、万国证券公司、海通证券公司和华夏证券公司等多家证券公司，1990年11月，上海证券交易所成立;1991 年 7 月,深圳证券交易所正式开业……金融组织体系的变革揭开了金融业竞争的序幕。

在资金管理体制上,我国也突破了原来的严格计划控制的做法。1985 年我国开始实行“统一计划,划分资金,实贷实存,相互融通”的信贷资金管理体制,银行可以在一定范围内进行资金的转让;1986—1988 年,各地相继成立有形的同业拆借资金市场;1988 年 4 月,国家允许 1985、1986 年发行的国库券上市,从根本上改变了国债市场“有行无市”的局面;1988 年后,各省市设立了外汇调剂中心,进一步扩大了外汇调剂范围。这种金融市场的发展大大扩展了金融机构的经营空间。

在经营过程中,各大金融机构逐渐认识到存在的困难,开始寻求业务拓展的渠道,于是中国的金融营销进入了早期的萌芽阶段,一些金融机构向客户推销产品,如银行通过一些促销渠道来扩大存款。同时,一些金融机构也开始进行产品创新,如 1986 年中国银行推出了信用卡。

(二)发展阶段(20 世纪 90 年代至 2001 年)

1992 年初邓小平发表南方谈话,10 月,党的十四大确定把建立社会主义市场经济作为我国经济体制的改革目标。1993 年 12 月,国务院发布了《关于金融体制改革的决定》,提出要建立与社会主义市场经济体制相适应的金融体系,我国金融领域发生了翻天覆地的变化。

1994 年,随着三大政策性银行的建立,我国的四大专业银行开始向商业银行转化。商业银行与专业银行相比最大的区别在于要求银行追求赢利,出现的亏损不再由国家承担。营利性目标为金融营销机制的建立提供了内在动力,要实现更多的收益必须扩大市场,因此对客户的争夺就成为金融机构竞争的焦点。

这一时期金融机构也出现了多样化格局:中国光大银行、上海浦东发展银行和中国民生银行等一批全国性或区域性的商业银行相继成立;为促进中小企业、民营经济的发展,1995 年 7 月国务院颁布《关于组建城市合作银行的通知》,许多城市的信用社改组成城市合作银行,1998 年城市合作银行更名为地方性的商业银行。这些银行的建立打破了原有的四大国有银行的垄断格局,加剧了银行业的竞争,为银行的营销活动提供了一种外在的压力。

中国的证券业在这一时期也有了较快的发展。为了加强对证券机构的管理,由经营证券业务的金融机构自愿组成的行业自律组织——中国证券业协会于 1991 年 8 月 28 日成立,中央的证券监管部门——国务院证券委员会与中国证监会于 1992 年 10 月成立。1992 年起,中国证券市场突破了只在上海与深圳试点的限制,建立了全国性的证券市场,证券经营机构得到了巨大发展,沪深交易所的会员从 1991 年的 40 家增加到 1998 年的 646 家。1998 年 4 月,按照《证券投资基金管理暂行办法》设立的新基金开始上市,一批新设立的基金管理公司开始运作。1999 年之后证券经营机构出现了合并重组,如 1998 年 8 月 18 日国泰证券与君安证券组建为国内规模最大的国泰君安证券股份有限公司。1999 年 12 月 28 日由原苏州商品交易所改制而成的恒远证券经纪公司在苏州成立,它是国内第一家由中国证监会批准成立的经纪类证券公司。证券行业的竞争也不断加剧。

这一时期,中国保险业也进入了一个新的发展时期。1991 年 4 月,中国太平洋保险公司成立,成为我国第一家全国性、综合性的股份制保险公司;1992 年 9 月,深圳平安保险公司更名为中国平安保险公司,业务范围扩大到全国;1996 年 7 月,中国人民保险公司改制为中国人民保险集团公司;1996 年,中国第一家中外合资寿险公司——中宏人寿保险公司成立。到 2000 年底,我国已有保险公司 27 家,其中国有独资 4 家,国内股份制保险公司 9 家,中外合资保险公司 7 家,外商独资保险公司 7 家①,保险市场主体出现了多元化格局,有力地促进了保险公司经营观念的转变,强化了保险市场的服务意识与竞争意识。

这一阶段的金融营销工作取得了较大的成果,这主要表现在:

1. 金融服务理念的树立。各大金融机构纷纷推广文明用语,改善工作人员的服务态度,推出微笑服务、限时服务、一米线服务、电话预约服务等形式多样的服务,特别是 1996 年 4 月以来,金融系统开展“讲改革、讲政治、讲法纪、讲效益,努力提高金融服务水平”的活动,使广大员工初步树立起服务至上的营销理念。

2. 金融产品创新的不断推进。为了满足客户日益增长的融资需求,各金融机构致力于金融产品的开发与应用。在银行业务上,存贷款的品种不断翻新,如本外币存款、大额定期存单、信用卡透支、委托贷款、消费信贷、保管箱业务、咨询业务、租赁业务和国际结算业务等,特别是 1993 年开展了“金卡工程”建设,使得信用卡成为银行业务的一种重要载体。在证券市场上,短期国库券、定向国债、政策性金融债券、证券回购交易和证券投资基金等产品大大丰富了交易品种。同时,金融业之间的交叉产品也大量出现,如 2000 年 2 月证券公司股票质押贷款的推出大大拓宽了券商的融资渠道,2000 年 9 月国泰君安与中国工商银行联合推出了“银证通”业务。

3. 金融产品价格的市场化趋势加强。金融产品的价格主要表现为利率和费率,原来我国的利率管理较为严格。1996 年,我国正式启动利率市场化进程,经过 5 年的发展,利率市场化改革取得了阶段性进展:1996 年 6 月 1 日,中国人民银行放开了银行间同业拆借利率;1997 年 6 月,放开银行间债券回购利率;1999 年 10 月,国债发行开始采用市场招标形式,从而实现了银行间市场利率、国债和政策性金融债发行利率的市场化。1999 年 10 月,中国人民银行批准中资商业银行法人对中资保险公司法人试办由双方协商确定利率的大额定期存款(最低起存金额 3 000 万元,期限在 5 年以上不含 5 年),进行了存款利率改革的初步尝试。这些市场改革措施为金融机构的产品价格制定提供了一定的外部环境。

① 资料来源:金德环,等. 2001 年中国金融发展报告[M]. 上海:上海财经大学出版社,2001:243.

4. 分销渠道的拓宽。随着银行产品的不断创新与科学技术在金融业的充分应用,金融机构的分销渠道呈现出多样化的趋势。在直接分销方面,各金融机构纷纷增设分支网点,形成庞大的营销网络,向客户提供更加方便的服务;在间接分销方面,自1994年中国银行设立第一台ATM以来,以ATM、POS为标志的间接分销渠道得到迅猛发展。20世纪90年代中期以来,各金融机构大力推广电话金融、网络金融等营销方式,延伸了服务空间。

5. 广告和公关等促销手段得到一定运用。为了鼓励客户购买本行的产品,各金融机构积极采取多种方式,激发客户的需求。如通过电视、电台、路牌等媒介向客户宣传产品与服务,树立金融机构的整体形象;改进柜面服务,热情向客户提供咨询,加强与客户的沟通。特别是1998年以来,各家银行相继推出客户经理制,标志着银行开始建立以市场为导向、从客户需求出发的服务理念,进一步密切与客户的联系。

(三)深化阶段(2001—2008年)

2001年12月11日,我国正式加入世界贸易组织,我国的金融对外开放也进入一个新阶段。入世过程中,金融业做出了宽领域、分阶段的开放承诺,开创了我国金融业融入国际经济的新篇章,也促进了金融营销的不断深化。

随着金融改革的深入与金融管制的逐步放开,我国的金融市场发生了巨大的变化。利率市场化改革不断推进。2002—2004年,人民银行不断扩大金融机构贷款利率浮动区间,提高贷款利率市场化程度;2004年10月29日,金融机构(不含城乡信用社)的贷款利率原则上不再设定上限,贷款利率下浮幅度不变。2005年9月21日,央行部分下放了除活期、定期整存整取两种存款以外的"利息定价权",国内银行的通知存款、协定存款、定活两便、存本取息、零存整取等存款种类,只要不超过央行同期限档次存款利率上限,计、结息规则由各银行自己把握。继2000年9月21日人民银行放开外币贷款利率之后,2003年11月,小额外币存款利率下限放开,2004年11月18日,1年期以上小额外币存款利率放开。同时,人民币汇率机制改革取得重要进展。2005年7月21日,中国人民银行宣布人民币汇率制度进行重要改革,人民币实行在一揽子货币基础上的管理浮动汇率制度。中国金融市场的日益完善则为金融机构开展营销活动提供了更大的灵活性,另一方面也加大了金融机构的经营风险,有助于金融营销活动的推进。

随着农村与城市商业银行改革的深入,农村商业银行、农村合作银行和民营银行等新的银行形式涌现,银行等金融机构之间通过资本运作进行兼并重组,还出现了一批金融性控股集团(如中信集团、光大集团等),这使我国国内金融业面临重新布局,而入世使得中外资金融机构之间的竞争日益加剧。

几年来,中国各家金融机构积极借鉴工商企业与外国金融业的营销经验,努力探索适合我国国情的营销方式,使金融营销机制得到长足的发展,新的营销理念不断引进，创新的营销方式也不断推出。

案例 1－1

金融营销创新形式——理财工作室

随着金融业竞争的加剧，新的营销方式也不断涌现，其中引人关注的是理财工作室这一营销方式的推广。

理财工作室是金融机构专门设立的为客户提供理财规划服务的办公场所。在理财工作室中，客户可以与专业的理财规划师进行交流，从而获得投资、保险、纳税、养老、财产分配与继承等方面的专业指导建议，以及综合的财产规划报告。

2000 年，上海出现了以杨韶敏等 6 位工行上海市分行优秀理财员个人命名的理财工作室，开创了这一模式的先河。之后，中国银行“中银理财”、中国农业银行的“金钥匙理财中心”、中信银行“中信贵宾理财”、中国光大银行“阳光理财”、招商银行“金葵花理财”、中国民生银行“非凡理财工作室”等都成为响当当的银行理财品牌。

2004 年 12 月，中国工商银行还成立了“前途理财工作室”，为法人客户提供公司理财服务。该工作室拥有国内领先的货币市场交易技术平台，引进了国际领先的交易分析系统，交易员全部拥有国内外知名学府的教育背景，具有多年实际交易经验。同时，工商银行还推出了企业理财系列产品“工行债市通”，通过为企业提供资金增值服务，全面打造工行“前途理财”品牌。

此后，在保险及证券行业也出现了大量的理财工作室，有的以个人命名，有的以团体命名。如中国平安金融集团设立“麒麟理财室”，依托中国平安保险业务平台，建立了一支适应现在、着眼未来的专业化金融理财顾问师团队，为个人家庭及企业提供证券、信托、基金、银行、保险等多元化金融理财业务。

“理财工作室”这种创新形式更新了金融机构的营销理念，创造出一种更贴近市场需求的产品营销模式，推动了金融理财向大众化方向发展，成为一种有效的民间财富管理方式。

当然也要清醒地看到，目前国内个别的一些理财工作室流于形式，打着理财规划的旗号，实际上是推销自己的银行或保险产品。而真正的理财工作室，应该是以客户需求为中心的，以实现客户资产的保值增值和财务自由等为最终目标。

（四）提升阶段（2009 年至今）

次贷危机给全球金融业上了生动的一课，也使我国金融机构的经营环境发生了巨大的变化，“四万亿投资”计划的推出给银行业提供了巨大机会，但金融风险管理的强化也让银行的经营面临着挑战。

2010 年后，我国利率市场化的步伐大大加快，2012 年 6 月和 7 月，央行两次调整人民币存贷款基准利率及其浮动区间，2013 年 7 月 20 日起中国人民银行全面放开金融机构贷款利率管制。2014 年 11 月起人民币存款利率上限不断放开，央行于 2015 年 10 月 24 日起不再设置存款利率上限，至此利率管制基本取消，这对银行的营利模式及产品定价产生巨大的影响。随着中国经济实力的不断增强，人民币在国际社会的地位也不断提高，中国不断放宽人民币汇率的浮动区间：2014 年 3 月 17 日起，银行间即期外汇市场人民币兑美元浮动幅度由 1% 扩大至 2%，2015 年“8 · 11”汇改央行推动汇率机制市场化，人民币对美元汇率中间价形成更加参考外汇市场供求关系，2015 年 12 月 11 日，中国外汇交易中心公布三组人民币汇率指数……这也使得银行的外汇业务风险不断增加。

另外，2012 年以来，互联网金融逐渐成为金融领域影响最大的话题之一。以腾讯、淘宝为代表的互联网企业积极创新，纷纷向金融领域渗透，先后推出了一系列金融服务产品，这对传统金融营销造成了一定冲击。

在这些背景之下，金融机构不得不重新思考，提升营销活动的方式与效果。这一阶段，许多金融机构重构自己的营销布局，不断引进信息技术，利用互联网大数据、移动支付、生物识别等，推出网络银行、手机银行、互联网保险、互联网证券等。

案例 1－2

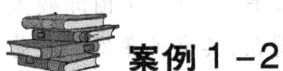

2013 年国内网上金融业务的发展

2013 年被称为中国互联网金融元年。中国网络购物市场的交易规模达到 1.85 万亿元，增长 42.0%，国内银行网上业务交易规模、移动支付规模也迅速扩大（图 1－2）。

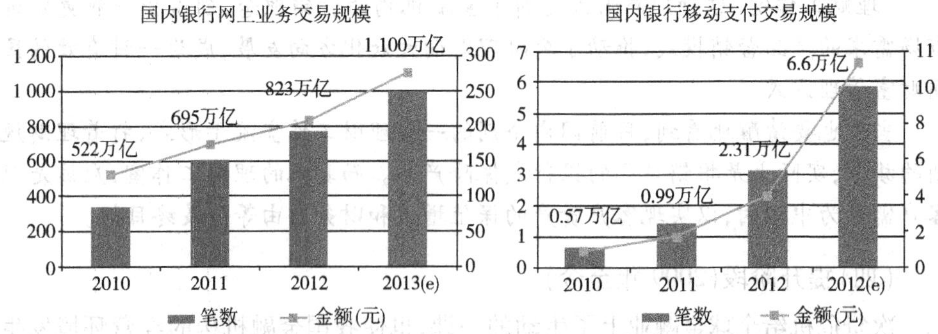

图 1－2　国内银行的网上业务交易规模与移动支付交易规模

资料来源：中国建设银行行内报告，2014 年。

在网上金融领域，以建设银行“善融商务”、交通银行“交博汇”、招商银行“非常 e 购”、华夏银行“电商快线”等为代表的平台先后上线，截至 2013 年底，已有中行、建行、交行、招商、民生、兴业、浦发等 7 家银行开设了自己的电子商城。此外，第一家网络保险公司“众安在线”也于 2013 年 9 月上线。

2013 年，手机银行业务无论是用户数量，还是交易笔数都出现了爆发式的增长。以工行、建行、招行为例，这三家银行手机银行的客户数量同比增幅分别为 54.5%、78.68%、115.03%。而在交易量方面，2013 年，招行手机银行累计交易（不含手机支付）1 300.26 万笔，同比增长 505.05%；建行手机银行交易量 3.81 亿笔，同比增长 85.06%；而工行手机银行全年交易额更增长了近 16 倍。

在移动终端方面，招商银行率先与微信合作，推出了微信银行，各银行迅速跟进。

2013 年底，“中银易商”客户端推出“声波支付”，实现手机转账全品牌、全型号覆盖。“声波支付”利用手机麦克风和扬声器进行声波传输。在一定距离内，客户向交易方手机发出一段声波，“听着音乐”便能够轻松完成手机之间的转账，全程只需付款和收款的轻轻一划，转账结果一目了然。

浦发银行推出的微信预约取款和微信支付，让银行间的“微战”再次升级。微信预约取款，首先需要储户将银行卡与手机进行绑定，并且开通手机支付功能，然后才能通过微信平台进行预约取款。借助移动合作契机，浦发银行基于 NFC 技术研发实现了金融 IC 卡在手机上的空中发卡、空中圈存、空中换卡、交易查询等全流程银行卡服务。该卡可在便利店、超市，上海和长沙定点菜市场，宁波和贵阳公交，深圳停车场等各种便民应用场景及全国近 120 万台 POS 机上使用。

手机银行与网络银行培育了客户良好的金融体验，改变了其享受金融服务的习惯，加快了客户从传统银行网点向移动互联网的迁移，也为许多银行业务提供了一个快捷、方便的操作平台。

二、当前我国金融营销中存在的主要问题

由于中国的金融营销起步晚，又缺乏系统的营销理论指导，因此，金融营销还存在诸多问题，突出表现在以下几方面。

（一）认识不到位

目前，一些银行的领导与营销人员对市场营销观念的认识依然较为陈旧与片面，有的人把营销看作推销金融产品，没有认识到它是金融机构经营的中心环节；有的人把金融营销片面地理解为做广告，而没有认识到广告仅是营销的一种方式，金融营销其实是一个完整的系统；有的人把营销看作仅仅是营销部门的事，在内部各部门之间缺乏配合，影响整体效力的发挥。

（二）产品开发受到制约

由于我国当前仍然实行分业经营，银行、保险、信托和证券等行业之间仍有一

定的阻隔，造成金融机构的产品单一，如银行的资金来源仍以存款为主，资金运用主要集中在贷款上(见表1－2)。

表1－2　中国银行业人民币资金来源与资金运用的构成

	2000	2005	2008	2010	2011	2013	2015	2017
存款占资金来源的比重(%)	91.38	95.07	85.9	89.1	88.63	88.86	88.5	85.44
贷款在资金运用中的比重(%)	73.35	64.46	55.9	59.5	60	61.2	60.96	61.79

资料来源：根据中国人民银行网站统计数据整理。

另外，金融产品开发不规范，新的金融产品虽然不断涌现，但在推出的金融产品中，模仿的多、趋同的多，真正有创新的很少，有特色的少、科技含量高的少、形成品牌的少，无法很好地满足客户的多样化需求。

(三)营销组织与管理不健全

目前，我国许多金融机构的营销组织仍不完善，有的机构没有专门的市场营销部门来实施市场营销工作，而将其归入其他部门，其主要职能仅仅涉及金融营销中的某些内容，而没有参与到新产品开发、渠道设计、广告宣传等整个营销过程。有的金融机构虽然设立了营销部门，但没有明确这一部门在经营活动中的重要地位，和其他机构之间缺乏沟通与配合，这必然会破坏金融营销活动的系统性，影响营销效果。有的金融机构没有建立对营销的管理体制，没有相应的营销激励措施，使得员工缺乏开展各种营销活动的积极性。

(四)目标市场不明确

金融企业明确的市场定位有助于提高营销活动的效率。目前，许多金融企业的营销仍然比较盲目，跟随其他机构与市场热点，人云亦云，投入大量的人、财、物，在几乎所有的业务领域、所有的市场机会上都使出浑身的解数，而缺乏明确的目标市场，没有建立在系统、科学的市场细分基础上的有针对性的客户目标和产品目标。这样，金融企业尽管耗费了大量投入，但并未赢得竞争上的优势。

(五)对客户需求的调研与引导不够深入

客户的需求是金融营销工作的核心，但有的金融机构仍然对此没有予以充分的重视。在开发产品时缺少深入的市场调研，推出的金融产品还不能完全满足客户的需求，无法获得真正的市场效益。而有的金融机构对客户消费的引导工作不够，在倾注了大量的心血进行产品创新之后，却忽略产品的推广，促销手段、宣传活动显得零碎，未能通过有效的营销工作使客户了解、接受和喜欢金融产品。

(六)不同地区之间差距较大

东南沿海城市经济发达，开放程度高，金融业也较为发达，金融机构之间的竞争十分激烈，为了更好地争夺市场，各金融机构的营销意识较强，营销手段也相对灵活；而在中西部地区，经济欠发达，金融营销观念则相对淡薄，金融机构也较少采用营销手段。这种在地区分布上的二元结构说明了金融营销在中国仍然处于严重的失衡状态。

第四节　我国发展金融营销的意义及对策

金融营销是金融业发展的必然结果，它对于促进金融机构的业务扩大、提升效益具有重大意义，因此，我们应抓住机遇，大力发展我国的金融营销。

一、发展金融营销的意义

目前，我国金融环境大为改观，同时也增强了金融业之间的竞争。因此，在我国开展金融营销具有重大意义。

（一）开展营销活动可以提升金融机构的管理水平

现代金融机构的管理体系包括组织目标系统、外部环境分析系统、发展与控制系统、内部职能管理系统等部分，四个系统相互关联、相互制约，实现金融机构的整体运作。其中，内部职能管理系统是最基本的运作系统，发挥着日常管理职能，而营销系统又是内部职能管理系统中最为重要的一个构成，它将不可控制的外部环境因素与金融机构的目标、战略进行紧密的联系，既担负着对市场动向的研究、外部环境变化的分析职能，又承担金融机构战略的制定与具体实施，影响到金融机构最终目标的顺利实现。因此，一个金融机构如果不建立完善的营销组织必然妨碍其整体管理水平。

（二）有利于金融机构的集约化经营

目前，一些金融机构普遍存在经营效益差、赢利能力低的问题。这主要与金融机构长期以来只重视粗放式经营而导致经营规模过大、网点设置过多有关，金融机构的经营成本居高不下，影响了利润的创造。

案例 1－3

中国四大国有银行的经营状况

中国四大国有银行在我国的金融市场上占据主导地位，根据 2017 上半年国内上市银行数据显示，银行的总市值已达到 92 338.71 亿元人民币，其中市值超过 1 000亿元的银行有 16 家，市值超过 10 000 亿元的银行只有四大行：工商银行（18 711.33亿元）、建设银行（15 375.68 亿元）、农业银行（11 432.75 亿元）、中国银行(10 892.35 亿元)。

截至2017 年6 月末,我国银行业金融机构境内外本外币资产总额为243.2 万亿元。其中,工商银行、建设银行、农业银行和中国银行的资产总额分别为25.51 万亿元、21.69 万亿元、20.57 万亿元和19.43 万亿元,分别较上年增长5.7%、3.47%、5.13%和7.04%。四大行占我国银行业资产的份额为35.86%。

四大国有银行的机构设置层次复杂、分支机构数量较多,它们的一些基本财务数据见表1－3。2016 年底,中国工商银行的营业性分支机构超过1.7 万个,人均资产持有量为5 525.52 万人民币,总资产收益率与净资产收益率分别为1.24%与15.69%;中国银行境内外机构共有11 556 个,员工近31 万人,人均资产6 288.76 万人民币,总资产收益率与净资产收益率分别为1.18%与15.2%。

表1－3 2017 年上半年四大国有银行情况

银行简称	资产合计（亿元）	不良贷款（亿元）	总资产收益率(%)	净资产收益率(%)	分支机构数量(个)	员工数（人）	单位员工总资产（万元）
工商银行	255 140.46	2 170.72	1.24	15.69	17 200	461 749	5 525.52
建设银行	216 920.67	1 887.52	1.3	17.09	14 985	362 484	5 984.28
农业银行	205 735.86	2 284.31	1.08	16.74	23 682	496 698	4 142.07
中国银行	194 259.80	1 470.25	1.18	15.20	11 556	308 900	6 288.76

注:分支机构数量与员工数为2016 年底数据。

资料来源:排行榜网:2017 上半年国内银行上市企业市值排行榜:四大行占据前四,2017 年7 月31 日,https://www.phb123.com/qiye/15004.html;各银行2016 年报及2017 年中报。

由此可见,金融机构的营业网点设置要考虑地域与人口因素的需要。为了提高资本的经营效率,金融机构必须实行集约化经营,把经营重点放在内涵发展上,依靠经营效率的提高来实现利润最大化。金融营销有利于实现金融机构转向集约化经营,通过运用分销策略,可促使金融机构的营业网点设置更为科学,并通过自动取款机、销售终端和电话金融服务等加快金融电子化步伐,提高资本配置效率。

(三)开展营销活动有利于金融机构适应金融市场变化

金融市场是进行金融产品交易与资金融通的场所。随着我国经济的快速发展与金融市场的不断深化,居民的收入及消费水平有了较大幅度的提升,对金融产品和服务的需求也呈现出多样化的态势。他们不仅需要金融机构为其提供银行、证券、保险和基金等基本的投资产品,而且希望在理财咨询、投资顾问、融资规划、信息咨询等方面得到金融机构的支持，市场对金融产品的理财观更是不断变化。而竞争的激化、金融政策的不断调整则使金融市场变得越来越复杂。

因此，金融机构必须真正面向市场，遵循市场规律，成为"自主经营、自负盈亏、自担风险、自我约束"的市场主体，树立科学的市场营销观念，对金融市场充分调研，不断提高市场信息的捕捉能力和对市场需求、发展趋势的预测能力，自觉提高对市场的适应性。在对市场机会深入分析的基础上开发、研制和推广合适的金融产品及服务，满足客户的需求。同时，通过顾客满意、关系营销战略和策略的实施，金融机构可以培养一批忠诚的客户，成为机构的主要利润来源。可见，制定与实施科学的营销战略是应对复杂多变的市场环境的一种必要的手段。

（四）有利于我国金融机构的国际化经营

20 世纪 90 年代以来，全球经济、金融出现了一体化趋势，我国的对外贸易迅猛增长，国际资金流动加剧，对外投资与对外经济合作也不断扩大，这都要求我国金融机构走向国际化经营。国际上一些著名的金融机构在全球设立了分支机构，开展国际营销活动，增加其利润。例如，美国花旗银行在全球 106 个国家设有分支，成为全球化程度最高的银行。

我国的金融机构在海外设立的分支机构较少，在国际金融市场上的份额较低。根据银监会的统计，到 2016 年底，我国有 22 家中资银行在海外 63 个国家和地区设立 1 353家分支机构，其中一级分支机构 229 家；1 家金融租赁公司获批在境外设立专业子公司；一些大型证券公司也在借助海外上市或跨境并购来提升资产规模；我国保险资金境外投资余额 492.1 亿美元，同比增长近 35%。

开展营销有助于增强我国金融机构在国际金融市场的竞争力。首先，通过不断开发金融产品，提供多样化的服务，可促进国际化经营；其次，通过在国际上选择目标市场，逐步建立起全球性的营销网络，可以扩大其国际市场份额；其三，通过引进营销新技术，拓宽业务覆盖面，在激烈的国际竞争中不断提高竞争力；其四，通过企业形象设计（CI）、全方位质量管理等营销策略有助于金融机构树立良好的国际形象与信誉，在国际金融市场上争取到更多的客户，推动经营的国际化。

（五）有利于迎接国际金融机构的挑战

从 2006 年 12 月 11 日起，中国根据入世协议的有关规定取消了对外资金融机构开展人民币业务的地域限制，允许外资金融机构向中国客户提供相关的金融服务，金融业竞争加剧。

国内的金融机构要想在这一竞争中找到立足点，就必须适应现代营销的特点，学习国外金融机构的先进经验，制定合理的营销战略，向客户提供更好的服务，维持原有的客户并争取吸引新的客户。

案例 1－4

金融开放对我国金融营销的影响

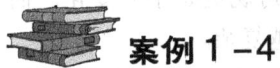

2001 年 12 月 11 日，中国正式加入世界贸易组织（WTO），到 2017 年 12 月 11 日，我国入世已整整 16 年，随着中国的金融业进一步开放，金融营销的作用也日益显现。

根据有关协议，入世 5 年后，中国将取消对外资金融机构开展人民币业务的地域限制，允许外资金融机构向所有中国客户提供服务，允许外国金融机构办理异地业务。因此，许多外资金融机构提前在中国布局，以便在中国金融业全面开放之后能占得先机。截至 2006 年 9 月末，在中国注册的外商独资和中外合资法人银行业机构共有 14 家，并下设 17 家分支行及附属机构；来自 22 个国家和地区的 73 家外资银行在中国的 24 个城市设立了 191 家分行和 61 家支行；来自 41 个国家和地区的 183 家外国银行在中国 24 个城市设立 242 家代表处。《财富》杂志评选的世界 500 强企业中的 40 多家外国保险公司，已经有 27 家在我国设立了营业机构；19 个国家和地区的 128 家外资保险机构在华设立了 192 个代表机构和办事处。截至 2006 年 11 月底，中国已经批准设立 8 家中外合资证券公司和 24 家中外合资基金管理公司。上海、深圳证券交易所中有 39 家和 19 家境外证券经营机构直接从事 B 股交易，已有乐金投资证券公司、韩国现代证券公司、高盛（中国）等外资证券经营机构在北京、上海和深圳三地设立了 100 家代表处。

2006 年 12 月中国取消对外资银行开展人民币业务的地域限制，特别是 2013 年中国提出“一带一路”倡议，外资银行在中国的营业网点数量更是不断增加。截至 2016 年底，14 个国家和地区的银行在华设立了 37 家外商独资银行（下设分行 314 家）、1 家合资银行（下设分行 1 家）和 1 家外商独资财务公司；26 个国家和地区的 68 家银行在华设立了 121 家分行，另有 44 个国家和地区的 145 家银行在华设立了 166 家代表处。外资银行在我国 27 个省份的 70 个城市设立了营业机构，在华外资银行资产总额达到 2.93 万亿元，负债总额 2.56 万亿元①。在非银领域，来自 16 个国家和地区的境外保险公司在中国设立了 57 家外资保险机构；国内合资券商的数量有 7 家……这些外资或合资金融机构对我国金融业的经营产生了许多积极的影响，但也使得我国的金融市场竞争日益激烈。

激烈的竞争使国内金融机构面临前所未有的压力，为适应竞争，它们客观上必须面对市场，不断调整经营策略，增强创新能力，为客户提供多样化的服务来满足不同的需求。建立以“客户”为核心的经营理念，加强金融营销工作已成为金融机构拓展

① 资料来源：《中国银监会年报》，2016 年。

业务、改善经营、提高效益的重要一环。

资料来源:王巍溪. 入世五周年,金融撬动中国[J]. 中国市长,2006(12). 中国人民银行银行三部:加入 WTO 十年来中国银行业开放与外资银行监管,2011 年 12 月 16 日;张威. 金融开放提速:商业机遇与制度挑战[J]. 财经,2017(11).

二、现代金融营销理念

金融营销发展到现在,已形成了丰富的理论,出现了多种理念,这些理念代表了金融营销的发展方向。

(一)服务营销理念

根据金融行业作为第三产业的特点,其营销活动的核心是“服务 + 服务”。金融机构只有真正树立“大服务”的观念,强化“大服务”意识,积极改进和创新服务品种,提升产品质量,增加产品的附加价值,改进服务手段和服务设施,才能使本企业在行业中出类拔萃,赢得竞争优势,树立良好形象。

(二)客户满意理念

“客户满意”(Customer Satisfaction)的概念最早起源于 20 世纪 60 年代的美国,当时有人提出,客户有四项权利(即安全的权利、认知的权利、选择的权利和反馈的权利)。对金融机构而言,其客户享有保护资产安全的权利,有了解其可得到的服务和所拥有的金融产品相关情况的权利,有选择服务方式和金融产品的权利以及对金融服务及产品提出意见的权利。20 世纪 80 年代,这种“客户满意”的概念已开始融入金融机构的经营决策思想之中。目前,这已成为许多金融机构营销管理的指导思想。

这一理念要求金融机构真正树立“以客户为中心,以市场为导向、以效益为目的”的正确营销理念,重视客户的意见,站在客户的立场上开展营销,急客户所急,想客户所想,自觉提高服务质量和服务水平,向客户提供全方位、多功能的金融服务,取得客户满意,增强客户对银行的忠诚度。

(三)关系营销理念

西方国家的金融营销重点更多地由战略转向关系的研究。“关系营销”是指金融机构在营销活动中应与各方主体建立稳定的良好关系,开展有效的战略合作,以获取更大的经济与社会效益。这一观念认为,作为金融企业营销环境的各个方面,包括最终顾客、供应商、分销商、政府部门、监管部门、合作者、竞争者、内部员工、新闻单位及其他社会公众等都会影响到其经营效果,因此,必须将他们作为营销对象,全方位地开展营销活动。通过实施关系营销,贯彻双赢甚至多赢的原则,实现不同主体之间相互的支持和合作。

(四)品牌营销理念

现代营销理论认为,品牌是一种巨大的无形资产,金融品牌营销是指金融机构通过对金融产品或金融机构整体的品牌创立、塑造,树立品牌形象,提高在金融市场的竞争力。

金融机构作为经营货币的特殊企业,与其他服务行业一样,服务的需求弹性较大、产品易被模仿。要想在激烈的竞争中独树一帜,金融企业的形象与品牌就显得尤为重要。金融品牌有利于提高金融企业的商誉,增强金融消费者的认同感,继而为金融企业创造更多的利润。

(五)社会营销理念

这一观念认为,金融机构的营销活动不仅要满足客户的欲望和需求,而且要符合全社会的长远利益,因此,营销活动要转变为以社会为中心。金融机构在营销中要搞好市场调查研究,通过对市场的现实需求和潜在需求的了解,开发适销对路的产品,以避免重复开发、重复生产带来的社会资源的浪费;同时,在经营中要主动确保消费者的身心健康和安全,防止环境污染、保持生态平衡,促进经济社会的和谐发展。只有将市场需求、机构优势与社会利益三者有机结合,才能真正实现金融企业的经营目标。

(六)整合营销理念

整合营销要求金融机构对各种营销工具和营销手段进行系统化的结合,根据环境进行即时性的动态修正,以使各方在交互中实现价值增值的营销理念与方法。

整合营销强调金融机构与客户的沟通,增加消费者和金融机构品牌之间的"接触点",使消费者在使用产品过程中对产品有更深的了解,获得更多的销售机会。因此,金融机构必须在充分调查研究的基础上,整合所有资源,整合营销过程、营销方式及营销行为,实现物流与信息流的一体化。在整合的基础上,培养其核心竞争力,根据自身的竞争优势,不断进行市场拓展,这样才能取得良好的经营业绩,保持持久的优势地位。

(七)知识营销理念

金融产品具有较强的专业性,特别是随着金融服务客户面的拓展及高新技术手段在金融领域的广泛应用,客户感到有些迷茫,甚至有的还不知如何使用这些产品。因此,金融机构在努力开发出知识含量高的新型金融产品和服务的同时,还必须对客户进行正确的引导,提供专业的知识服务来加强与客户的交流,使客户了解金融产品,知道如何使用金融产品以及清楚因该产品的使用所带来的便利,增强客户的忠诚度。

(八)互联网营销理念

互联网营销也称为网络营销,就是以互联网络为基础,利用数字化的信息和网络媒体的交互性来实现营销目标。这是在互联网技术不断发展以及消费者行为网络化的条件下出现的一种新型的市场营销方式。由于互联网交易的便捷性及交易成本的低廉,未来整个互联网都可以成为产品与服务营销的渠道,因此在目前必须在金融营销中树立互联网营销的理念。

(九)智能营销

这是建立在移动互联网、物联网、大数据及云计算与数据供应链基础上的全新营销理念,将消费者纳入生产营销环节,利用互联网交易过程产生的大量数据沉淀,以数据化的思维去做营销,实现全面的商业整合。这一营销理念讲究知与行的统一,人脑与电脑、创意与技术、感性与理性相结合,创造以人为中心,网络技术为基础,营销为目的,创意创新为核心,内容为依托的消费者个性化营销,更好地满足消费者的动态需求。

三、我国发展金融营销的对策

我国金融机构的营销活动迎来了机遇与挑战,也面临着冲击和考验,为了更好地适应竞争,必须积极采取对策,大力发展金融营销。具体来说主要可以从以下几个方面入手。

(一)更新金融营销理念

金融营销在很大程度上是观念之争,营销观念是一种经营哲学,它始终贯穿于金融企业的经营管理活动中。金融机构作为一种特殊的企业,必须树立正确的营销理念,最终实现利润最大化目标。针对我国金融营销起步晚、营销意识薄弱、营销知识欠缺的现状,应采取多种形式加强金融营销宣传,强化金融企业的金融营销观念并积极运用品牌营销、社会营销、整合营销、互联网营销、智能营销等先进的金融营销理念,使之成为金融企业员工的自觉意识和行为,推动我国金融业的发展。

(二)采用灵活多样的营销手段

为了实现企业的经营目标,金融机构应灵活运用多种营销手段与营销方式,实施营销组合策略。在科学的营销目标指导之下,综合运用市场细分、产品、定价、促销和分销等策略,通过渠道、人员、过程、品牌和有形展示等营销因素,从整体上满足顾客的需要。

金融机构通过深入的市场调研,可以充分发掘市场需求;运用专业知识开发个性化、创新化的金融产品;运用各种定价策略制定灵活、合理的价格;以宣传和普及为突破口,强化客户对产品的认知,迅速形成服务消费“热点”;拓展原有的直接分销网点并大力发展间接分销渠道,保证销售渠道的畅通无阻;协助和指导客户掌握与运用金融知识与技能,提供全方位的维护技术,拉近银行与客户之间的距离。同时要积极借鉴国外银行所推行的关系营销、顾客满意度指标和客户服务中心等先进的市场营销方法,不断提高营销效果。

(三)建立完善的营销组织体系

金融营销是一项系统性的工作,高效、灵活的营销组织是保证各个环节高效运作、协调一致的润滑剂。

随着金融营销在金融企业中重要性的不断增强,它将渗透到金融企业活动的方方面面。在西方,有的学者将了解消费者的需求,设计出满足消费者需求的产品并以符合消费者心理的方式传递给消费者称为“外部营销”,而金融企业内部建立合理的组织,决策层和领导层通过科学管理,帮助下属做好工作,则属于“内部营销”的概念。完整的营销工作应是这两者的有机结合。

根据这一情况,金融机构要做好以下几方面的工作:首先,建立专门的市场营销部门,用以研究市场、研究客户需求、制订切实可行的营销方案;其次,加强对广大员工的教育与培训,特别是在第一线工作的广大员工,因为他们与客户直接打交道,对客户会产生重要的影响,因此必须使其真正树立营销服务观念;其三,制定工作准则与服务标准,做到统一化与制度化;其四,协调与处理在金融营销中由于部门、专业协同运作过程中出现的各种问题,提高市场营销的整体性。另一方面,要建立起合理的目标管理和激励机制,明确职责,以提高金融营销活动的适应性与有效性。

(四)改进营销技术

科学技术的发展使社会经济产生了跳跃式的前进,也为金融营销的发展提供了强有力的支持。电子通信技术与网络新技术在金融交易中的应用使金融企业的经营方式、金融产品的形式发生了重大的变化,不仅降低了运营和交易成本、提高了金融企业的经营效率,也使得金融机构突破了传统营销的时空限制,为客户提供一流的快捷服务。可以说,在现代社会,谁拥有高科技,谁就拥有强大的竞争优势,也就可能更多地拥有顾客和市场。因此,金融机构应主动依靠科技进步,借助现代科技成果,加快电子化建设,大力拓展 ATM、POS、电话银行、手机银行、家庭银行和网上银行等业务,实现营销技术的现代化,提高经营效益与竞争力。

(五)形成鲜明的营销特色

金融业的竞争日趋激化,金融企业必须在市场细分的基础上进行明确定位,实施差异化营销,这一点在日本的金融业中得到充分的体现,他们提出了“有限细分市场需求的营销模式可以提高顾客忠诚度”的观念已深入人心。

金融机构必须对目标市场进行合理细分,综合考虑本企业的经营水平、客户需求、市场竞争和宏观经济等实际情况,选择合适的营销战略。只有找准自己的优势,突出自己的特色,选准合适的目标市场,才能在服务内容、服务渠道和服务形象等方面凸显针对性与创造性,提高银行在客户中的知名度,给客户留下深刻印象。这种通过差异化营销定位在社会公众心目中树立起良好的形象与信赖感将成为其他金融机构无法仿效的核心竞争能力和长期的利润来源。

(六)培养与引进金融营销人才

金融产品竞争的背后是金融人才的竞争。在知识经济时代,集知识、科技、经济为一体的金融企业应重视金融人才的培养。在当今社会,金融企业在营销活动中更强调“新型复合型人才”，这是指掌握并熟练运用现代科学技术，精通并能创造性运用现代营销技能，且能不断进行新的知识汲取、积累和更新的人才，从人才学的角度讲就是“通才”。营销人员素质必须具备全面性和综合性：基本素质(包括品行、涵养、行为举止等)好；专业知识全面，熟悉相关金融产品的特征和操作规程；社会交际能力强。能否造就一批具有高素质的金融营销人才队伍是关系营销战略及金融企业经营成败的关键。

名词解释

金融营销　金融机构　金融产品　客户满意　关系营销　金融品牌营销　社会营销　整合营销　知识营销　互联网营销　智能营销

☞ 思考题

1. 金融营销的构成要素包括哪些?
2. 开展金融营销的金融机构有哪些类别? 请举例说明。
3. 金融营销与一般工商企业相比，具有哪几个特点?
4. 简要说明西方金融营销走向成熟的原因。
5. 现代金融营销理念主要有哪些?
6. 请联系实际谈谈我国金融营销中存在的主要问题，你认为应该如何发展中国的金融营销。

思考与分析

王小虎是某金融机构的营销部门主管，他经常向他的几个业务员灌输“金融营销就是向客户推销金融产品以获取赢利”的思想，在对业务员的考核中也以业务量指标作为考核标准，那些能将最多的金融产品推销给客户的员工就是他眼中的营销人才。请你谈谈对他的观点与行为的看法。

第二章

金融营销环境分析

现代金融业的发展，不单是资本的聚敛和运作，更是市场、文化、人才和信息等各方面的系统协调的结果。尤其当世界经济格局呈现出“大经济”循环圈时，金融业务向复杂化、多样化和综合化方向发展，金融机构的并购，金融集团、金融超市、金融百货公司等的出现加剧了金融企业之间的竞争。金融机构要想在竞争激烈的开放环境中获得竞争优势和可持续发展，就必须以更积极、更主动的姿态面对市场环境，及时调整经营管理重点，使顾客价值与经营成本能协调。因此，充分了解其所处的营销环境将有助于更好地面对金融机构竞争格局。

本章主要介绍金融机构开展营销活动所面临的宏观、微观环境，并讨论竞争者对金融营销的影响。

第一节　金融营销的宏观环境

一、金融营销环境的含义与特点

(一) 金融营销环境的含义

金融营销环境是对金融机构的营销及经营绩效起着直接或间接影响的各种因素或力量的总和，它包括影响金融机构与其目标市场进行有效交易的所有行为者和力量。

(二) 金融营销环境的特点

金融机构应重视对金融市场营销环境的研究和分析，对自己所处的环境状况作出科学合理的评价，这是其适时、适度地调整营销策略，促进可持续发展的前提条件。

金融市场营销环境具有以下特点：

1. 相关性。金融营销环境不由单一环境因素决定，而是在诸多环境因素共同作用下决定的。如金融产品的价格不仅受客户需求和金融机构供给的影响，而且还受到经济发展与国家货币和财政政策的制约。所以,各因素相互影响的方式和作用程度都将增加企业识别环境因素对其营销活动影响程度的难度和复杂性。金融机构应尽量对影响营销环境的各因素进行全面的分析与预测,以便尽可能地把握环境因素之间的相互作用。

2. 差异性。金融机构既受宏观环境影响,也受微观环境影响。但是无论是宏观环境还是微观环境,对不同的金融企业将产生不同的影响。当然,同一金融企业在不同时期也会面临不同的营销环境。因此,金融机构应从自身的特点出发,依据市场营销环境的变化,制定出适合企业发展的营销策略。

3. 动态性。金融机构的营销环境处于变化中,这主要是由于影响营销环境的因素是多方面的,而每个因素会随着时间的更替和经济的发展而不断变化,这就决定了企业对营销环境的适应过程也是一个动态的过程。环境因素对金融机构的影响有大有小、有深有浅,有些可以预测,而大多数变化则难以预料。例如,通过对环境变化程度的分析,金融机构可以获悉的是它面临一个相对稳定还是动荡的环境;通过对环境复杂程度的分析,则可以了解构成环境因素的数量和广度。因此,金融营销的成败,取决于金融企业对环境变化的认识和适应程度。

4. 不可控制。金融营销环境的动态性决定了其不可控制的特点。比如,国家颁布的法律、法规和政策;人们的意识形态、价值观和社会行为准则、社会风俗习惯;竞争者的营销战略等因素,它们都将对金融营销活动产生不可估量的影响,但金融企业对这些因素却不具有控制力。因此,金融机构对不可控的环境因素,不仅要主动地去适应,更应采取积极措施,不断创造与开发对自己有利的环境,以便更好地生存和发展。

二、金融营销环境的分类

金融营销环境是一个动态发展的多维结构系统。根据营销环境对金融机构的影响程度和范围大小,依次分为宏观环境、微观环境与金融机构自身(见图 2－1)。金融机构不仅受宏观环境的影响,还受微观环境的影响。

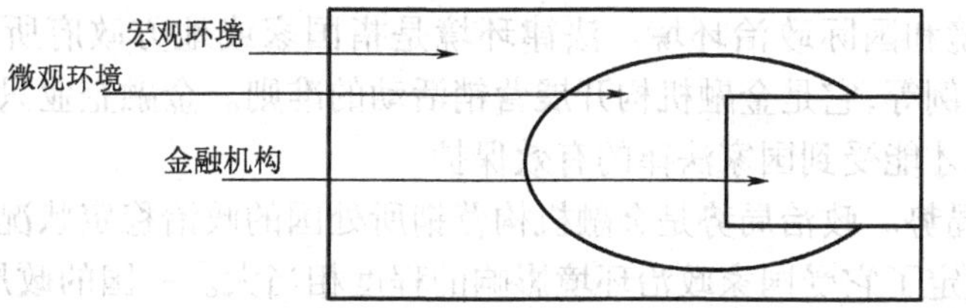

图 2－1　营销环境与金融机构的关系

（一）宏观环境

宏观环境是对包括金融机构在内的各行各业都产生影响的各种因素和力量的总和，一般由人口、经济、文化、政治和法律、技术以及自然环境等因素构成。宏观环境的变化、发展对企业来说是“不可控制的”，它会对金融机构营销和经营造成巨大的潜在作用，也会影响金融机构中长期计划和发展战略的选择。因此，金融企业必须关注它们，并作出适当的反应，通过内部的关系和制度、营销战略的调整来适应宏观环境的变化。

（二）微观环境

微观环境是由金融机构自身的市场营销活动所引起的与金融市场紧密相关、直接影响其市场营销活动的各种行为者，是决定金融机构生存和发展的基本环境。微观环境主要包括：生产商和供应商、客户、营销中介机构、公众、竞争者等因素，这些因素也是不可控的，但可以通过金融营销活动对其产生影响。因此，金融机构的营销人员要认真观察所处的环境，通过产品的开发、营销手段的创新等，寻找新的机会。

三、金融营销宏观环境分析

宏观环境分析就是对金融机构所面临的总体市场营销环境进行分析。

金融机构宏观环境由几个因素组成：政治与法律环境、经济环境、科学技术环境、社会文化环境、人口环境和自然环境等，而影响最大的是政治、经济、社会和技术环境，如图 2－2 所示。

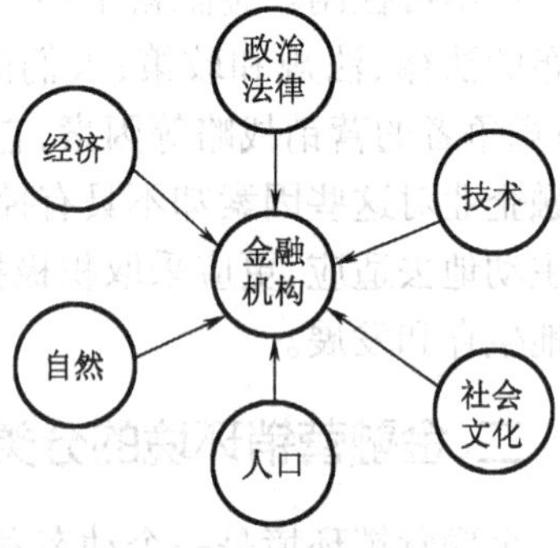

图 2－2　金融机构的宏观环境

（一）政治与法律环境

政治、法律环境的稳定与否是金融机构经营的基础性条件。政治环境是金融机构市场营销的外部政治形势和状况，它分为国内政治环境和国际政治环境。法律环境是指国家或地方政府所颁布的各项法规、法令和条例等，它是金融机构开展营销活动的准则。金融企业只有依法进行各种营销活动，才能受到国家法律的有效保护。

1. 政治局势。政治局势是金融机构营销所处国的政治稳定状况。金融行业的特殊性质，决定了它受国家政治环境影响的程度相当大。一国的政局稳定，国泰民安，金融市场就会稳定，金融企业也就有一个良好的营销环境。反之，一国政局动荡，战争、罢工不断，则会影响经济发展和人民收入增长，影响人们的投融资活动，给金融市场营销带来极大障碍和风险。例如，2014 年 2 月 22 日，乌克兰议会解除维克托·亚努科维奇总统职务，并对其通缉。3 月 3 日，俄罗斯总理梅德韦杰夫表示俄罗斯方面不承认乌克兰目前的临时政府。乌克兰政府颁布总动员令，警告俄罗斯在克里米亚半岛部署军队构成了实际上的侵略，而美国和北约组织要求俄罗斯撤军，俄罗斯与西方爆发冷战结束以来最严重的冲突。3 月 3 日俄罗斯 Micex 证券交易所开盘暴跌 7%，亚洲欧洲股指也大幅下挫。①

2. 国际关系。国际关系是指国家之间的政治、经济、文化和军事等关系，包括世界和平所处的具体状态、本国与其他国家政治经济和商贸往来的密切程度等。金融营销离不开国际环境，随着金融国际化、全球化趋势的形成和深化，金融营销的开展也必须注重国家与国家间的关系。自中国入世后，金融市场已逐渐向外资机构开放，大量的外资机构纷纷在我国境内设立分支机构和代表处，经营各类金融业务。与此同时，我国的金融机构也积极拓展海外市场，在许多国家建立自己的营业网点。所以说，如果没有良好的国际环境，国家之间不能保持良好的双边或多边关系，要实现国际金融营销是不现实的。至少在歧视政策和不平等条件的制约下，将会极大地阻碍市场营销活动的开展。

3. 金融政策。金融政策是国家的宏观金融政策和地方政府的金融政策，包括国家通过中央银行制定的政策，或是通过金融监管机构颁布的各种政策条例等。在不同阶段，国家根据不同需要颁布相关的经济、金融政策，不仅会影响本国金融企业的营销活动，还会影响外国金融企业在本国市场的营销活动。

例如，中央银行实行宽松信贷政策，则会扩大货币发行量，促使商业银行扩大资产负债业务，使市场对资金需求量增加；反之，中央银行实施紧缩的货币信贷政策，货币供应量减少，银行的业务量就会随之减少，使市场对资金的需求量减少。由此可见，金融机构对中央银行金融政策的反应必然影响市场的需求，改变资金的供给，这对市场营销也必然带来直接或间接的影响。

4. 法律环境。各国都通过颁布法令来规范和制约金融企业的活动。对金融营销法律环境分析的目的在于：一方面，凭借国家制定的各项法律、法规来维护金融企业的正当权益；另一方面，法律是金融企业市场营销活动的基本准则。金融企业在开展市场营销活动的过程中，应自觉接受管理层的监管、依法依规运作、公平竞争、保护客户利益、防范和化解金融风险，从而形成规范有序的金融市场。

随着我国金融体制改革的推进，经济、金融的立法和执法日益受到关注。国家为适应金融业发展的需求，陆续颁布了一系列的法律、法规和规章制度。如中国人民银行法、商业银行法、票据法、担保法、贷款通则、证券法、保险法、信托法与证券投资基金法等，这些法律、法规是金融企业经营和营销的行为准则。同时，在经济全球化的浪潮中，我国金融企业正面对更加开放、复杂的市场环境和激烈竞争。因此，国家相关的法律和法规也必然成为现代金融企业的必修课程。

① 资料来源：东方财富网：俄罗斯和乌克兰冲突激化，欧洲股市盘中大幅下挫，2014 年 3 月 3 日。

(二)经济环境

金融行业是社会经济中的重要环节,它必然会受到经济环境的影响。经济环境指金融营销活动所面对的外部社会经济条件,其运行状况和发展趋势会直接或间接地对金融营销活动产生影响。经济环境包括经济发展水平、消费者收入水平、宏观经济走势、再就业状况、国民生产总值变化趋势和通货膨胀率等。

1. 经济发展水平。经济发展水平决定了社会资金的总供给和总需求水平,直接影响金融机构的资金实力、业务种类、经营范围和手段。在经济发展的不同阶段,人们的收入不同,对未来的预期存有较大差异,将会对金融机构营销活动产生制约作用,通过金融机构进行的融投资活动的频度和规模也就不同。

美国学者罗斯顿就经济发展的不同阶段提出了"经济成长阶段理论",他将世界各国的经济发展归纳为五个阶段:传统经济社会、经济起飞前的准备阶段、经济起飞阶段、迈向经济成熟阶段和大量消费阶段。凡属前三个阶段的国家称为发展中国家,处于后两个阶段的国家称为发达国家,我国目前尚处于经济起飞阶段。

2. 经济发展速度。经济的发展速度直接影响金融市场的发展速度,反之,金融市场的发展速度也促进经济的发展速度。20 世纪 90 年代初,邓小平同志发表南方谈话,党的十四大确立建设社会主义市场经济目标,我国国民生产总值出现了令世界咋舌的高速增长。从 1993 年开始,GDP 每年上一个万亿元台阶。2002 年 GDP 首次突破 10 万亿元大关,2006 年突破 20 万亿元,2012 年则突破 50 万亿元,2017 更是达到了 82.7 万亿元。按照国家统计局数据计算,1980—2015 年,中国实际 GDP 年均增长速度达到 9.7%,而同期世界经济增速仅为 2.78%,约为中国的 1/4,中国对世界 GDP 增长的累积贡献率超过 13%。①

3. 金融发展速度。我国金融业保持快速增长,1990—2006 年,金融业年均增长 13.4%,而金融业增加值占 GDP 的比重从 2007 年的 5.62% 提高到 2017 年的 7.95%。② 金融就业人数也从 1978 年的 76 万人增加到 2015 年的 607 万人,特别是 2006—2015 增加了 200 多万。③

同时我国的货币市场和资本市场也得到了快速发展。2017 年末广义货币供应量(M_2)余额 167.7 万亿元,比上年末增长 8.2%;狭义货币供应量(M_1)余额 54.4 万亿元,增长 11.8%;流通中货币(M_0)余额 7.1 万亿元,增长 3.4%。全部金融机构本外币各项存款余额 169.3 万亿元,比年初增加 13.7 万亿元,各项贷款余额 125.6 万亿元,增加 13.6 万亿元。

4. 消费者收入水平的变化。消费者收入是指消费者个人从各种来源中所得的全

---

① 资料来源:万相昱,张涛. 中国的经济增长为世界经济作出了重要贡献[J]. 红旗文稿,2017,13(7).

② 资料来源:蒋健蓉,龚芳,阮晓琴. 中国金融业正面临五大转变[N]. 中国证券报,2018-2-24.

③ 资料来源:国家统计局。

部收入,包括工资、奖金、红利、租金和赠与等。我国是一个人口大国,金融机构的个人业务占据相当大的比重,而个人金融业务来自消费者的个人收入,但他们并非把全部收入都用来购买金融产品和服务。因此,以下因素会影响消费者购买金融产品:

(1)国民收入。国民收入是指一个国家物质生产部门的劳动者在一定时期内新创造的价值的总和。

(2)人均国民收入。人均国民收入是国民收入总量与总人口的比值。这个指标大体上反映了一个国家人民生活水平的高低,也在一定程度上决定了商品需求的构成。一般来说,人均收入增长,对金融产品的需求和购买力就大,反之就小。

(3)个人可支配收入。个人可支配收入是个人收入中扣除税款和非税性负担后所得余额。它是个人收入中可以用于消费、储蓄、投资和购买保险等金融产品和服务的部分。

(4)个人可任意支配收入。个人可任意支配收入是在个人可支配收入中减去用于维持个人与家庭生存不可缺少的费用(如房租、水电、食物、燃料和日用生活品等项开支)后剩余的部分。这部分收入是消费需求变化中最活跃和最具潜力的因素,是金融机构开展营销活动时所需考虑的对象。

5. 消费结构和消费者的金融支出模式。

(1)消费结构。消费结构是指在消费过程中,人们所消耗的各种消费资料(包括劳务)的构成,即各种消费支出占总支出的比例关系。消费结构的变化将直接或间接影响产业结构和产品结构的变化。我国正处于经济转型期间,人们的消费结构不断发生变化,对娱乐、文化教育和旅游等相关的商品和服务的需求在不断上升,正在形成巨大的潜在市场。因此,金融机构应以此为基础开展营销活动。

(2)消费者金融支出模式。消费者金融支出模式是指消费者用于各种金融消费支出的比例,它对金融市场营销有着关键的作用。在经济学中,通常用“恩格尔定律”来反映这种变化。“恩格尔定律”是指当家庭个人收入增加时,收入中用于食物开支部分的增长速度要小于用于教育、医疗、享受以及金融产品等方面的开支增长速度。因此,食物花费占总花费的比例越大,恩格尔系数越大,生活水平越低;反之,恩格尔系数越小,生活水平越高。

6. 消费者储蓄变化。消费者一般有两大类储蓄形式:一是银行存款;二是购买有价证券。从我国居民来看,储蓄存款通常是首选的金融产品;从金融机构的角度来看,储蓄资金是银行资金的重要来源之一。尽管我国的金融业开始意识到中间业务的重要性,但是占世界人口 1/4 的中国,存款业务仍然是银行目前赖以生存的重要资金来源。然而,消费者储蓄也受个人收入、通货膨胀、市场商品的供给以及消费者消费偏好等因素的影响。因此,金融营销人员应当全面了解消费者的储蓄情况以及各种影响因素,尤其是了解消费者储蓄目的的差异。储蓄目的的不同,往往影响到潜在需求量、消费模式和消费内容。例如,当前越来越多的年轻人开始喜欢“超前消费”,这种需求带动了消费信贷等金融业务,因此银行等金融企业的营销人员应该注意这种储蓄向信贷转变的情况。

（三）科学技术环境

科学技术环境是技术变革、发展和应用的状况，是技术知识财富和社会进步相结合的产物。技术的变革不仅直接影响金融机构的经营，而且还和其他环境因素相互依赖，共同影响金融机构的营销活动。

1. 产品策略。由于科学技术的迅猛发展，银行、保险和证券公司等金融机构开发产品的周期大大缩短，产品更新换代加快。由于金融产品的易于模仿的特点，要求金融企业不断寻找新市场，预测新技术，时刻注意新技术在产品开发中的应用，从而开发出给消费者带来更多便利的新产品。比如，2007 年以来我国出现了 P2P、余额宝、网上银行、手机银行等一系列金融创新产品，使人们的金融交易变得更为方便。

2. 分销策略。由于科学技术在金融领域的运用，使人们的工作及生活方式发生了重大变化，为金融企业创造更多营销渠道提供了条件。例如，以前银行都过分强调增加营业网点的营销策略，但随着 ATM 终端、POS 终端和网络银行的出现，顾客在家中就可以完成许多复杂的银行业务；买卖股票也可以足不出户，通过网络实现银证转账交易，营业网点的作用被弱化。

3. 价格策略。科学技术提高了生产效率和交换效率，给金融市场营销工作提供了突破性机会。网络技术等科学技术的发展及应用，一方面使得金融机构准确、快捷、高质量、多渠道地向客户提供服务，同时还降低了营运成本；另一方面使企业能够通过信息技术，加强信息反馈，正确应用价值规律、供求规律和竞争规律来制定和修改价格策略。

4. 促销策略。科学技术改变了人们的生活观念和生活方式，也给金融企业的促销策略带来新的要求。金融企业可以通过无线电广播、电视、手机、网络进行宣传，提高了金融企业的营销力度，在降低营销成本的同时，还提高了促销的效率。

5. 金融企业经营管理。技术革命是管理革命的原动力，一方面，它向管理提出了更高的要求；另一方面它又为金融机构改善经营管理、提高管理效率提供了物质基础。在知识经济时代，金融企业运用现代化科技的能力已经成为衡量其竞争能力的标志，地域优势、资产规模都不再是评价金融机构唯一的标准。

（四）社会文化环境

社会文化环境是指一定社会形态下的社会成员共有的基本信仰、价值观念和生活准则，并以此为基础，形成风俗习惯、消费模式与习惯等社会核心文化、社会亚文化和从属文化。社会核心文化有较强的持续性；社会亚文化比较容易发生变化；从属文化价值观念常能提供良好的市场机会。

社会文化环境包含价值观念、伦理道德、社会习俗和宗教信仰等生活方式和社会价值因素。因此，金融机构应重视对社会文化环境的调查研究，制定出适宜的营销手段。

1. 价值观念。价值观念是人们对社会生活中各种事物的态度、评价和看法，它包括财富观念、时间观念和对待生活的态度等。同样的事物或问题，在不同的社会或不同的人群中会有不同的评价标准，从而对人们的消费行为、消费方式等产生重大影响。例如，西方发达国家与我国在消费观念上有显著的差别：前者崇尚生活上的舒适和享受，追求超前消费；后者则遵循"量入为出""勤俭节约"的生活准则。因此，不同国家的社会文化，不同价值观念的人群对金融产品和服务的要求是完全不同的，这就需要金融市场营销人员针对不同的客户采取差异化的营销策略，提高营销效率。

2. 风俗习惯。风俗习惯是人们在长期的生活中自发形成的行为模式，是人们根据自己的生活内容、生活方式和自然环境，世代相袭固化而成的一定社会中大多数人共同遵守的行为规范。风俗习惯包括饮食、服饰、居住、婚丧、信仰和人际关系等方面的心理特征、行为方式和生活习性。不同的国家、民族有着不同的风俗习惯，甚至在同一国家不同地区的群体，都有自己特有的风俗习惯。由于风俗习惯对人们的投资和消费行为都会产生影响，所以金融机构在开展市场营销活动时，应研究客户所属群体及地区的风俗习惯，做到"入乡随俗"。

3. 宗教信仰。宗教信仰是一种较为特殊的文化因素，佛教、道教、基督教、伊斯兰教、天主教、犹太教等宗教内容和形式的多样性，决定了宗教对人们消费行为的影响也是多层次、多角度的。宗教信仰对很多国家和地区的国际市场营销活动影响很大。金融企业要在其营销活动中充分认识到宗教信仰对客户的影响，尊重目标市场各方的宗教信仰和观念，充分利用营销契机、巧妙规避风险。

4. 审美观念。美是一种高层次的人类心理需求，是文化的重要组成部分。不同的国家、民族和地区，由于长期的生活习惯和传统文化的不同，形成了自身独有的审美观念以及对美的不同评价标准。不同地区的人群对于数字、色彩、图案、形体、运动、音乐旋律与节奏以及建筑式样等艺术表现形式的喜好和忌讳，在很大程度上影响金融产品的设计和营销。

5. 社会亚文化。亚文化又称集体文化或副文化，是与主文化相对应的那些非主流的、局部的文化现象。它是以主文化或综合文化为背景，属于某一区域或某个集体所特有的观念和生活方式。亚文化不仅包含着与主文化相通的价值与观念，也有属于自己的独特的价值与观念，并构成亚文化。从一定程度上来说，亚文化对客户消费心理与行为的影响比社会核心文化更为重要。

例如，由于互联网技术的普及与应用，受网络影响的年轻人的消费习惯逐渐形成了"网络亚文化"。对于"80 后"的年轻人来说，他们的社会价值和个人价值已突破了追求新奇、创新和冒险，而形成了"80 后亚文化"。再如，随着"珠三角"经济发展带、"长三角"经济发展带以及"环渤海"经济发展带的建立，"区域亚文化"也将逐步形成。

（五）人口环境

人口是构成市场的首要因素，也是营销人员关注的环境因素，因为市场是由人组成的。人口规模决定了金融机构的市场规模,人口的结构变化也决定着金融机构的结构变化,因此,人口状况将直接影响到金融机构的营销战略和营销管理。金融机构在进行营销规划、开展销售活动时,需要充分、细致地分析一国或地区的人口状况,包括人口数量、人口分布、年龄结构、婚姻状况、家庭结构和受教育水平等因素。

1. 人口数量分析。人口数量是指总的人口数量,是决定市场规模的一个基本要素。人口绝对量的增减(即人口规模的大小)虽说只是从数量上影响金融机构的业务量,但由于人口的数量增减会导致社会消费的总体增减,进而促进或者阻碍消费品生产企业的业务,因此最终还是体现在这些企业的金融业务量的增减上。金融营销首先要关注所在国家或地区的人口数量及其变化,通过人口出生率、人口死亡率等指标,确定现有市场规模和预测未来市场规模。我国作为世界人口最多的国家,金融市场蕴藏着巨大的潜力,目前许多跨国金融企业开始关注这一情况,纷纷将自己的业务拓展到中国。

2. 人口结构分析:

(1)年龄结构。不同年龄的客户对金融产品的需求不一样。金融机构通过了解不同年龄结构所具有的需求特点,可以决定金融产品的投向,寻找目标市场。目前,我国正呈现“人口老龄化”的趋势,金融企业在进行市场人口环境因素分析时,必须对这一新趋势加以足够的重视。一般说来,老年人口作为一个特殊群体,对高风险金融产品相对趋于回避,而对储蓄、养老保险和医疗保险等金融产品投入较多。因此,金融企业对老年人的营销活动,最好能体现方便、简捷和稳定的特点。

(2)教育与职业结构。人口的教育程度与职业不同,对金融产品需求表现出不同的倾向。随着高等教育规模的扩大,人口的受教育程度普遍提高,收入水平也逐步增加。教育水平的高低影响着金融营销策略的选取,所以,金融企业的营销活动必须从各地受教育水平的实际出发。例如,在文盲率较高的地区,文字性的广告宣传难以收到好的营销效果,而通过电视、广播方式开展营销,更易于为人们所接受。处于不同教育水平的国家或地区的居民,对金融商品的需求也会存在较大差别,采取的营销方式和手段也不相同。

(3)家庭结构。家庭是商品购买和消费的基本单位。一个国家或地区的家庭单位的多少以及家庭平均人员的多少,可以直接影响到某些产品的需求数量。同时,不同类型的家庭往往有不同的消费需求。

案例2-1

我国的人口结构对金融营销的影响

根据国家统计局的统计,2016 年末我国内地总人口 138 271 万人,比上年末增加 809 万人,各层次的人口结构如表2-1。

表 2-1　2016 年年末中国的人口数及其构成

指标	年末数(万人)	比重(%)
全国总人口	138 271	100
1. 户籍结构:城镇	79 298	57.35
乡村	58 973	42.65
2. 性别结构:男性	70 815	51.2
女性	67 456	48.8
3. 年龄结构:0~15 岁(含不满 16 周岁)	24 438	17.7
16~59 岁(含不满 60 周岁)	90 747	65.6
60 周岁及以上	23 086	16.7
其中:65 周岁及以上	15 003	10.8

资料来源:国家统计局,2018 年统计数据。

观察我国的人口结构可以得到以下几个启示:

1. 我国的常住人口城镇化率(城镇常住人口占总人口比重)为 57.35%,比上年末提高 1.25 个百分点。户籍人口城镇化率为 41.2%,比上年末提高 1.3 个百分点。全国人户分离的人口 2.92 亿人,其中流动人口 2.45 亿人。表明中国的城镇化水平在不断提高,并且流动人口数量庞大。

2. 我国未来几年的教育需求将不断上升。1986—1990 年中国第二次婴儿潮主力现已成家立业,进入生育年龄,产生了中国的第三次婴儿潮。而 2015 年 10 月,党的十八届五中全会决定放弃独生子女政策,允许所有夫妇生育两个孩子。这会促使新生儿、K—12 (幼儿园到 12 年级)阶段人口数量在未来一段时间持续增长。2016 全年出生人口比 2015 年多出生 191 万人,成为 2000 年以来出生人口最高的年份。K—12 阶段的学生是教育消费的主力军,意味着我国巨大的教育需求。

3. 我国的老人占比不断提高。60 周岁及以上老人 23 086 万人,占到 16.7%,特别是 65 周岁及以上的老人已从 2006 年的 10 419 万人增加到 2016 年的 15 003 万人,占总人口的比重已达到 10.8%。

根据以上分析,中国家庭用于子女和老人身上的支出比例将相对增大,人们会增加对教育储蓄、养老保险、医疗保险等金融产品的需求。另外,随着国民收入的提高,每个家庭成员的人均支出也会增多,大家更加注重生活质量,消费信贷将成为越来越多人的选择。这些对金融产品的开发、销售都会产生巨大的影响。

3. 人口分布分析。人口分布是指人口在地理分布上的区别,在不同地区人口密集程度的差异。各地人口的密度不同,则市场大小不同、消费需求特性不同。我国人口地理分布是:城市人口比较集中、大中城市人口数量较多,中部和南部广大地区人口相对稠密。金融企业可以根据不同地区的人口分布特点，决定向某些地区提供金融产品的数量与结构、采取何种分销策略，以及分支机构、营业网点的总体分布和设置。当前，我国有一个突出的现象就是农村人口向城市流动，内地人口向沿海经济开放地区流动。金融企业应关注这些地区消费需求在量上的增加，以及在消费结构上发生的变化，提供更多满足这些流动人口需求的金融产品，从而顺应人口分布特征及流动趋势。

（六）自然环境

自然环境是指自然界提供给人类各种形式的物质资料，如阳光、空气、水、森林和土地等。随着人类社会进步和科学技术发展，世界各国都加速了工业化进程，创造了丰富的物质财富，满足了人们日益增长的需求。但是从20世纪60年代起，世界各国由于面临资源短缺、环境污染等问题，开始关注经济发展对自然环境的影响，成立了许多环境保护组织，促使各国政府加强环境保护的立法。在各国低碳经济不断发展的背景下，绿色金融成为全球多个国家着力发展的重点之一，它要求各金融机构在服务提供过程中纳入环境评估，在投融资行为中注重对生态环境的保护，注重对绿色产业（如环保、节能、清洁能源、绿色交通、绿色建筑等领域）的资金支持。

第二节　金融营销的微观环境

除了宏观环境之外，微观环境也是金融机构在开展营销活动中必须关注的重要内容。

一、金融营销微观环境概述

金融市场营销微观环境是营销过程中所面临的个体环境，它对金融机构的营销活动产生重要的直接影响，并决定金融机构的生存和发展。因此，金融机构在开展营销活动时必须对其加以重点关注，主要包括供应商、中间商、顾客、竞争对手、社会公众以及金融机构内部参与营销决策的各部门。图2－3显示了金融营销微观环境系统的核心成员：供应商—金融机构—营销中介—客户。当然，金融营销的成功，也受其他群体的影响，特别是竞争对手和公众。

二、金融营销的微观环境分析

（一）供应商

供应商是向企业及其竞争对手供应他们为生产特定的产品和劳务所需的各种资源的工商企业和个人。尽管金融机构属于服务业，但也有赖于供应商去实现自身目标。

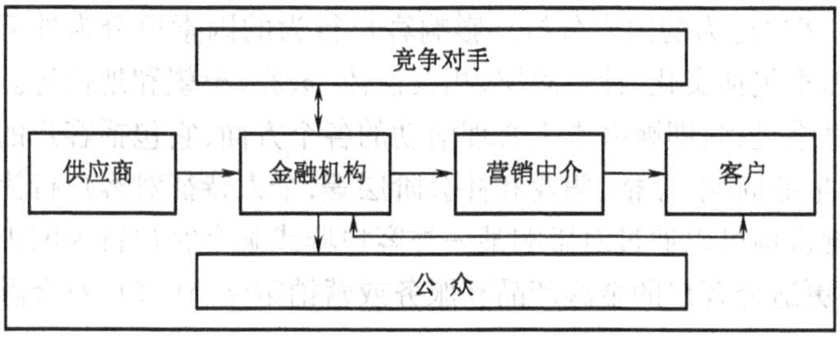

图 2-3 金融营销微观环境系统的核心

能使金融机构更好地为客户提供服务的企业就是金融机构的供应商,如印制企业为金融机构提供的各类印刷品;设备制造商为金融机构提供各类专业设备,包括 ATM、计算机、点钞机和复印机等;还有其他诸如文具供应商、公用事业供应商和房地产供应商等,金融机构依靠这些企业以合理的成本快速准确地满足客户的需求。因此,供应商情况的变化会对金融机构的营销活动产生巨大的影响。对于金融企业来说,应尽量避免对某一家供应商的过分依赖,以免受到供应商任意提价或限制供应的影响,或者供应商的不可控事件可能会严重地影响企业的营销管理。同时,采购代理人应设法与一些主要的供应商建立起长期的供销关系,以便在特别需求和价格等方面给予从优考虑。

(二)客户

俗话说:“谁赢得了客户,谁就赢得了市场。”客户是金融机构营销活动服务的对象,是企业一切活动的出发点和归宿,也是金融机构的目标市场。因此,客户是企业营销活动中最重要的环境力量。金融机构的客户包括集体性客户(企事业单位、组织和社会团体)和个体性客户(城乡居民)两类。其中,集体性客户可根据行业、规模、所有制性质和经营状况的不同进行细分;个体性客户也可依据收入水平、职业、年龄、受教育程度和社会阶层等不同划分为不同的层次。

1. 客户需求和行为分析。客户对金融营销的影响往往通过其需求和行为的变化发生作用。金融机构应对客户的需求,以及影响客户行为的因素、特征、购买过程、收益和信誉度等制定相应的营销决策,并根据客户的变化来调整营销策略。

(1)客户需求分析。客户环境分析的核心是需求分析。金融机构的营销策略因客户需求在不同时间和空间条件下而有所不同,而不同类型或层次的客户需求存在差异,金融机构应实施差异性营销策略。随着我国经济的快速发展,客户对金融产品和服务的需求也发生了巨大的变化。现在,衡量市场需求的基本要素包括:金融产品与服务的种类和范围、客户对金融产品和服务的潜在需求、客户对金融产品和服务的现时需求、大市场客户群体与目标市场客户群体、地理区域、特定需求的时间跨度(时期)、营销环境(不可控因素)和营销方案(可控因素)等。金融机构根据不同的需求要素，进行不同的营销策略配置，实现企业的营销战略目标。

(2)影响客户行为的因素分析。影响客户行为的因素可分为外部因素和内部因素。外部因素包括文化、社会阶层、相关群体、家庭、声望和地位等。内部因素关系到客户的思维过程，即顾客本人心理活动的各个方面，它包括客户的心理因素和个人特征，如生命周期、品格、职业和社会阶层等，个人特征对客户行为的影响作用较大些。金融机构可以通过对影响某一类客户群或某个客户行为的内外因素进行分析，研究出更适合客户的金融产品和服务或营销策略，让客户对金融机构的服务更满意。

(3)客户购买过程分析。在客户购买行为过程之中，金融机构可以通过营销活动对客户产生影响。因此，对这一过程进行分析，有助于金融机构向客户提供有针对性的服务和产品。如图 2 -4 所示，客户的购买过程可分为认识阶段、购买阶段和购后评价阶段。

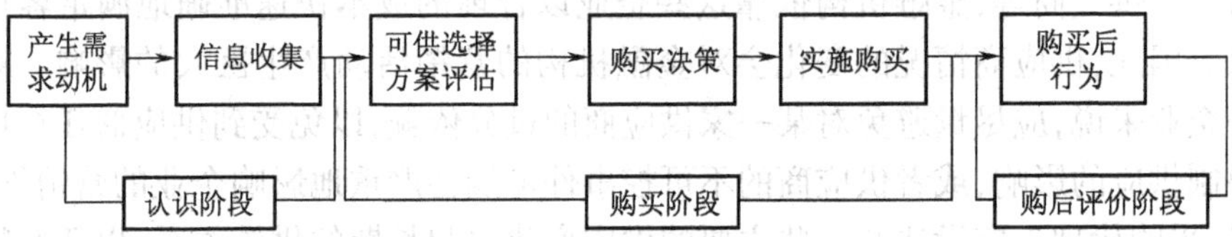

图 2 -4　客户购买过程的不同阶段

第一，认识阶段。该阶段是客户对市场上的各种金融产品和服务产生感性认识、明确需求动机的阶段。此时，客户并没有决定购买，而是对感兴趣的金融产品和服务的各个方面进行调查了解，广泛地收集相关信息，加强自己对该产品和服务的了解。金融机构在该阶段的主要任务就是为客户提供充分有效的信息及咨询服务，解答客户的疑问，通过宣传和社会影响来调节和引导客户的需要。

第二，购买阶段。该阶段是客户在调查了解后，决定购买什么、购买多少、何时何地向哪家金融机构购买以及采取什么方式购买。当这些问题确定之后，客户才可能开始具体实施购买行为，与金融机构直接交往并建立实际的信用关系。金融机构在该阶段的服务重点，应放在提供高质量的服务上，为客户提供满意的产品，解除购后顾虑。

第三，购后评价阶段。该阶段是客户购买后自身感觉与反思对比的过程。客户在一家金融机构购买了某种产品或接受某种服务，一方面，客户在对这家金融机构以前的宣传与现在的服务态度、服务质量和产品种类等方面进行对比；另一方面，客户将该金融机构的服务和产品与其他金融机构的服务和产品进行比较，以判断自己购买这家金融机构产品和服务是否值得、是否受益。如果客户感到满意，说明金融机构的服务是成功的。因此，金融机构在该阶段的服务重点是注意收集已接受服务和购买产品客户的反馈意见，并积极主动地与客户进行联系，帮助他们解决购买之后出现的各类问题，并根据客户的意见来改进金融机构的服务。

(4)客户的效益分析。金融机构是中介服务机构，其业务开展均涉及投融资活动，客户经济实力的雄厚与否直接关系到金融企业的生存基础。因此，进行必要的客户的收益分析有利于企业抓住关键性客户，实现金融企业整体资源配置能力的提升。

(5)客户的信誉度分析。客户是金融机构的上帝，讲究信用、遵纪守法的优质客户群有利于金融企业各项业务的顺利开展，能够有效降低经营风险。反之，如果客户的信誉度低甚至不讲信用，金融企业将面临极大的经营风险。

(6)客户特征分析。客户可分为个体性顾客和集体性顾客。其中，个体性客户的特征包括年龄、职业、受教育程度、收入以及种族成分；集体性顾客特征包括环境因素（国家政治制度、领导制度与所在地区的经济状况、法制状况、社会发展趋向与舆论导向、各类政策与管理水平）、组织因素（组织目标、内部政策、决定程序、工作程序、组织机构、系统特征以及资金来源与成本、需求水平、技术变化、人事制度和管理规章）和人际因素（决策人职权、地位、形象、影响力、法人或业务主管及业务员的个人因素等）。

第一，个人客户。随着我国经济的快速发展，个人财富的不断积累，使得个人需求也发生了根本性的转变。由传统简单的资金存取、买卖股票、基金和购买保险，向更为复杂的按揭、投资理财等方面发展。如何抓住个人客户的特点，分析他们的爱好和消费习惯，都将有利于金融机构争夺个人客户。

相对于企业客户，大多数个人客户没有全面专业的金融知识理论，因此金融机构向个人客户进行金融产品营销时更像是一般意义上的普通商品的营销。目前，尽管有些金融机构的营销人员对各类金融产品和服务了如指掌，然而，在解释和推销金融产品和服务过程时，以纯粹的数学分析方法如统计数字、图表、排名或评级等抽象而枯燥的方式向客户介绍金融产品和服务，只能吸引人的半边大脑，甚至可能会产生负面效果。很多理财顾问在给毫无金融背景知识的个人客户讲解时，满口的金融专业术语，使客户感到疑惑与恐惧。或许花旗银行成功的营销经验对这些金融机构人员多少有些帮助。花旗银行的个人业务部门的经理多从生产消费品企业中招聘而来。他们认为，银行的个人金融产品除了在开发方面与普通的商品有所区别外，在营销方面的理念则与一般商品完全一致，从制定价格、设计销售渠道、做广告搞促销到销售人员与顾客的接触，都可以按照一般的营销活动来进行。当然，如果能够根据客户的偏好设计具有创新的营销手段，无疑将会提高销售量，达到出奇制胜的效果。

对于金融机构来说，要做好个人客户的营销就需要从分析客户的特点出发，制定出适合客户特点的营销策略，将精力更多地放在提高现场服务质量上和售后服务上。

案例2-2

浦发信用卡创新积分兑换,满足多样化的客户需求

目前,各家银行对持卡的信用卡消费都有消费积分,但许多银行客户认为信用卡积分兑换不便,形成“积分无用论”,使得信用卡积分常常被人们视为“鸡肋”。浦发银行全面更新积分经营理念,广泛整合多方资源,通过挖掘移动互联网时代持卡人的实际需求,积极研究和改善积分奖励和兑换方式,针对不同的客户需求推出了“加速积分”“全能积分”“爆品抢兑”等特色积分消费模式,进一步提高客户的兑换意愿。

浦发信用卡“礼券银行”平台可以让客户在线兑换消费礼券,用于餐饮、电影票、连锁商超等,涵盖衣、食、住、行、娱各大消费场景,让用户真正能够把“积分当钱花”;针对经常出差或旅游的“空中飞人”,在“里程银行”平台,可以用积分轻松兑换航空里程,获取源源不断的旅行优惠;针对遭遇流量不足的用户,可直接用积分在“流量银行”兑换流量,有效缓解月末的流量压力。

同时,浦发信用卡持卡人用1积分就可以抢兑“每周爆品”,商品从热门电影票、话剧票到新潮数码产品,甚至还有常规购买渠道都一票难求的演唱会、音乐会门票等颇有价值的商品,得到了持卡人的热烈反响和众多好评。更令人惊喜的是,这些“爆品”是由持卡人投票选出,提升了用户积分兑换的互动性和参与感。

此外,为尽可能满足不同层次用户积分的多样化使用体验,浦发信用卡还提供了有趣的积分抽奖、积分竞猜等专题活动。

浦发在兑换渠道方面也进行了拓展,除短信兑换、电话兑换外,在其官方微信、浦大喜奔App、支付宝服务窗、官方网站均可实现兑换,便捷性显著提升。

资料来源:北京晨报:浦发信用卡打破“积分僵局”,满足用户多样化需求,2016年6月17日。

第二,企业客户。企业客户同样是金融机构的重要服务对象。企业客户与个人客户存在着较大的不同之处:一是企业客户所涉及的资金远远多于个人客户;二是企业客户对金融业务种类和业务范围的需求也要比个人业务更为丰富、广泛和复杂;三是企业客户希望拥有相应的专业理财团队,因此对金融机构的专业技能要求更高。

针对企业客户,金融营销的重点不能仅仅放在提高服务质量上和售后服务上,而应不断创新各类金融产品。根据不同的客户需求开发多样化、个性化的产品,把重点放在提高产品的质量上。公司业务不再是类似于消费品的简

单商品，它的营销手段也不能仅依靠广告和诱人的促销推广来提高企业形象这么简单。比如，我们可以从电视、报纸广告上看到许多金融机构如银行、保险、基金、证券公司的个人业务广告，可是却几乎看不到公司业务的广告，这虽然只是在广告方面的差异，却已经显示出金融营销对于不同的客户类型需要不一样的营销策略。因此，金融机构通过经常性的沟通和信息共享机制，以及积极拓宽企业客户融投资渠道来构建彼此之间和谐互信的关系，从而促进企业客户业务的增加。

2. 金融机构的一切营销活动都以满足客户的需求为中心。客户的差异性和易变性，一方面导致了金融机构营销的不确定性；另一方面也为金融机构改善经营、注重营销、开发新产品、培育新客户、提高竞争力和实现健康稳定发展提供了原动力。因此，金融机构应在产品开发前进行必要的客户意愿和信息分析，以帮助金融机构更好地进入或发展某一市场。但金融机构应注意到，这些调查问卷是否真实反映了被调查者内心的需求，所以，这还有待于金融机构作进一步的分析和研究。

(1)客户意愿分析。金融机构为充分了解并最大限度地满足客户的需求，一般可以采用访问、信函、电话、网络或 E－mail 等方式对客户的意愿进行调查。表 2－2 是某基金公司在开展业务前向客户调查的意愿表，该表采用封闭式提问法，以了解客户未来的投资倾向。

表 2－2　基金公司网上客户意愿调查表

1. 您的年龄： A. 25～40 岁 B. 40～60 岁 C. 60 岁以上 D. 25 岁以下
2. 您目前持有基金的状况是？ A. 仍持有基金，并且今年没有赎回 B. 仍持有一小部分基金，赎回了大部分 C. 已全部赎回 D. 从未买过基金
3. 您对未来一年的股票市场怎么看？ A. 保持乐观，认为很快会反弹 B. 震荡，有波段操作机会 C. 不看好，认为会低迷相当长一段时间 D. 非常失望，有离场打算

续表

4. 目前您倾向于把多余的资金投资于： A. 基金 B. 股票 C. 定期储蓄 D. 银行理财产品 E. 其他
5. 如果您目前购买基金，会选择哪种类型的基金？ A. 股票型或混合型 B. 债券型 C. 保本型 D. 货币型
6. 如果近期有新的债券基金发行，您会考虑投入多少钱？ A. 5 000 元以内 B. 5 000 元到 2 万元 C. 2 万元到 20 万元 D. 20 万元以上 E. 不考虑购买
7. 您对债券基金的看法是？ A. 风险较低，是理财投资组合中的必配 B. 收益稳定，是银行储蓄的理想替代品 C. 不知道该买哪家的债券基金 D. 不太了解，没有买过

(2)客户信息分析。客户信息分析就是对金融机构现有和潜在客户的相关资料进行分析，从中了解客户结构、客户的消费习惯、客户对企业的贡献度、客户的经营状况等，从而有针对性地制定相应的市场细分战略和产品战略。

(三)中间商

营销中介机构是帮助企业向消费者促销、销售和分销产品的企业。金融机构属于服务行业——其产品是无形的，因此，金融机构营销者并不与传统类型的中介机构打交道。在金融业里，营销中介机构主要包括信用卡公司(MasterCard、VISA、AmericanExpress 等)、各类商店超市以及娱乐餐饮店、房地产中介商、汽车 4S 店和财务公司等。这些中介机构在金融机构与客户之间起到桥梁作用，将专业性的金融产品，利用中介优势地位为客户提供方便获取金融产品的渠道。

近年来，一些金融机构为了削减成本和提高效率，开始将一部分后台工作分离出去。接收这些业务的企业变得对金融机构极其重要,因为金融机构的客户工作大部分都要依赖这些服务。

(四)公众

公众是指对一个组织完成其目标的能力有着实际或潜在兴趣或影响的群体。这个群体具有某种共同点,其共同之处会影响企业实现目标的能力。一个企业在追求自身营销目标的同时,必须对周遭各种各样的公众有着充分的认识并作出反应,并对公众如何看待企业予以回应。

金融机构对其外部公众和内部公众均要予以考虑。

1. 金融机构的外部公众:

(1)金融机构的股东和投资者。这部分公众将对金融机构的存在和未来发展有着至关重要的作用,因为他们是企业的真正所有者。

(2)媒体——服务于所在市场的报纸、杂志、网络、电视台和广播电台。这些媒体对金融机构的报道会影响一般公众对金融机构的看法。

(3)金融机构所服务地区的一般公众。他们对金融机构的认识和印象直接影响到金融机构吸引新客户与维持旧客户的能力。

(4)政府机构。这部分是掌握国家政策和法规的公众,因此,金融机构在制订营销计划时,必须认真研究这部分公众的发展变化。

(5)相关社会团体。一个金融机构在进行营销活动时,可能会遇到消费者保护组织、环境保护组织等的质询。一方面,这部分组织会监督金融机构的营销活动;另一方面,它们也促进了金融机构的发展。

2. 金融机构的内部公众:

(1)高管,包括董事、总经理、监事及其他管理人员。他们决定了金融机构的经营决策,掌控着企业现在和未来的命运。因此,他们对企业的看法和态度,将决定企业的生死存亡。

(2)雇员。雇员对金融机构的看法和态度都会影响其与客户及内部关系的处理方式。

金融机构对与各类公众的沟通和关系的有效管理,是其树立良好的企业形象以及提高商誉的重要方法。

(五)金融机构内部环境

1. 金融机构的宗旨和任务。宗旨包括:顾客、产品与服务、市场、技术、生存、增长与赢利、哲学、自我意识、对公共事业的关注和对企业内部员工的重视等。任务是指金融机构在行业细分中从事什么样的业务。

2. 金融机构的战略目标。金融机构对所处市场的宏观与微观环境进行分析后,依据企业的宗旨和任务,确定适应自身发展的战略目标。例如:

(1)赢利能力:用利润、投资收益率、每股平均收益和销售利润等来表示。

(2)市场:用市场占有率、销售额或销售量来表示。

(3)效率:用投入产出率或单位产品成本来表示。

(4)产品:用产品线或产品的销售额和赢利能力,开发新产品的完成期来表示。

(5)服务:用顾客满意程度、顾客满意率、老客户维持率和新客户增长率等表示。

(6)资金:用资本构成、新增普通股、现金流量、流动资本和回收期来表示。

(7)基础设施:用工作面积、固定费用或生产量来表示。

(8)组织:用将实行变革或将承担的项目来表示。

(9)人力资源:用缺勤率、迟到率、人员流动率、培训人数或将实施的培训计划数来表示。

(10)社会责任:用参加社会活动的类型、服务天数、对绿色信贷的投放、得到的社会活动方面的财政资助来表示。

3.其他内部环境分析。金融机构要集中其营运领域、经营目标与自身财务资源,以免成本耗费过大、得不偿失,这方面的分析可以从以下角度选择:

(1)价值链分析。根据价值链分析的原理,分析金融机构的主体活动和支持活动,重点关注各价值活动之间的联系与整合,以及资源在各个价值活动环节的利用、配置、控制,以保持其在行业中的竞争优势。

(2)核心竞争力分析。金融企业能够比其他金融机构做得更好,并且有着重要竞争意义的内部活动被称为核心竞争力。核心竞争能力与核心能力的区别在于:核心能力对公司的竞争能力和赢利能力起着至关重要的作用。企业核心竞争力是建立在金融企业核心资源基础上的企业技术、产品、管理和文化等的综合优势在市场上的反映,也是其在经营过程中形成的不易被竞争对手仿效、并能带来超额利润的独特能力。在激烈的竞争中,金融企业只有拥有核心竞争力,才能获得持久的竞争优势,保持长盛不衰。一般来说,核心竞争能力存在于企业的职员身上,而不在于公司资产本身。

(3)资源分析。金融企业资源分析是从全局来把握资源的结构、分配和组合情况。它不仅形成金融企业的经营结构,也是构成企业实力的物质基础。企业资源的现状和变化趋势是制定总体战略和进行经营领域选择最根本的制约条件。

(4)活力分析。金融企业活力是指其作为有机体通过自身素质和能力在与外界环境交互作用的循环中,所呈现出来的自我发展与旺盛生命力的状态。

金融企业的活力可以用四个指标来表示:获利能力、生长能力、适应能力和凝聚能力。以上指标是影响企业活力的主要因素,通过这些因素可以对企业活力的状况进行分析和诊断,并找出薄弱环节,然后对症下药,提高企业活力,有效地发挥金融企业的整体能力。

(5)利益相关者分析。组织外部的利益相关者包括金融机构、客户供应商、股东或者工会。由于利益相关团体所代表的利益不同,他们的期望必然有所不同。

这就需要战略制定者了解和分析不同利益相关团体的期望，并根据它们的权力分配权重。

第三节　金融竞争者环境

竞争是市场经济的必然现象，只要存在商品生产和交换，就必然存在着竞争。因此，在商品经济条件下，金融机构从事营销活动不可避免地会遇到竞争对手的挑战。竞争者的状况、营销策略及营销活动的变化会直接影响金融机构的营销。其中，尤为突出的是竞争者的产品价格、广告宣传和促销手段的变化，此外产品的开发、销售服务的加强都将直接对企业造成威胁。对竞争者基础情况和特征的研究和分析，也是金融机构营销环境分析的必备工作。

一、金融竞争者

所谓金融竞争者是指与金融机构推出相同产品或提供类似服务的企业和组织。一个金融机构很少能靠其自身的努力为某一顾客市场提供全部服务。金融机构通过建立营销系统给顾客市场提供服务的努力，总会遭受到其他企业与之相抗衡的类似努力。简言之，就是金融机构的营销系统总会受到一群竞争对手的包围和影响。因此，时刻注意这些竞争对手并通过努力战胜他们，是保持顾客对本公司信赖的关键。

二、金融竞争者的分类

一个金融机构拥有竞争优势的最好办法是树立顾客观点，而顾客观点是要建立在企业对顾客需求的了解之上。因此，可以以个人顾客为例来剖析不同因素所形成的竞争。

假设顾客根据自身的需求对资金使用进行选择，他可以购买房地产、保险、有价证券，或是进行储蓄存款、信托投资和消费购物等，我们将这些称为愿望竞争因素。若顾客选择投资有价证券作为自己资金使用目标时，他会面临诸多选择，如股票、债券和基金等，我们将其称为类别竞争因素。而该客户选择对股票进行投资，他就会面临选择 A 股、B 股或 H 股；或是普通股、优先股和混合类股票等不同种类的金融产品，我们称之为产品形式竞争因素。要是客户最终决定投资 A 股普通股的话，他就会选择不同的券商如申银万国、国泰君安和齐鲁证券等，我们称之为品牌竞争因素。

根据上述竞争因素，我们从消费需求的角度来划分，金融机构的竞争者包括愿望竞争者、平行竞争者、产品形式竞争者和品牌竞争者。

（一）愿望竞争者

这是指提供不同金融产品以满足不同需求的竞争者。如何促使客户将资金用于金融机构自己提供的服务和产品上，而不用于其他金融机构的服务和产品上，这是金融机构从愿望竞争的角度来理解的一种竞争关系。如商业银行促使客户将资金存入本银行而不是用于购买证券或委托投资。

（二）平行竞争者

这是指提供能够满足同一需求的不同产品的竞争者。如商业银行和政策性银行、农村合作金融机构之间，即存在一种平等的竞争关系。

（三）产品形式竞争者

这是指提供同类产品或服务，但品种不同的竞争者。如商业性贷款，由于期限结构、利率结构不同，形成了不同的品种。

（四）品牌竞争者

这是指产品、品种、规格和型号相同，但品牌不同的竞争者。如信用卡，无论是工行的牡丹卡、中行的长城卡、建行的龙卡、农行的金穗卡或是招行的“一卡通”，其规格和使用要求都要符合人民银行关于银行卡的有关规定，但品牌不同。所以，拥有这些同类产品的金融机构之间则互为品牌竞争者。产品形式竞争者和品牌竞争者都是同行业的竞争者，这是金融机构要特别注意的关键竞争者。

三、金融竞争环境分析

菲利普·科特勒这样评价竞争：“忽略竞争者的公司往往成为绩效差的公司，仿效竞争者的公司往往是一般的公司，获胜的公司往往引导着他们的竞争者。”

金融机构开展对竞争者的分析，是使自己做到知己知彼、有的放矢地进行营销活动。例如，当两个或两个以上的金融机构追求一个相似的目标时便会出现竞争，认识到应以满足客户金融产品和服务需求为己任的金融机构对竞争的定义与那些目光短浅的金融机构的定义之间存在着显著的差异。有些金融机构仅仅将现实竞争者作为自己的竞争者，忽视了那些潜在的竞争者对金融企业的影响。

因此，金融机构面对各类竞争者带来的压力，除了减轻管制约束之外，还应改变营销观念。重视竞争者环境分析，搜集竞争者的信息情报，随时了解和掌握竞争者的经营状况，这些都直接关系到金融市场营销策略的选择和运用。金融机构只有采用适当的营销战略，才能克服竞争对手的干扰和影响，打出品牌、突出特色，加强自身的市场地位。

（一）竞争者环境分析的内容

通常说来，金融机构对竞争者环境的分析主要包括竞争者数量分析、竞争者市场份额分析和竞争者营销活动分析。

1. 竞争者数量分析。竞争者的数量及其活动的频率是决定金融机构是否赢利的一个重要因素。金融市场是由许多形形色色的行业竞争者组成的，一定时期内，当市场需求相对稳定时,提供同类产品或服务的金融机构越多,单个金融机构的市场份额就可能减少;竞争者的营销手段较先进,现有和潜在客户就可能转向他们,而营销手段较落后的金融机构则会出现客户对其金融产品的需求减少。因此,分析竞争对手的数量及状况,直接关系到金融机构营销策略的选择和运用。

随着经济的飞速发展,我国现已形成一个开放度大、竞争性强、多种金融机构并存的多元化金融市场。同时,大量外资机构的涌入,也改变了我国金融市场的竞争环境。外资机构雄厚的财力、先进的经营理念以及技术和管理手段,对内资机构来说无疑是一种挑战。尽管外资机构的各方面优势给内资机构带来了前所未有的巨大压力,但是它们也给内资机构的发展带来了空前的机遇。

竞争者之间由于业务的相似性,总是在不断进行兼并重组,导致了竞争者数量是动态的、不断变化的。因此,金融企业通过竞争者的数量分析,可以掌握竞争者的数量及其增减变化情况,而且可以判断市场中的竞争激烈程度。从长远发展看,每一家金融机构都要明确自身的发展现状和前景,面对竞争者如林的市场,进一步做大做强,创出品牌、创出特色。

2. 竞争者的市场份额以及集中度。市场份额是指目标市场在各竞争者之间的划分程度。衡量市场份额大小的指标主要是市场占有率和市场集中度。其中,市场占有率是指在一定时期内,企业所生产的产品在其市场上的销售量或销量占同类产品销售总量或销售总额的比例。对金融企业来说,市场占有率的高低体现了其经营规模和实力,也反映了其竞争能力的大小,市场占有率越高,竞争力越强。而市场集中度是整个行业市场结构集中程度的测量指标,它用来衡量企业的数目和相对规模的差异,是市场势力的重要量化指标。金融企业可以通过市场集中度来判断市场的结构以及进入的难易程度:若市场集中程度高,就意味着市场份额被少数实力强的金融机构所瓜分,进入难度较大;若市场集中度低,则意味着虽然市场中竞争对手众多,但是并不具有实力超强的金融企业,进入难度相对较小。

(1)竞争者的市场份额分析。市场份额的大小,不仅反映了该企业的发展现状及其与同行的差距,还反映了其未来的发展前景和潜力。各金融机构的市场份额大小不是一成不变的,而是一种此消彼长的关系,竞争者市场份额扩大的同时,就意味着企业自身市场份额的缩小。根据生命周期原理,企业在成长期,其市场占有率是逐步上升的,但当达到一定的规模水平后,其市场占有率保持相对的稳定,之后会呈现下降趋势,任何企业要想保持长盛不衰都比较困难。为了维持较高的市场占有率,许多金融机构加大营销力度,扩大企业的影响力,树立良好的社会形象来吸引顾客,还通过创新服务项目和产品,来争取客源,扩大市场份额。此外,通过金融机构之间各种形式的兼并重组或是战略联盟,实现业务上的优势互补,从而扩大原有的市场份额。20 世纪 90 年代以来,一些知名的跨国金融机构大多采用兼并重组的方式来扩充自身实力,增强竞争力,从而成为金融业的“航空母舰”。

(2)竞争者市场集中度分析。市场集中度是决定市场结构最基本、最重要的因素,集中体现在市场的竞争和垄断程度上。经常使用的市场集中度计量指标有:行业集中率、赫希曼指数、洛伦兹曲线、基尼系数、逆指数和熵指数等,其中行业集中率与赫希曼指数常被运用在反垄断经济分析之中。

第一,市场集中度由金融产品本质属性所决定。目前,我国还没有全面推行金融机构混业经营,对于从事不同业务的金融机构所提供的产品还存在着相当大的差别,从而引起竞争者集中程度的差异。例如,银行提供存、贷款业务;证券机构提供股票、债券投资等业务;保险公司提供生命、财产和责任等保险业务;等等。

第二,市场集中度由行业内金融机构的综合实力所决定。我国正处在经济转型期,尤其是金融发展在经济增长中的作用愈加重要,市场经济发展要求金融构架与产业转型相吻合。

例如,我国保险业呈现寡头垄断竞争型市场。前五大保险公司(中国人寿、中国人保、平安保险、太平洋保险和新华人寿)的市场份额总计超过75%。由此可见,我国的保险市场结构仍以中资保险公司占据市场的绝对主导地位,而外资、民营保险公司则仍然处于被动的地位。

第三,市场集中度由消费需求多样化程度所决定。消费者需求日渐多样化已是事实,千篇一律的时代已成过去。为适应个性多样化的需求,市场细分日渐重要,细分市场越多,意味着市场集中度越低。

第四,市场集中度由新兴行业所处的发展阶段所决定。伴随着我国金融改革的不断深化,管理当局先后批准建立贷款公司、货币经纪公司和资产管理公司等一些新兴金融机构,这些机构对传统的金融机构业务产生不少的影响。然而,在我国,这些新兴金融机构起步较晚,市场运营还不够完善,产品的市场占有率较低。因此,它们对传统金融机构的影响还较小。

第五,市场集中度受计划经济年代遗留的历史包袱和政策所影响。由于我国较长时期处于计划经济体制下,所以在许多地方仍旧存在着地方保护的思想,人为营造区域竞争壁垒,从而影响了一些有实力的金融机构的市场集中度。

影响金融机构市场集中度的原因,可能是单一因素也可能是多重因素的作用,而影响的因素越多,市场集中度就越难以提高。金融机构对制约的因素分析得越透彻,就越能发现其中蕴藏着的行业机会,从而提高自身的市场占有率。

案例2－3

我国银行体系市场份额的变化

随着我国金融市场的开放,金融改革的不断推进,金融体系得到了进一步完善与发展,金融机构不断涌现,银行体系的集中度不断下降。

一般情况下,银行业的集中度较高,说明少数银行的市场占有率较高,它们可凭借较高的市场占有率来支配市场上银行产品的价格,从而增大市场的垄断程度;而较低的市场集中度则说明银行之间有较强的竞争性。

一般可以用最大前五名银行的市场份额来衡量银行业的集中度。在具有竞争性的市场上,前五大银行的市场份额一般不超过30%。2002年末,中国工商银行、中国建设银行、中国银行、中国农业银行、交通银行这五大银行的市场份额为70.3%,2007年6月末五大银行的市场份额仍高达65.9%,但近几年五大银行的市场份额大幅下降,到2017年6月末,五大银行的总资产961 365.17亿元,占存款类金融机构总资产1 854 309.31亿元的比重为51.84%。①

股份制商业银行(不含交行)通过已有机构积极扩张业务和继续增设分行网点,市场份额则由2002年末的11.2%上升到2007年6月末的15.3%,而到了2017年6月底,股份制商业银行总资产占银行业金融机构的比例达到18.08%。此外,其他商业银行2007年末总资产占比为26.6%,2017年6月末该比例为25.3%。②

另外,入世以来,我国的外资银行数量也在不断增加。2002年末,只有60家外资银行在我国设立了146家分行和9家支行,入世过渡期结束的2006年末,共有74家外资银行在25个城市设立了200家分行和79家支行,市场份额也从2002年末的1.4%上升到2007年6月末的2.3%。而到了2017年11月末,我国外资银行业金融机构已达210家,包括外资法人银行39家、外资新型农村金融机构17家、外资非银行金融机构31家,以及外国银行分行123家。

资料来源:中国人民银行、银监会统计数据,2017年。

(3)竞争者营销策略分析。对金融机构来说,确认自己的竞争对手并不困难。而一经确定后,就要对它们的战略、目标、优势与劣势以及运行模式进行分析。竞争对手的营销策略直接关系到其对客户的影响力,而对客户的影响力正是所有金融机构争夺的焦点。在竞争分析过程中,金融机构需要对竞争对手的营销策略进行整体研究,主要是对竞争对手的营销组合策略的分析,表现在定价策略、产品策略、促销策略和网点设置的分布策略。尽管金融机构对竞争者的营销策略分析并不能简单地从某一个营销活动中得到,但是通过竞争者的具体营销策略的分析,金融机构仍然可以从竞争对手的营销组合策略中得到许多有价值的信息。例如,竞争对手采用什么样的价格竞争方式,提供哪些品种和数量的金融产品或服务,运用什么样的营销手段进入市场,通过何种渠道和如何进行网点设置进入市场以及如何通过广告等宣传策略在客户中树立形象、信誉和推广品牌等。通过对竞争对手营销策略的全面分析,了解其形象和信誉,根据自身特点和优势,选择不同于或相

① 资料来源:根据各行2017中报与人民银行统计数据计算。

② 资料来源:银监会统计数据。

似于竞争对手的营销策略，提高企业营销战略的有效性。

（二）竞争者之间的战略联盟

战略联盟是两个或两个以上的企业为了达到共同的战略目标而采取的相互合作、共担风险和共享利益的联合行动。一般来说，结盟者之间表现为一种合伙人的关系，合作往往也只集中于某项或几项确定的业务领域，而非全部银行业务。

合作竞争时代，金融机构面临的市场竞争特点是：竞争力削弱、竞争更加激烈、竞争行为不断发生变化。金融机构战略联盟建立的基础是竞争优势互补，其目的是集中精力于核心业务，因而是一种适合时代环境要求的企业成长策略。我国金融机构战略联盟的发展策略在于：巩固同业间的战略联盟，加强竞争协调与市场重整；推动金融机构自身与其他金融机构建立战略联盟，有效提升核心业务并降低经营成本，通过创新和发掘市场，综合利用金融资源。

由于金融产品的特点、金融行业的性质、竞争的程度、金融机构的目标和自身优势等因素存在差异，金融企业间采取的战略联盟形式自然也呈现出多样性。

1. 根据行业的不同所形成的联盟，有以下几种：

（1）平行竞争者之间的战略联盟。平行竞争者战略联盟是指同类金融细分市场的机构竞争者之间所建立的战略联盟，使得成员之间的优势互补，从而实现企业自身发展的目标。由于金融业全面开放的推进，我国内资机构已迎来了与外资机构全面竞争的时代。但我国金融机构相对起步较晚，与国际金融机构仍存在较大差距，使得内资机构发展的不平衡性日益突出。所以，内资机构在发展过程中，采用与同业竞争者合作的方式，可以很大程度上拓展自身的业务并提升企业的核心竞争力，增加市场占有率。

案例 2－4

天津市滨海新区村镇银行战略发展联盟

成立于2014年1月的天津市滨海新区村镇银行战略发展联盟位于响螺湾旷世国际大厦1712号。它由吉林九台农村商业银行发起，各成员单位自愿结成联合性、非营利的社会团体，到2017年，已有包括九台农村商业银行、天津滨海惠民村镇银行、山西侯马农村商业银行、大兴安岭农村商业银行、长春南关惠民村镇银行、长春高新惠民村镇银行、松原宁江惠民村镇银行等52家会员单位。

该联盟以促进会员单位实现共同利益为宗旨，维护会员单位合法权益，提高为会员服务的水平，促进健康发展。通过联盟向会员单位提供战略发展、科技支撑、产品研发、协调指导、风险管控、金融咨询、培训宣传等方面的有力服务指导与支持。

联盟主要职责包括：

（一）建立会员间信息沟通机制，组织开展会员间的业务、技术、信息等方面的交流与合作，为会员提供信息服务；推动和其他地区同业先进单位的交流与合作。

（二）发挥整体宣传功能，协调、组织会员共同开展新业务、新政策的宣传和咨询活动，大力普及金融知识，提高公众的金融意识。

（三）组织开展不同层次和多种形式的培训、考试及业务竞技活动，培养各类专业性人才，培育健康向上的文化。

（四）开展金融咨询服务，帮助会员建立客户满意、社会满意、内部职工满意的管理体系，指导会员在建立现代企业制度的过程中加强科学管理。

（五）接受会员委托，协调与政府及其有关部门之间的关系，协助银监部门落实有关政策、措施。

（六）协调会员之间的关系，建立和完善内部争议调解处理机制，公正、合理解决各种矛盾争端，营造良好的环境。

（七）协调会员与社会公众的关系，加强会员与社会公众的沟通，维护会员与客户的合法权益。

（八）加强与新闻媒体的沟通和联系，制定实施舆情监测、引导及应对机制，正确引导社会舆论，自觉接受舆论监督，维护会员声誉和经营秩序。

（九）建立会员单位诚信制度以及从业人员信用信息体系，加强诚信监督，协助推进会员单位信用体系建设。

（十）制定会员单位员工道德和行为准则，对从业人员进行自律管理，组织从业人员的相关培训，提高从业人员素质。

（十一）组织开展会员间的评优活动，树立典型，表彰先进。

（十二）收集金融信息及会员单位经营发展信息，编辑、出版简报、书刊、资料。

（十三）法律法规规定的其他职责或监管部门和会员交办、委托的其他事项。

联盟通过为成员提供合作平台，帮助协会成员突破发展瓶颈，打造服务地方经济的“精品银行”，更有力地支持地方经济发展，凸显地方金融生力军作用。

资料来源：天津市滨海新区村镇银行战略发展联盟，http://www.czyhfzlm.com/cymh/index.html。

（2）多元竞争者之间的战略联盟。多元竞争者战略联盟是指不同金融细分市场的机构竞争者之间的战略联盟。1997 年爆发的亚洲金融危机，促使中国分业经营制度的建立。但随着我国金融结构的逐步调整和改革的不断深化，自 1999 年下半年开始，管理层出台了一系列以市场深化和放松管制为基调的改革措施，其中一些措施已突破了分业经营的严格限制，金融行业在经营和产品的层次上已经出现逐步模糊的现象。与此同时，金融机构间的合作及其产品创新是企业竞争和生存的需要，也是在行业利润率普遍下降后，金融企业必然采取的应对措施。为开辟新的收入来源，金融机构要充分利用各种人才和信息优势，开通新的服务模式和资产融通渠道。金融机构对传统的经营模式及其产品进行创新，使其成为新的利润增长点，已成为各金融机构的现实选择。例如，2007年7月30日，兴业银行股份有限公司、兴业证券股份有限公司、兴业基金管理有限公司在福州共同签署《关于进一步深入开展战略联盟合作备忘录》，开创了国内银行、证券、基金三类金融机构通力合作、结成战略合作联盟的先河。未来，这三家金融机构将在个人金融、机构金融、基金业务、资金交易等多领域开展全面业务合作，通过客户、渠道、服务、信息和培训等多方面的资源共享，发挥各自专业服务特长与市场优势，提升整体服务水平和综合实力，满足客户的综合金融服务需求，实现多方共赢的战略目标。

2. 不同国家的金融机构联盟，有以下几种：

（1）国内竞争者之间的战略联盟。我国加入WTO以后，对任何一家金融机构来说，维持一定数量的客户和市场份额对其生存与发展都变得至关重要，企业对竞争者争夺客户的行为也愈加敏感。一方面，外资企业的成批进入已成趋势，必然加剧对现有客户的争夺，导致中外资金融机构不可避免面临竞争。另一方面，金融机构之间的竞争优势主要在员工素质、金融产品创造和综合利用以及管理效率等“软技术”方面，而这些“软技术”的更新速度非常快，竞争对手也比较容易模仿。这使金融机构不容易保持技术的垄断性，只能凭借技术优势和产品差别来增强客户的忠诚度。此外，为了增加技术和设备方面的投资，金融机构还必然通过公关、广告、优惠条件和销售折让等其他方面的投资来吸引客户。因此，国内金融机构的联盟不仅可以对抗拥有强大实力的外资金融机构，而且还可以通过这种联盟做到优势互补，资源信息共享、降低成本、扩大业务量以及文化相互融合，形成金融业的民族品牌。

如2008年招商银行斥资20亿元，独家设立的招银金融租赁有限公司，并与另四家竞争对手——建信金融租赁、交银金融租赁、工银金融租赁和民生金融租赁签订了战略合作协议。招行此举是希望通过银行系统金融租赁公司相互联手，使得原本银行系统金融租赁公司面临资金来源不畅、受单一项目规模限制的难题得以解决。具体的合作领域包括：在资金融通上，银行系统金融租赁公司可以向银行申请贷款，也可以参与同业资金拆借及银行间债券市场融资。通过交叉授信的合作模式，展开同业借款、租赁债权保理、在银行间债券市场发行债券等业务。在项目合作上，通过联合租赁的方式，不仅可以满足规模较大的设备融资需求，同时有利于分散项目风险，整体提升租赁公司抗风险能力。

（2）国内与国际竞争者之间的战略联盟。金融领域面临金融自由化、金融电子化和金融国际化的趋势，竞争日趋激烈，国际金融机构掀起了一场如火如荼的国际战略联盟运动，这已成为国际金融机构普遍的战略思维。国际金融机构间战略联盟的外在动因显而易见，是为了应对竞争加剧和环境动态性强化的局面。而其内在动因包括：谋求中间组织效应，追求价值链优势，构造竞争优势群体和保持核心文化的竞争力。在松散的、非正式层级结构的"组织"框架内，金融机构出于战略发展的考虑，通过战略联盟将自身与别国的金融机构联系在一起，既稳固、强化彼此之间的合作关系、发挥协同效应，又能避免企业因收购海外金融组织引起的文化、管理等方面的直接冲突。同时，通过广泛的国际联盟，可使企业的价值链进行重构、分解和整合，也可将辅助业务分离出去，专注核心职能，利于提升企业的竞争力。

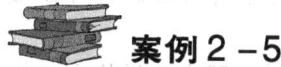

案例2－5

中国银行与VISA的奥运战略联盟

中国银行与VISA国际组织签署《北京2008年奥运会战略合作协议》，双方将充分发挥各自的资源优势，进一步联手开发和推广与2008年北京奥运会相关的一系列产品和服务，更好地满足来自世界各地的奥运会和残奥会参与者的金融需求。

根据协议，中国银行与VISA国际组织将共同提升现有电子支付系统基础设施水平，为北京2008年奥运会和残奥会提供优良的金融服务和支付卡受理环境。双方将在奥运现场ATM和POS、奥运门票销售、奥运特许商品网上销售、奥运主题新产品开发等业务领域加强合作，积极推动VISA奥运主题信用卡等产品的普及和使用，携手拓展奥运会相关城市商户受理网络。

中国银行是北京2008年奥运会银行合作伙伴，独家为北京2008年奥运会提供商业银行和投资银行领域金融的产品和服务，VISA国际组织看准了中国银行这一得天独厚的商业优势。

反之，中国银行也看中VISA国际组织，自1986年以来，作为奥运会官方指定的唯一支付卡品牌和支付服务提供商，是国际奥委会全球赞助计划的长期合作伙伴(TOP)，VISA一直不遗余力地支持各个奥运会主办城市和主办国的电子支付环境的建设和旅游经济的开发与促进，拥有丰富的国际营销经验。为了更好地支持北京2008年奥运会和残奥会，VISA一直积极努力联合中国的会员银行、中国国家旅游局和北京市旅游局共同为北京2008年奥运会创造良好的旅游支付环境。这一切正是中国银行与其合作的目的。

资料来源：VISA官方网站：VISA与中国银行缔结奥运战略联盟，2007年1月23日。

名词解释

金融营销环境　宏观环境　微观环境　政治环境　法律环境　经济环境　文化环境　价值链分析　核心竞争力　金融竞争者　市场份额　市场集中度　战略联盟

☞ 思考题

1. 金融营销环境根据影响程度和范围划分包括哪些种类？它们具有哪些特点？

2. 如何对金融营销的宏观环境进行分析？

3. 科学技术是第一生产力，请分析科学技术变革如何影响金融机构的营销活动。

4. 金融机构在进行营销规划与开展销售活动时，需要对一国或地区的人口状况进行分析，请简要说明分析的要点。

5. 金融营销微观环境分析的对象包括哪些？

6. 客户是金融营销活动中最重要的环境力量，金融机构如何对客户需求和行为进行分析？

7. 从消费需求的角度来划分，金融机构的竞争者包括哪几类？如何分析竞争者环境？

思考与分析

为了促进中国降低社会融资成本，保持银行体系流动性合理充裕，加大金融支持实体经济的力度，2015 年央行五度降息、五次降准并于 10 月 24 取消对商业银行和农村合作金融机构的存款利率浮动上限，2016 年 3 月 1 日再次降准，并于 2018 年 1 月 1 日开始对普惠金融实施定向降准。请你分析这些政策与措施对金融市场环境及金融营销会产生什么样的影响？

第三章

金融市场分析

金融市场是金融营销活动所处的一个重要环境，它聚集了各类行为主体和金融工具，形成各类金融资产价格，直接关系到金融企业的经营效果。本章介绍金融市场的一般理论，着重从营销角度研究市场细分策略，并探讨如何对金融市场进行调研。

第一节　金融市场概述

金融市场上的各种交易活动对经济的运行具有重要的影响，因此金融市场的发达程度会直接关系到一国经济的发展，金融市场按不同标准有多种分类方法，研究不同的市场组成及其特点对于金融机构开展金融营销工作具有一定的基础作用。

一、金融市场的含义与特点

（一）金融市场的含义

金融市场是实现各种金融资产（或金融工具）交易的市场，是各种交易活动和各种交易关系的总和。

金融市场是商品货币关系发展的产物，只要存在着商品货币关系，就必然会有金融资产的交易活动，也就存在金融市场。当然，伴随着经济的发展，金融市场的形态也在不断变化。在现代社会，随着计算机和通信技术的发展，金融市场突破了地域和空间的限制，它不再拘泥于固定的场所，而包括了大量无形的、跨国的金融市场。

（二）金融市场的特点

金融市场不同于一般的商品市场，它具有显著的特征。

1. 交易对象的特殊性。一般商品市场上的交易对象是具体的普通商品，大多具有多种多样的实物形式，因此是实物交易；而金融市场交易对象却是金融资产，其背后是货币这一特殊商品,完全是价值的交易。

2. 交易场所的特殊性。一般的商品交易大多在固定的交易场所内进行,而金融市场的交易形式多样,既可以是有形的场所(如证券交易所),也可以以现代通信设施为基础,通过电话、传真、计算机网络等方式形成无形市场(如外汇交易市场),而且后者在现代金融中占据更为重要的地位。

3. 交易关系具有特殊性。在商品市场,买卖双方的关系比较简单,一旦买卖过程结束,商品退出流通领域而进入消费领域,交易双方便不再存在任何关系。而金融市场的买卖双方关系十分复杂,卖方只是转让该金融资产在一定时间内的使用权,而保留了所有权,因此,在买卖过程结束后,双方之间仍然会存在一定的债权债务关系,债务者必须按期偿还本息。经过预先约定的时间后,交易对象还会带着利息返回并进行新的交易。

4. 交易价格的特殊性。在商品市场,商品的价格是价值的货币表现,通常是围绕商品的价值在供求关系作用下上下波动。而金融市场上的价格表现为利率,它是非常特殊的价格:它不表现金融商品的价值,而是表现其使用价值,由金融资产收益流的现值得到,并在很大程度上取决于市场供求。从利率的波动上可以客观反映出市场银根的松紧。

当然,由于货币商品的单一性,决定了利率的一致性。不论融资的目的是什么,在期限一致、金额相同、风险差不多时,利率应基本相同。利率的趋同性对金融品交易价格具有很大的制约作用。

5. 交易活动的特殊性。一般的商品交易较分散,表现为买卖双方的直接见面,验货后成交,不必经过中介机构。而在金融市场上,交易主要表现为资金的借贷,很大程度上依赖于金融中介机构。尽管金融市场上资金供给者很多,包括政府、工商企业、家庭和个人等,但他们却很少是直接将资金提供给需求者,而是通过金融机构集中各方面的资金,然后再贷给需要资金的主体,可见,金融市场的交易活动具有很强的集中性。

二、金融市场的构成

(一)金融市场的主体

金融市场主体是指在金融市场上进行交易的各类参与者,它涉及社会经济生活中的各部门,他们在金融市场上的地位存在很大差异。

1. 个人(或家庭)。个人部门的需求是多样的。在满足了其消费支出之后,他们会将节余的资金通过银行等金融机构进行间接投资或直接购买各种有价证券,获得收益,从而成为市场资金的提供者。另外,一些个人也有资金需求,如购买住房、汽车和大件电器等,需要向银行或其他机构进行融资。但总体上说,个人部门属于净盈余部门或净储蓄部门。

2. 企业。这是指各种以营利为目的的工商企业,它们也是资金的供给者与需求者。作为资金的供给者,企业通常把在生产经营过程中暂时闲置的资金进行投资以实现保值增值;作为资金的需求者,它在扩大生产过程中需要大量的资金,可以通过银行等金融中介机构或者通过发行股票或中长期债券得到。总的来说,企业部门属于净赤字部门。

3. 政府。政府部门(包括中央政府和地方政府)在金融市场上一般都是资金的需求者,通过发行国库券、中央政府债券和地方政府债券来筹集资金,用于弥补财政赤字、重点项目建设、各地的基础设施建设等。

4. 金融机构。多数情况下,金融机构在金融市场中充当交易的中介,通过负债业务将社会上的闲散资金集中起来,再通过资产业务进行运用,满足社会资金余缺的调剂。但是,金融机构也可能从事自营业务,成为重要的交易主体,广泛地投资于各类金融工具。

5. 金融监管机构。分为政府监管机构和行业自律性组织。政府组建的监管机构包括中央银行、证券监督管理部门和保险监督管理机构等,有些国家将这些监管部门合在一起进行统一集中的监管,有些国家则实行分业监管。行业自律性组织包括各种行业协会与交易所等。金融监管机构对金融市场的正常运行具有重要作用。

(二)金融市场的客体

金融市场的交易客体是指各种金融工具,也称为金融商品或信用工具。金融市场的交易需要通过以货币表示的各种金融工具才能实现资金融通,如果没有金融工具为媒介,金融市场的融资活动则难以进行。因此,金融工具是金融市场上实现货币资金转让的载体。

另一方面,金融工具也是证明交易双方交易关系存在及交易条件有效的一种合法凭证,它反映了特定的筹资需求和筹资特点,是一种具有法律效力的契约。

金融工具种类很多,根据投资人是否掌握金融资产的所有权可划分为债权债务凭证(如商业票据、存单和债券)以及所有权凭证(如股票)。随着金融市场的发展及其国际化、信息化等,新的金融产品不断涌现。

近两年,随着人们环保意识的不断加强,我国的金融市场上也首次出现大气污染防治绿色债券、绿色资产支持票据、境外企业绿色熊猫债、轨道交通行业的绿色资产证券化项目和绿色短期融资券等创新性券种。

由于各种各样的金融工具在本质上是相似的,都代表着一定量的价值或财富,因此,它们之间存在着较强的替代性与竞争性,供求双方通过市场竞争原则确定金融工具的价格,最终完成交易,达到融通资金的目的。

(三)融资方式

任何一个社会中都存在资金盈余单位和资金短缺单位,它们之间要进行资金的融通。资金融通主要有两种方式：一种是直接融资，另一种是间接融资（见图3－1）。

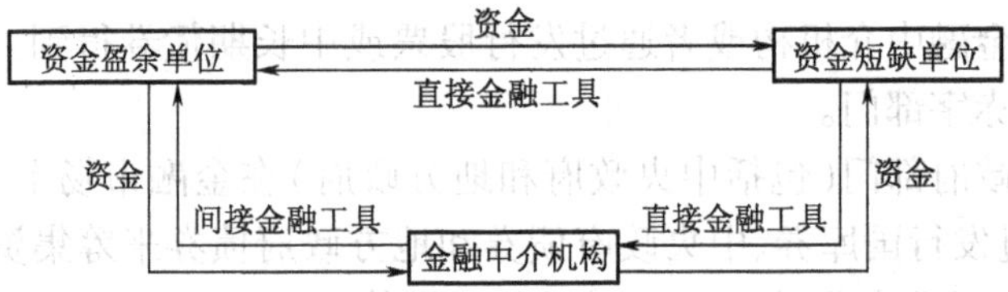

图3－1 融资方式

1. 直接融资。直接融资是指资金短缺单位直接在金融市场上向资金盈余单位发行某种直接金融工具，如债券或股票，资金盈余单位通过直接向资金短缺单位购买这些凭证，实现资金从盈余单位向短缺单位的转移。直接融资中可以没有金融中介机构，也可有投资银行或证券公司等机构参与，但它们仅起到帮助资金短缺单位发行金融工具的作用。

直接融资的特点在于：

（1）由于直接融资交易双方直接见面，筹资时间短，有利于资金短缺者在一定程度上节约融资成本，资金盈余单位则相应获得较高的资金收益。

（2）直接融资的资金使用者受到较为严格的信息披露的约束，投资者能比较明确地了解筹资者的状况，因此，易于被投资者接受。

（3）直接融资的流动性较强，证券等金融工具容易在市场上进行转让，方便投资者提前收回资金。

（4）直接融资的安全性较低，因为它主要建立在商业信用基础之上，投资者要自担风险，一旦筹资者将来出现违约，可能会蒙受较大的损失。

2. 间接融资。间接融资是指资金盈余单位先把盈余的资金集中到银行等金融中介机构，再由后者以贷款或证券投资的形式转移到资金短缺者手中。在这一过程中，金融中介机构发挥着重要作用。金融机构所发行的间接金融工具主要包括银行票据、存单、保单和金融债券等。

间接融资的特点主要有：

（1）资金的盈余单位和资金的短缺单位之间不发生直接的关系，而是分别以金融中介机构为交易对手，分别同金融中介机构发生交易，金融中介机构可以利用自己渠道广的优势扩大资金来源，向资金短缺单位提供足够的资金。

（2）金融中介机构拥有各方面的专业人才，能方便地发行自身的负债，并对所得到的资金进行选择，投向有价值的企业，从而起到节省信息成本与合约成本的作用，并提高资金运用的安全性。

（3）金融中介机构可以从事多样化的资金运用业务，可以进行投资组合而降低投资风险,保障投资者的收益。

(4)间接金融的流动性相对较低,因为存单、贷款合同等工具不像有价证券那样可以在金融市场上进行方便的转让,故对于投资者而言在急需资金的时候较难变现或变现的成本较高。

截至2017年末,中国的社会融资规模存量为174.64万亿元,同比增长12%。其中,对实体经济发放的人民币贷款余额为119.03万亿元、外币贷款折合人民币余额为2.48万亿元、委托贷款余额为13.97万亿元、信托贷款余额为8.53万亿元、未贴现的银行承兑汇票余额为4.44万亿元;企业债券余额为18.37万亿元、非金融企业境内股票余额为6.65万亿元。由此可见,我国还是一个典型的以间接融资为主的金融格局①。

三、金融市场的功能

金融市场是现代金融体系中的重要构成内容,它可以发挥融通资金、资金转换、价格发现、提供流动性、风险转移与分散、降低成本、实现资源有效配置与宏观调控等功能。

(一)融通资金

通过向银行等金融机构借款或直接发行有价证券的形式,金融市场能为资金需求者有效地筹集资金;而资金供给者则可以通过购买金融工具为闲置的资金找到出路,增加资金的收益,从而实现整个社会的资金余缺调剂。

(二)资金转换

借贷双方在借贷期限上可能存在不一致性,如消费者的资金可能是一种短期的闲置,而企业对生产资金的需求则相对较长。在金融市场上,通过银行等金融中介机构可以调节借贷期限,实现资金的长短期转换。

(三)价格发现

金融市场可以揭示金融资产的交易价格,投资者可以通过观察利率等变量了解自己所投资资产的收益率,而筹资企业也可以了解自己的融资成本。特别是可以通过分析期货等衍生金融品的价格判断未来的交易价格,分析金融资产的价格变化趋势。

(四)提供流动性

金融市场的存在使金融资产具有可交易性,为投资者提供了一种可以卖出资产的机制,使金融资产在各种形式之间可以容易地相互转换。如果市场缺乏流动性,则投资者要想收回投资必须等到债券到期(债券资产)或公司清算(股权资

① 资料来源:中国人民银行:2017年社会融资规模统计,2018年1月12日。

产)。金融市场的各个子市场在流动性提供方面具有不同特征,这也成为区分不同市场的重要标准。

(五)风险转移与分散

金融市场上存在各种各样的投资工具,这可以为资金的供求双方进行风险的分散提供有效的途径,他们可以通过多元化配置自己的资产与负债从而进行合理的组合,将风险降低到最低程度。

(六)降低成本

交易成本主要包括搜寻成本和信息成本。搜寻成本是交易对手之间进行相互寻找配对时所付出的代价(包括为买卖金融资产而发生的广告费用及在寻找交易过程中花费的时间、精力等);信息成本主要涉及为评估金融资产投资特性而发生的支出。金融市场的存在,特别是间接金融市场,通过金融中介将资金供求双方进行结合,从而大大减少了交易成本,而金融市场上的利率则会反映与金融资产相关的重要信息,为投资者节省一部分信息成本。

(七)实现资源有效配置

市场机制会在金融市场的融资过程中自发地引导资金由低效益部门流向高效益部门,从而进行优化组合和合理利用,充分发挥资金的效用,使整个社会的经济资源能实现有效的配置。

(八)宏观调控

金融市场是国家宏观政策发挥作用的重要场所,也是政府调控经济的一个主要渠道。比如,中央银行可以通过公开市场业务操作调节货币供应量与利率,从而影响资金供求,进而改变公众的储蓄、消费和投资行为,达到调节整个宏观经济运行的目的。

四、金融市场的分类

金融市场是一个相互关联、复杂的大系统,我们可以从多个角度对金融市场进行分类。常见的分类标准主要有以下几种。

(一)按融资期限不同划分

按资金融通期限不同,可以把金融市场分为短期资金市场(货币市场)和长期资金市场(资本市场)。

1. 货币市场。货币市场是指交易期限在一年以内的资金融通市场,主要为了满足交易者的流动性资金需求。货币市场包括:同业拆借市场、商业票据市场、可转让大额定期存单市场、国库券市场、银行短期借贷市场以及回购协议市场等。

2. 资本市场。资本市场是指交易期限在一年以上的长期资金融通市场,主要为了满足交易者筹集中长期投资资金的需要。资本市场包括股票市场、债券市场和中长期信贷市场，狭义的资本市场一般是指证券市场。资本市场的收益率一般高于货币市场，但资产的流动性较弱，风险较大。根据有关统计，2017 年末，中国的本外币中长期贷款余额 75 万亿元，债券市场托管存量高达 64.57 万亿元，A 股市值总规模达到 56.62 万亿元。[①]

（二）按金融资产交易的程序划分

按金融资产的交易程序不同，金融市场分为发行市场和流通市场。

1. 发行市场。发行市场也称一级市场，指金融工具最初发行的市场，新发行的金融工具从发行者手中转移到投资者手中。

2. 流通市场。流通市场又称二级市场，是指已发行的金融工具在不同的投资者之间进行买卖交易的市场，金融工具的持有者通过这个市场随时出售金融工具以获得所需要的资金，资金盈余者可以随时购进所需要的金融工具，从而为投资者提供了灵活、方便和及时的转让与买卖。

（三）按金融市场的组织方式划分

按组织方式不同，金融市场分为有组织的市场以及无组织的市场。前者一般有较为严密的组织机构或场所（如交易所），为投资者提供一定的服务，并对交易活动进行监督与管理；后者主要是指场外交易市场，“第三市场”则是交易所上市资产在场外进行交易，“第四市场”则完全通过计算机网络联系形成的一个无形市场。

（四）按金融交易支付特征划分

按交易支付特征不同，金融市场可以分为现货市场和期货市场。

1. 现货市场。现货市场也称为即期交易市场，是指交易者在成交之后须在若干个交易日内完成资金与金融工具交换的市场，交易风险一般较小，是金融市场上最普遍的一种交易方式。例如，中国股票市场目前实施的 T+1 制度便是一个现货市场。

2. 期货市场。期货市场是指双方在成交后按约定的条件在未来进行资金与金融工具交换的市场。广义上的期货市场包括期货交易所、结算所或结算公司、经纪公司和投资者。期货市场的产生和发展要以现货市场的发展为基础，期货市场的出现又能调节和引导现货市场的发展。中国目前的期货交易包括股指期货、国债期货与商品期货。

（五）按开放程度划分

按开放程度或融资的地域范围不同，金融市场可以分为国内金融市场和国际

① 资料来源：中国人民银行；中央国债登记结算有限责任公司：《2017 年债券市场统计分析报告》，2018 年 2 月 2 日；中国证券监督管理委员会。

金融市场。

1. 国内金融市场。国内金融市场的融资或交易地域范围仅限于一国之内，包括全国性金融市场和地方性金融市场。全国性金融市场是指在全国范围内进行金融交易的市场；地方性金融市场的交易只限于某城市或一个经济区域。

2. 国际金融市场。国际金融市场的融资范围跨越国界，可以是整个世界范围，也可以是某一个地区，如中东地区、东南亚地区等。在国际金融市场中有一类特殊的市场，称为“离岸金融市场”，这是指非居民间从事国际金融交易的市场，通常是无形市场。

当然，金融市场还有其他的分类标准，如按照市场中金融机构的性质分为银行市场、保险市场与证券市场；按照所交易的金融资产的性质分为股权市场和债权市场；按照金融创新程度分为传统金融市场和衍生品市场；按照市场的发展程度分为成熟市场和新兴市场。

第二节　金融机构市场细分策略

金融机构的客户成千上万，对金融产品与服务的要求千差万别，而金融机构的资源总是有限的，任何一家机构都不可能在所有业务上齐头并进，需要选择一个或几个目标市场作为重点。在市场细分的基础之上，金融机构可以确定经营方向，更有针对性地提供服务。

一、市场细分的概念

1956 年，美国市场营销学家温德尔・斯密（Wendell R. Smith）提出了“市场细分”（Market Segmentation）的概念，极大地推动了营销理念的更新。

所谓市场细分，是指金融机构通过市场调研，依据客户需求的差异性和类似性，把整个市场划分为若干个客户群，区分为若干个子市场的过程。

市场细分是基于以下两方面理论提出的。

其一，客户需求的差异性。无论是个人客户市场还是企业客户市场，客户对金融产品和服务的需求总呈现出一定的差异性，不同的细分市场表现出不同的客户需求、消费特点和行为模式。

其二，客户需求的相似性。由于客户的居住环境、文化背景、年龄及其消费倾向相似，对产品和服务会表现出类似性。因此，在同一细分市场内，客户又具有相似的消费需求特点和行为模式。

正是由于上述两个特点，金融机构可以结合环境分析将市场细分为不同的客户群。每个客户群可以称为子市场、分市场或亚市场。这样方便金融机构采取特定的营销战略来满足这些不同客户群的需要，以顺利地完成经营目标。

二、金融机构进行市场细分的意义

市场细分是客户金融产品需求多样化后的产物，也是市场竞争日益激烈后对金融机构提出的基本要求，它在金融营销活动中作用巨大。

(一)有利于金融机构发现新的市场机会

在金融市场上经常存在着这样的矛盾：一方面是金融产品滞销，另一方面却是客户的一些合理需求得不到满足。由于客户的需要是多方面的，这些未满足的需求便蕴涵着市场机会。而金融机构的资源与能力有限，不可能满足整个金融市场的所有需求。这就要求它们通过市场细分，了解不同客户的需求满足程度和市场竞争状况，从而挖掘新的市场需求，抓住市场机会。

(二)有利于金融机构制定科学的营销战略

市场细分是根据客户需求的差异性与相似性进行的。在不同的细分市场上，客户对金融产品的需求存在很大差异，这就为金融机构制定合理的市场营销战略提供了依据。利用市场细分，金融机构可以确立适于自身发展的目标市场，并根据特定的市场开发和提供不同种类的产品、采用不同的价格、促销手段和分销渠道，以适应不同的细分市场，迅速取得市场优势。

(三)有利于金融机构开展创新活动

金融机构通过市场细分，对不同目标客户的市场需求进行研究，可以找到新的市场机会，为营销活动的创新提供现实性。因为只有不断进行产品创新、服务创新和经营手段创新，才能在更大程度上满足客户的需求，否则难以走向市场。

(四)有利于金融机构发挥竞争优势

在金融市场竞争日趋激烈的情况下，要想克敌制胜，金融机构就必须确定能为之提供最有效服务的细分市场，向客户提供特色服务和差别化服务，做到“你无我有，你有我新，你新我特”，这样才能领先一步。市场细分后，金融机构可在有针对性的子市场开展营销活动，把握客户需求的特点和变化，并及时调整策略，提供特色产品和特色服务，增强竞争力。

(五)有利于金融机构提高经济效益

建立在细分市场基础上的金融营销，可使金融机构优化资源配置，集中有限的人力、物力和财力，以最小的投入获取最大的产出。仅在若干个目标市场中展开经营，金融机构更易于了解、掌握竞争者的优势和劣势，从而避实就虚，降低竞争成本，提高经济效益。

三、金融机构市场细分的原则

金融机构细分市场的实质在于区分市场、研究市场，以满足不同客户群的不同需求，达到开拓市场、占领市场、维系市场，不断扩大市场份额的目的。但有效的市场细分必须要遵循一定的原则。

(一) 易于识别

金融机构所划分的各个子市场的范围应当比较清晰，即要有类似的组成人员及其明显的需求特征，客户的消费特征和购买行为十分相似，并能明显区别于其他客户群。金融机构可以有效衡量子市场的容量大小，从而为选择营销策略提供基础。

(二) 可进入

金融机构进行市场细分后，可以利用一定的人力、物力和财力，通过合理的营销组合，进入并占领某一目标市场，为之提供有效的服务。而对那些可望而不可即、无法进入的市场进行细分则是一种浪费，不能给金融机构带来任何价值。

(三) 效益性

细分市场的规模应该足够大，有足够客户容量吸引金融企业去经营。在市场细分化后，金融机构要依据目标市场和获利程度合理进行规划，使其实现合理的利润。

(四) 稳定性

金融机构划分的子市场必须在一定时期内保持相对稳定，以便其进行合理的规划，制定较长期的市场营销组合战略，有效地占领目标市场而避免短期行为。如果细分市场变化太快，则不利于金融企业制订长远的营销战略方案。

(五) 可反馈

细分市场能对金融机构的不同营销组合活动作出及时迅速的反应，如有的客户满意，有的客户则不然。通过对客户的反应得到不同的反馈信息，金融机构可以调整营销策略。如果细分市场的客户对金融机构的反应相同，说明细分无效。

四、金融机构市场细分的标准

市场细分的核心是区分消费者需求的差异性，为金融机构选择适合自身优势的客户群作为营销目标，因此，其关键在于正确运用一定的标准进行有效细分。不同金融机构应该根据自身的性质和市场的特点，选用不同的标准细分市场。

市场细分的标准很多，如客户、时间、区域、环境、文化程度、兴趣爱好、经营规模、经营方向和经营方式等都可以成为区分市场的标准。对金融机构来说，最基本的做法是先区分个人客户和企业客户，再按不同的标准对两大市场作进一步细分。

(一) 个人客户市场细分

个人客户是金融机构的一大类客户，由于个人的需求具有较大的差异性，并会因不同环境、不同时期而变,因此可以有多种细分市场的做法。一般地,主要依据地理因素、人口因素、心理因素和行为因素对个人客户市场进行细分(见表3-1)。

表3-1 个人客户市场细分

细分标准	依据	特点	具体标准
地理因素	客户所处地理位置	相对静态	国界、地域、行政区划、人口规模、城市密度、交通状况等
人口因素	人口变量	相对稳定	年龄、性别、收入、职业、受教育程度、社会阶层、宗教等
心理因素	心理状态及其变化	相对动态	风险偏好、生活方式、个性等
行为因素	购买金融产品的行为变化	复杂多变	对金融产品的不同利益追求、品牌的忠诚度、使用频率、购买状况、对价格的态度、对服务质量敏感度等

1. 地理因素。处在不同地理位置的客户对金融产品的需求有很大不同。

按国界细分为:国内市场和国际市场。

按地域细分为:东北、华北、华南、中南、西南、西北以及港澳台地区。

按行政区划细分为:省、自治区、直辖市、特别行政区以及地、市、县等行政区。

按城市人口规模细分为:特大城市、大城市、中等城市、小城市。

按市场密度细分为:城市、城郊、农村及边远地区等。

2. 人口因素。金融机构可根据个人客户的年龄、性别、收入、职业、教育、种族和宗教等因素为标准划分不同的子市场,各市场的客户金融需求差异十分明显。

(1)按年龄细分。根据个人客户的年龄阶段,可以大致分为以下几组。

18岁以下:特点是在经济上完全不能独立,完全依赖于父母。

18~23岁:接受高等教育或辍学待业或开始工作,他们可能已有一定的收入来源。

23~28岁:有自己的收入来源,准备结婚或购买耐用品,对金融产品有一定的需求。

28~45岁:家庭收入稳定,养家育子,对金融产品需求极大。

45岁至退休前:子女离开家庭单独生活,社交和度假支出的比重不断增大。

老人(退休后):对金融产品的需求要么很复杂,要么非常简单,度假支出可能占较大比重。

(2)按收入划分。各地区的经济发展程度不同,因此这一标准有不同的分界值。

比如在上海市,可根据家庭一年总收入水平将客户分为低收入比如在上海市,可根据家庭一年总收入水平将客户分为低收入(<3万元)、中低收入(3万~8万元)、中等收入(8万~12万元)、中高收入(12万~25万元)、高收入(>25万元)等。

(3)按职业细分。将客户按职业细分为事业单位工作人员(公务员、教师和医生等）、企业管理人员、企业生产人员、个体经营和私营业主等。一般来说，事业单位工作人员有稳定的经济收入、不太喜欢冒险、较为关注金融机构的品牌；企业管理人员收入较高、阅历较为丰富，对各类金融产品的需求量较大；生产人员人数众多但收入相对较少，对金融产品有一定的需求；个体经营、私营业主对信用卡、结算业务、私人理财以及小额抵押贷款等金融产品的需求量较大。

（4）按受教育程度分。客户按受教育程度可以分为小学及以下、中学、大专院校、研究生等不同市场。一般来说，学历越高、文化修养越高的客户，对金融机构的品牌形象和信誉、文化品位需求越高，而且他们也具有较大的传播扩散力。

（5）按阶层分。阶层是人们基于某种相同的特征（如相近的社会地位、财产状况、谋生方式和收入水平等）而形成的社会群体。它是随着阶级的产生而出现的，不同阶级及其不同发展阶段形成不同的社会阶层。如英国巴克莱银行将市场划分为中等阶层、年轻一代、学生、固定人口、企业家、农场主等子市场。

案例 3－1

我国的社会阶层结构与金融需求

阶层的划分和阶级的划分是相互联系的，阶层的划分是对阶级的进一步剖析。我国自改革开放以来，社会也出现了诸多分化，尤其是阶层的分化，形成了复杂的社会结构。

当然，社会分层的标准很多。2002 年 1 月中国社会科学院“当代中国社会阶层结构研究”课题组出版了《当代中国社会阶层报告》，将中国社会由上至下划分为十大阶层：国家与社会管理者、经理人员、私营企业主、专业技术人员、办事人员、个体工商户、商业服务业人员、产业工人、农业劳动者、城市无业或失业半失业者。苏伟（2017）根据习近平总书记在第十二届全国人民代表大会第一次会议上的讲话将我国现阶段的社会阶层结构划分为：①普通工人阶层；②农民阶层；③知识分子阶层；④公务人员阶层；⑤公有企事业管理者阶层；⑥非公企事业主阶层；⑦个体户阶层。当然，在每一个阶层内部，各成员的贫富和经济地位的差异可能还很大。

不同阶层拥有的收入、声望、文化这三者的综合情况不同，对组织资源、经济资源、文化（技术）资源的占有与控制是完全不同的，必然也有着不同的金融需求。因此，金融机构在设计金融产品时要有的放矢，有针对性地开展营销活动。

在社会结构中，一个重要的组成部分是中产阶层，当然，陆学艺教授等学者认为，中产不是某一个阶层，是若干个阶层的总和。但不管如何，国内外学术界已基本达成共识：中产阶层在政治上是社会局面安定与团结的基础，在经济上是促进消费和扩大内需的重要群体，在文化上被看作是承载现代文化的主体，因而将给整个社会带来稳定发展、积极向上的动力。

中产阶层的划分标准通常有三个：一是人均或家庭收入；二是职业；三是文化程度。多数经济学家都倾向于把收入作为划分中产阶层的首要标准。按照世界银行的标准，中等收入标准为成年人每天收入在 10 ~ 100 美元之间，也即年收入 3 650 ~ 36 500 美元。在美国，一般认为中产阶级的年均收入标准应该在 2.5 万 ~ 10 万美元之间，约占总人口的 80%。日本中产阶级家庭的年收入是 4.4 万 ~ 6.8 万美元。福布斯认为中国的中产阶级年收入应在 1 万 ~ 6 万美元。但根据中国实际的经济和社会文化发展水平，中产阶层比较合理的收入界定是：家庭人均年收入 1 万 ~ 2.5 万美元（即8 万 ~ 20 万元人民币），而国家统计局（2005 年）则首次数量化地将中产阶层定义为年收入在 6 万元 ~ 50 万元（以家庭平均人口三人计算）。《福布斯》（2010）定义中国的中产阶层：生活在城里，25 到 45 岁间，有大学学位，掌握至少一门专业技能，人均年收入 1 万到 6 万美元之间，能拿出收入的 1/3 自由支配。吴晓波（2017）将中国的“中产阶级”定位在“年均净收入（除去各项开支的家庭净收入）在 10 万 ~ 50 万和可投资资产 20 万 ~ 500 万”。

陆学艺估算，2001 年我国中产阶层大致占总人口的 15%。2002 年中共十六大报告提出，未来若干年在中国要“以共同富裕为目标，扩大中等收入者比重，提高低收入者收入水平”。此后，中产阶层队伍不断壮大，2008 年占到 22% ~ 23%。而 2017 年底召开的中央经济工作会议在总结党的十八大以来我国经济发展取得的历史性成就和发生的历史性变革时认为，中国“形成了世界上人口最多的中等收入群体”。这是中央首次明确我国形成了世界上最大规模的中等收入群体。据保守测算，目前我国中等收入群体超过 3 亿人，大致占全球中等收入群体的 30% 以上。

中产阶层有了基本生活条件的保障，他们追求的是人类最高层次的需求，即“自我实现”，因此有着强烈的社会责任感，故而其对金融产品的需求也会体现出与其地位责任相适应的特点。

资料来源：陆学艺. 当代中国社会阶层研究报告[R]. 北京：社会科学文献出版社，2002. 新华网：中产阶层如何界定？中产者的十大人生选择，2005 年 2 月 3 日；新浪网：福布斯定义中国中产阶层：年收入 1 至 6 万美元，http://finance. stnn. cc/Macroeconomic/201011/t20101126_1462490_1. html；苏伟. 当前中国社会各阶层分析[J]. 马克思主义研究，2017(1). 吴晓波和新浪财经联合发布：《2017 新中产报告》，2017 年 8 月 1；王仁贵. 中国中等收入群体超 3 亿，咋算的？快看你在不在内[J]. 瞭望，2018(2).

3. 心理因素。金融机构可以按客户的风险偏好、生活方式和个性等心理状态来细分市场。

（1）按风险偏好分。按风险偏好，客户分为风险厌恶型与风险喜好型。前一类客户比较保守，选择金融产品时，总是以安全、可靠和风险小的品种为主；而后一类客户则以冒险为主要特征，往往更注重投资收益，愿冒风险，追求较大利益。

(2)按生活方式分。具有不同生活方式的客户对金融产品的需求也存在较大差异,有的客户属于经济实惠型的,他们较多地关心金融产品的成本和收益;而有的客户较崇尚时髦,他们更注重金融产品或金融机构的品牌形象,容易接受新品种。

(3)按个性分。个性即人格,是决定个体心理和行为的普遍性和差异性的那些特征和倾向的较稳定的有机组合,包括性格、气质等不同方面特征和属性。

性格是一个人比较稳定的对现实的态度和习惯化了的行为方式,人的性格有不同类型:比如,按人的心理机能分为理智型、情绪型和意志型;按人的心理活动倾向性分为外向型和内向型;按人的独立性程度分为顺从型和独立型等。

气质是个人与神经过程的特性相联系的行为特征,表现在人的心理活动和行为的动力方面的、稳定的个人特点。这些特点不受个人活动的目的、动机和内容等的影响。气质分为多血质、黏液质、胆汁质和抑郁质四类。胆汁质(兴奋型)的人黄胆汁占优势,他们情感发生迅速、强烈,动作迅速、强烈与有力。这一类人热情、直爽、精力旺盛,但脾气急躁、易变化,具有外向性。多血质(活泼型)的人血液占优势,他们大都活泼好动,敏感,反应速度快,喜与人交往,但注意力易转移,志趣易变,具有外向性。黏液质(安静型)的人黏液占优势,情感发生缓慢、平静,动作迟缓、稳重,易于抑制,偏于这一类型的人大都安静、稳重,情感不易外露,沉默寡言,善于忍耐,具有内倾性。抑郁质(抑制型)的人黑胆汁占优势,大都情感体验深而持久,反应迟缓,善于觉察他人不易觉察的细节,具有内倾性。

4. 行为因素:

(1)根据客户对金融产品的不同利益追求细分。客户使用金融产品与服务可以得到的利益包括满足融资、获得资产保障、积累与分配资产、资产增值、方便与高效和彰显身份地位等。

(2)根据客户对不同金融产品品牌的忠诚程度细分。如坚定的忠诚者(指那些始终购买某一金融机构产品的客户群)、若干品牌的忠诚者(指同时忠诚于若干个同类金融机构的客户群)、变化的忠诚者(指从偏爱某个机构转移到偏爱另一机构的客户群)和非忠诚者(指对任何机构都不忠诚的客户群)。

(3)根据客户对某种金融产品的不同购买频率,细分为少量购买客户群、中量购买客户群和大量购买客户群。

(4)根据对金融产品购买状况的不同,细分为从未购买者、曾经购买者、潜在购买者、首次购买者和经常购买者等客户群。

由于个人客户需求的差异性往往是由多种因素的共同作用形成的,在细分市场时应采取综合分析方法,对地理、人口、心理和行为等各种因素多方面考虑后将客户细分成不同的客户群。

案例3-2

欧美私人银行业务市场细分

在国外,“私人银行”是指重点为私人客户提供服务的金融机构,从严格意义上讲,私人银行业务和国内目前通常提及的银行零售业务、个人理财服务都有着明显的区别,私人银行业务的核心是资产管理。一般而言,私人银行业务建立在双方之间的私人关系、相互信任和酌情处置权的基础上,银行为顾客提供全面的咨询意见,并为其设计个性化的解决方案。

在西方发达国家,私人银行业务以其批量大、风险低、业务范围广和经营收入稳定的特点正日益得到各家商业银行和其他金融机构的青睐,并得到迅猛发展。

波士顿咨询公司按照不同的风险偏好将私人银行业的顾客分为四类:追求财富最大化者、财富创造者、保收管理者和财富保护者,针对每一类顾客的不同特点,银行应采取不同资产经营策略和投资策略。在欧洲的划分标准是,按照拥有可投资资产 5 万 ~50 万欧元的客户为中等富裕阶层,高于这个标准是所谓的核心富裕阶层,低于这个标准是“大众市场”。

美国信托(US Trust)是商业银行平台上的私人银行,提供基于主动顾问关系的财富架构、投资管理和信贷与银行服务。美国信托把客户细分为 4 个区间:新兴财富客户(可投资资产 300 万美元以下)、核心客户(可投资资产 300 万 ~500 万美元)、成长客户(500 万 ~1 000 万美元)、战略客户(可投资资产 1 000 万美元以上)。

瑞士的私人银行意在为客户在全球配置和管理资产,且重视客户细分,提供差异化的产品和服务。以私人银行巨头瑞银集团(UBS)为例,该集团依照资产总值情况将客户分为关键客户、高净值客户、核心富裕客户,并按照客户层级分配不同的客户经理进行维护和设计差别化的财富管理方案。这有效规避了私人银行市场供需不对称问题,将不同的服务送达不同的客户,而非标准化的理财产品。

传统上,国外银行都将富裕的私人客户作为营销的重点对象,对于那些富裕的私人资产和很高收入的独立私人顾客,银行为其保守秘密,并制订包括投资、信托、信贷、税金和遗产在内的综合理财计划和资产管理服务。2000 年后,国外银行对富裕的中产阶级的金融需求也非常重视。

此外,国际私人银行十分注重在潜在客户身上“下功夫”,即对处在事业初创阶段的客户特别关注,并适当地提供借贷、保险(放心保)、养老金规划等方面的建议或服务,在很多私人银行家看来,这样培养起来的目标客户对私人银行的信任度和黏性普遍较高。

资料来源：周美宝，李松涛．国外个人金融市场细分的经验和启示[J]．亚太经济，2002(4)．袁诚，张晨曲．私人银行在欧[J]．新金融观察，2013(7)．中国建设银行总行财富管理与私人银行部：美国银行私人银行业务定位与服务模式研究，2013－09－16，http://blog.sina.com.cn/s/blog_c07777d40101fx7x.html。

(二)企业客户市场细分

影响企业客户对金融产品和服务需求差异的因素也有很多，其中最主要的是企业的规模、企业性质和企业所处的行业，见表3－2。

表3－2　企业客户市场细分

细分标准	具体分类
企业规模	微型企业、小型企业、中型企业、大型企业
企业性质	生产型企业、贸易型企业、政府机关与事业单位、社会团体等
行业因素	农、林、牧、制造业、建筑业、交通运输、批发和零售业等门类 “朝阳行业”或“夕阳行业”

1.企业规模。根据企业的年营业额、职工人数和资产规模等方面的衡量标准，可以把企业市场细分为不同的类型，分析客户对金融产品的不同需求。例如，对于微型企业(营业收入100万元以下)与小型企业(一般年产值或营业额在500万元人民币以下)，金融需求可能集中在个人金融服务、房产购买计划、开业贷款、小企业贷款担保和租赁等方面；而大型企业(一般年产值或营业额在1亿元人民币以上)、中型企业(一般年产值或营业额在500万元至1亿元人民币之间)的金融服务需求可能更多地集中在结算支付、代理业务、信用卡与长期资金贷款、进出口服务等方面。

2.企业性质。不同经济活动性质的企业有着不同的经济行为，从而产生很大的金融需求差异。从总体上说，企业客户可分为生产型企业、贸易型企业、政府机关与事业单位和社会团体等。

(1)生产型企业。生产型企业通过运用现代生产技术进行社会化生产，从事工、农业生产经营活动，为社会提供产品，独立核算并获取利润，其产品特点是经过物理变化或化学变化后成为新的产品。这种活动具有广泛的外部联系和灵活的适应性，内部一般要进行明确的分工，并要求紧密协作，同时受到技术装备水平与资金的限制。

(2)贸易型企业。贸易型企业主要涉及商品流通领域，主要从事贸易活动。贸易活动分为批发、零售、贸易经纪与代理等活动，包括采购、存储、运输、配送和销售等环节。这类企业必须实时地、精确地掌握整个贸易活动中的商流、物流、信息流和资金流的流向与变化，协调一致、相互配合，才能取得最大的经济效益。

(3)政府机关与事业单位。政府机关与事业单位往往是金融市场的大宗客户。它们可作为金融市场的资金供应者,也可能是资金的需求者。当然,政府在金融市场上也起到调节者的作用,通过颁布某些限制性的政策法规,或通过一定的金融工具来影响与调节金融活动。

(4)社会团体。社会团体包括研究机构、党群组织和各种具有活动经费的协会、基金会等。它们一般是社会资金的盈余部门,主要的金融需求是如何实现财产的保值与增值。

3. 行业因素。企业根据不同产业特点可以分为不同的市场。

(1)行业活动。行业活动对于经济中的行业分类,各国有不同的标准,联合国也制定了《国际标准产业分类》。我国的国家标准——《国民经济行业分类标准》于 1984 年首次发布,分别于 1994 年、2002 年、2011 年、2017 年进行了四次修改。最新标准(GB/T 4754—2017)于 2017 年 10 月 1 日实施,它仍保持 20 个门类;97 个行业大类;473 个行类中类;1380 个行类小类。20 个门类包括:①农、林、牧、渔业;②采矿业;③制造业;④电力、热力、燃气及水生产和供应业;⑤建筑业;⑥批发和零售业;⑦交通运输、仓储和邮政业;⑧住宿和餐饮业;⑨信息传输、计算机服务和软件业;⑩金融业;⑪房地产业;⑫租赁和商务服务业;⑬科学研究和技术服务业;⑭水利、环境和公共设施管理业;⑮居民服务、修理和其他服务业;⑯教育;⑰卫生和社会工作;⑱文化、体育和娱乐业;⑲公共管理、社会保障和社会组织;⑳国际组织。

(2)行业生命周期。金融机构也可以按行业生命周期将不同的行业划分为"朝阳行业"或"夕阳行业"。"朝阳行业"产品的市场需求量大,赢利能力强,企业所需的资金量也大,需要金融机构提供更便利、更快捷的金融服务;而"夕阳行业"的产品市场需求增长潜力小,赢利前景不乐观,需要金融机构提供大量资金,帮助其实现转产。

五、目标市场的选择

市场细分的目的是要通过分析,进一步确定金融机构的市场机会,从而选择一个或多个子市场作为目标市场进一步集中力量开展营销工作,使其能在市场中保持持久的竞争力。

(一)目标市场的概念

目标市场指金融机构在市场细分基础上确定的将要提供重点服务的客户群,也是金融机构为满足现实的或潜在的产品和服务需求而开拓的特定市场。如何选择目标市场并占领这一市场是金融机构制定和实施营销组合策略的基本出发点,可以说金融机构的一切营销活动都是围绕目标市场展开的。

目标市场的选择因不同金融机构、不同经营环境而不同,如有的金融机构把中高层收入者作为目标市场，有的金融机构把社区居民作为目标市场，有的把房地产作为目标市场等。但能否选择合适的目标市场会对经营活动产生很大的影响，并关系到金融机构的赢利与发展。

（二）目标市场选择的策略

一般来说，金融机构选择目标市场有无差异性市场策略、差异性市场策略和集中性市场策略三种做法。

1. 无差异性市场策略。这一策略针对的是金融机构通过市场细分后，以一个最大的细分市场作为目标市场，推行单一营销组合计划与营销战略。

该策略的特点是以整个细分市场的共同需求为目标，在营销活动中只注重客户需求的相似性或共同点，而无视不同客户需求的差异性。对于金融机构来说只需推出单一的标准化服务，设计一种营销组合策略即可，比较方便，并可降低管理成本和营销支出，易取得规模效益。

这一策略的缺点是金融机构可能会忽略同一顾客群的不同需求层次，提供的产品与营销手段过于单一，不一定能适应复杂多变的市场需要。

2. 差异性市场策略。这种策略是依据消费者不同类型、不同层次的需求特点细分金融市场，并从中选择两个或两个以上细分市场为目标市场，针对不同的目标市场制定和实施不同的营销组合策略。

采用该策略时，金融机构比较注重客户需求的差异性，并通过实施多种产品、多种促销方式和多种分销渠道的营销组合策略，在很大程度上满足客户的不同需求，多方位或全方位地开展有针对性的营销活动。

其缺点是经营的金融产品品种较多，需投入较大的费用进行客户需求的调研、产品的开发促销等活动，增加了营销成本。

3. 集中性市场策略。集中性市场策略也称密集性市场策略，是金融机构集中力量进入一个或几个细分市场，进行高度专业化服务。金融机构在深入的市场分析和预测的基础上，对那些需求量大、有潜力的子市场实施专业化经营，集中精力开发一种或几种有特色的金融服务，扩大产品的市场占有率。

采取这种策略的金融机构不是在若干个较大市场上占有较小份额，而是在较集中的细分市场上占有较大的份额。它可集中有限的人力、物力和财力，实行专业化服务，从而在目标市场上占据优势地位，大大节约成本和营销支出。

但实施这种战略所选择的产品和市场较为集中，一旦该市场发生不利变化，金融机构将受到较大损失，因此具有较高的风险。

目标市场选择是否正确，对金融机构的经营关系重大。一家金融机构究竟采用哪一种目标市场选择策略，应综合权衡其实力、产品和服务特点、竞争对手的营销策略等多种因素。

案例 3 -3

目标市场选择:农行的"三农"信贷业务

2012 年,中国农业银行出台了屠宰及肉类加工、液体乳及乳制品制造、制糖和白酒制造等首批 4 个涉农行业信贷政策,填补了农业银行长期以来无单独涉农行业信贷政策的空白,满足了"三农"信贷精细化管理需要,体现了监管部门关于三农事业部要"制定符合三农金融需要的信贷准入政策和标准"的要求,对于调整信贷结构,提高管理能力具有积极的促进作用。同时,通过制定涉农行业信贷政策及配套的准入、授权、授信、担保、产品政策,进一步加大了对产行业龙头企业的支持力度,提出了针对性强的风险控制措施和管理要求,为以行业龙头企业为驱动、探索集中连片服务"三农"的模式奠定了管理基础。

农行出台了 4 个行业信贷政策,分为总体信贷原则、信贷准入条件、客户分类标准、区域政策、产品政策、担保政策和管理要求等几个部分,既贯彻落实了国家宏观调控和产行业政策的要求,又根据农业银行客户结构和信贷资产的实际情况,制定了个性化的指标和要求;既考虑了对大中小型企业的普遍适用性,又针对各种类型的企业制定了差异化的规定,更加突出了灵活性和可操作性。

与此同时,农业银行还一并发布了相关行业分析研究报告,从行业概况、发展现状、发展趋势、主要风险因素以及相关行业在农业银行贷款情况、客户生产能力和客户财务状况等方面,进行了深入和全面的分析,有助于各级农行全面了解行业基本情况、把握行业风险点、深入理解行业信贷政策有关规定和内涵。与行业信贷政策相配套,农业银行总行还对上述 4 个涉农行业客户实施了名单制管理,确定了"支持"、"维持"、"压缩"和"退出"四类客户的准入标准,由一级分行按照总行确定的分类标准对辖内客户进行统一客户分类,实施客户名单制管理。

按照涉农行业信贷政策建设目标,2012 年农业银行还将陆续选择贷款余额较大、具有典型农业经济特征的肥料加工、饲料加工、农药制造、油脂加工、谷物磨制、水产品加工、种业、饮料制造等涉农行业开展研究,择机出台行业信贷政策,不断完善"以年度三农和县域信贷政策指引为引领、以涉农产行业政策为基础、以差异化的区域信贷政策为重点"三位一体的"三农"信贷政策体系。

资料来源:新华网:精细化管理"三农"信贷业务,2012 年 2 月 9 日。

第三节 金融机构市场调研

市场调研对金融机构的经营有着重要意义,因此,在调研过程中金融机构调研人员要进行全面与深入的分析，并要科学灵活地选择调研方法。

一、金融机构市场调研的含义与原则

（一）金融机构市场调研的含义

市场调研是指金融机构利用科学的方法，有目的地收集与金融机构经营活动有关的各种信息、情报和资料并运用科学的方法进行整理分析，作出符合客观实际的结论的活动，是为营销决策提供依据的信息管理活动。

金融机构市场调研的结果是经过科学方法处理分析后的基础性数据和资料，目的是为金融机构营销部门的决策提供参考依据，方便金融企业制订长远战略规划或制定某阶段或某问题的具体政策或策略。

（二）金融机构市场调研的原则

为了提高金融市场调研的效率，获得更有质量的信息，市场调研一般要遵循以下几个原则。

1. 客观性原则。金融机构市场调查必须坚持实事求是、尊重客观事实的基本原则。这要求市场调研人员应具备高度的职业道德，用客观的态度去反映事物的真实状态，不允许带有任何个人主观的意愿或偏见，也不应受任何人或部门的影响，调查的最终结果不能主观臆断。

2. 准确性原则。金融机构市场调查获得的信息必须做到真实与准确，这样才能有效地为金融营销管理决策提供信息。调研的结果必须如实地、准确地描述客观现象的特征，尽量减少调查误差，调研所涉及的数据、单位、时间和地点都要准确无误；调查的背景资料、主体资料和相关资料都必须真实可靠，不能虚构；调查结果必须清晰和准确。

3. 系统性原则。系统性原则又称全面性原则，是指市场调查人员必须全面地、系统地搜集有关信息资料，充分认识调研对象的特征，抽象出事物的内在规律和发展趋势。这不仅要求对调查对象自身进行全面反映，还要对其影响因素进行系统分析，同时应进行连续的、动态的研究。

4. 效益性原则。效益性原则又称经济性原则或节约性原则，是指金融机构市场调研应在完成调研目的的前提下进行成本效益分析，争取用较少的费用获取更多的调研资料。因此，调研人员要对不同调研方式与方法进行分析，从中挑选出合适的方案。

5. 科学性原则。这一原则要求调研人员采用科学的方法去设计调研方案、定义所要分析的问题、界定调查内容与项目、采集数据和分析数据，从而能够提取出有效的、可靠的信息资料，帮助营销管理部门利用这些信息作出正确的决策。

6. 时效性原则。金融市场的各种信息都具有一定的时间价值，时效性要求在搜集、发送、接收与加工金融市场资料时必须提高效率，减少传递层次与传递环节，尽量缩短从搜集到进入使用的时间，抓住最佳营销时机。

二、金融机构市场调研的意义

（一）有利于更好地认知市场

金融企业在一定的市场环境下从事经营活动，而环境在不断变化，为了经营好业务，金融机构必须及时、准确地了解市场情况及其发展变化，金融市场调研是其认知营销环境的主要途径。通过科学的金融市场调研，金融机构可以比较全面地取得与营销活动相关的系统资料，包括：金融产品的供求状况；价格、利率、汇率、股市行情等金融变量的变动；政治、社会、心理和习惯等因素；通过比较和分析，快速与客观地看清其营销环境的状况及其变化，更好地适应环境，把握有利的营销机会。

（二）有利于制定适合本单位发展的营销战略

通过市场调研，金融机构可以获取、处理和分析从环境中反馈回来的信息，较准确地掌握市场状况及其动态，据此进行营销决策，制定合适的营销战略和计划，减少决策的盲目性。

一般来说，调研报告中要列示在调研中发现的问题、受到的启示以及有关的建议，以帮助管理决策部门利用这些信息并作出相应的反应。只有通过市场调研获取必要的信息，才能使金融企业推出适当的产品和服务，以合适的数量、品种和价格，在适当的时间和地点提供给顾客，满足他们的需求。另外，金融机构还可以根据市场调研信息，不断修正已有的营销目标和策略。

（三）可以减少预测失误

市场调研是金融预测的重要工具。任何事物在变化之前总会有某些预兆，通过金融市场调研可以发现这些预兆和非正常现象，并以此来预测未来可能发生的变化及其发展趋势。金融市场不同于其他市场，它更为复杂与多变，不可能进行精确的预测，但是金融机构通过市场调研所获得的信息能使决策者对金融市场的变化及趋势作出较为准确的估计，减少预测失误。

（四）可以提高营销水平

金融机构作为独立的市场主体，必须自主经营与自负盈亏，以最小的耗费取得最大的经济效益，从而实现自我发展。只有通过市场调研，才能更好地了解市场需求及其变化，了解本机构的金融产品和服务是否适应市场需要，把握自身的竞争优势与劣势，根据需求不断地开发出新的金融产品及交易工具，并提高自身的经营能力，调整与改进管理水平，创造出新的市场营销机会，为提高营销效益、增强竞争能力创造良好的条件。

三、金融机构市场调研的内容

金融机构市场调研的内容十分广泛，只要会影响金融机构营销活动的信息均应被列入调研的范围，通过多方搜集资料，进行全面分析，才能为制定正确的决策提供依据。一般说来，金融市场调研活动主要包括以下几方面内容。

(一) 营销环境调研

营销活动是在一定环境下进行的，因此必须了解环境的各种相关因素。这方面的调研包括几个部分：

一是法律与政策调研，不同的国家及同一国家的不同地区的法律政策不尽相同，金融机构只能在严格遵守这些法律政策的基础上开展营销活动。

二是宏观经济状况调研，主要是了解财政、金融、物价水平、经济发展状况和趋势等影响市场大气候的因素，金融机构应根据不同的经济发展水平与特点采取不同的经营战略，制订相应的营销计划。

三是社会与文化调研，人们的生活传统、消费习惯、消费方式、消费结构、文化水平、文化习惯、思维方式、对生活的态度以及对人生的价值取向等的差异会在很大程度上决定人们的价值观念和购买行为，对金融机构的营销活动产生较大影响。

四是与目标市场相关的地理、气候和自然环境状况的调研。这些因素也会在一定程度上影响市场运行。

(二) 客户需求调研

这一块调研的重点内容包括：

1. 人口数量及构成。人口数量的多少在很大程度上会决定金融市场上的需求量大小，人口数量越多，对金融机构服务的需求也会越大。当然，金融机构在确定人口数量时也要充分考虑流动人口的影响及市场人口的构成，包括年龄构成、职业构成、性别构成与民族构成等。

2. 客户的行为调研。金融机构的客户行为形式多样，主要受到需求动机、文化程度、宗教信仰、收入状况与生活方式等的影响，当然，客户行为也具有可诱导性。金融机构对他们的消费动机、购买方式、购买习惯等要进行全面分析，了解各种因素变化对消费行为的影响。

通过对市场需求的调研分析，可以使金融机构掌握市场需求的总体数量、水平及结构，为金融机构制定经营目标及适当的策略提供基础。

(三) 金融产品价格调研

该项调研主要是对金融产品的价格合理性及变动进行了解与把握，内容一般包括：①影响金融产品价格变化的因素，特别是金融监管当局价格政策的变化；②金融市场的供求情况变化及趋势；③金融产品的价格弹性，包括测算需求弹性和供给弹性大小；④各种不同的价格策略和定价方法对销售量的影响；⑤了解相关金融产品的价格及其对本产品的影响。

(四)市场竞争状况调研

只有“知己知彼”,才能“百战不殆”,这一调研主要是调查金融机构自身及其他竞争对手的有关情况。

1. 自身的营销活动状况。主要通过对金融机构现有的营销活动进行全面分析,以便及时发现在营销过程中的一些问题,采取有针对性的措施予以调整。这种调研包括对产品、销售渠道、促销活动与销售服务等方面,通过调查,了解客户对金融机构经营管理水平的认识与评价,社会对金融机构产品价格及服务的满意程度,金融机构的各种营销活动在社会上产生的影响。

2. 竞争对手状况。金融机构要对竞争对手进行详细的分析,包括了解对手的数量、经营规模与实力;技术装备水平及机构设置;在市场中所占的份额及主要客户与销售渠道;营销活动的特点;开发新产品的信息,包括产品设计、开发成本、质量、价格、服务状况,消费者对竞争产品的态度和接受情况等。通过了解与对比,金融机构可以判断本金融机构与其他竞争对手的优势与劣势,从而制订出反映本行特色的计划,在竞争中获得比较优势。

除了以上市场调研范围之外,金融机构还可视情况选定其他的市场调研项目和内容。另外,在决策时要对不同的信息内容进行全面综合与运用。

四、金融机构市场调研的基本步骤

金融机构市场调研需要一定的专业知识与技能,也必须遵循一定的程序。一般来说,金融机构进行市场调研的主要步骤见图 3－2。

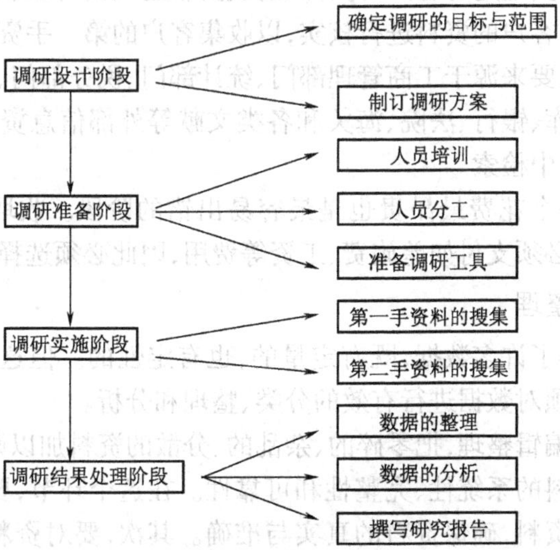

图 3－2　金融机构市场调研的主要步骤

（一）确定调研的目标与范围

金融市场调研的第一步是调研人员必须根据具体情况确定调研的目标及范围。由于进行调查是需要成本的，为了实现效益性，调查人员要针对不同的情况制定不同的具体目标与调查的范围，采取不同的调研策略。

（二）制订调研方案

金融市场调研的第二步是要制订一个有效的计划与调研方案。一份调研计划应该包括调研的目标、调研所应收集的资料、所用的调研方法与工具、调研所花费的时间与经费预算等。在设计一个调研计划时要从整体上来规划整个调研过程，要求既收集第二手资料，又收集第一手资料。金融市场调研方案应征得营销部门经理的批准。

（三）调研准备

在有了一个完整的调研方案之后，便要准备实施。为了保证调查研究的顺利进行，调研人员必须做好以下几项准备工作：一是人员的培训，让参加调研的员工了解有关背景情况，掌握相关技能；二是进行分工，划分不同的区域，布置不同的人员完成不同的任务；三是进行必要的调研工具准备，包括设计与印制调查表格，购置有关的器具与设备。

（四）资料的搜集

完成准备工作之后，便可进行实际的调研工作，搜集相关的信息。

一般来说，调研资料可以分为第一手资料与第二手资料。

第一手资料是金融机构根据需要与客户进行访谈或实地调查、走访客户收集整理取得的。通过实地走访客户，与客户的主要管理人员访谈、对客户的办公场所进行考察和对已有客户的资料进行核实，以收集客户的第一手资料。

第二手资料主要来源于工商管理部门、统计部门、税务部门、行业管理部门、行业协会、企业数据库、银行、法院、海关和各类文献等外部信息资料；也可以从金融机构自己的数据库中检索。

信息收集是一个花费最昂贵也是最容易出错的阶段。收取公共信息需要付费，走访客户时也必须支付如差旅费、工资等费用，因此必须选择合适的方法。

（五）数据的整理

通过调查获得了许多数据，既有定量的，也有定性的。但这些只是原始材料，为了获得信息，必须对数据进行有效的分类、整理和分析。

首先，要进行编辑整理，把零碎的、杂乱的、分散的资料加以筛选，去粗取精，去伪存真，以保证资料的系统性、完整性和可靠性。在这个环节，要检查调研资料的误差，剔除错误的资料，确保资料的真实与准确。其次，要对资料进行分类编号与排序，把调研资料编入适当的种类并编上号码，便于查找、归档和使用。再次，进行数据统计,将已经分类的资料按统计要求进行计算,制成各种计算表、统计表和统计图。最后,对各项资料中的数据和事实进行比较分析,整理对照,找出可以说明有关问题的统计数据,得出必要的结论。

(六)撰写调研报告

调研报告反映调研工作的最终结果,撰写和提交调研报告是金融市场调研工作的最后一环。调研报告的基本要求是:①能客观、真实和准确地反映调研结果;②报告内容简明扼要,重点突出;③结论和建议应表达清晰,要点明确;④文字精练,用语中肯;⑤运用必要的表格、附件与附图说明问题,方便阅读和使用;⑥报告内容完整,形式美观。

金融市场调研报告的一般内容包括:①调研目的;②调研过程,包括参与人员、样本收集、调研方法、作业进度和费用等;③调研结论;④预测与展望。

案例 3-4

金融市场调研报告案例

以下为《2017—2018 年中国金融电子市场研究年度报告》的基本内容,通过它可以使读者了解金融市场调研报告写作的基本框架。

2017—2018 年中国金融电子市场研究年度报告

【主要结论】(具体内容略)

【重要发现】(具体内容略)

【正文】

一、2017 年全球金融电子市场概述

(一)市场规模与增长

(二)基本特点

(三)主要国家与地区

1. 美国;2. 欧洲;3. 日本;4. 亚太

二、2017 年中国金融电子市场概述

(一)市场规模与增长

(二)基本特点

(三)市场结构分析

1. 产品结构;2. 区域结构;3. 品牌结构;4. 行业结构

三、2017 年中国金融电子细分市场研究

(一)金融结算设备市场

1. 市场规模与增长;2. 细分市场结构

（二）货币处理设备市场

（三）票据处理设备市场

（四）金融安全终端设备市场

四、2018—2020 年中国金融电子市场发展预测

（一）2018—2020 年中国金融电子市场规模预测

（二）2018—2020 年中国金融电子市场结构预测

1. 产品结构；2. 区域结构；3. 行业结构

五、2018—2020 年中国金融电子市场发展趋势分析

（一）产品与技术

（二）价格

（三）渠道

（四）服务

六、中国金融电子市场竞争分析

（一）整体竞争格局

（二）重点厂商竞争策略与 SWOT 分析

七、中国金融电子用户需求研究

（一）品牌倾向

（二）产品功能

（三）价格期望

八、建议

资料来源：博讯报告网，http://www.365report.com/。

五、金融市场调研的方法

金融机构开展市场调研，应该针对不同的调查目的、不同的对象采用不同的调查方法。一般地，市场调研的基本方法有以下几种。

（一）询问法

它是指调研人员通过书面或口头方式向调查对象提出问题进行询问，从他们的回答中了解情况。

1. 面谈，即调研人员与调查对象面对面进行交流。这种方式的优点在于：比较灵活自由，有利于双方相互沟通，信息真实全面，便于把握，并可以获得一些意外信息。它的缺点是对调研人员的素质、谈话技巧的要求比较高，需要亲临其境，费用也较大。

2. 电话调查，指金融机构的市场调研人员事先选择一些对象，利用电话与其交流以获取有关信息。这种方法的优点是速度快、时间省、费用较低，但也有通话时间不能过长、内容可能较单一、获得的信息量不大等缺点。

3. 问卷调查,是指调查人员预先设计好调查表或问卷,面交或邮寄给调查对象,在一定时间里填好之后交回或寄回。这种方法的调查范围较广,调查对象回答问题的时间十分充裕,结果也较客观,成本低,但它容易受到调查对象态度的影响,故较难控制,而且时间长,回收率较低。

(二)观察法

这种方法是金融市场调查人员到各个现场进行观察与记录,获得有关信息。这种方法可以消除对调查对象的种种干扰,使收集到的资料更加客观可靠,也可减少调查人员的主观影响,保持信息的真实性,但是它一般只能看到一些事情的表象,而且受到时间与空间限制,所花成本较高。

调研者具体可以采取以下做法:一是顾客动作观察法,调研人员直接耳闻目睹有关现场(如到金融机构营业柜台前)以旁观者的身份观察客户的购买行为;二是工具记录法,即借助照相机、录音机、摄像机等仪器间接记录现场;三是痕迹测量法,调研人员对客户进行有关活动后留下的痕迹进行分析;四是亲身体验法,调研人员亲自参与购买过程,了解市场状况。

(三)实验调查法

该方法是假定其他条件不变时,在小范围内观察调查对象对一两个营销因素变化的反应,以取得这种影响的定性与定量数据,从而作出相应分析,作出是否用于大规模推广的决策。一般地,调查人员可以将调查对象集中于特定的场所进行测试或者将它们置于目标市场进行观察,也可用计算机来模拟市场,通过比较在不同环境变量中的输出结果进行分析。这种方法较科学,结果也较准确,但时间长,调查成本相对较高。

(四)抽样调查法

由于金融市场主体(包括社会公众、企业、组织和政府部门)以及产品、价格等都为数众多,金融机构不可能也不必要进行全部调查,因此可以选择有代表性的对象来进行调查,以推断与反映整体情况,这便涉及抽样调查,是市场调研中应用得最广泛的方法之一。

抽样方法主要包括随机抽样和非随机抽样两大类。

随机抽样中作为调查对象的每个成员都有均等入选机会,采用抽签的方式抽选样本。但首先必须全面准确地确定抽样范围,使选取的样本具有代表性和准确性。随机抽样的具体做法有简单随机抽样、分层随机抽样和分群抽样等。

非随机抽样无法估计任何总体元素被选入样本的概率,而依赖于样本选择过程中的个人判断,因此,不能保证样本是总体的代表。当随机抽样的成本太高或时间太长时,金融市场调研人员可以采用非随机抽样的方法。

名词解释

金融市场　直接融资　间接融资　货币市场　资本市场　发行市场　流通市场　市场细分　朝阳行业　夕阳行业　目标市场　无差异性市场策略　差异性市场策略　集中性市场策略　市场调研

☞思考题

1. 与一般的商品市场相比,金融市场有哪些显著的特征?
2. 金融市场包括哪些种类?
3. 金融机构为什么要进行市场细分?有效的市场细分必须要遵循哪些原则?
4. 个人客户是金融机构的一大类客户,如何对个人市场进行细分?
5. 企业客户按不同经济活动性质应进行怎样的细分?
6. 金融机构选择目标市场可以采取哪些策略?
7. 金融机构市场调研活动主要包括哪几方面内容?可以采取哪些方法?

思考与分析

张大朋是一个出生于20世纪40年代的中国人,他经历了解放战争与抗美援朝战争,承受了多种艰辛,因此一直保持着勤劳朴素的生活作风,消费中也讲究实惠。他晚年所生的女儿张小燕却生活在幸福的八九十年代,与其他年轻人一样崇尚时髦,追求各种流行玩意儿。请问,金融机构在对他们开展金融营销时要有哪些不同的策略?

第四章

金融营销战略与计划

营销战略是金融机构营销活动的中心点，它的制定便于金融机构把握正确的营销方向，提高营销活动的应变能力。而营销计划则是使金融机构有序开展营销活动的保证，通过营销计划的实施与控制，可以贯彻金融机构的营销战略，实现营销目标。

本章介绍金融营销战略的含义、内容与种类，讨论如何选择与应用合适的营销战略，并介绍营销计划的类型与内容，讨论怎样编制营销计划及如何对营销计划进行实施与控制。

第一节　金融营销战略的内容与种类

金融机构在开展具体营销活动时必须明确营销战略，能否根据自己的特点选择合适的营销战略将直接关系到金融营销的效果。

一、金融营销战略的含义

在古希腊时人们已开始使用战略（Strategy）一词，但原先只具有军事含义，后来，才被推广到各个领域，尤其被应用到企业的经营管理中。20世纪50年代，美国企业应用这一观念，后来联邦德国与日本的企业也引入这一观念。20世纪80年代之后，战略被认为是影响企业利润的一个重要因素。

作为一类特殊的企业，金融机构的活动也不可能脱离战略。而营销作为增强竞争力的一种有效手段，更离不开营销战略。

所谓“金融营销战略”，是金融机构在复杂变化的市场环境中，为了实现特定的营销目标而制定的全局性、决定性、长期性的规划与决策。它的制定必须以客观规律为基础，有效地利用金融机构的资源，综合市场上已经发生的及可能发生的各种情况而制定。有效的营销战略应该是营销目标与营销手段的完美结合，既要围绕金融机构的发展目标，又要纵观全局，合理地规定达到目标所要采用的手段，并确定金融营销所要解决的重点问题、需经历的阶段、总体力量如何布置及其他一些重要决策,这样才能对变化的环境作出一个系统的和有效的反应,保证其经营活动得到不断发展。

从根本上讲,营销战略是金融机构开展具体营销活动的灵魂与中心。它的制定可以明确金融机构营销活动的方向,减少盲目性;可以沟通金融营销活动的各个环节,使产品的开发、定价、分销与促销策略得到合理、有效的结合;可以对各个部门与营销人员之间的关系进行事先协调,充分调动营销人员的积极性与主观能动性,增强凝聚力,不断提高工作效率。因此,金融机构能否制定具有远见卓识又切实可行的营销战略,是关系到金融营销活动乃至整个经营成败的关键。

二、金融营销战略的内容

制定金融营销战略是一项复杂的工作,一般包括探查(Probing)、分割(Partitioning)、优先(Prioritizing)和定位(Positioning)四个要素。在营销环境分析的基础之上,金融机构要结合自身实际情况制定合理的营销战略。

20 世纪 70 年代以来,随着金融营销实践的不断推进,营销理论日益成熟,营销战略的内容也趋于系统化。

(一)传统的金融营销战略

经典的营销理论包括 4Ps 战略(产品、价格、渠道与促销),但后来在此基础上结合金融服务的特点,发展为七项内容,理论界一般称之为"7P"战略。

1. 产品(Product)。产品是金融机构营销活动的对象,有了产品才能通过营销活动而获取利润,金融机构需向客户提供什么样的产品以满足客户需求是首要的战略决策。金融产品包括核心产品、形式产品与附加产品三个基本层次。核心产品是首要的,形式产品是产品的具体形式,而附加产品对于以提供无形产品——服务为主的金融机构来说显得尤为重要。设计出能满足不同客户需求、吸引力强的金融产品是任何一家金融机构在制定战略时都要着重考虑的问题。

2. 价格(Price)。金融机构是要追求赢利的,确定什么样的价格以增强产品的吸引力,是其营销战略中必须考虑的一个重要内容。在价格战略中,金融机构必须正确分析目标市场的产品竞争、法律限制、顾客需求、所提供的产品与服务的性质及金融机构的成本等因素。同时,制定的价格必须得到客户的认同。

3. 分销(Place)。金融机构将产品转移给客户的方式与途径,这是金融机构维持老客户、吸引新客户需考虑的一个因素。金融机构的分销渠道多种多样,它们可以增设分支机构直接向客户提供产品,也可以利用 ATM、POS、电话金融机构、手机金融机构等设备及中间商向客户出售产品。但不同的分销渠道有不同的经营成本,因此,金融机构必须选择合理的销售渠道,在合适的地点与时间向客户提供金融产品与服务。

4. 促销(Promotion)。促销作为营销战略的一个重要组成部分,近几年得到极大的关注,它是指金融机构研究与应用不同的促销方式以实现更好地向客户推销产品,用较少的经营费用取得较好的营销效果。能否使顾客及时获得自己所需产品的有关信息将直接影响到金融营销活动的成败。因此,金融机构应通过人员与非人员促销的方式帮助客户认识与了解金融产品与服务,树立金融机构的形象,最终达到增加销售的目的。

5. 人员(People)。知识渊博、作风踏实、勤劳能干、机智灵敏的营销人员可以大大提高营销活动的效率,为金融机构带来更多的收益,同时,还可以创造一种"人气",使金融机构的整体实力不断上升。因此,金融机构在制定战略时要重视人才策略,以优厚的待遇来吸引高素质的人才,更好地改进营销工作。

6. 过程管理(Process Management)。这是指金融机构对营销活动整个过程进行组织、协调与控制的战略。金融营销活动涉及面较广,各个环节之间要紧密相连,如果任何一个环节出错,都会影响到整个营销活动。所以在制定战略时必须考虑如何将各个环节进行有效的组织,并进行灵活协调与控制,这样才能使金融机构的营销过程更加完善。

7. 有形展示(Physical Evidence)。这是对金融机构营销活动的硬件及服务环境所作的决策。一个金融机构拥有良好的营业场所、先进的电子设备,使客户能在舒适的环境中接受准确、快捷和周到的服务,顺利使用金融产品,享受金融服务,会给他留下深刻的印象,金融机构的产品也就会受到客户的青睐,同时也会向潜在的顾客传递消费满足感。相对于人员与过程两个"P"而言,有形展示比较抽象。

当然,在金融营销活动中,首先要解决的问题便是提供什么样的产品去满足客户的需求,然后方能运用其他战略以实现其营销目标。因此,金融营销组合中各战略内容之间的关系可以用一张六条腿的桌子来表示(见图 4-1)。

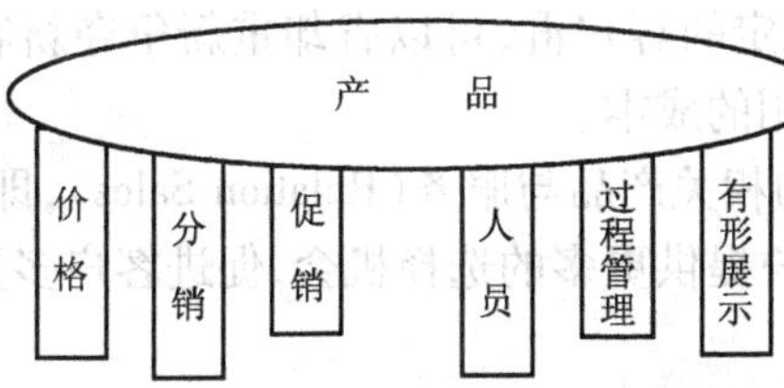

图 4-1　传统的金融营销战略

(二)现代营销战略的新内容

进入 20 世纪 80 年代以后,由于金融业竞争的进一步加剧,营销战略的内容又有了进一步拓展。

1.11P 理论。在 7P 的基础上，一些专家又提出金融营销战略还应包括对象、公共关系与政治力量等三项内容，从而构成了 11P 理论。

（1）对象（Project）。这一战略包括对人与对物、有形与无形等各个方面的决策。对象战略的中心当然是客户，通过对其想法与要求进行分析，寻找其所需的服务，从而为开发新产品提供思路。当然，金融机构也要通过营业场所及服务态度的改善来营造一个让客户满意的营销环境。

（2）公共关系（Public Relation）。现代营销学将人际关系作为衡量营销活动成败的一个重要指标。金融机构应该通过各条途径树立良好的形象，要与消费者、竞争者、分销商、供应商、政府机构和公众等发生交互作用，取得他们的信任与支持，与客户建立起良好的、长久稳定的关系，这是金融机构的无形资产。

（3）政治权力（Political Power）。营销机构不应只是顺从与适应环境，还要学会运用各种手段去影响环境，这些手段中的很重要的一项即是政治权力。比如，某个金融机构想要开拓一个目前仍排斥外国金融机构的国家的市场，它可以通过本国政府外交官员与该国谈判或者其他方式以打开其大门。

2.3R 营销战略。1994 年，美国哈佛大学赫斯凯特（Jamew L. Heskett）等五位教授在历经 20 多年、追踪考察了上千家服务企业的数据，发现市场份额对利润并没有太大的影响，而顾客忠诚度对服务性企业盈利更为重要。他们提出了"服务价值链"模型，认为：服务利润链可以形象地理解为一条将"盈利能力、客户忠诚度、员工满意度和忠诚度与生产力之间联系起来的纽带，它是一条循环作用的闭合链，其中每一个环节的实施质量都将直接影响其后的环节，最终目标是使企业盈利"。他们提出服务性企业应采用 3R 营销策略，2003 年，赫斯凯特等人将该模型扩展到制造业等多行业多部门。

3R 营销指客户维持、多重销售和客户介绍。

（1）尽力留住客户（Retention）。服务性企业要努力通过各种策略，把客户（尤其是优质客户）留下来，并培养成忠诚客户群。这个措施可以在两方面节省成本、提高利润率：一是建立稳定的客户群，可以省却重新争夺新客户的费用；二是省却了重新调查审核客户信用的成本。

（2）销售顾客关注的相关产品与服务（Relation Sales），即向同一客户销售多种相关商品。这可以为客户提供更多的选择机会，促进客户多重购买，并增强顾客的忠诚度，减少顾客流失。

（3）客户介绍（Referrals），即鼓励客户向亲戚朋友介绍满意的消费经历，达到扩大客户数量的目的。客户的口碑很重要，因此提高原有顾客对服务性企业的满意度并鼓励客户对企业的口碑进行宣传，可以帮助企业扩大新顾客群体、争夺优质客户。

3. 4Rs 营销战略。2001 年，艾略特·艾登伯格（Elliott Ettenberg）在《4R 营销》一书中提出 4R 营销理论。

(1)关联(Relevancy)。企业与客户是一个命运共同体,建立并发展与顾客之间的长期关系是企业经营的核心理念和最重要的内容。

(2)反应(Reaction)。市场是相互影响的,经营者最难的是站在客户的角度及时倾听、高度回应客户的需求。

(3)关系(Relationship)。企业与客户的关系发生了实质性变化,抢占市场的关键已转变为与顾客建立长期而稳固的关系:从一次性交易转向强调建立长期友好合作关系;从着眼于短期利益转向重视长期利益;从顾客被动适应企业单一销售转向顾客主动参与到经营中来;从相互的利益冲突转向共同和谐发展;从管理营销组合转向管理企业与顾客的互动关系。

(4)报酬(Reward)。任何交易与合作关系的巩固和发展,都是经济利益问题。因此,一定的合理回报既是正确处理营销活动中各种矛盾的出发点,也是营销的落脚点。

4Rs 营销是以竞争为导向的营销战略组合,它着眼于企业与顾客的互动与双赢,不仅积极地适应顾客的需求,而且主动地创造需求,运用优化和系统的思想去整合营销活动。

4.4V 营销战略。21 世纪初,国内的吴金明等学者综合性地提出了 4V 的营销组合模式。

(1)差异化(Variation)。从表面看,企业向不同的顾客提供同一种商品,但实际上,顾客是千差万别的,顾客所需要的可能是根本不同的东西。在个性化时代,这种差异更加显著。从某种意义上说,创造差异才能创造顾客,才能有市场,才能在强手如林的同行业竞争中立于不败之地。

(2)功能化(Versatility)。产品在客户中的定位有不同的功能层次,满足不同的客户需求,产品的功能越多其所对应的价格也越高,企业要根据消费者消费要求的不同,提供不同功能的系列化产品,让消费者根据自己的习惯与承受能力选择其具有相应功能的产品。

(3)附加价值(Value)。产品的价值包括基本价值与附加价值两个部分。附加价值包括技术附加、营销或服务附加和企业文化与品牌附加等部分。现代产品竞争更强调产品的高附加价值,故当代营销理念的重心也在"附加价值化"。

(4)共鸣(Vibration)。企业要把创新能力与消费者所珍视的价值联系起来,通过为消费者提供创新价值使其获得最大程度的满足,在享受服务的过程中与企业产生共鸣,从而提升企业的市场竞争力。

4V 战略实现了系统营销与社会营销,兼顾了各方的利益,并注重于培养企业的核心效力。

综上所述,我们可以看出,现代营销战略更加注重"人"的因素,强调人的主观能动性,同时也强调了战略的社会性与互动性。为了进入一个市场或在某个特定的市场上成功地经营,金融机构必须综合运用经济、政治、心理和公关等各个方面的多种技能，赢得客户及参与者的合作。

三、金融营销战略的特征

金融营销战略是在一定的营销环境下处理金融机构与客户之间关系的行动方针与总体决策。它具有鲜明的特征。

(一)效益性

效益性是指金融机构在制定营销战略时要在最大限度上节约资源，以最小的投入取得最佳的产出，从而实现收益最大化。在市场经济体制下，营销战略的效益愈来愈受到决策者的重视。

(二)长期性

金融机构制定的营销战略必须体现长远规划，要具有未来意识和超前意识。营销战略是关系到金融机构发展的大计，而非一时之举，要想在日益激烈的竞争中始终立于不败之地，保持领先地位，赢得挑战，不断发展，就必须立足现实，着眼未来，在对未来进行科学预测的基础上，制定出合理的营销战略。

(三)全局性

金融营销战略必须着眼于全局，统筹兼顾。营销活动只是金融机构经营的一个方面，它对其他工作有着巨大的推动作用，反过来也要受制于其他工作。因此，营销人员应树立整体意识和全局观念，分清主次，区别轻重，使制定的营销战略能有利于解决银行经营中的主要矛盾，关照全局。

(四)方向性

金融营销战略确定了金融机构营销活动的基本方针与基本步骤，它不是具体的行动方案，而是带有原则性、纲领性的内容，对营销的发展具有指导意义，指明了未来的前进方向。

(五)灵活性

金融机构制定的营销战略必须要体现其自身的特点，扬长避短，审时度势，适应环境的变化。金融机构应根据本单位的人、财、物的变化发展，机动灵活地确定自身的发展方向，在营销战略中留有一定的余地，并在战略实施过程中随机应变，及时调整自己的营销策略，才能立于不败之地，否则就很容易被竞争对手淘汰。

(六)社会性

营销战略不仅要体现金融机构自身的利益，而且要符合社会、国家和客户的利益，满足公众日益增长的金融服务需求。社会利益是金融机构生存与发展的根本使命，金融机构的活动受政府宏观政策调控和客户消费需求这两个条件的制约。如果其营销战略与国家宏观政策相悖，就无法享受国家政策上的支持，甚至还会受到国家在税收、资源等方面的限制直至法律的制裁，从而使其发展受到抑制。同样的，如果金融机构制定的营销战略不符合客户的利益，就会导致金融产品没有销路，甚至引起公众对该机构的厌恶与不满，这对金融企业的生存极为不利。

四、金融营销战略的种类

金融机构的营销战略形式多样，一般可以分为市场领导者战略、市场竞争者战略、防御型战略、市场进攻型战略、市场追随者战略、市场缝隙战略和市场渗透者战略等。

（一）市场领导者战略

市场领导者（Market Leader）是指那些规模庞大、实力雄厚，在金融市场上处于主导地位的金融机构。它们具有规模优势，在价格与营销渠道等方面比其他一般金融机构具有更强的竞争力。

市场领导者的营销战略往往利用“第一位”（Number One）的指导思想，在客户和公众心目中留下深刻的印象。当然，在金融市场上排名第一的标准是多样的，比如，按资产排名、按资本规模排名、按金融产品创新排名、按市场份额排名以及按管理的客户数量排名等。

市场领导者在金融业中的作用十分重要，在金融市场上往往占有最大的市场份额，能在一定程度上控制同业其他机构的行为，并在战略上拥有选择权。

案例 4-1

全球前十大银行

英国《银行家》杂志隶属于英国《金融时报》报业集团，每年向全世界公布该年度的“世界 1 000 家大银行”排名，被全球金融界公认为最具权威、最为细致的银行排名。《银行家》杂志根据不同国家和地区银行每年的核心资本、盈利能力以及同行竞争表现进行分析。它以巴塞尔新资本协议定义的一级资本作为评估基准，通过反映银行实力、规模、稳健性、利润的各项指标，充分展示当今全球 1 000 家大银行的综合实力水平，可以帮助我们了解过去一年中全球银行业的发展状况，这项排名已成为衡量全球银行综合实力的重要标尺。

2017 年 7 月，《银行家》公布最新一期全球银行排名（Top 1000 World Banks 2017）。表 4-1 给出按一级资本排名的全球前十大银行，其中：中国和美国的银行各占据四席，英国和日本则各有一家银行入榜。

表 4-1　2017 年全球前十大银行

（按一级资本）　　单位：亿美元

排名	银行	英文名称	总部所在地	一级资本
1	中国工商银行	ICBC	中国	2 812.62
2	中国建设银行	China Construction Bank	中国	2 258.38
3	摩根大通	JPMorgan Chase	美国	2 081.12
4	中国银行	Bank of China	中国	1 991.89
5	美洲银行	Bank of America	美国	1 903.15
6	中国农业银行	Agricultural Bank of China	中国	1 886.24
7	花旗集团	Citigroup	美国	1 783.87
8	富国银行	Wells Fargo	美国	1 713.64
9	汇丰控股	HSBC	英国	1 380.22
10	三菱 UFJ 金融集团	Mitsubishi UFJ	日本	1 359.44

资料来源：英国《银行家》，2017 年 7 月。

另外，数据显示，2017 年中国内地共有 126 家银行入围全球 1 000 强银行榜单，比 2016 年增加 7 家。其中 17 家中资银行跻身前 100 名，56 家中资行排名在第 101～499 名之间，53 家中资银行排名在 500 名以后。

表 4-2　2017 年中国上榜的前 20 大银行

（按"一级资本"排序）　　单位：亿美元

国内排名	国际排名	银行名称	一级资本	国内排名	国际排名	银行名称	一级资本
1	1	中国工商银行	2 812.62	11	31	中国邮政储蓄银行	496.15
2	2	中国建设银行	2 258.38	12	49	中国光大银行	358.09
3	4	中国银行	1 991.89	13	59	平安银行	244.73
4	6	中国农业银行	1 886.24	14	67	华夏银行	220
5	11	交通银行	903.67	15	73	北京银行	205.77
6	23	招商银行	559.4	16	85	上海银行	166.27
7	25	中信银行	550.6	17	93	广发银行	149.75
8	27	浦发银行	519.14	18	117	江苏银行	120.29
9	28	兴业银行	504.17	19	131	浙商银行	97.03
10	29	民生银行	502.54	20	145	恒丰银行	89.33

在股份制银行中，招商银行排名持续攀升，较2016年提高4个位次，位列全球第23位；中信银行列全球排名第25位，较2016年的第30名上升了5位；兴业银行排名也提升4位；浦发银行排名第27位，较2016年上升2位。

此外，本年排名城商行亦表现抢眼。北京银行、上海银行、南京银行、宁波银行分别以一级资本205.77亿美元、166.27亿美元、89.10亿美元和71.98亿美元，排名第73位、第85位、第146位和第175位。其中，上海银行和南京银行排名均较2016年大幅上升6位。而沧州银行的一级资本规模去年同比上升73.27%，达到12.6亿美元，增速列国内银行第一位。

从分项排名看，招商银行以113.62亿美元税前利润排名全球第13位；税前风险调整后的资本回报率（RAROC）为24.80%，排名全球50强榜单第7位，列中资银行第一；在全球50强银行"成本收入比"指标排名中，兴业银行仅为23.18%，高居榜首；资本收益率方面，浙江泰隆商业银行超越台州银行，达到30.54%，排名国内银行首位。

（二）市场竞争者战略

市场竞争者（Market Challenger）是指在金融业中次于市场领导者，位居第二、第三及随后位次的金融企业，它们凭借自身的优势，抓住竞争对手的弱点，以己之长克人之短，向领导者或其他竞争者提出挑战。

竞争者可以采用的方式包括直接进攻（Direct Attack）、迂回（Back Door）、大吃小（Guppy）等战略。所谓"直接进攻"战略是指通过价格调整、产品扩大、服务创新等向同一市场的领导者或其他竞争者发动正面攻击；"迂回"战略则是充分利用各种分销渠道来占领市场，间接地迫使其他竞争者退出市场；"大吃小"战略则是金融机构运用各种合法手段干扰其他机构的业务或者以更优惠的条件及提供高风险的服务将客户从竞争对手中抢走，以提高其市场占有率。

当然，作为挑战者的金融机构也可以向规模和实力与自己相仿的其他金融机构或小金融企业发动进攻，从而增强自身的实力，扩大市场份额。

（三）防御型战略

防御型战略（Defensive Strategy）是面对竞争者的进攻所采取的一种防守反击战略，金融机构将服务集中于某些特定范围的客户，以保持现有的客户群，维持当前的市场占有率。这是一种相对比较保守的营销战略。

一般来说，防御型战略的做法有消极防御和积极防御两种。前者是金融机构固守已有的阵地，只守不攻，其结果可能会导致市场份额缩小，最后丧失优势；后者是守中有攻，在防御中不断巩固和扩大市场。

防御型战略又可细分为阵地防御战略、市场退却战略、机动防御战略与反击防御战略等几种。

1. 阵地防御战略。这是指金融机构面对竞争者的进攻，通过多种营销手段坚守阵地，与对手进行针锋相对的战斗以维护自己的市场份额。每一家金融机构都可能会遭受竞争对手的进攻，包括新进入金融业（包括国内和国外）的机构以及在金融市场上原有的竞争者。面对它们的挑战，金融机构要保持和发展自己的优势，实现产品多元化、服务优质化，建立良好的客户关系。同时，金融机构可设法提高竞争对手进入的难度，主动设置障碍来阻止竞争对手的进攻。具体方法包括：①增加金融产品或服务的种类以填补产品空缺；②调低与竞争对手相似的金融产品或服务的价格以阻止竞争对手的产品扩张；③免费或低成本培训使用本机构产品的个人和公司，如对信用卡特约商户进行免费培训；④增加广告等支出。

阵地防御战略属于一种消极的防御战略，它具有极大的风险性。因为一味固守阵地只会把自己拴在一个逐渐收缩的产品市场，实际上会使金融企业处于被动地位，一旦阵地丧失，银行经营即会陷入困境。

2. 市场退却战略。市场退却战略也称市场撤退战略，当竞争对手力量日益强大，占据明显优势，而本机构又缺乏与之全面抗衡的条件时，一种策略便是主动退出市场。这种营销战略可以保存金融机构的实力，收缩战线，并可有效地集中力量专心于另外一些更有优势的市场。例如，为了迎接网络化的不断发展与竞争日益加剧的挑战，英国的巴克莱银行于一天内关闭了地处僻壤乡村的 171 家分行，以集中力量于批发业务。①

3. 机动防御战略。机动防御是一种积极主动的动态防御的做法，金融机构在保护自己市场份额的同时，拓宽现有的市场，满足更多的消费需求，以做到防中有攻，攻防结合，是一种较有效的防御战略。

机动防御战略的一种做法是通过加快技术创新步伐，使用最新技术，引进先进设备，提高自身的经营效果；不断开发新产品，增强银行对客户的吸引力。

4. 反击防御战略。进攻即最有效的防御。反击防御是金融机构组织自己的资源向进攻者主动反击，大量歼灭竞争对手的有生力量，挫败竞争者的进攻。反击防御战略包括：①实际的行动或口头声明以形成声势，遏制竞争对手的继续进攻；②发动价格战，使竞争对手不愿进入该市场；③降低服务成本对付竞争对手的削价和促销战；④进行地毯式轰炸型的广告宣传；⑤创新金融产品或服务以抑制竞争对手的进攻。

目前，国际金融业还有一种做法是“防御性兼并”，为了迎接挑战，避免被击溃，一些金融机构可以通过兼并对手来保护自己，从而达到以攻为守的目的。

（四）市场进攻型战略

在市场进攻型战略（Offensive Strategy）中，金融机构不满足于原有的市场，而对特定的竞争对象和特定市场采取以进攻为特征的对抗性竞争战略，进一步确立

① 钟伟. 世纪之交——国际金融兼并浪潮的若干特征[J]. 中国外汇管理，2000(7).

其在金融市场上的主导地位。

金融机构通过向新的市场拓展、向新的地域扩张、抓住新的市场机会及采用新的服务办法来实施这一战略。新市场战略(New Market Strategy)是指金融机构在保持原有传统客户的基础上,采用新的销售方案与新的促销手段,提供广泛的金融服务来吸引新的客户,开拓已占领市场以外的新市场或以新市场来替代原有的市场,从而进一步增强竞争力;地域扩张战略(Geographical Expansion Strategy)是指金融机构通过设立新的分支机构以实现其拓展实际活动领域、增加新客户,扩大总体市场规模,提高赢利性的目的。

当然,市场进攻型战略的具体做法又是多种多样的,它包括:

1. 正面进攻战略。当金融机构具备了与对手全面抗衡的资源与条件时,便可更有效地运用市场营销手段,不失时机地争夺对手的市场,提高自己的市场占有率。正面进攻战略又包括纯正面进攻、有限的正面进攻、以价格为主的正面进攻、以质量为基础的正面进攻和以技术为基础的正面进攻等。

2. 回避进攻战略。这是一种间接进攻战略,它不是为争夺某个市场而与对手公开竞争,而是尽量避免与竞争对手正面直接对抗,通过开发新产品,寻找新的市场,吸引对手的客户,在竞争中求得生存,获得成功。

3. 侧翼进攻战略。这是一种"钻空子"的袭击战略,即选择竞争对手的弱点展开进攻,或针对其市场空隙见缝插针。扬长避短,集中全力建立自己的市场立足点,待足够强大后再向竞争对手和更大的市场发动正面进攻。

4. 包围进攻战略。营销能力较强的金融机构可以在一个目标市场上寻找进攻点,同时在其前、后、左、右包抄竞争者,分散其力量,使其顾前失后、顾此失彼,从而迅速将之驱逐出市场。

5. 游击进攻战略。实力弱小的金融机构对势力强大的竞争者可采取机动灵活、时断时续的攻击战略——游击战。该战略虽然短期内不会对其他机构产生较大冲击,但可以通过各种形式的突袭,分散对手的力量,削弱、瓦解竞争对手,最终迫使对手在市场上作出某种让步,以确立自己的市场地位。

(五)市场追随者战略

市场追随者(Market Follower)是指在规模、实力等方面均比市场领导者和市场挑战者差的中小型金融机构。它们接受当前的市场现状,追随领导者开展营销,旨在保持原来的客户并吸引新客户以维持现有的市场占有率。

由于金融产品具有易模仿的特性,市场领导者开发的产品、制定的价格及采取的营销策略都是市场追随者可以模仿的对象。市场追随者可选择全面模仿或部分模仿的做法,关注市场领导者的一举一动并对市场领导者经营的变动做出灵活反应,及时向客户提供类似的服务,以巩固现有客户关系,防止客户转向市场领导者。同时利用自己较有竞争优势的业务能力模仿市场领导者,保持自身的特色,形成与众不同的风格。

(六)市场缝隙战略

市场缝隙战略(Market Nicker)也称市场补缺者战略。市场补缺者一般是指那些资产规模不大,提供的金融产品(或服务)品种不多的金融机构,它们想方设法利用现有市场上的一些缝隙,通过提供专门化的服务手段来占领大机构不屑顾及的小市场。

市场补缺的最佳战略是集中经营,即选择一个或数个细分市场,集中所有的资源为该细分市场提供成本低廉、较有特色的金融服务,实现细分市场的客户满意。

(七)市场渗透者战略

金融机构在现有市场份额的基础上加强营销工作,集中经营已有市场上的某些业务,通过挖掘和发现潜在客户,使其变成企业的实际客户,不断进行市场深入的战略。金融企业可通过加强广告宣传和举行其他促销活动。通过加强广告宣传,让更多客户了解它所提供的金融服务,进一步改善银行在客户心目中的形象,较好地满足客户需求,赢得新客户。

市场渗透者战略的具体做法有三种:

1.有序渗透战略。金融机构针对某一特定的细分市场,循序渐进,实现市场渗透。

2.组合渗透战略。金融机构综合运用产品、定价、分销、促销、品牌和质量等竞争手段,对市场展开全面渗透。

3.创造渗透战略。金融机构不断进行创新以不断增强适应市场的能力,做到“你无我有,你有我多,你多我廉,你廉我优,你优我新,你新我专”。

第二节　金融营销战略的选择与应用

各种金融营销战略都有它们的适用条件,而且在具体的经营过程中,金融机构到底采用何种战略,又要根据不同的因素作出灵活决策。

一、金融营销战略的适用条件

由于各种营销战略都有一定的作用前提,因此金融机构在选择时必须要进行权衡。

(一)市场领导者战略的适用条件

如要实施市场领导者战略,必须要在市场上处于主导地位,在某一方面占据最大的市场份额,并得到其他金融机构的认可,其行为要能对市场产生重大的影响。

金融机构实施领导者战略时，还要通过向公众宣传自身的优势，维持并提高现有的市场占有率，巩固其地位，包括：①保护现有市场份额，抵抗竞争对手的挑战；②千方百计地扩大市场总规模；③在市场规模已保持稳定时，金融企业应进一步扩大市场份额，努力提高市场占有率。

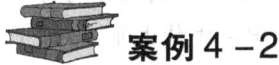

案例 4－2

中国银行业的市场领导者——中国工商银行

中国工商银行（以下简称“工行”）成立于 1984 年 1 月 1 日。2005 年 10 月整体改制为股份有限公司。2006 年 10 月，工行成功在上交所和香港联交所同日上市。2007 年底，工行凭借着 3 389.34 亿美元的市值成为世界第一大市值银行，英国品牌价值研究机构 Brand Finance 发布的“2017 全球品牌价值 500 强”榜单，工行以 478.32 亿美元的品牌价值，超过富国银行，首次成为全球最有价值的银行品牌。2017 年 5 月，美国《福布斯》杂志发布年度“全球企业 2000 强”排行榜，工行连续第 5 年占据全球企业 2000 强榜首；2017 年 7 月，工行再次以 2 812.62 亿美元的一级资本第 5 次在《银行家》杂志排名第一，同时也连续第 5 年在美国《财富》杂志“世界 500 强企业排名”榜单“商业银行”子榜中位列榜首。

工行经过持续努力和稳健发展，已经迈入世界领先大银行行列，拥有优质的客户基础、多元的业务结构、强劲的创新能力和市场竞争力。

工行在许多方面都占据中国银行业的首位：它是中国分支机构最多的银行，到 2016 年底，工行在中国及全球 42 个国家与地区拥有 1.72 万个境内外机构及 461 749 名员工，为客户提供广泛而优质的金融产品和服务；它是中国最大的公司银行，拥有 578.4 万公司客户和 5.3 亿个人客户。工行在贷款市场占比排名第一，2017 年 9 月末境内贷款及垫款余额 140 956.64 亿元；它是国内最大债券承销机构，2017 年总承销 1 239 只债券，承销金额达到 9 790 亿元；它是中国最大的证券托管银行，截至 2017 年末，工行共托管证券投资基 金 815 只，自 2003 年以来连续 14 年获得香港《亚洲货币》，英国《全球托管人》，香港《财资》，美国《环球金融》，内地《证券时报》《上海证券报》等境内外权威财经媒体评选的 54 项最佳托管银行大奖；2017 年 8 月，工行完成 2016 年度普通股股息派发，共为普通股股东派发股息折合人民币约 835.06 亿元，连续十年成为 A 股年度现金分红总额最高的上市公司。

工行的良好经营表现赢得了国内外各界的广泛认可。2017 年 8 月，在美国《环球金融》杂志 2017 年“全球最佳银行”评选中，工行再次获评年度“全球新兴市场最佳银行”，成为首家蝉联这一全球奖项的中资商业银行；工行还第 11 次被《环球金融》评为“中国最佳银行”，并首次荣获“亚太区最佳银行”和“可再生能源最佳银行”称号。在《欧洲货币》杂志2017年度“最佳银行评选”中，工行第9次获评“中国最佳银行”，第6次获评“中国最佳贵金属交易银行”。在香港《财资》杂志2017年的评选活动中，工行第7次被评为“中国最佳银行”，第9次获得公司治理最高奖——“全优公司白金奖”，第6次荣获“中国最佳私人银行”称号。在中国银行业协会2017年度“陀螺”(GYROSCOPE)评价中，工行获得全国性商业银行综合能力第一名。此外，工行还是唯一一家获评“2017年CCTV中国十佳上市公司”的金融企业。

资料来源：中国工商银行网站，http://www.icbc.com.cn/ICBCLtd/；中国工商银行2017年十大新闻，2018年1月20日；中国工商银行年报及季报。

(二)市场竞争者战略的适用条件

市场竞争者不同于市场领导者，其地位排在领导者之后，在市场上挑战领导者或其他竞争者。

当然，要成为成功的市场竞争者，必须满足以下三个条件。

1.竞争者必须具有某种持久的竞争优势。一般来说，金融机构的竞争优势主要表现在成本优势、服务差异化优势等方面。处于挑战者地位的金融企业要拥有一种能超过其他竞争者的优势，而且这种优势是明显与持久的。例如，市场竞争者具有成本优势便可通过削价来提高产品的竞争力，增加其市场份额，获得更多的利润，使其有能力进一步进行产品与金融服务的开发和创新。如果市场竞争者拥有差异化优势也可以得到溢价补偿。持久的竞争优势可以确保竞争者有足够的时间来填补市场份额空缺并成功地挑战领导者与其他竞争者。

2.要能抵御市场领导者的优势。市场竞争者要想进攻成功，必须具有某种条件能在一定程度上抵消市场领导者的固有优势。例如，挑战者的竞争优势表现为成本最低，那么它还必须提供客户可以接受的金融产品，否则市场领导者就能继续获得丰厚利润，从而积累足够的利润来反击挑战者的进攻；如果挑战者的优势表现为金融产品的差异化，它还必须部分抵消领导者的成本优势，即使自己提供的金融产品的成本与领导者差不多。

3.要有能力阻挡领导者与其他竞争者的反击。处于挑战地位的金融机构必须要有削弱领导者或其他竞争者的办法，这样可使领导者或其他挑战者不愿意与它形成持久战斗的局面，最终默认市场挑战者的竞争地位。如果竞争者没有办法抵挡领导者与其他竞争者的反击，就可能导致拥有竞争优势与规模庞大的市场领导者的反击，使挑战者出局。

随着我国银行之间竞争的加剧，竞争者战略在市场上也得到充分运用，如中国建设银行实施“双大”发展战略，从“大行业、大企业”中选择优良客户；中国银行实施“四重”战略，从“重点区域、重点行业”中选择“重点客户”，对它们的“重点产品”在发展经营和进出口方面的资金需求予以全力支持；农业银行立足县域和城市两大市场,在商业化运作的基础上服务"三农",提出全面落实面向"三农"的市场定位,稳定和发展在农村地区的网点和业务,发挥农村金融体系的骨干和支柱作用,加大信贷投入,创新制度产品,完善体制机制,加强风险管理,切实提高服务"三农"的运作效率和水平的总体目标;交通银行从2005年开始实施管理和发展的战略转型,提出"国际公众银行、创新型银行、综合性银行、经营集约化银行、管理先进型银行"的战略目标,这都有利于商业银行发挥优势,建立起稳定的客户群。

(三)防御型战略的适用条件

防御型战略相对比较保守,金融机构采取这一战略的主要目的是集中服务,通过阵地防御战略、市场退却战略、机动防御战略与反击防御等几种做法以保持现有的客户群,维持当前的市场占有率。

防御型营销战略的适用性较强,不管是大的金融机构还是中小金融机构在市场增大的各种条件下均可实行。

(四)市场进攻型战略的适用条件

市场进攻型战略主要包括地域扩张战略与新市场战略。

1. 地域扩张战略。在地域扩张战略中,金融机构通过设立新的分支机构以实现其拓展实际活动领域、增加新的客户,扩大金融机构服务的总市场规模,提高赢利性。当然,在金融机构经营到一定程度时,在国内继续扩大市场非常有限时,可实行海外扩张战略,把目标瞄准其他国家。在开拓海外市场时应以发展的、长期的眼光来看待问题,不要为目前外国的有利条件所迷惑,更不要为海外市场的障碍所吓倒,对海外分支机构设置的可行性及赢利能力进行正确的评价与分析,选择有吸引力的海外目标市场。

地域扩张战略较适用于大金融机构,其市场占有率较大、声誉较高,在新的地域也相对较容易打开市场。而小机构资源不足,较难采用这种战略。

2. 新市场战略。实施新市场战略的金融机构在保持原有传统客户的基础上,采用新的销售方案与新的促销手段,提供广泛的金融服务来吸引新的客户,开拓现有占领市场以外的新市场或以新市场来替代原有的市场,从而进一步增强银行的竞争力。新市场战略的实施主要通过金融产品的变更或创新,推出新的金融产品和服务项目来实现的。

大型金融机构拥有较多的金融人才,可以对市场需求进行较为全面的研究与分析,开发新的金融产品与服务,并通过其营销渠道进行推广,因此这一战略容易实行,而对于小金融机构来说,开发新产品的成本可能过高,而且推广的可能性也较小,因此推行这一战略不太容易成功,但资源充足时也可施行。

案例 4-3

中信银行新一代电子供应链金融服务

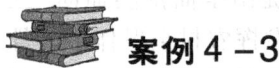

中信银行作为国内最早开展供应链金融业务的商业银行之一，历经十余年的发展，已经与汽车、钢铁、家电、煤炭、电信、石化、机械机具等领域多个行业的超过300家核心企业开展供应链金融业务合作，并携手90余家国内大中型物流、仓储公司开展了监管业务合作。截至2011年末，该行供应链金融客户数超过7 000户，全年累计融资金额超过6 000亿元，在同业保持了领先优势。

随着电子商务时代的发展，传统的供应链金融服务已难以适应现代供应链管理和竞争需要，供应链金融服务的电子化、网络化和自动化变革需求强烈。为了向广大公司客户提供更优质的供应链金融服务，树立鲜明的市场形象，中信银行2012年2月24日在西安推出"新一代电子供应链金融"。这是中信银行提高供应链金融服务水平的一项重大举措，在供应链金融传统优势的基础上，前瞻性地把握电子商务时代发展趋势而进行的一项金融创新。它依托全新的电子化供应链金融业务系统，帮助供应链各方企业实现供应链金融资源的全面共享、集约运用，着力打造供应链金融服务的电子化生态圈。中信银行新一代电子供应链金融针对经销商、供应商、核心企业、物流企业以及电子商务企业五类供应链客户分别定制电子化服务解决方案，内容涵盖供应链管理、订货计划管理、收款及发货管理、融资管理、敞口管理、应收账款管理、质物管理、出质和解质管理、库存管理、额度管理、资金管理、信息共享、风险预警等多个方面，在服务效率、运营成本和信息资源共享等层面进行了根本性的创新。

中信银行此次推出的新一代电子供应链金融服务是我国银行业供应链金融服务的一项金融创新，主要有三方面优势。

第一，供应链金融业务处理效率大幅提高。通过电子供应链金融业务系统和供应链成员对接，银企实现电子信息实时传递，业务处理速度明显加快。例如：以往供销企业从提交融资申请到放款最快也需要4个小时，现在只需30分钟；以往企业从补充保证金到赴物流监管企业处赎货最快也需要8小时，现在只需20分钟；以往核心企业要看到供应链成员融资信息和销售信息，银行工作人员要准备3~5天才能提供，现在通过电子供应链网络系统可以7×24小时实时查询。

第二，供应链金融业务处理成本大幅下降。供应链成员使用新一代电子供应链金融服务后，全流程线上化处理，不再需要纸质合同、盖章、传真、电话等线下繁琐工作，可以帮助企业最大限度节省快递费、差旅费、电话费、传真费等费用，仅银企传递单据的快递费即可节约99%相应成本。

第三，供应链的整体竞争力得到充分提升。采用新一代电子供应链金融服务后，对核心企业而言可以全面快捷掌握本企业和供应链成员的供应链金融业务信息，帮助核心企业合理分配资源，提升供应链的整体竞争力。对供销企业而言可以及时掌握额度、融资、结算、质物等信息，合理安排采购计划、销售进度、资金头寸等，提高销售收入，降低经营成本。对物流企业而言可以准确获得核心企业发货信息、供销企业融资、质物出入库、商品价格等信息，有利于提高监管水平，有效防范风险。

随着“新一代电子供应链金融”的推出，中信银行将进一步深化供应链金融服务内涵，借助领先的科技手段，持续提升供应链金融服务水平，为今后不断提高市场竞争力和客户忠诚度奠定坚实的基础。

资料来源：中信银行网站：着力科技领先，实现链动共赢——中信银行推出新一代电子供应链金融服务，2012年2月24日。

（五）市场渗透战略的适用条件

市场渗透战略可以运用在新市场开发或新产品推广活动中，各种类型的金融机构都可以灵活运用这一战略。当然，金融机构也可将产品开发和市场开发同时运用，将二者有机地结合起来，构成强大的市场渗透力。

比如，我国的交通银行为了更好地向零售银行业务渗透，把信用卡业务与零售银行业务紧密结合，实现零售业务从传统的储蓄业务为主向银行卡、中间业务、个人贷款和理财咨询业务全面联动发展；营销对象向基本客户群体转变；产品开发由单一型向高附加值与组合转变，营销渠道由网点向网络转变；业务增长方式由粗放型向集约型转变，从而使私人金融业务保持了高效、稳健运行的发展势头。另外，该银行专注于为中高端客户提供优质的服务，以“沃德财富”和“交银理财”品牌分别为高端和中端客户提供高附加值的服务和产品。拥有以“外汇宝”、“满金宝”、“盈通账户”、“太平洋卡”、“全国通”、“展业通”和“基金超市”为代表的一批品牌产品。

（六）其他战略的适用条件

市场追随者战略和市场缝隙战略一般适用于中小金融机构。

处于市场追随者地位的金融机构，其营销战略一般以模仿领导者或挑战者的行为为主，根据不同的标准（如市场规模、业务范围和业务增长率等）对客户进行评价，对服务市场进行细分，在进行细分市场的基础上确定目标市场。市场补缺者应选择有很大吸引力的一个或数个细分市场为自己的目标市场，根据本身内部条件与外部的环境决定采取差异化或集中经营的战略。

市场缝隙战略主要适用于规模较小、实力相对较弱的金融机构。它们在整体市场上处于劣势，通过寻找尚未被满足的客户需求，及时发现自己力所能及的市场空当，见缝插针。这样做不但十分安全可靠，还可以使自己获得相当可观的收益。此外，有些金融机构在进入某个市场的早期，也经常将自己视为市场补缺者。

表4-3总结了在给定市场中不同金融机构选择市场战略的基本条件。

表4-3 金融机构营销战略的选择条件

战略选择	大金融机构	小金融机构
1. 市场领导者战略	在市场上占据绝对优势时可行	不可行
2. 市场竞争者战略	可行	因资源不足而不可行
3. 防御型战略	可行	在多种条件下可行
4. 市场进攻型战略		
·地域扩张	在忠诚度较高时可行，但有反垄断的风险	较难实行
·新市场	可行，由于有较大市场份额，可以获利	成本可能过高，资源充足时可行
5. 市场渗透者战略	可行	可行
6. 市场追随者战略	不太采用	可行
7. 市场缝隙战略	不太可能采用	可行

二、金融营销战略选择还应考虑的因素

金融机构选择营销战略除了要考虑战略本身的适用性，还受到诸多因素的影响。

(一)金融机构的经营管理水平与资源情况

金融机构的经营管理水平对营销战略的选择有较重要的影响。对于一些大的金融机构，如果自身的经营状况不好，此时一味地采取领导者战略或市场进攻型战略，不仅无法保持原来的市场，而且可能削弱实力，导致原有客户的流失。因此，金融机构应针对自身现有的人力、财力、技术水平、对外部环境的反应能力及工作效率等方面进行合理的评价，以检查其在经营过程中的实力与弱点，从而为制定合理的营销战略提供依据。如果不考虑这些因素，制定的战略在实施中必然会出现很大的偏差。

(二)金融机构的潜力

由于金融市场处于不断变化之中，金融机构所能发挥的潜力大小在一定程度上也会影响到营销战略的选择，这也包括人与物两方面的潜力。从人的方面来看，主要是员工的素质，尤其是领导层，他们的决策与领导组织能力将关系到金融机构经营的全局。如果领导者远见卓识，则可以选择与制定出合适的战略，使得金融机构朝着正确的方向发展。同时，金融机构是不是拥有一批能对市场深入研究、不断设计出符合客户需求的新产品的专业人才也会对金融机构选择何种营销战略产生

一定影响。当然,战略也要受到物质条件的制约。如果一家金融机构不具有足够的资金来源、不能推广先进设备、不能承受扩张所带来的成本,那么它就不可以盲目采取扩张型的营销战略,而应以进一步巩固已有的市场、为老客户提供更多更好的服务为主要目标。

(三)政府的政策法规及其他限制性措施

金融业作为一个服务性行业,它的营销活动必须要符合国家的有关政策,并受到金融管理当局的监管,故而它所制定的营销战略也不能超越这个既定框架。比如,美国在1994年9月通过《跨州银行法》之前实行单一银行制,不允许银行在其他州开设分支机构,并且有的州还规定银行不能设立分支行。与这种法律相适应,银行在国内就无法实行地域扩张型的营销战略。

(四)其他金融机构的战略

由于不同的金融机构在金融市场上处于不同的地位,它们发挥的作用也各不相同。处于支配地位的金融机构就必须根据领导者的战略相应地调整自己的战略。在激烈的市场竞争中,金融机构只有认真地研究并充分了解其他金融机构的战略才能做到"知己知彼,百战不殆"。

(五)客户的需求

金融机构开展营销活动的目的是向客户推销金融产品、提供各种服务以获取更多的收益,而营销战略作为营销活动的指导,必须符合客户的需求。金融机构通过与客户的日常接触或者组织人员对市场进行全面调研,可及时了解客户的要求与想法,发掘出其需求总量以及结构的变化,适时调整自己的营销战略。比如,一旦发现客户已不满足于现有的服务时,便要采取新市场战略,向其提供更为优惠、先进与广泛的服务。

(六)宏观经济状况

一国的经济发展有一定的周期性,而金融机构作为一个重要的经济部门,必然会受到宏观经济形势变化的牵制。因此,金融机构在制定战略时要对其所处的经济环境进行正确分析,从而选择相应的策略。

由于金融市场是一个统一的整体,金融机构只有将各种因素结合起来,全面考察,认真分析,才能制定出有效的营销战略。

第三节　金融营销计划概述

早期的金融企业其经营活动处于一种无计划状态,后来,为了改进对资金流量的控制,更好地贯彻战略,便设计了行动步骤,从而使自己在以后的工作中能按部就班,一步步朝着目标迈进,这样便出现了计划。通过营销计划的实施与控制,可以保证金融机构的营销战略目标的顺利实现。

一、金融营销计划的含义

所谓金融营销计划是金融机构在一特定时期为了实现战略目标而制订的有关营销方面的行动方案。它是一个综合的过程,既包括营销计划制订前的准备工作以及营销计划的编制、执行与控制,也包括利用各种资源支持计划实施、通过评价以及利用分支网络搜集信息对计划的实施进行反馈,从而调整与修正计划的具体活动。

金融营销计划是金融机构整体计划的一个重要组成部分,是指挥、组织与监督金融机构开展营销活动的有效工具。在金融机构各种计划的制订过程中处于领先地位,也是其他计划的基础。

金融机构的营销计划对其经营成败有着深远的影响,如果一家金融机构缺少营销计划,就不能对遇到的新环境作出有效的反应,其营销活动必然容易受到竞争对手的攻击,在竞争中可能会处于劣势。营销计划的制订可以增强金融机构对环境的适应性,减少环境变动对其带来的不利影响。

营销计划是通过对营销环境进行详细分析与科学预测制订的,它明确规定了一定时期内金融机构的营销战略目标,规划了结合本机构的特点与外界因素选择合适的市场经营,实现资源的合理配置。另外,在营销计划中也规定了营销活动的经营标准与具体策略,从而可以使得各级营销人员明确目标、责任与工作方法,避免相互扯皮并充分调动营销人员的积极性。

二、金融营销计划的种类

金融机构营销计划的具体种类较多,根据不同的标准可以将它分成不同的类别。

(一)按照计划所包括的时间长短分

1. 长期计划。期限一般在5年以上,主要是确定金融机构未来的发展方向和奋斗目标,是一种纲领性计划,体现了金融机构在较长一段时间内的总体战略,规划了其资源的长远运用。

2. 中期计划。这种计划的时间跨度较长,一般期限1~5年,以五年计划为主。在编制年度计划之前必须要有一个较长时期的预算,这便是金融机构的中期计划。在这种计划中规定了金融机构在较长一段时间内资源的运用。一般来说,这种计划大多由金融机构较高层次的计划部门负责制订。

3. 短期计划。这种计划的时间跨度较短,期限不超过1年,一般以年度计划为主,它是根据金融机构的年度营销目标与预算编制的,规定了一年以内需要开展的营销工作,并列出包括检测与控制方法在内的具体行动细节。

由于金融机构的营销环境处于不断变化的过程中，对长期计划需要随时进行复查与调整，故而中长期计划一般采用“滚动式”的方法编制，即“走一步，看几步”，每年根据市场调研与各基层营销部门的资料对长期计划进行修订与补充，使它能更好地适应形势的发展，实现本行的营销目标。例如，在2018年金融机构可编制2018—2022年的五年计划，而到了2019年则可以根据前一年计划的实施情况及市场环境的新变化制订2019—2023年的计划，如此滚动前进。在制订了中长期计划后可根据当年的具体情况制订短期计划，明确当前的具体工作。

（二）按营销计划的计划程度划分

1. 战略计划。这是对金融机构在未来市场占有的地位及采取的措施所做的策划，它一般立足于长远规划，为金融机构的长期发展提供指导。

2. 策略计划。这是对金融营销活动某一方面所做的策划，比如，对金融机构的产品策略、定价策略、分销策略或促销策略的整体规划。

3. 作业计划。这是金融营销活动的具体执行性计划，如一项信用卡促销活动，需要对活动的目的、时间、地点、活动方式和费用预算等作策划，针对它所编制的计划便是作业计划。

（三）按照计划的范围分类

1. 总体营销计划。这是金融机构营销活动的全面、综合性计划。金融机构营销是一项复杂工作，它是一个系统，因此，金融机构营销计划也应立足于整体。总体营销计划便是建立在对金融企业在一段时期内战略规划的基础之上，较为纲领性地规划了营销活动。

2. 专项营销计划。这种计划是针对某一特殊问题或销售某一特定金融产品而编制的，具有较强的灵活性与针对性，在某一特定时期可能成为金融机构营销活动的重要任务。但它只适合于某一特定问题，一般是短期计划，一旦完成之后便不再继续下去。例如，金融机构为了开发某种新产品需要制订新产品开发计划；为了开拓某一目标市场而要编制市场拓展计划。这两种计划就属于专项营销计划。

3. 营销组合计划。这一计划介于总体营销计划与专项营销计划之间，是金融机构为了满足目标市场的需求，综合运用几种营销手段以实现营销目标而制订的计划。金融机构对产品、价格、销售地点、促销、公关及内、外部环境等因素进行全面分析，从而选择适当的营销组合。当然，它的制订要比专项营销计划更加复杂。

（四）按照金融机构的职能机构分类

1. 整个营销部门的计划。这是整个营销部门制订的计划，它立足于金融机构的整体，规定了金融机构在一定时期内的总体目标、任务、营销战略及具体策略等内容。作为金融机构的整体计划的一个组成，它是其他部门计划编制的基础，对金融机构的其他计划起到一个总体控制的作用。这种计划可以是年度计划也可以是中长期计划。

2. 营销部门内部各职能单位的营销计划。这是由金融机构营销部门内各职能单位单独制订的计划。整个营销部门的计划规定了金融机构的总体规划，在它的指导下各具体的职能单位（如广告、经营、调研、产品开发等部门），还应结合本单位的具体情况，制订详细的计划，从而明确本单位的活动，使整体计划得到更好的实施。

三、营销计划的特点

金融机构只有制订正确的营销计划，才能充分合理地运用金融机构的人力、财力、物力，实现营销目标。营销计划一般要体现以下特点。

（一）现实性

一般来说，金融机构对计划的编制应做到切实可行，从实际出发，详细周到，避免空洞、抽象的内容。只有经过努力可以真正变成现实的计划，才能不断地鼓励营销人员为之奋斗，并取得一个又一个丰硕的成果。而那些严重脱离实际的计划不仅无法实现，还会大大挫伤职工的积极性，使员工最终丧失信心。所以，对于营销计划的第一个标准便是要切实可行。金融机构编制的计划应该与自身的资源条件及外部环境相适应，要对将来的市场作出正确估计。

（二）阶段性

金融机构的营销计划可能会跨越一定的时间，在计划中所提出的目标就是一种相对的长期目标，要实现它必须再细分为多个具体目标并确定达成目标的时间进度。针对不同的时间段，金融机构要编制相应的计划，这既有利于落实合适的任务，也有利于定期检查计划的执行效果。

（三）协调性

金融机构的营销计划应做到协调一致，这又包括计划内部各部分内容之间的统一，也包括本计划与其他计划之间的协调。

在同一个计划内，由于组成内容较多，不同内容之间也必须保持一致，不应该出现相互抵触的情况。

由于营销计划的种类较多，如果各个计划之间出现矛盾冲突的话，必然会影响到营销计划的实施，从而破坏整个营销活动。因此，短期计划应服从于长期计划，职能部门的计划应在整个金融机构营销计划的指导之下制订，只有这样才能使各种计划相互配合，更好地实现营销目标。

（四）灵活性

金融机构编制的营销计划要有较大的弹性。因为营销活动是在一定的环境中进行的，而环境是会变化的。计划中所设定的环境受到一定时间的限制，实际环境可能在计划还未实施之前就已经发生变化。因此金融机构在编制计划时必须在现实基础上充分考虑影响其业务的各项因素，特别要对竞争对手的反应作出充分估计，并制定相应的防范措施。只有这样，才能做到防患于未然，在众多的金融机构竞争者中立于不败之地。

（五）数量化

这是指在制订营销计划的过程中必须要运用具体数字。在对市场及金融机构本身的优缺点进行分析时，用数字、表格等形式来表现是最直观的，通过对比很容易使人们一目了然地看出金融机构存在的问题，便于执行与审查，同时也可作为对有关责任人员的考核依据。当然，有些项目可能很难量化，对这些事项只有采取定性分析的办法，但其表达也要尽量清晰。

四、金融营销计划的内容

为满足不同的需求，不同的金融营销计划内容各有侧重。但纵观金融机构的各种营销计划，一般说来都包括以下几大项目。

（一）总任务

金融机构要确定营销活动所针对的领域及其发展的总任务。总任务就像灯塔一样指引着金融机构的营销活动向着一个确定的目标迈进。一般来说，总任务由金融机构的营销管理人员制定，目的是使高层主管迅速了解该计划的主要内容，抓住计划的要点。

为了使总任务能明确金融机构的行动，真正发挥指导性作用，一般要遵循以下几个要求：①客观性，以市场为导向，全面及时地反映出市场的需求；②可行性，立足于金融机构本身的实际能力，不能过宽或过窄；③激励性，它应使金融机构全体职员感受到金融机构的发展前途与对社会的贡献，能在较大程度上鼓舞士气。

例如，某基金管理公司的年度营销计划的总任务是："本年度计划实现基金销售数量为 15 亿份，利润目标为 1 700 万元，比上年增加 10%。这个目标经过改进服务、灵活定价、加强广告和促销努力，是能够实现的。"

（二）情境分析

这是分析营销状况，要求金融机构具体分析与市场环境因素有关的背景资料，为金融机构的进一步活动提供依据，这是整个金融机构营销计划中非常基础性的环节。

营销计划中的环境分析主要包括以下几项内容：①市场状况，主要分析金融机构所在的服务市场的规模、发展状况、过去几年的总体销售情况及在各个分市场上的销售情况；②产品状况，主要分析本机构的各个主要产品在过去一段时间里的销售量、销售金额、价格变动、成本与利润情况；③分销渠道，主要分析本机构在各条销售渠道上的营销情况及其变化;④竞争状况,主要分析市场上主要竞争者的一些情况,如他们的规模、目标、市场份额、产品质量及价格等,了解其行为与意图;⑤宏观环境分析,包括政治的、法律的、经济的、技术的等宏观环境状况。

(三)预测前景

在把握了金融机构营销所处的环境后,金融机构可以对自己的营销活动的前景作出客观的预测。它包括静态预测与动态预测。所谓静态预测是金融机构假定在正常条件下(即金融机构的营销环境与销售策略基本一致的前提下)对市场潜在需求与金融机构的销售能力作出的预测;动态预测则是假定当营销环境发生变化之后,未来的营销状况会如何,它可以使金融机构更好更灵活地把握市场的发展动态。

(四)机会-威胁分析

金融机构对计划期内营销活动中所面临的主要机会和风险进行评价。所谓机会是指客观环境中对金融机构较为有利的条件及金融机构在经营过程中获得成功的经验;而威胁则是指在营销活动中还存在着的一些问题,包括外部环境中的不利因素及金融机构本身存在的一些劣势。它建立在对当前环境分析与对将来情况预测的基础之上,可以使金融机构确定在该计划中所必须注意的主要问题。

(五)拟定营销目标

这是金融机构营销计划的中心所在,通过对内外部环境进行分析、对未来销售进行预测及机会—威胁分析之后可以确定在计划期内的奋斗目标。作为总任务的具体化,目标对后面制定的营销战略与行动方案起到指导作用。确定的目标可以是一个,也可以有多个,但不同目标之间应相互兼容、口径统一,每个具体目标都应做到可行性与可测性,并要产生效益。

(六)营销策略与行动方案

这两项是保证实现营销目标的重要手段。金融机构要明确将采用的营销策略,包括目标市场选择和市场定位、营销组合策略等。这里要明确金融企业营销的目标市场是什么市场,市场定位如何,确定何种市场形象;企业拟采用什么样的产品、渠道、定价和促销策略。

在具体目标与营销战略的指导下,金融机构便可制订详细的任务落实方案,规定将做什么、什么时间做、什么地点做、由谁来做及怎样做等几方面的内容。整个行动计划可以列表加以说明,具体说明每一时期应执行和完成的活动时间安排、任务要求等,使整个营销战略落实于行动,并能循序渐进地贯彻执行。

(七)编制预算

预算的编制可以使金融机构对于投入的人力、财力与物力做到心中有数。在这一步中,金融机构应该对营销活动的预计损益进行估算,如开支方面的产品成本、分销成本、营销费用,另外根据产品销售数量预计与价格估算得出能够得到的收入,收支相抵之后即是预计利润。业务单位编制出的营销预算经上层主管审批通过后,可作为金融机构营销活动的依据。

(八)计划的检查和控制

金融机构必须对营销计划执行进行检查和控制,以监督计划的进程。在制订计划时应该确定计划执行过程中的一些监控措施,包括明确责任、安排检查、反馈信息、奖惩办法和权变措施等。为便于监督检查,可将计划规定的营销目标和预算按月或季分别制定,方便营销主管定期审查营销各部门的业务实绩,检查是否实现了预期的营销目标。凡未完成计划的部门,应分析原因,并提出改进措施,以争取实现预期目标,使企业营销计划的目标得到落实。

以上只是金融机构营销计划的基本项目,在具体的经营活动中,各家金融机构可以结合实际情况来选择与编制适合本单位的营销计划。

第四节 金融营销计划的编制、实施与控制

一般说来,金融营销计划的程序可以分为计划的编制、实施与控制三个阶段,三者一环扣一环,相互制约、相互作用、相互影响,共同构成了营销计划的整个过程(见图4-2)。

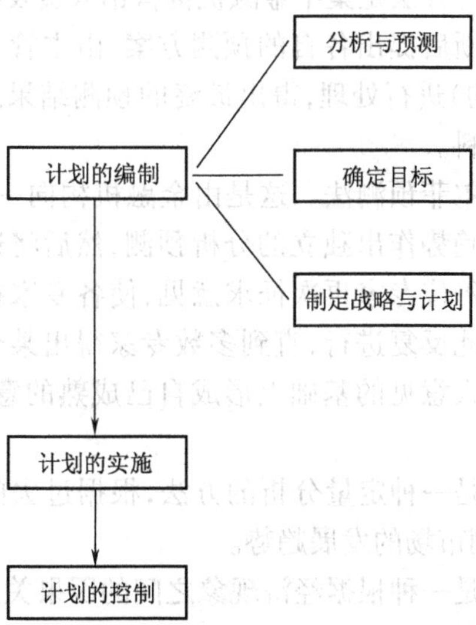

图4-2 金融营销计划的运行程序

一、金融营销计划的编制

编制营销计划是最基本的工作，只有制订出合理的营销计划，才能对金融机构的人力、财力、物力进行适当的配置。编制计划是一项艰苦复杂的工作，主要包括对环境进行分析并对未来进行预测、确定合理的目标、制定营销战略与计划。

（一）分析与预测

对环境进行细致、全面的市场调研与科学的分析预测是金融机构在制订具体计划之前必须认真对待的。

市场调研的内容十分广泛，金融机构应全面收集与认真分析各种直接或间接影响金融机构营销活动的信息，包括宏观营销环境、客户需求、市场的供求状况和竞争对手状况等，具体内容在第三章中已作介绍，这里不再赘述。

市场预测是金融机构对通过市场调查取得有关数据进行全面分析后对市场未来的发展状况作出的估计。一般来说，市场预测应该包括以下几项内容：①市场需求预测，它主要对市场需求的变化作出估计；②市场供给预测，主要对金融机构同类产品的市场供应量作出预测；③供求动态预测，即预测金融产品的供求平衡状况；④市场价格变化预测，根据供求关系及其变动对价格的走势作出估计；⑤金融产品的生命周期预测，判断产品在市场上所具有的活力；⑥产品销售预测，根据市场占有率及竞争能力对本机构的产品销售情况作出预测。

预测的方法主要有以下几种：

1. 意见综合法。这种方法是集中金融机构营销人员及有关管理人员对市场情况及其变化作出估计判断后提出各自的预测方案，由主管人员加以综合或用平均法（简单平均或加权平均）进行处理，得出最终的预测结果。它要求主管人员事先向预测人员提供有关资料。

2. 专家意见法或德尔菲预测法。这是由金融机构向一些专家提供有关资料，专家对可能出现的各种趋势作出独立的分析预测，然后将这些意见集中起来加以综合、归纳整理，返还给每位专家再次征求意见，使各专家在参考他人意见的基础上修正自己的预测。如此反复进行，直到多数专家得出某个一致的意见。这种方法可以使专家在借鉴他人意见的基础上形成自己成熟的意见，其结果的准确性较强，故而得到广泛运用。

3. 时间序列法。它是一种定量分析的方法，根据过去的资料应用统计分析的方法、以时间推移来预测市场的发展趋势。

4. 回归分析法。这是一种根据经济现象之间的因果关系而建立起数学模型对将来的发展趋势进行预测的方法。它通过设定变量与预测对象之间的关系，然后代入实际数据求出回归系数，从而确定模型，再用该模型求出预测值，并用相关系数来检验其可靠程度。

案例 4 - 4

统计方法在营销预测中的应用

随着计量经济学的发展,统计原理在营销中也得到越来越重要的应用。特别是时间序列法与一元线性回归法在营销预测中得到广泛的应用。时间序列法根据数据处理的方法不同又可分为算术移动平均法、加权移动平均法、指数平滑法与线性回归法等。

1. 算术移动平均法。它是将靠近预测期的一段时间内的历史数据的平均值作为预测值,随时间的不断推移而向后移动。其预测公式为:

$$E_t = \frac{1}{n}\sum_{i=t-n}^{t-1} D_i = E_{t-1} + \frac{D_{t-1} - D_{t-n-1}}{n} \qquad (4-1)$$

式中:E_t——对时期 t 的预测值;D_i——时期 i 的实际数据;n——实际数据的时期数。

2. 加权移动平均法。这是对不同时期的实际数据给出一个权数,再加以平均计算得出预测值。其公式为:

$$E_t = \frac{1}{n}\sum_{i=t-n}^{t-1} W_i D_i \qquad (4-2)$$

式中:W_i——时期 i 的权数,一般越靠近预测期权数越大。

3. 指数平滑法。它是对加权移动平均法加以改进,对由近及远的权数按指数递减,从而突出不同时期对市场产生不同影响的事实。其预测的计算公式为:

$$\begin{aligned} E_t &= E_{t-1} + W(D_{t-1} - E_{t-1}) \\ &= WD_{t-1} + (1-W)E_{t-1} \\ &= WD_{t-1} + W(1-W)D_{t-2} + W(1-W)^2 D_{t-3} \\ &\quad + \cdots + W(1-W)^{t-2} D_1 \end{aligned} \qquad (4-3)$$

式中:E_t——时期 t 的预测值;D_t——时期 t 的实际数值;W——根据过去的经验数据调整之后的平滑系数,一般在 0.01 ~ 0.3 之间。

4. 线性回归法。线性回归是一种比较简单的回归预测方法,它假设影响目标变量的因素(自变量)与目标变量之间的关系是线性的,通过目标变量与自变量的历史数据得出它们之间的经验关系,并运用这种关系来进行预测。

例如,设定某种金融产品的预计销售量 $\hat{Y}$ 与该产品市场上的人口数量 X 之间的关系为:

$$\hat{Y} = a + bX \qquad (4-4)$$

式中:a,b 为回归系数。

利用最小二乘法,金融机构通过把以往几年该产品的销售数据及人口数量组合(X_i,Y_i)代入求出：

$$b=\frac{\sum(X_iY_i)-\bar{X}\sum Y_i}{\sum X_i^2-\bar{X}\sum X_i} \tag{4-5}$$

$$a=Y-bX \tag{4-6}$$

且其相关系数 $r=\sqrt{1-\frac{X^2}{\sigma^2}}$ (4-7)

其中：σ 为标准差。

进行预测时，只要将新的人口数量 X 代入 $\hat{Y}=a+bX$，即可得到新的销售量 $\hat{Y}$。

（二）确定目标

金融机构的营销目标在整个营销战略中占有重要地位，正确地选择营销目标可以调动全体员工的积极性与创造性。

金融机构的营销目标多种多样，根据目标的内容不同可以分为：①市场目标，指金融机构选择它所要进入的市场，以满足市场需求；②财务目标，确定每一个业务单位的财务报酬目标，包括投资报酬率、利润率和利润额等指标；③销售目标，包括销售量或营业额、销售增长率和市场占有率（或市场份额）等。财务目标必须转化为销售目标，才能保证其实现。

当然，营销目标有的是硬性的，有的则具有较大弹性。硬性目标容易衡量，主要包括：销量目标、占有率目标、费用目标、利润目标和铺货率目标等，在这些目标中，有的能反映结果（如销量和利润目标），有的能反映过程（如铺货率和费用目标）。软性目标包括：管理制度、客情关系、价格体系、市场秩序和信息分析等，这些是达成硬性目标的保障。

（三）制定战略与计划

1. 选择战略。金融机构在确定其营销目标之后便可以选择合适的战略。由于营销战略在第三章中已详细讲述过，在此不再赘述。

2. 制定战术。金融机构确定了营销战略后，还必须确定具体的行动方案，这就是战术，即要落实什么时候做、谁来做和如何做等。这些都会因主体不同、时间不同而异，金融机构应该结合本身特点进行选择，而且要随着条件的变化而不断调整。

3. 编制营销预算。营销预算一般包括销售与利润的营销预算。在通常情况下应该把营销费用支出与营业额的增长安排恰当以获取最大利润。

编制营销预算的方法多种多样，比较典型的有两种：一是目标利润法，通过预测影响金融机构营销利润的各个项目而制定合适的目标利润。这些项目通常包括：总市场预测、市场占有率预测、营业额预测、可变成本预计、贡献总额预计、预计目标利润、营销费用预计与营销预算分配等。二是最佳利润法，通过寻找营业额与营销组合的各个因素之间的内在关系而选择对金融机构最有利的利润目标。这种方法的依据在于在一定时期内营销额会随金融机构营销费用的提高而增加,但超过一定限度就可能会出现费用增加而收益递减的情况,所以金融机构应寻找营业额与营销费用的最佳结合点。

4. 综合编制营销计划。在上面各项工作的基础上,有关部门可以具体地编制有关的营销计划。基层部门可以编制其部门计划,而负责销售的主管人员将各部门编制的计划汇集起来,经过统一协调之后便可以形成金融机构的整体营销计划。

计划的编制方式可以有以下三种。

(1)自上而下式,即计划由金融机构的最高营销管理人员制订并给企业中的各层组织制定目标,这种方式可以发挥高层管理者高屋建瓴的作用。

(2)自下而上式,即金融机构营销部门的各个基层单位根据自己的能力,估计可以达到的目标并制订本单位的计划,逐级上报汇总,最后形成金融机构的总体计划。这一方式可以更好地增强基层员工的责任感,发挥创造性。

(3)双向式,即先自上而下,由金融机构营销活动的最高管理层提出一个总体目标;再由各部门根据总体目标编制本单位的计划,并逐层上报,由最高管理层批准之后即成为正式计划。该种方式可以集中前面两种方式的优势,避免其不足,效果相对较好。

(四)金融营销计划的评估

金融营销计划的好坏会直接关系到后面的营销效果,因此在制定出计划后还要对计划进行评估。一般来说,可以根据前面所介绍的营销计划的特点来有针对性地开展评价。

另外,在评估一个营销计划的时候,也可以询问如下几个问题①:

1. 这个金融营销计划在表述方面是否简单和精炼?有必要这么长吗?

2. 这个金融营销计划容易理解吗?它传递的内容是否清楚?

3. 这个金融营销计划容易执行吗?是否可以落地?

4. 这个金融营销计划完备吗?它是否包含所有必要的因素?这个金融营销计划有正确的广度和深度吗?

在完备性、大量细节与简洁性、清晰的聚焦之间达成一种恰当的平衡,通常是编制良好营销计划的关键。

5. 这个金融营销计划具体吗?它的目标是否具体,是否可以衡量?它是否提供了一个清晰的行动步骤?它是否包含特定的活动,每个活动都有具体的完成日期、具体的负责人和具体的预算吗?

6. 这个金融营销计划是否具有现实指导性?销售目标、费用预算和里程碑式

① 资料来源:菲利普·科特勒,凯文·莱恩·凯勒. 营销管理[M]. 15版. 上海:格致出版社,2016:51.

的日期是否具有现实性？

7. 为了查找出可能的问题，是否进行了一次坦率诚实的自我评判？

通过多个层面的考察，可以使金融营销计划变得更为完善。

二、金融营销计划的实施

编制计划只是整个营销计划程序的开始，计划的实施则是落实金融机构计划的一个重要环节。经济学家彼得·德鲁克在《管理：任务、职责和实践》一书中说道：计划等于零，除非它变成工作。这也正说明了金融机构的营销计划必须用来指导金融机构开展营销活动，从而可以实现金融机构的战略目标与任务。

（一）有效实施计划的保障工作

为了顺利地落实计划，金融机构应该做好以下几方面的保障工作。

1. 制度保障：

（1）绩效考核制度。金融机构应将营销计划要达到的目标，与营销人员的绩效考核相联系，规范营销人员的工作能围绕营销目标开展，落实营销计划。比如，营销计划要开展人员分销，可以制定一个产品销售量的考核要求。

（2）激励制度。金融业日益激烈的竞争对营销人员提出了新的挑战，为了提高销售人员的责任感，调动积极性，在营销计划的实施中必须建立适当的激励机制。金融机构要颁布合理的奖惩办法，采用奖金、奖品、放假与提升职务等多种形式作为激励手段，增强营销人员的效益观念与竞争意识。

（3）协作制度。金融机构要围绕营销目标，解决好各部门之间的协作关系，在部门之间确立合同关系，明确各方的责、权、利。比如，在金融新产品开发计划中，其参与的部门涉及营销、客服、技术和供应等，要提高新产品开发的速度和效率，一方面要确立营销部门在新产品开发过程中的主导地位，另一方面又可以通过责任书的形式，使其他部门能协调配合。

（4）管理制度。为提高营销计划实施的效率，金融机构还需健全管理制度，如营销推广管理制度、区域管理制度、渠道管理制度、业务管理制度等，为销售人员提供工作规范，影响销售人员的思想意识和行为。

2. 组织保障。为了执行营销计划，金融机构应该建立健全市场营销组织及分销网络。当然，金融机构在建立营销网络时要充分考虑其成本与效益的对比关系。如果组织层数过多，摊子铺得过大，可能会使金融机构营销成本增加，超过其赢利的增长，这样必然会加重负担，影响金融机构的营利性目标。而如果营销网络过小，又会阻碍金融机构营销计划的完成，所以金融机构应该结合本身的特点与营销发展战略，合理组织营销活动。

3. 流程保障。金融机构要围绕营销目标，优化运作流程，特别是营销关键业务流程，如产品研发流程、营销推广流程和客户订单流程等，它们的运作效率高低，反映组织结构和部门职能合理与否,直接影响到营销目标的实现。

4. 权限保障。在计划实施时,金融机构一定要明确权责,对于计划中各方面的责任进行分解,将任务落实到人,做到明确职责、专人负责和定时完成。

这里特别强调的是总部和分部之间的权限分配及各项业务活动的权限分配。总部对于营销计划应该强化专业方面的权限,而分部对于执行营销计划则应该加强针对性方面的权限。另外,金融机构要对营销计划中的业务内容进行合理分配,使各个职能部门都能找到相对应的工作内容。

比如,管理人员应该合理地把总的销售指标逐级分配到各个销售基层与各个营销人员,将预算落实到分销渠道选择、广告宣传和人员推销等各个具体环节,从而使金融机构的营销计划真正得到贯彻。

5. 资源保障。为达成营销计划的目标,金融机构必须配备各种资源,如预算费用的到位、相应人员的配备、硬件设备的使用和软件投入等。这样才不至于纸上谈兵,保障营销目标的顺利实现。

(二)营销计划无法落实的原因

1. 营销计划要求不明确。一些金融机构的营销计划在实行过程中缺乏具体的要求,使营销人员找不到开展工作的规范与标杆,无法衡量自身业绩的好坏。

2. 营销计划执行缺乏绩效考核的约束。有的营销计划并没有设立合理的绩效考核制度,无法对有关营销人员的工作进行考核,使工作人员满足于现状,不能深入开展营销工作。

3. 营销计划执行过程中缺乏协调。由于营销计划实施效果的衡量标准不统一及沟通渠道不通畅,出现不同部门对营销计划的不同理解从而产生矛盾。另外,由于营销组织架构的不合理,各个职能部门各自为战,相互间缺乏配合与协调,也会限制营销计划的有效执行。

4. 业务流程不合理。计划执行过程中的业务流程过于复杂,降低了反应速度,妨碍了营销计划的时效性;审批环节过多,丧失了市场机会,影响了营销人员积极性和灵活性的发挥。

5. 业务分配不合理。在营销计划执行时,缺乏一个领导部门来推动整个计划的实施,而各部门之间的职能分配模糊,有些部门承揽了过多的职能或不能胜任某一职能,影响到效率的发挥。

6. 营销计划缺乏过程管理。有些金融机构的人员在营销计划执行时只重视结果,而不重视达成结果的过程。只关注一些硬指标,比如,销售额、知名度等,而忽视另外一些软指标,如市场秩序、与竞争对手的对比等,这将会伤害到金融机构。

7. 营销人员的专业技能有欠缺。一些营销人员素质不高,专业技能不够,对下达的营销计划无法进行进一步规划,缺乏整体性计划与系统的拓展,仅注重短期内提高销量的措施,因而造成营销计划无法真正落实,同时影响了金融企业的长期发展。

8. 对关键项目缺乏资源保障。有的金融机构制订的计划非常完美,但一执行就走样,无法对计划提供足够的资源保障,有些项目所分配到的资源根本不能保障计划的实现。

三、金融营销计划的控制

金融营销计划的控制是指金融机构的营销部门在执行营销计划的过程中,接受内外部有关信息,对计划的执行情况进行监督,将原定的计划目标、操作过程与实际执行情况进行对比,找出偏差,分析原因并采取有关措施消除偏差,防止发生类似失误的一系列管理活动。

(一)金融营销计划控制的原因

对金融机构营销计划进行控制的原因基于两个方面。

一是营销计划在金融机构经营中的重要性。我们知道,金融机构是一种特殊的企业,它对整个经济的影响十分重大,而营销计划的实施情况将关系到金融机构的经营成败,为了保证计划的顺利执行,必须对它进行合理的控制。

二是金融机构营销环境的变化性。计划的制订基于特定的环境,制订出的计划在具体执行过程中可能会出现一些意想不到的变化,甚至是意外灾难,这就会影响到原计划的合理性。为了适应新的情况,金融机构要及时修正计划或者改变原来确定的战略决策。

(二)金融营销计划控制的措施

营销计划的控制可以分为长期计划控制、年度计划控制与紧急计划控制,下面对它们分别加以介绍。

1. 长期计划控制。长期计划对相当长时间里的营销工作具有指导性,金融机构对长期营销计划要进行一定的检查与管理。通过对营销状况的观察与预测,探明实现高层目标的阻力来自何方,分析营销计划中原来的假设是否仍然成立,原来的预测是否与实际情况一致,从而对长期计划中制订的方案进行修正,使其运行更为有效与合理。

2. 年度计划控制。年度计划是最典型的短期计划。各级营销组织的管理层应该认真检查年度计划中规定的销售、利润指标的完成情况。如果没有完成就应及时寻找原因,采取合适的措施进行补救。同时,管理层还需定期分析检查各种产品、各个营销渠道、各个区域的实际赢利能力及原计划中的有关假设是否与外界环境相适应。

3. 紧急计划控制。金融环境是千变万化的,有很大的不确定性,金融机构除了制订常规的短期计划与中长期计划之外,还必须针对突然出现的意外事项制订一个紧急计划,并随时根据客观环境的变化对紧急计划进行补充与修正,使其更加完备成熟。

（三）金融营销计划的动态调整

制订营销计划后，并不意味着它的内容是一成不变的，金融机构应根据市场的变化主动对营销计划进行调整。

一方面，金融机构要对营销计划进行有效分解，包括时间上的分解和区域上的分解，这样既保证营销计划的稳定性，又保证营销计划的适应性。

另一方面，金融机构要设立专门的职能部门对营销计划的执行状况进行评估，并对各区域的营销计划进行综合平衡，这样才能从部门和制度上保障滚动的合理性。

营销计划动态调整的核心是：先“由大到小”，再“由小到大”。也就是先从年度计划、季度计划、月度计划到周计划，然后再从周计划、月度计划、季度计划到年度计划，前一个阶段可以保证营销计划的整体性掌控，后一个阶段是通过调整，保障整个营销计划的适应性。当然，在年度计划控制中，也可采取滚动方式。例如，在2019年度营销计划中可将第一季度的营销指标定得详细些，后三个季度的指标粗一些，在第一季度末，根据第一季度计划的执行情况及现实市场的变化对第二季度的计划作出相应调整，以此类推，从而保持年度计划指标前后衔接。

当然，营销计划的动态调整并不是任意进行的。营销计划有较强的适应性和针对性，金融机构应在不同地区层次与时间上进行不同程度的调整，如对全国性计划而言，要体现全国市场的特点；对区域计划而言，要体现本区域市场的特点；在时间上也要反映一年、一季、一月和一周的共性，并兼顾各种共性之间的协调。只有这样，才能实现在稳定性基础上的动态调整，在整体上既保持平衡，又不失灵活性。

另外，金融机构要建立一套严密、系统和完整的制度，形成一个有效、灵敏的信息网络，实现营销计划控制的及时性与制度化，以保证营销计划的全面有效实施，提高金融机构营销人员的工作效率。

名词解释

金融营销战略　市场领导者　市场竞争者　市场追随者　市场缝隙战略　市场渗透者战略　金融营销计划　总体营销计划　专项营销计划　机会－威胁分析

☞ 思考题

1. 什么是“11P”战略？现代的营销战略与传统的营销战略相比，又增加了哪些内容？

2. 金融机构的营销战略主要包括哪些形式与类别？

3. 市场领导者战略与市场竞争者战略在应用时有哪些条件？

4. 金融机构选择营销战略时除了要考虑战略本身的适用性外，还需要考虑哪些因素？

5. 金融机构营销计划一般包括哪几个大项目？

思考与分析

某银行举办20周年行庆，以“共赢二十载、伙伴一生情”为主题同步策划和组织实施了一系列行庆活动，主要包括：真情篇“行庆贺卡贺礼赠送”活动；沟通篇“聆听关爱共赢”客户见面活动；典藏篇“行庆纪念卡发行”活动；回馈篇“聆听您的声音”客户体验调查活动；促销篇“E心为您、伙伴一生”网上银行促销活动；品牌篇“第五期金葵花指数发布”活动；创新篇“行内员工创新建议评选”活动以及献礼篇“零售主要业务行庆表彰”等活动。通过有效的组织和实施，极大地推动了该银行零售银行品牌的树立和业务的发展。请结合这一活动分析其中的营销战略组合。

第二篇

金融营销组合

第五章

金融产品开发策略

金融产品是金融营销组合中的第一个要素，它对于金融机构营销成败具有重要的影响。在金融机构的产品策略中，最重要的是产品开发策略，不断推陈出新，向客户提供有吸引力的产品，是保持金融企业生命力的重要源泉。

本章主要介绍创新产品的种类与特点，分析金融产品创新的目标与策略，并阐述完整的金融产品开发过程。

第一节　金融产品与金融创新产品

金融产品不同于一般的企业产品，它的种类十分繁多，并区分不同层次，对金融产品进行创新必须要了解金融产品的基本种类。本节从金融产品的基本概念出发，并由此引出创新产品的种类与特点。

一、金融产品的种类

金融产品有广义与狭义之分。狭义的金融产品是指由金融机构开发出来可供资金需求者与供给者选择，在金融市场上进行交易的各种金融工具，一般是有形的金融产品。广义的金融产品是指金融机构向市场提供并可由客户取得、利用或消费的一切服务，只要是由金融机构提供，并能满足人们的某种需求的各种工具与服务，都被列入广义金融产品的范畴。

金融业发展到现在，已形成了琳琅满目的金融产品。特别是20世纪70年代以来，国际上的金融创新不断推进，各种新型金融产品层出不穷。总体上讲，金融产品可以分为两大类：一是基础金融产品；二是在基础金融产品之上派生出来的衍生金融产品。下面按不同的金融机构类别介绍主要的金融产品。

（一）银行金融产品

银行是金融市场上最重要的一类金融中介，它以存贷款作为主要经营产品，随着银行业混业趋势的加强，银行的业务与产品也日趋多样化，银行已成为名副其实的“金融超市”。

1. 存款。存款是银行最主要的资金来源，也是银行发挥信用中介、支付中介、信用创造与资金转换职能的基础。存款一般要占银行资金来源的 70% 以上，对于中国的银行业来说更为明显。2017 年底，中国各家银行的各项人民币存款总额达到 1 641 044.22 亿元，占银行资金来源的 84.94% 。[①] 存款利息的高低决定了银行成本的大小，从而影响银行的赢利水平。

存款按不同存款人的角度划分为：①个人存款，也称储蓄存款，是指个人存入形成的存款；②企业存款，也称对公存款，是指银行吸收的国有企业、集体企业、个体工商业、三资企业等各类企业的存款；③同业存款，是指银行为各商业银行以及信用社、证券公司、财务公司、信托公司等非银行金融机构开办的存款业务；④政府机构存款，也称为财政性存款，是指各级财政和预算单位存入银行尚未使用的资金。

存款按期限可以分为：①活期存款，指不约定期限，存款人可以利用各种方式（如支票、汇票、ATM 等）随时提取的存款；②定期存款，是指银行与客户事先约定存款的期限，到期才能提取的存款，它的稳定性较强，便于银行进行安排；③定活两便存款，这是一种介于定期存款与活期存款之间的存款，存款期限不确定，利息随存款期限长短而变化；④通知存款，指存款人提前一定时间通知银行即可提取的存款。

另外，存款按存取的方式分为活期存款、整存整取、零存整取、整存零取与存本取息存款；从存款的产生过程分为原始存款与派生存款，原始存款是银行因接受客户的现金或中央银行签发的支票所形成的存款，派生存款是商业银行通过发放贷款、购买有价证券等方式创造的存款。

2. 贷款。它是指银行将吸收的资金按照事先约定的利率将货币的使用权让渡给客户的业务。贷款是银行最主要的资金运用业务，也是银行赢利的主要来源，因此对银行经营成败起着关键的作用。2017 年末，中国金融机构本外币贷款余额 1 256 073.7亿元人民币，其中：人民币贷款余额 1 201 320.99 亿元，全年增加 13.5 万亿元，同比多增 8 782 亿元；2017 年末外币贷款余额 8 379.4 亿美元，全年增加 521.3 亿美元，增幅 6.63% 。[②]

银行贷款按用途可分为：①工商业贷款，指银行对工业企业与商业企业发放的各种贷款；②消费信贷，又称消费者贷款，是指商业银行对消费者个人发放的用于购买耐用消费品或支付其他费用的贷款；③证券贷款，指银行向个人或证券经营机构提供的用于购买有价证券并以证券为担保品的资金融通；④农业贷款，是银行对农村经济组织和农户提供的货币资金。

银行贷款按贷款保障程度可分为：①信用贷款，指银行完全凭借客户的信用而

① 资料来源：中国人民银行 2017 年统计数据。
② 资料来源：中国人民银行 2017 年统计数据。

无需提供抵押物或第三者担保发放的贷款。在这种贷款中银行所承担的风险较大。②保证贷款，担保人承诺在借款人不能偿还贷款时承担保证责任。③抵押贷款，是指按规定的抵押方式以借款人或第三人的财产作为抵押物发放的贷款，又可以分为商品抵押贷款、不动产抵押贷款和有价证券抵押贷款。④质押贷款，是指按规定的质押方式以借款人或第三人的动产或权利作为质物发放的贷款，包括动产质押贷款与权利质押贷款。

另外，贷款可按期限分为短期贷款与中长期贷款；按贷款的质量分为正常贷款与不良贷款；按贷款偿还方式可分为一次性偿还贷款与分期偿还贷款。

3. 票据。银行在业务中要处理的票据主要包括汇票、本票与支票。

汇票是由债权人签发给债务人，要求后者向持票人或指定人支付一定金额的凭证，包括商业汇票与银行汇票，前者由商业单位签发，而后者由银行签发。

本票是由债务人向债权人签发的承诺在一定时期向债权人支付一定金额的书面凭证，也可以分为商业本票与银行本票。

支票指银行活期存款户对银行发出的一种支付通知，要求银行从其存款账户上支付一定的金额给指定人或持票人。支票的第一付款人为银行，因此它是建立在银行信用的基础上的票据。但支票的主债务人为出票人，他必须在银行里有支票账户，所开出的支票金额不得超过其存款数额或银行给予的透支额度，否则为"空头支票"。支票根据记名与否有记名支票与不记名支票之分，根据取款方式不同可以分为现金支票、转账支票与普通支票。

4. 银行卡。银行卡是由经授权的金融机构（主要指商业银行，包括邮政储蓄机构）向社会发行的具有消费信用、转账结算、存取现金等全部或部分功能的信用支付工具。

银行卡形式各异，种类繁多。银行卡依据清偿方式可分为借记卡、准贷记卡和贷记卡。借记卡是银行发行的一种要求先存款后消费的银行卡；准贷记卡是指持卡人须先按发卡银行要求交存一定金额的备用金，当备用金账户余额不足支付时，可在发卡银行规定的信用额度内透支的银行卡；贷记卡是指发卡银行授予持卡人一定的信用额度，持卡人可在信用额度内先消费，后还款，还款时有免息期。按照卡的使用对象不同可以分为公司卡与个人卡；根据信用卡的物理性质不同可以分为磁条卡与带有集成电路的电子卡（IC卡）；根据持卡人的资信状况不同可分为白金卡、金卡、银卡与普通卡；依据结算的币种不同，银行卡可分为人民币卡与外币卡。

5. 信用证。信用证是由银行根据申请人的要求和指示，向收益人开立的载有一定金额，在一定期限内凭规定的单据在指定地点付款的书面保证文件，它是一种有条件的银行支付承诺。

信用证虽以贸易合同为基础，但一经开立，它就成为独立于贸易合同之外的独立契约，纯粹地凭单据付款，在符合信用证规定的条件下，首先由开证行承担付款的责任。

信用证可以根据不同的标准分成不同种类:①按信用证根据是否附有货运单据可以分为跟单信用证和光票信用证两种。跟单信用证是指凭跟单汇票或仅凭单据付款的信用证。光票信用证是指凭不附货运单据的汇票付款的信用证。②根据开证银行对信用证所负的责任不同,信用证可以分为不可撤销信用证和可撤销信用证两种,前者一经开出,未经受益人及有关当事人的同意,开证行不得片面修改和撤销有关条款。③按信用证有没有另一家银行加以保证兑付可分为保兑信用证和不保兑信用证。④按信用证根据付款时间的不同可以分为即期信用证、远期信用证和延期付款信用证。⑤根据受益人对信用证的权利可否转让分为不可转让信用证与可转让信用证。

6. 其他银行产品。除了上述产品之外,银行也向客户提供多个领域的其他服务,以更好地实现个人财富的增值。

(1)其他结算产品。除了上面提到的汇票、本票、支票、信用卡和信用证之外,银行还开展汇兑、托收等因债权债务关系引起的与货币支付、资金划拨有关的结算服务,利用现代支付系统实现的资金划拨与清算,利用银行内外部网络实现转账,从而提高资金转移的效率。

(2)代理类产品。代理类业务指商业银行接受客户委托,代为办理客户指定的经济事务、提供金融服务并收取一定费用的业务,包括代理政策性银行业务、代理中国人民银行业务、代理商业银行业务、代收代付业务、代理证券业务、代理保险业务、代理其他银行的银行卡收单业务等。

(3)咨询类产品。银行依靠自身在信息、人才、信誉等方面的优势,收集和整理有关信息,提供给客户,包括项目评估、企业信用等级评估、资产管理顾问、财务顾问、投资顾问、战略顾问和现金管理咨询等。

(4)担保类产品。该业务指商业银行为客户的债务清偿能力提供担保,承担客户违约风险的业务。主要包括银行承兑汇票、备用信用证、各类保函等。

(5)承诺类产品。这是指商业银行在未来某一日期按照事前约定的条件向客户提供约定信用的业务,主要指贷款承诺,包括可撤销承诺和不可撤销承诺两种。

(6)交易类产品。交易类中间业务指商业银行为满足客户保值或自身风险管理等方面的需要,利用各种金融工具进行的资金交易活动,主要包括外汇交易、证券交易和金融衍生工具的交易等。

(二)证券类金融产品

有价证券是指具有一定的金额、代表资本所有权或债权并可以取得一定收入的凭证。有价证券主要可以分为股票与债券两大类。

1. 股票。股票是股份有限公司发给投资者用以证明股东权利的所有权凭证,它确定了股东与公司之间的风险共担、收益共享的关系，股东凭股票可以定期从公司取得股利收入。

根据不同的标准，可以把股票分为不同类型。

（1）按股东享有的权利不同划分。根据股东享有的权利不同，股票可以分为普通股票和优先股票。普通股的持有者享有股东的基本权利和义务，包括参加股东大会进行表决、参与公司利润分配、参与公司破产清算后剩余资产分配、优先认购公司新发行的股票等权利，其投资回报视公司赢利状况和股利分配政策而定。优先股持有者获得固定的股利，且在公司的赢利分配、剩余财产的分配顺序上，优于普通股股东，但一般没有表决权（涉及优先股股东权益的除外）。优先股又可分为累积性优先股和非累积性优先股、可赎回优先股和不可赎回优先股、参与优先股和非参与优先股、可转换优先股与不可转换优先股。

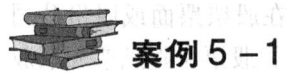

案例5－1

优先股在金融市场的应用

优先股作为一种特殊的股票，在金融市场的引入是一个巨大的创新。

优先股起源于美国19世纪30年代铁路公司为了解决铁路融资困难向政府融资而做出的临时安排。20世纪中期以后优先股制度不断改进，逐渐趋向完善。

纵观美国历史可以发现，19世纪30年代美国经济的第一次转型，实现资本市场的并购，成功跨越重工业化；20世纪30年代美国经济第二次转型，实现电脑终端、互联网和生物制药等新兴产业的崛起，其中优先股都发挥了巨大的作用。

2008年全球金融危机爆发后，优先股作为一种特殊的注资方式，成为政府实施金融救援计划的主要金融工具。在2008年10月美国各大银行股价暴跌、美国股市面临崩盘危机，美国政府宣布用1 250亿美元购入花旗银行、摩根大通银行等9家主要银行的优先股，稳定了当时的资本市场。

其中，沃伦·巴菲特购买高盛集团优先股的案例堪称经典。2008年9月，美国金融危机全面爆发，华尔街一片风声鹤唳，投资者都在揣测哪家投资银行会步雷曼兄弟后尘而破产倒闭。9月23日，巴菲特领导的伯克希尔·哈撒韦公司宣布，将以50亿美元购买高盛集团优先股，后者支付的优先股股息率为10%。此外，该公司还获得今后5年内（即到2013年10月1日）任意时间购入50亿美元高盛普通股的认股权，价格为每股115美元。此举被认为是向高盛投出一张极为重要的信任票。它给风雨中的华尔街带来了一丝光明，纽约证交所23日收盘时，高盛股价上涨4.27美元，至125.05美元，涨幅达3.5%。盘后电子交易中，高盛股价进一步飙升至133.20美元。巴菲特此举不仅挽救了岌岌可危的高盛，也对美国金融系统恢复起到了不可忽视的积极作用。

2013 年 11 月 30 日，我国国务院发布《关于开展优先股试点的指导意见》，2014 年 3 月 21 日，证监会发布《优先股试点管理办法》，4 月 1 日又制定并发布了上市公司发行优先股相关信息披露准则。4 月 24 日，广汇能源发布沪深两市首份优先股发行预案，10 月 15 日，中国银行成功完成境外发行优先股定价，成为第一家发行优先股的境内上市公司，截至 2016 年 12 月 31 日，已有 19 家银行及上市公司发行了优先股，发行优先股成为银行弥补资本的一条重要渠道。

资料来源：曾鸿，丰敏轩. 引入优先股是证券市场的一项重要的制度安排[J]. 特区经济，2014(4). 卫容之，陈圣洁. 上市银行为何密集发行优先股[N]. 国际金融报，2016-7-4.

(2)按股东是否记名划分。根据这一标准，股票分为记名股票和不记名股票。记名股票在股票票面或股份公司股东名册上记载股东的姓名，股东权利属于记名股东，转让必须经过过户程序，可以挂失；不记名股票不必在股票票面或股份公司股东名册上记载股东的姓名，股东权利属于股票持有者，仅凭股票所附息票领取股利，其转让相对比较方便，但安全性较差。

(3)按股票有无面额划分。根据这一标准，股票分为有面额股票和无面额股票。有面额股票的票面上载明一定的金额，明确了每一股份对公司的所有权大小，股票面额为公司资本的基本单位，也是计算股份公司实收股本的重要依据。无面额股票的票面上不记载金额，其优点主要在于方便股票分割，股票分割时无须办理面额变更手续。

(4)按股票是否上市划分。按股票是否上市，股票分为可上市交易股票和非上市交易股票。上市股票可以在交易所内挂牌交易，而非上市公司发行的股票不可以上市交易，只能进行柜台转让或者协议转让。

(5)按股票是否流通划分。按股票是否流通，股票可分为流通股票与非流通股票。前者是股份公司向社会公众发行的股票，可以在二级市场上进行交易，具有较强的流动性；后者是向特定的少数投资者发行的，如向内部职工或特定的机构投资者发行的，一般不能在二级市场上进行交易。

(6)其他分类。我国目前还按照交易币种的不同分为 A 股和 B 股；按照发行地的不同分为 N 股(纽约)、S 股(新加坡)和 H 股(中国香港)。

2. 债券。债券是发行人依照法定程序发行，并约定在一定期限内还本付息的有价证券。与股票不同，债券体现的是债权，反映了债券发行者和债券持有人之间“债”的关系，只要发行人正常付息与还本，持有人无权干预其经营活动。

(1)按照发行主体分类。这是债券最基本的分类方法，根据这一标准分为政府债券、金融债券与企业债券。

政府债券可分为中央政府债券、地方政府债券和政府机构债券。中央政府债券也被称为国债，发行目的主要是为了解决由政府投资的公共设施或重点建设项目的资金需要和弥补国家财政赤字;地方政府债券也被称为地方债,发行目的是为地方经济建设项目筹集资金;政府机构债券是经批准的政府机构发行的债券。除了政府直接发行的债券外,有些国家把由与政府有直接关系的公司或金融机构发行并由政府提供担保的债券也划归为政府债券体系,称为政府保证债券。

金融债券是由金融类企业(银行或其他金融机构)发行的债券。金融机构发行债券的目的主要有两个:一是筹资用于某种特殊用途;二是改变自身的资产负债结构。根据《巴塞尔协议》,对于期限较长、且清算顺序排在存款和其他债务之后的次级债券,可以列入商业银行的第二级资本,是商业银行提高资本充足率的一种有效方法。金融机构一般有雄厚的资金实力,信用度较高,因此,金融债券安全性高、流动性强,较受投资者欢迎。目前,国内很多商业银行、保险公司、证券公司均有金融债券的发行。

公司债券是由非金融类企业发行的债务工具。其发行主体是股份公司,但有些国家也允许非股份制企业发行债券。公司发行债券的目的主要是为了企业经营管理的需要,公司债券的风险相对于政府债券和金融债券要大,所以发行债券一般需要经过信用评级。按照评级机构的标准,信用评级在 BBB(Baa)以上的公司债券称为投资级债券(Investment Bonds);信用评级在 BBB(Baa)以下的公司债券称为高风险债券或“垃圾债券”(Junk Bonds)。

表 5-1　三大评级机构的债券信用评级

评级			说明
穆迪	标准普尔	惠普	
Aaa	AAA	AAA	最大限度的安全级别
Aa1	AA+	AA+	高级别高质量
Aa2	AA	AA	
Aa3	AA-	AA-	
A1	A+	A+	中上等级别
A2	A	A	
Baa1	BBB+	BBB+	中下等级别
Baa2	BBB	BBB	
Baa3	BBB-	BBB-	
Ba1	BB+	BB+	非投资级别投机
Ba2	BB	BB	
Ba3	BB-	BB-	
B1	B+	B+	高度投机

续表

评级			说明
穆迪	标准普尔	惠普	
B2	B	B	
B3	B -	B -	
Caa1	CCC +	CCC	风险很大 声望很差
Caa2	CCC	—	
Caa3	CCC -	—	
Ca	—	—	
C	—	—	极度投机
—	—	DDD	可能违约
—	—	DD	违约
—	D	D	—

资料来源:米什金. 货币金融学[M]. 北京:中国人民大学出版社,2011.

(2)按照计息方式划分。按计息方式债券分为附息债券、到期一次还本付息债券、贴现债券与零息债券。

附息债券是在债券到期以前按约定的日期分次按票面利率支付利息,到期偿还本金的债券。附息债券的利率固定或浮动,期限通常在 1 年以上,可以按年、每半年或每季付一次利息。

到期一次还本付息债券是指在债券发行时明确债券的利率和期限等要素,按面额发行,到期一次还本付息的债券。

贴现债券是指在票面上不规定利率,发行时按某一折扣率,以低于票面金额的价格发行,到期时按面额偿还本金的债券,一般是短期债券。

零息债券也是以低于票面金额的价格发行,到期时按面额偿还本金的债券,但债券期限通常大于 1 年。

(3)按债券形态划分。债券按形态分为实物债券、记账式债券与凭证式债券。实物债券具有标准格式的实物券面,不记名,不挂失,可上市流通;记账式债券属于记名债券,以电子账户形式记录债权,是一无纸化债券,可上市交易;凭证式债券是一种债权人认购债券的收款凭证,如我国的凭证式国债,它不印制票面金额,而是根据认购者的认购额填写实际的缴款金额,记名,可挂失,但不能上市流通。

(4)根据债券的发行地不同划分。根据这一标准债券分为国内债券与国际债券。后者又分为外国债券和欧洲债券。外国债券是指由外国债务人在投资者所在国发行的,以投资国货币标价的债券。外国债券的发行人包括外国公司、外国政府和国际组织;投资者为债权国的工商企业、金融机构以及个人等。欧洲债券是指债务人在国际金融市场上发行的,以发行地以外的货币标价的债券,它涉及发行人、发行地及计价货币三个国家,目前是国际债券的最主要形式。

还有一类特殊债券,称为可转换债券,指持有人可按事先约定的价格(或转换比率)在转换期内将债券转换为发行人的普通股,是一种混合型金融工具。

(三)保险类金融产品

保险是一种经济补偿制度,投保人缴纳保费后,由保险人承担风险,当发生保险合同约定的事项时,保险人给以损失补偿或保险金的给付。

1. 按照保险的对象划分,有以下几种:

(1)财产保险。财产保险的标的包括动产、不动产等各种物资、财富以及相关利益等。保险人对被保险人所遭受的自然灾害或意外事故所造成的损失,负赔偿责任。

(2)人身保险。这是以人的生命或者身体作为保险对象的保险,对被保险人的生命或身体因遭受意外伤害、疾病、衰老等引起的死亡、残废、丧失工作能力或年老退休给付保险金。

(3)责任保险。这是以被保险人的民事损害赔偿责任作为保险对象的一种保险。被保险人依据法律、合同应对其他人的损害负经济赔偿责任的,由保险人负赔偿责任。

(4)保证保险。这是指保险人向权利人提供的一种保险,如果被保险人不履行合同义务或者有其他不法行为而导致权利人受到损失时,由保险人负责赔偿。

(5)信用保险。该保险实际上也是一种担保形式,主要承保当事人双方中的任何一方因对方不履行合同而受到的经济损失。

2. 按照保险的实施形式划分,保险可分为强制保险与自愿保险两种:

(1)强制保险。这是国家以法律形式强制实施的,只要属于国家法律规定的保险范围之内的,必须参加保险,另外,该保险的责任是自动产生的,不论投保人是否已履行了投保手续,只要是承保责任范围内的承保对象,其责任即自动开始。这种保险的涉及面较广。

(2)自愿保险。以当事人自愿为基础,给当事人以选择是否参保的权利。

3. 按保险的经营动机划分,有以下几种:

(1)营利保险或商业保险。这是由保险公司经营的以营利为目的的保险,其保险基金完全通过保险人收取保费而集中起来,赔付也从保险基金中支出,收支相抵后是赢利。

(2)非营利保险或非商业保险。这主要是由政府实施的社会保险或政策性保险,其主要目的不是为了营利,一般要由政府提供财政补贴来保障保险基金。

4. 按保险的责任承担次序划分,有以下几种:

(1)原保险,是指由保险人承接的,在保险事故发生时直接承担赔偿责任的保险。

(2)再保险,也称分保,是保险人将其所承担的保险部分转移给其他保险人。

(四)信托类金融产品

信托是指信托机构作为受托人,接受委托人的指示代为管理、营运或处理其财产与事务,从而为受益人谋利的经济活动。信托按照具体内容不同可以分为以下几种。

1. 资金信托,它是以货币资金(也称信托基金)为标的,由信托机构与委托人、收益人建立起信托关系。具体来说它又包括基金性、投资性、融资性资金信托等方式。

2. 动产信托,是指信托机构将工业企业的设备、交通运输单位的车辆、船只、飞机及其附属设备等信托物接受下来,再贷放给需要设备而资金不足的单位的一种信托。

3. 不动产信托,是委托人把土地或建筑物等不动产的产权转让给信托机构,由其按照信托协议对不动产进行保管或处分。

信托类金融产品中目前应用极广的是证券投资基金,这是指通过发售基金份额,将众多投资者的资金集中起来,形成独立财产,由基金托管人托管,基金管理人管理,以投资组合的方法进行证券投资的一种利益共享、风险共担的集合投资产品。世界各国对投资基金的称谓有所不同,证券投资基金在美国被称为"共同基金",在英国和我国香港特别行政区被称为"单位信托基金",在欧洲一些国家被称为"集合投资基金"或"集合投资计划",在日本和我国台湾地区则被称为"证券投资信托基金",这些都体现了集合理财、专业管理、组合投资、分散风险的优势。

(五)租赁产品

租赁是指金融机构作为出租人,购买某一设备并与承租人签订合同,将设备的使用权出让给承租人,定期得到租金。按照出租人在租赁业务中所承担的义务不同,租赁可分为以下几类。

1. 经营性租赁。经营性租赁也称服务性租赁,是指由出租人按承租人的要求购入设备并出租给承租人使用,在租赁期内,出租人需承担设备的维修与保养责任,期满承租人退还设备或续租。这种租赁期限较短,且在租赁期内可以中途解除租赁合同。

2. 融资性租赁。它是由出租人购入承租人指定的设备并出租给承租人使用,出租人在其中只提供融资,而设备的维修保养、保险费等均由承租人负担,其租赁期限较长,合同在租赁期内不可撤销。

3. 杠杆租赁。杠杆租赁也称衡平租赁,是指出租人只承担少量资金(一般为20%~40%),而其余款项则以所购设备为抵押向其他贷款人借入,贷款本金与利息由承租人交付的租金来偿还。

（六）衍生金融产品

金融衍生产品，又称金融衍生工具，是指建立在基础金融工具或基础金融变量之上，其价格取决于后者价格或数值变动的派生金融产品。

1. 金融远期。远期是指交易双方按约定在未来的某一时间、按确定的价格买卖一定数量的某种金融资产的交易。它是一种非标准化的合约，一般在场外进行交易。金融远期合约主要包括远期利率合约、远期外汇合约和远期股票合约等。

2. 金融期货。金融期货合约指双方约定在将来某个日期按合同规定的条件买入或卖出一定标准数量的某种金融工具的标准化协议，它的条款事先经过格式化，是一标准化产品，在规范化的交易所内进行交易。金融期货包括利率期货、货币期货、股票期货和股指期货等品种。

3. 金融期权。金融期权是指赋予合约购买者在规定期限内按双方约定的价格购买或出售一定数量某种金融资产的权利的产品。

根据期权头寸持有者的权利不同，期权可分为看涨期权和看跌期权。看涨期权又被称为买入期权，期权的买方具有在约定期限内按一定价格买入一定数量金融资产的权利。看跌期权又被称为卖出期权，期权的买方可在约定期限内按一定价格卖出一定数量的金融资产。

按期权的履约时间不同，期权可分为欧式期权和美式期权。如果合约能够在到期日之前任何交易日执行，则称为美式期权；如果只能在到期日当天执行，称为欧式期权。

4. 互换。互换是交易双方签订协议，在未来一定时期内交换具有不同内容或不同性质的现金流，主要包括利率互换与货币互换。利率互换又称“利率掉期”，是交易双方将同种货币不同利率形式的资产或者债务相互交换，一般不涉及债务本金的交换；货币互换，又称“货币掉期”，是指交易双方在一定期限内将一定数量的货币与另一种一定数量的货币进行交换。

5. 权证。权证是标的证券发行人或其以外的第三人发行的，约定权证持有人在规定日期有权按约定价格向发行人购买或出售标的证券或以现金结算方式收取结算价差的衍生工具。

二、金融产品的层次

金融产品大多是无形的，它的构成要比一般产品复杂得多，从客户的需求到具体的产品形式有着不同的层次。一般我们可以把它分为核心产品、形式产品、期望产品与扩展产品四个层次，金融机构在开发金融产品时应该对其进行详细区分。

（一）核心产品

核心产品也称为利益产品，是指客户使用金融产品等得到的基本利益或基本效用，它是金融产品中最基本、最主要的组成部分。客户之所以购买产品便是为了满足其特定的某种需求,这是购买的实质。因此,金融产品应满足客户的这种基本需求。根据买者、卖者、购买时间、地点等不同,核心产品可以表现为产品的使用价值、艺术价值、收藏价值、精神价值等。

核心产品说明了产品的本质——消费者所能得到的基本利益,体现了金融产品的使用价值,因此它在金融产品的四个层次中处于中心地位。如果核心产品不符合客户的口味,那么形式产品与附加产品再丰富也不会吸引客户。

(二)形式产品

形式产品是指金融产品的具体形式,表现为展现核心产品的外部特征,即向市场提供的实体和服务的方式,可以满足不同消费者的需求。顾客对产品的首要印象一般来源于形式产品。

在一般企业的产品开发中,有形产品的形式包括品质、式样、特征、商标及包装等。但金融机构与其他企业不同,属于服务性行业,他们提供的许多金融产品都是无形产品,无法通过外形、颜色、式样、品牌、商标和包装等来展示,因此,形式产品主要表现为质量与服务方式。

(三)期望产品

顾客在购买产品之前对产品本身所产生的期望,包括产品本身的质量、款式、价格以及使用的便利性、人性化程度,甚至是购买过程中的体验等主观想法。比如,购买某证券公司开发的证券交易软件,顾客通常期望这个软件是一个著名品牌、购买时能以适当价格得到、软件的操作简单易行等,而且还能享受较有保障的服务。

(四)扩展产品

扩展产品也称附加产品,指在满足客户的基本需求之外,金融产品还可以为客户提供的附加服务,使其得到更多的利益,这是金融产品的延伸与扩展部分。金融产品具有较大的相似性,同类机构为客户提供的多种服务在质上是相同的,为了使本机构的产品有别于他人的产品,吸引更多的客户,金融机构必须在提高扩展产品上多下工夫。20世纪60年代以来,随着金融业的不断发展与竞争的日益加剧,服务呈现出系列化的趋势,在某一产品中往往附加其他各种服务以解决客户的多种问题,为客户提供更大的便利。能否为客户提供灵活多样的附加服务将直接关系到金融产品营销的有效性,有时附加产品可能会转化为期望产品。因此营销人员必须充分认识到扩展产品在金融产品中的重要性。

当然,附加产品有时需要有附加的价格,金融机构一定要了解顾客是否愿意承担附加价格。

以上四个层次构成了整体的金融产品概念,各个层次之间紧密相关。

案例5-2

信用卡的不同产品层次

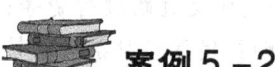

信用卡是指由发卡机构签发以证明持卡人信用、并使持卡人可凭卡享受一定服务的信用凭证。狭义的信用卡专门指由银行或其他发卡机构签发的证明持卡人信誉良好,可以在指定的商店或场所进行记账消费并可透支的一种金融工具。

客户使用信用卡就希望利用它完成支付、办理储蓄与可透支,因此这三大功能便是信用卡的核心所在,发卡机构借助信用卡为客户提供快速的资金传递,并为社会提供最广泛的结算服务,方便信用卡持有者。

从形式产品上来看,信用卡具有不同的表现形式。从外形上看,信用卡可以分为:①塑料卡,用塑料制成,信用卡的早期形式;②磁条卡,在塑料卡片上粘贴一条磁条制成,可直接插入消费终端机(POS)或自动柜员机(ATM)进行处理;③IC卡(Integrated circuit card),或称为智能卡(Smart Card),在卡片表面嵌入集成电路芯片而制成的信用卡,具有存储容量大、可脱机处理、安全性高等优点,但其制造成本相对较高,IC卡又分为存储卡、加密存储卡、CPU卡、射频卡等几种类型;④激光卡(光存储卡),在卡片中嵌入激光存储器而制成的信用卡,具有存储量大、保密性强、不易伪造等优点,但是制造成本更高。

近几年,IC卡的移动支付功能得到极大重视。中国人民银行2013年2月正式颁布《中国金融集成电路(IC)卡规范(V3.0)》,引入了移动支付、行业多应用等元素,提高了金融支付的效率。2013年6月,中国银联与中国移动共同打造的移动支付平台上线,浦发银行、中行、中信、光大、民生、广发、浦发、上海银行、北京银行等多家商业银行与该系统对接,推出自己的移动支付业务。NFC(近场通信技术)手机支付是将银行卡信息写入手机SIM卡,并直接通过手机空中完成包括卡片、账户充值、支付在内的诸多金融服务交易,无需任何银行网点或自助设备。买单时,客户只需在收银台具有"闪付 QuickPass"标识的银联POS机上"嘀"一下手机,不必在卡槽里刷卡。一般来说,单笔金额不超过1 000元,不输密码,也不用签字。

作为中国银联移动支付的新品牌,银联云闪付于2015年12月12日正式发布,截至2017年7月30日,累计接入银行133家,借记卡111家、贷记卡79家;线下非接POS终端数量持续增长,月活跃终端超1 000万台;累计发卡3 100余万张,月均活卡700万①。

为了突出本机构信用卡,各大发卡机构设计出不同的附加服务,以增强信用卡

① 余云峰:银联云闪付NFC+二维码数据曝光,将增添国民Pay,移动支付网,2017-8-16。

的吸引力。例如，有的银行利用信用卡为企业代发职工工资、代交过路过桥费等；为居民代交水费、电费和煤气费等公用事业费用；为投资者购买债券与股票提供转账及咨询服务以及订购火车票、轮船票和飞机票，并可享受专人送递服务等。另外，发卡人向资信较好，偿还能力较强或有一定社会地位的人发行金卡（Gold）、钛金卡（Titanium）、白金卡（Platinum）、钻石卡（Diamond）与无限卡（Infinite）等，让持卡人享受更特别待遇与更多的附加服务。

三、金融产品的要素

从满足客户基本金融活动需要的角度看，金融机构的产品有着不同的构成要素，区分不同的产品要素可以使金融机构更好地分析市场状况，方便产品的开发与设计。

（一）金融产品的基本构成要素

1. 客户需求。这是金融产品核心层次的基本要素，体现客户使用这一金融产品的主要功能。客户对金融产品的主要需求见图5－1。

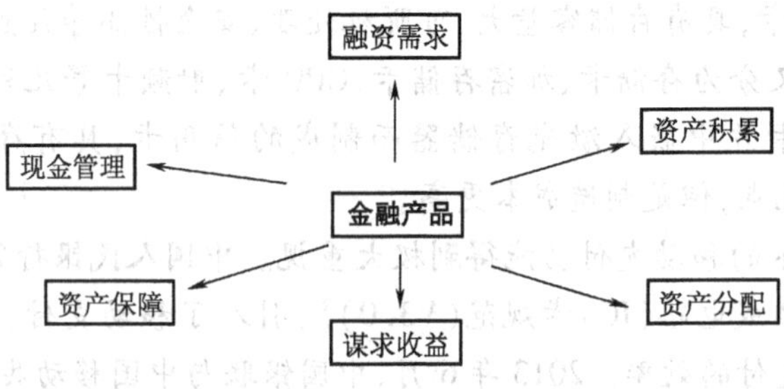

图5－1　客户对金融产品的需求

（1）现金管理。客户通过使用金融产品在不同的生活开销之间及储蓄与投资机会之间分配已得到的资金，从而实现以较低的成本或风险进行付款、采购或短期存储货币。

（2）资产保障。人们通过自己的努力得到的财产存在损失的可能，我们称之为风险。人们可以通过购买适当的金融产品进行风险管理，从财务上保护自己。所以对一些金融产品的需求侧重于该类产品所具有的安全保障功能。

（3）融资需求。由于人们的收入与资金流出存在时间与空间的差异，融资需求不可避免，金融机构开发的许多工具可以使人们购买到他们运用当前的储蓄与收入无法得到的服务或产品。

（4）资产积累。由于各种原因，人们要积累财富，如为了孩子的教育准备资金或为了购买固定资产而积累资金，为此，人们需要金融产品更好地实现资产积累。

(5)资产分配。人们购买一些金融产品的目的是最终将那些资产以某种方式进行分配,比如,退休基金。

(6)谋求收益。在资产保障的基础之上,人们希望能实现更多的投资收益。特别对于风险偏好型客户来说,甚至不惜牺牲安全性来追求收益。

2. 面值和可分性。大多数金融产品标明了票面价值,债务性工具的票面价格成为计算每期利息支付的依据,股票的票面价值主要用于计算企业账面的注册资本额。另外,金融资产大多具有一定的最小交易单位。例如,目前A股股票的最小买入交易单位为1手(100股),国债交易通常以1 000元为单位。

3. 价格和收益。金融产品的票面价格代表了其名义价格,而购买价格则代表了客户获得该工具的实际支出。购买价格可以高于票面价格(溢价发行)或低于票面价格(折价发行)。价格背后代表的是收益率(票面收益率和市场收益率)。发行人要根据金融市场对有关产品的风险评价,向投资者提供适当的收益率。

4. 期限。金融产品的期限有三种情况:固定期限、可变期限以及无期限。多数债权类金融产品都有明确的固定期限,到期时金融工具的持有人可以收回本金及利息。可变期限的金融资产主要是各种活期的存款与贷款、可以提前执行的各类金融合约。无期限金融资产主要是各类股权资产及永久性债券。

5. 偿还。债务性金融产品需要偿还,因此具有偿还金额、具体日期与偿还方式等,这些要素也直接影响到金融工具的收益高低和风险大小。一般来说,偿还方式主要包括:到期一次性偿还本息;提前付息、到期按票面价格偿还;定期定额付息,到期还本;固定比例还本;定期定额偿还;抽签偿还;提前赎回与提前终止等。

6. 流动性。这是指金融产品在到期之前是否可以转让及转让的成本大小。如商业银行存款类金融资产可以到银行的柜台办理提前变现、证券可以在交易所内卖出,但这些交易要支付交易手续费或佣金。

7. 可转换性。有些金融产品可以按合同规定的时间转换为其他类型的产品,如可转换债券、可转换为普通股的优先股、可转换为浮动利率债券的固定利率债券等,都给客户一定的灵活性选择。

8. 币种。多数金融资产都以本位币标价,也有以外币标价的,例如,B股(人民币特种股票)、国际证券与国际信贷等。

9. 品牌。为了识别金融产品,树立独特的形象特征,一些金融产品可能被金融机构赋予某一品牌。

(二)金融产品的组合要素

与金融产品开发相关的概念还有产品项目、产品类型、产品线与产品组合。它们之间具有从小到大的包含关系。

1. 产品项目。产品项目是指某一个特定的个别产品,可以依据其价格、外观、利率等属性来明确区分具体的金融产品类型,这是金融产品最基本的单位。比如,

6个月定期存款便是一个产品项目。

2. 产品类型。这是指被认为具有某些相同功能的一组金融产品，如，储蓄存款中的定期存款、活期存款、通知存款和定活两便存款等都是一个产品类型；再如，信用卡中的金卡、普通卡、单位卡、个人卡等也都构成一个产品类型。

3. 产品线。这是指具有高度相关性的一组金融产品。这些产品具有类似的基本功能，可以满足客户的某一大类需求，它们以类似方式起作用，或出售给相同的顾客群，或通过同类型的机构网点出售，或在一定幅度内作价格变动。比如，一家银行向个人客户提供所有的储蓄存款组成了一个存款产品线，一家人寿保险公司向客户提供的健康保险产品也是一个产品线。

4. 产品组合。这是指金融机构向客户提供的全部产品的有机组成方式，即所有产品的构成。比如，一家大银行可以为客户提供各种存款、各种贷款等100多种不同的金融服务，这些服务共同构成了银行的产品组合。

四、金融创新产品的种类

金融机构不能停留在已有产品的销售中，必须推陈出新，不断开发新产品，提供新服务以满足不同层次的客户需求。20世纪70年代以来，在国际金融市场上掀起的金融创新热浪把产品开发的竞争推向高潮。金融产品的开发与创新已成为产品策略中的一个关键内容。

(一) 金融创新产品的概念

所谓金融创新产品是指金融机构为了适应市场需求而开发的与原来产品有着显著差异的各种产品(包括服务)，只要金融产品中任一个层次与要素发生了更新或改变，使得产品增加了新的功能或服务，并能给客户带来新的利益与需求的满足，便可称为新产品。

各种金融产品具有的特征要素都不同，如面值、价格、收益、期限、风险性、流动性、可分割性和支付方式等。任何金融产品的开发，无论是局部的、微小的改动或更新，还是整体的、全新的产品开发，都是金融产品各种特征要素的重新组合，适应客户的不同金融需求。

(二) 金融新产品的种类

金融机构创新产品的种类与数量很多，从总体上说，可把新产品概括为发明型、改进型、组合型与模仿型四大类。

1. 发明型新产品。发明型新产品也称为“全新产品”或“绝对新产品”，是指金融机构利用新原理、新技术、新工艺、新材料开发的前所未有的产品，这也是狭义的金融创新产品的概念。这类产品多是由于科学技术的进步或是为了满足客户的某种新需求而发明的，它的出现可以改变客户的生活方式或使用习惯。

这类新产品开发的难度相对较大，需要大量的资金与先进的技术，同时，开发周期也较长，推广需要相当长的时间。该类产品的开发能力强弱可充分反映金融机构自身实力与市场竞争力的高低。比如，信用卡、“电话银行”、“自助银行”、“电视银行”、“网上证券交易”等的出现便是发明型新产品。

案例5－3

人脸识别技术在银行中的应用

人脸识别，也叫人像比对、人像识别、面部识别，是一种基于人的脸部特征信息进行身份辨识的生物认证技术。人脸识别系统在图像或视频中检测和跟踪人脸，进行一系列相关技术处理，将得到的人脸识别关键信息与预留的目标人脸信息进行比对，判断其相似度并加以识别。

2013年后，人脸识别技术开始应用，到了2015年，手机上的人脸识别已经出现，2015年末，央行发布了《中国人民银行关于改进个人银行账户服务、加强账户管理的通知》，明确提出“提供个人银行账户开立服务时，有条件的银行可探索将生物特征识别技术和其他安全有效的技术手段作为核验开户申请人身份信息的辅助手段”。这里所指的辅助手段包括指纹、虹膜、人脸等多种生物识别技术，而人脸识别具有非接触、简便、直观的优点，应用前景更好。

2015年以来，人脸识别技术在金融行业的应用不断深入：2015年1月，微众银行通过人脸识别技术发放第一笔贷款；4月，部分银行开始“刷脸”办卡；6月，券商通过人脸识别技术实现远程开户；9月，招商银行在全国启用人脸识别技术，辅助办理开户、风险评估等业务；10月，招商银行正式在总行的自动取款机（ATM）上应用“刷脸取款”；之后，交通银行的自助发卡机、民生银行的VTM、农业银行的超级柜台等也纷纷跟进……

目前人脸识别在银行的应用主要集中在自助终端、移动金融/营销和柜面系统三个方面。

1. 在自助终端上，用户可以借助“人脸识别”实现自助开卡、业务变更、密码重置等个人业务，全流程电子化，不仅节约时间和成本，也更加环保。

2. 在开展移动金融/营销时，银行工作人员借助于手机等移动设备的摄像头进行“人脸识别”，核查身份，为客户办理金融业务。通过基于人脸识别技术的统一身份认证平台，银行可以布局移动金融和移动营销，如直销银行、远程贷款、大客户上门服务等。与此同时，该平台还具有强大的渠道管理能力，一旦前端出现报错情况，可以迅速反查、定位并进行修复。

3. 在柜面系统，人脸识别发挥了更大的作用：内能进行风险管控，外可秒核客户身份。比如，银行通过人脸识别可以实现内部员工系统登录与授权管理，增强银行的风险管控能力；可以通过人脸联网核查，将现场照片与公安部已存的身份证照片进行比对、核查，实现“人证合一”，降低“肉眼”观察的主观性和辨认失误。

资料来源：齐鲁晚报：金融看好人脸识别，三大应用方向浮出水面，2016 年 5 月 18 日；广电运通研究院：《人脸识别在金融行业的应用探析》，2016 年 3 月 8 日。

2. 改进型新产品。改进型新产品指金融机构在现有金融产品的基础上进行改进，使其在结构、功能、形式等方面具有新的特点，以满足客户的新需求。目前，金融产品的种类已极其繁多，为了避免开发全新产品所需的大量资金、人力、时间等成本，金融机构可以对现有的产品进行改造或换代，提高产品的性能，扩大产品服务内容或寻求新的用途，更好地满足客户需求。这类产品也包括使用新品牌的做法。

例如，美国花旗银行在 1961 年推出的大额可转让定期存单（CD），在普通存单的基础上增加了一些新的特征，包括面额较大、不记名、可以在市场转让，能够满足流动性和赢利性的双重要求，一经推出便受到市场的追捧。再如，1983 年 1 月，美国的金融机构在 20 世纪 70 年代开发出的可转让支付命令账户（NOWs）基础上开办的超级可转让支付命令账户（Super NOWs）也属于这种类型的金融产品。

在国内，改进型新产品创新也很普遍。如招商银行在 1995 年推出一卡通后，依赖人才与科技优势致力于“一卡通”业务品种的整合与完善，使它成为一种多层面、多元化、多功能的综合性理财工具，具备一卡多户、通存通兑、约定转存、自动转存、电话银行、手机银行、查询服务、商户消费、ATM 取款、CDM 取款、代理服务、证券转账、证券买卖、质押贷款、酒店预订、网上支付、长话服务和外汇买卖等功能，成为客户“随身携带的银行”，使原有的产品焕发出了新的活力，吸引了大量客户。再如，2008 年 5 月，新华保险在原有寿险产品的基础上推出“银发无忧”寿险产品，打破了 65 周岁以上老人不能购买保险的界限。50 ~ 70 周岁最多可购买 10 份，71 ~ 85 周岁最多可购买 5 份，86 周岁以上最多可购买 1 份。其意外伤害保障包括主险和附加险两部分，主险保费每份 20 元，附加险保费每份 10 元。

3. 组合型新产品。组合型新产品指金融机构将两个或两个以上的现有产品或服务加以组合与变动而推出的一类新产品。为了更好地让客户接受产品，金融企业可以对原有的服务进行交叉组合并在某个特定的细分市场上推销，让客户得到“一揽子服务”，这样就很容易占领这个市场并不断吸引新的客户。

4. 模仿型新产品。模仿型新产品指金融机构模仿市场上其他机构的产品，结合本行的特点，加以改进、修正、调整、补充而突出产品某一方面的特点，或者直接仿照市场上已有的畅销金融产品而推出。由于金融产品具有易模仿性的特征，一旦某家机构开发出新产品之后，其他机构可以借鉴，形成模仿型新产品。这种新产品是在学习别人经验、结合自身特点的基础上的一种“拿来主义”式的做法，无须新的技术，可以大大节约本机构的开发成本，并迎合市场需求。

例如，1972年，美国马萨诸塞州的一家互助储蓄银行获准开办"可转让支付命令"(Negotiable Order of Withdrawal，NOW)业务，马上掀起了一股浪潮。1972年秋天，NOW账户传到了新罕布什尔州与新泽西州。1981年通行全国，各家银行均开设了此类账户。

上面这四类不同的金融创新产品的开发形式对金融机构有着不同的要求，表5-2作了较全面的比较。

表5-2　四类金融创新产品的开发特点

新产品的类型	开发的难度	对资金与技术的要求	开发周期
发明型新产品	最大	需要大量的资金与先进的技术	最长
改进型新产品	较小	较低	较短
组合型新产品	较小	较低	较短
模仿型新产品	最小	花费的人力、物力、资金等成本都比较低	最短

五、金融创新产品的特点

一种金融产品能被称为创新产品，并具有生命力，本身必须具备以下几个特点。

(一)针对性

新产品要有较强的针对性，要能满足客户某方面的需求，这样开发的新产品才会有市场。这就要求金融机构在推出新产品之前深入对将要开发的新产品的市场需求进行较为准确的研究与预测，保证新产品有相当的销路，为客户所接受。

(二)优越性

新产品要超越现存的老产品，能给使用者带来新的利益，这样才会刺激客户使用新产品。而且，这种超越的利益越多，产品就越易受到客户的欢迎，收到好的效果。

(三)易用性

新产品的使用方法要力求简便易学，便于推广，否则会给客户带来诸多不便，很难为客户所接受。

(四)适应性

金融机构开发的新产品应与客户的习惯及人们的价值观念一致，适应客户的社会文化、价值取向、消费习惯等方面，这样金融新产品才能够较快地被市场及一定的消费群体所接受。

(五)赢利性

站在金融机构的立场上看，尽管开发新产品是为了满足客户需求，但最终仍为增加金融企业的赢利。金融机构开发新产品必须投入一定的人力、财力、物力及一定的技术力量支撑,需要花费成本,如果产品无法产生经济效益,则是得不偿失的,因此,只有开发具有可赢利性的产品才是可行的。当然,效益的衡量可能有短期与长期之分,有的金融产品在开发后短期内也许不一定能产生正效益,这时需要金融机构对其未来的或潜在的发展潜力进行科学判断,以确定是否继续开发与推广这种新产品。

(六)有特色

金融机构开发的新产品要体现自己的特色。不论是全新、改进、组合还是模仿的新产品都应反映出市场需要与金融机构的经营特色,只有这样,才能给客户留下深刻印象,刺激需求。

第二节　金融产品开发与创新的目标和策略

当今社会,市场瞬息万变,金融机构想要站稳脚跟,并获得持久性的赢利增长,就要不断进行产品的开发与创新。从根本上讲,金融产品的开发是为了实现银行的经营目标,但在具体运用过程中则要讲究策略。

一、金融产品开发与创新的目标

金融产品有一定的生命周期,为保持或增强金融产品的市场竞争力,就需扩大产品研发。一般来说,金融机构开发新产品的目标主要有下面几个。

(一)满足客户新的金融需求

客户的金融需求可以说是金融产品创新的一大原动力,随着金融业的发展,人们财富的不断增多,金融意识的日益提高,金融需求也在发生着变化,如转移或降低风险、增加获利机会、减少机会成本、预防信用危机、更多的安全保障、更加便利、实现最佳投资组合等,而如何开发适当的金融产品,满足客户新的金融需求便成为金融机构不可推卸的责任。随着经济的发展,人民生活水平不断提高,客户需求越来越个性化,需求变化的周期也越来越短,因此金融机构只有不断地创新产品,才能更好地适应这种需求变动的趋势。

(二)扩大市场占有,吸引客户

金融机构的客户分为现有客户与潜在客户。对于所有客户,金融机构应该进行分门别类,通过对市场需求的调查分析,设计出有效的金融产品吸引不同的客户,巩固已有市场;同时,不断扩大与改善银行的服务范围,对金融产品进行重新组合以便为客户提供更加便利、全面的服务,使客户得到新的利益,吸引其他潜在的客户和其他金融机构的客户,使他们成为自己的客户,不断开拓新市场,增加市场销量,提高产品和服务的市场占有率。

例如,招商银行在多年的发展中,始终坚持"科技兴行"的发展战略。为了满足储户需要,招商银行从1995年起推出了集各种本、外币,定期、活期存折存单于一身的多储种、多币种的个人理财工具"一卡通",充分显示了安全、简便、灵活、高效等特点,受到广大客户的青睐。"一卡通"发卡量迅猛增长,成为招商银行的拳头产品,截至2016年底,一卡通累计发卡超过5 600万张,卡均存款额近9 200元。"一卡通"功能之齐全稳居全国银行卡的首位。在中央电视台和《人民日报》新闻信息中心联合开展的"全国34个主要城市居民消费者喜爱的品牌"调查活动中,招商银行"一卡通"被消费者评为喜爱的银行卡品牌。

(三)降低成本

金融机构开发新产品有助于提高融资效率、经营效率与工作效率,不断降低成本。在现代科学技术高速发展的社会中,不断提高生产力、增加产品销售很大程度上取决于引进新技术、新设备与开发新产品,以最少的劳动取得最大的经营效益。这突出表现在:

一是扩大了产品销售量,实现规模经济,可以降低固定成本。例如,某银行的分支网点,在未开发新产品前,月储蓄款额为5 000万元,需承担电费、电话费、房屋租金、员工工资等固定费用30万元;开发新产品增加了销售,月储蓄额增加至8 000万元,但承担的固定费用仍为30万元,月平均成本便降低了许多。

二是衍生开发可以降低开发成本。尽管全新型产品的开发成本较高,但在实质产品及基础产品之上开发衍性生产品或组合产品,一般不需要有较多的投入,因而开发成本较低。

三是通过产品的开发可以简化业务手续、提高工作效率、降低风险、节约经营成本与费用开支。

(四)改善形象

金融产品具有易模仿性,为了使本机构在众多竞争者中异军突起,应该使其产品具有鲜明的特色,才能得到客户的信任。通过产品的开发与创新,可以使产品能更多、更好地满足客户并体现本机构的特色。同时,一家在创新潮流中永远位于前沿的金融机构给客户的印象必然要优于守旧的机构。例如,招商银行通过产品与技术创新树立起了"一卡通"与"一网通"两个品牌,使银行焕发出勃勃生机,也在客户心目中留下了深刻的印象。

(五)适应竞争

第二次世界大战之后,各国金融管制不断放松,为金融机构的经营提供了一个较为宽松的环境,也为新产品的出现奠定了基础。科学技术的发展及其在金融领域的应用则为金融产品开发提供了有利的物质条件。这一切也导致金融业的竞争不断加剧,使得金融机构的经营面临巨大压力。金融企业只有适应本身发展的需要,不断推陈出新、开发新产品,改进产品的服务质量、创造发展机会、提高企业的运营经济效益，才能增强其竞争力、在激烈的竞争中立于不败之地。

二、金融产品开发与创新的策略

新产品的开发是金融机构增强竞争力、抢占市场的重要手段，不同金融机构应依据自身实力不同而采用不同的开发策略，或将几个策略交叉使用，以达到其产品开发的目的。

（一）产品扩张策略

金融机构采取产品扩张策略可以不断扩大其服务内容，增强对客户的吸引力，具体做法包括以下两种：

1. 拓宽金融产品组合的广度。金融产品的广度（或宽度）是指金融产品线的多少。金融机构可以增加一个或几个产品线以进一步扩大金融产品或服务的范围，实现产品线的多样化。

例如，第二次世界大战之后，国际上许多金融机构除了办理原有的存款、贷款、结算等基本业务之外，还广泛地开展证券中介、共同基金、保险、信托和咨询等业务。1994 年 4 月，花旗银行与旅行者集团合并后形成的花旗集团则可以利用花旗金融机构下的 750 家海外分行出售旅行者集团的保险和证券商品，同时通过旅行者集团的 10 300 名证券商、8 000 名兼职保险人及 100 万个保险网点来推销花旗金融机构的产品，从而成为可在全球 100 个国家，为约 1 亿个客户提供全面的零售及商业金融、投资金融、资产管理、信用卡、保险等业务的金融超市。

拓宽金融产品的广度，其优点是可以充分发挥金融机构的优势，利用技术、人才和资源等优势实现多角化经营，不断扩大市场，吸引更多的客户。同时也可以通过业务多元化分散经营风险，降低总成本，提高经济效益，增强竞争力。

当然，这种策略对金融机构经营管理水平的要求也较高，如果金融机构不能抓好产品线的综合管理，便会引起经营的混乱，影响金融机构的声誉。

2. 增加金融产品组合的深度。所谓金融产品组合的深度是指构成产品组合的各条产品线所含产品项目的多少。增加深度便是在金融机构原有的产品线内增设新的产品项目，以丰富金融机构的产品种类，实现多样化经营。

这一策略的具体做法包括：①改进法：对原有产品进行品质改进、式样改进、服务改进，增加新的功能，提高产品可靠性，增加服务内容。②系列化法：在现有产品的基础上，根据产品技术发展的特点或使用上的相关性等原理，进行延伸开发，使产品的品种形成系列。③多功能法：根据产品性能及使用价值或某方面的相关性和配套性，开发多种功能的产品。④附加价值法：针对现有产品，开发出更多的能满足消费者额外需求的附加价值，增加商品的吸引力。⑤组合法：将两种或两种以上的产品有效地组合在一起开发而成为一种新的集各种产品之长、使用更为便利的复合产品。

案例 5 -4

中国工商银行信用卡的服务深化

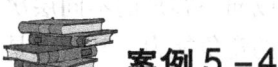

“牡丹卡”是中国工商银行的信用卡品牌,银行根据市场变化与客户需求,不断推出新的产品与服务。2004 年 9 月,工商银行与万事达卡国际组织联合推出国内首张万事达卡品牌的白金卡——牡丹白金卡,在普通牡丹国际信用卡的所有功能之外,还提供了全球紧急救援、国内外旅游安排,以及在工商银行营业网点和理财中心享受理财金账户专门通道的贵宾服务、专享众多手续费减免等一系列贵宾级的专属服务。另外,工商银行也积极在航空、石油等大型行业领域拓展业务发展空间,先后发行了牡丹上航联名卡、牡丹海航联名卡和牡丹中油卡,为持卡人带来更多增值服务内容。2012 年 9 月,财政部决定年底前全面推行公务卡后,工商银行面向预算单位、企业和军队武警单位工作人员及企业正式员工推出了工银公务卡,用于公务消费、日常采购、差旅支出及相应的财务报销及持卡人的个人消费。2016 年底工商银行还发行了国内首款“1 +1”芯片公务卡,同时发挥工银信用卡与公务卡的作用。

工商银行在开发产品种类的同时也不断提升服务水平,增强对高端客户的服务能力是工商银行信用卡服务全面升级的重要内容。在为高端客户提供网点、电话银行“优先服务”的基础上,工商银行凭借香港牡丹信用卡 VIP 客服中心成功运营的经验,在国内重点商业城市、旅游城市及奥运城市成立了 VIP 客服中心,形成全行信用卡 VIP 客户服务网络。服务范围除信用卡基础服务、紧急服务外,还针对奥运会、世博会等大型国际性活动带来的旅游热潮,首次推出为 VIP 客户提供地区特色的旅游咨询、购物咨询、优惠商户的指引及预订等,并提供中英文双语服务。

另外,在为高端客户提供“优先服务”“专属服务”的同时,工商银行还推出面向一定的信用卡持卡人的“综合保障服务计划”,即以市场现有的保险品种为基础,根据信用卡产品线形成保险服务品种和等级的梯度,对不同的信用卡产品和卡片等级提供对应的基础保险、特色保险和增值保险。工商银行提供的保险服务种类由过去的航空意外险、交通意外险、旅行不便险等延伸至健康保险、财产损失保险等十余种,进一步扩大了客户享受保险服务的范围。

工商银行通过开发不同服务品种,满足了不同层次客户的需求,进一步提升了牡丹卡的品牌形象,丰富了服务内涵,赢得了国内信用卡市场的领先优势。

资料来源:谢建华.牡丹卡开启白金之门[J].中国信用卡,2004(10).中国工商银行:让服务与您更近——中国工商银行牡丹信用卡服务全面升级,2010 年 7 月 26 日;中国工商银行:工行发行国内首款“1 +1”芯片公务卡,2016 年 12 月 13 日。

增加深度策略的优点可以使金融产品适应不同的客户或同一客户的不同层次的需求,提高同一产品线的市场占有率,从而增强金融机构的竞争能力。其缺点是新项目的开发可能要花费大量资源,这会导致金融机构经营成本的上升。

(二)差异型产品开发策略

金融产品具有同质性特征,客户选择哪家金融机构开办业务在本质上区别并不大。为了能在激烈的竞争中占据优势,吸引客户使用自己的产品,金融机构必须通过各种方式对它的产品进行设计与包装,更好地体现出产品的特点,让客户感到使用该产品要比别的金融产品更加方便,也能得到更多的利益,从而树立产品在客户心目中的特殊形象,扩大产品销售,这便是产品差异策略。

产品差异策略的基础是金融企业所关注的市场细分,产品开发人员通过对细分后的市场上的需求进行深入调查与分析,明确哪里存在着金融服务需求,分析所开发的金融产品和服务是否适合于这个市场细分,并研究开发的金融产品投放在哪个市场中可以使客户和金融企业的效用最大。在进行市场定位后,金融机构放弃不相关的或缺乏竞争力的产品与服务,在特定的细分市场上集中提供有特色的产品与服务,使该产品的特点能完全满足这一特定市场的需求。

差异型产品策略的特点是:金融机构根据市场细分的结果设计产品,各产品一般只适应特定人群的某种或某几种需要,故能体现鲜明的经营特色,容易被人们理解与接受。但这一策略要求能正确地细分市场,并能成功地找出不同市场的需求差异从而实现有针对性的产品开发。

案例 5-5

产品差异策略的应用

香港的中银集团为了提高它在信用卡市场上的占有率,推出了一系列信用卡,各种卡又具有不同的特点。其中“中银维萨卡与万事达卡”的特点主要有:①申请人为年满18岁且年薪在5万港元以上的香港居民。②主卡年费220港元,每张主卡的持卡人可申请两张副卡,每张副卡年费110港元。③该卡的信用额度最高为持卡人月薪的4倍,并可享受50天的免息还款期。④还款方式灵活。持卡人可以选择现金、支票自动转账,也可通过“银通”自动柜员机、中银集团电话服务或“缴费灵”等方式缴付账款。⑤该卡可在全球190多个国家与地区中数万家特约商店购物、消费。⑥持卡人所购物品在30天内不幸被盗窃或意外损毁,可以获得最高额为3万港元的赔偿。⑦持卡人可在港、澳与中国内地的1 000多部“银通”自动取款机24小时提取现金。⑧持卡人24小时均可利用电话查询有关信用卡的资料,订购赴港直通火车、轮船和飞机票,并可享受专人送递服务。⑨若信用卡遗失或被盗,持卡人只需立即通知银行并办理有关报失手续,便可不承担任何责任。通过各家银行的大力宣传,使客户充分了解信用卡的这些特点,销售量不断上升。

再如,2017 年 11 月,上海财经大学迎来百年校庆,招商银行、中国银行与上财共同推出上海财经大学校友认同卡,发卡对象为上财校友、教职工及应届毕业生。卡片除了一般的银行卡功能外还可以享受上海财大的校园服务:开通校园功能后可以在校内食堂或装有校园卡 POS 机的网点消费;在校内圈存 POS 机上领取充值资金;开通图书馆功能后可以享受图书馆内阅览书刊、检索数据库资源等服务;校友可凭校友认同卡免费参观校史馆、校友馆和商学博物馆。

资料来源:上海财经大学:上海财经大学校友认同卡首发仪式举行 ,2017 年 11 月 18 日。

(三)市场追随策略

这是一种"偷懒的"产品开发策略,充分利用金融产品易于仿效性的特征。

金融机构以其他机构(特别是国内外著名金融机构)的畅销或优质产品为基础,收集这些产品或服务的样品并加以分析,从中了解客户需求的发展趋势及潮流,在此基础上加以仿制,开发自己的产品,使产品的性能有所改进或价格降低或加入新的特色。

这一策略的开发成本较低,开发速度较快,可快速打入市场,在较短时间内取得最好的效益。但必须注意避免侵权行为,在模仿的基础上应加以改进。

(四)卫星产品策略

卫星产品策略是金融机构在核心服务的基础上创造出一种相对独立的产品(称为卫星产品)以扩大客户规模。

卫星产品的购买者或使用者不必是该金融机构核心账户的持有者,或者可能根本就是该金融机构的非账户持有人。金融机构通过向不在本机构开户的客户提供金融服务或利用信用卡等工具打开非开户人的产品销路,可避免已在其他金融机构开立账户的客户转移账户的麻烦,增强产品的吸引力。例如,一些证券公司向非本公司开立理财账户的投资者开展咨询与培训等服务,或者通过报纸、广告等大力进行各种投资和资金管理计划的宣传,以吸引社会各方面的人士参与其业务活动。

当然,卫星产品具有典型的双面特征,一方面是银行基本业务的构成,另一方面又是一种相对独立的产品。例如,巴克莱卡作为一项独立产品可以被所有的客户使用而不拘泥于客户在哪家银行开户;另一方面,它又是巴克莱往来账户服务的主要组成部分,80% 以上的巴克莱客户都拥有巴克莱卡,用于经常经费的支付。

金融机构在采用这一策略时必须要保持卫星产品与主要服务之间联系的紧密程度。如果处理不当,可能会破坏金融机构的形象,并耗费大量的成本。

该策略可以为没有广泛设立分支机构或缺少大量核心开户客户的机构提供一个强有力的竞争手段。而对于一些大中型金融机构来说,运用这种策略一方面可以向非开户客户推销产品、拓展市场，另一方面又可以为已在本机构开户的客户提供广泛的交叉服务，促进产品销售。

第三节　金融创新产品的开发过程

金融创新产品的开发是一项艰巨而又复杂的任务，它不仅需要金融机构投入一定的人、财、物力，而且最终能否成功并未可知。为了减少开发新产品失败的风险，新产品开发应按科学的程序进行，开发金融创新产品的基本步骤如图 5－2 所示。

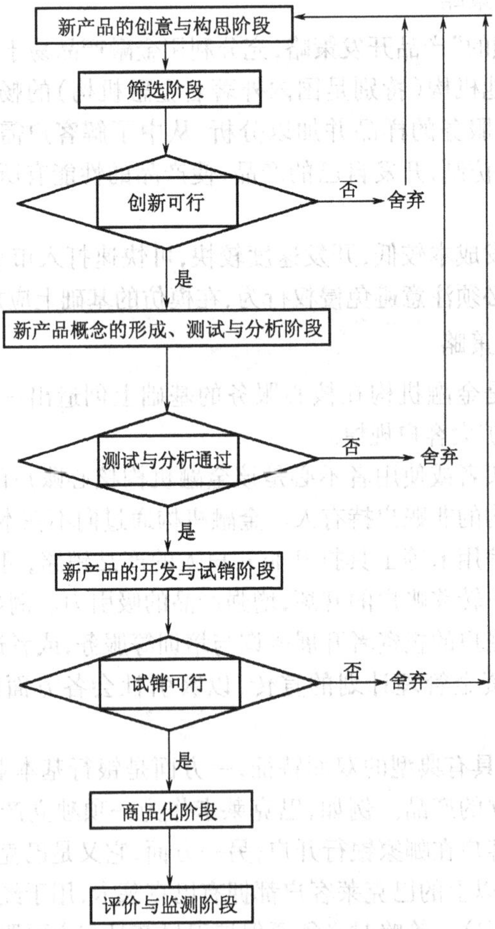

图 5－2　金融创新产品的开发步骤

一、新产品的创意与构思阶段

所谓新产品的创意与构思是指金融机构开发一种新产品的设想，形成新产品的主意。这种设想不是胡思乱想，必须具备较为明确的产品概念。但这只是一种构思，还没有作技术的设计，所以仅是一种设想。

产品构思阶段的主要任务便是从各个来源挖掘出对产品的设想。新产品构思的来源十分丰富，从总体上可以分为外部来源与内部来源两大类。

（一）外部来源

这是指从金融机构外部寻找创新金融产品的思路，又可以分为以下几个途径。

1. 客户。客户可以说是产品创新的重要来源，许多金融产品开发都是需求拉动的。这包括客户的抱怨、意见与建议。通过客户调查可以了解客户的欲望与需求，从而为设计金融产品提供建议。

2. 代理行与联营机构。如往来机构、信托公司、投资公司、证券公司、保险公司和信用卡公司等合作者，它们在与本机构的合作中可能会发现一些问题，对金融产品提出设想。

3. 竞争者。其他金融机构在竞争中可能会对本机构的产品提出一些挑剔性的意见，从中可以得到一些创新的启发。另外，金融机构通过跟踪市场上的其他竞争机构的新产品也可以拓展思路。

4. 监管者。如银保监会和证监会等，它们对金融机构的政策调整或一些指导意见也可作为产品开发的来源。

5. 政府各部门。政府作为宏观经济的管理机构及一个重要的客户主体，其需求可以为金融机构开发新产品提供丰富的思路。

6. 其他渠道。例如，一些学术研究、文献资料、工作会议等都可能引发金融产品的创新动机。

（二）内部来源

这主要是金融机构的内部人员为产品创新提供方案，它又有以下几个具体来源。

1. 研究与开发部门。它们根据宏观环境与市场供求变化设计出创新方案。

2. 营销部门。营销人员经常与客户打交道，可以随时了解客户的要求以及本行产品的销售情况，从而形成比较多的构想。

3. 一些有经验的高层管理人员。他们拥有丰富的市场知识，可以为产品创新出谋划策。

4. 雇员。银行雇员每天要办理大量日常业务，其间可能萌发新设想，提出新建议，为金融产品开发提供构思来源。

为了提高构思的有效性，金融机构可以采用一些方法来引导人们的创新思维。这些方法一般包括以下几种：①头脑风暴法：又称为脑力激荡法，是由一个小组（通常以 6 ~8 人为宜)就某一明确的议题展开自由奔放的讨论,以刺激新思维的产生,这种方法要遵循不指责批评,鼓励自由发挥,鼓励修正、补充与综合等几个原则。②协力创新法:参与者在彻底弄清问题的性质与真相的基础上开展有针对性的讨论,群策群力解决问题。它对参与者要求比较高,一般要求参与者事先进行充分的准备,在讨论过程中鼓励相互批评与评论。③提喻法:又称"联想法"或"类比法",是在产品设计与改进中常用的一种方法,主要是通过提示、类比、比喻等手法去触发人们的联想,开拓思维,从而为新产品构思的产生提供渠道。④列举法:通过列举产品的缺点,更好地了解产品的优势与弱势,提出进一步优化或完善产品的构想,这种方法尤其适用于改进型新产品的创新与设计。⑤替换法:这种方法主要是针对改进型或组合型的产品创新,通过分析金融产品的构成要素及可变因素,考察是否可以用其他产品、程序或方法来代替,是否可以增加、减少或重新组合产品。⑥逆向求索法:从金融产品或服务的最终使用效果出发,立足于客户的某一特殊需要,一层一层逆向推导如何改进产品或设计出全新的金融产品。

通过运用上述方法中的一种或几种,金融机构可以从不同来源中搜集到各种有关产品开发的信息与思路,为进一步设计金融产品打下基础。

二、筛选阶段

所谓"筛选阶段"是金融机构根据经营能力及发展目标对新产品构思进行取舍与选择的过程。金融机构通过新产品构思获得许多关于新产品的构想,但这些设想只是初步的,还需经过筛选。通过筛选,可以否定那些差距较大、无法实现、明显无赢利空间的设想,保留那些符合标准的设想以待进一步开发产品。产品构思的筛选将直接关系到金融产品开发成本的高低,因此十分重要。

在筛选时要遵循一定的标准,一般要考虑以下几个方面:

(1)市场需求状况。市场需求是产品开发的摇篮,开发的新产品一定要有足够的市场需求。如果金融机构开发出来的产品不是市场所需要的或者市场需求量极少,那么开发这类产品必然会得不偿失。

(2)营销目标。每家金融机构在营销工作中都有一些具体的营销目标,新产品的开发与创新必须服从于整体营销目标,与营销目标保持一致。

(3)与现有产品的协调程度。在设计产品时要考虑新产品投入市场是否会与原有产品产生巨大矛盾,如何避免可能发生的冲突。

(4)资金投入。开发新产品必然需要一定的资金,金融机构应对产品设计的总成本进行估计,判断是否有能力支持产品的研发。

(5)风险承担能力。设计开发新产品时应考虑到各种风险的存在,并要预计能否承担这些风险。

对于各项标准,金融机构可以采用加权评分表的方式进行逐项评分,选出成功机会较大的方案进行开发。金融产品加权评分表的设计范例参见表 5-3。

表5-3 金融产品加权评分表

产品成功的要素	权数	金融机构的实际能力水平										得分
		0.1	0.2	0.3	0.4	0.5	0.6	0.7	0.8	0.9	1.0	
1. 市场需求	0.2											
2. 营销目标	0.1											
3. 科技水平	0.1											
4. 资金	0.2											
5. 人事	0.1											
6. 风险承担	0.1											
7. 产品协调	0.1											
8. 营销能力	0.1											
总计	1.0											

注：评分在0～0.4表明对创意的评价较低；评分在0.4～0.75表明创意评价一般；评分在0.75～1.0说明评价较好。

当然，在筛选过程中金融机构应该贯彻谨慎、从严的原则，要防止两种不良的做法：一是要防止“误弃”，即未对产品的潜在价值作出足够认识而轻易抛弃，导致失去市场机会；二是要防止“误选”，即对某一构思进行了不正确的评估而仓促投入开发与商品化，最后造成较大损失。

三、金融新产品概念的形成、测试与分析阶段

产品的创意仅是一种设想，而客户购买的是具体的产品而不是设想，因此要把产品的创意进一步具体化。对于经过筛选的可行的产品构想，金融机构要用详细的文字或图像进行表述，也可配合模型来表示，构建成型的产品概念，这是对原先的设想进行精心的、细致的勾勒过程，也是构建产品开发框架的阶段。只有形成一个初步的产品概念，金融机构才能进行深入的分析与进一步开发。在将创意发展为产品概念的过程中应注意四方面问题：一是产品的目标客户；二是产品带给客户的利益或效用；三是产品的使用环境；四是给金融机构带来的收益。

对于成型的产品概念，金融机构需要选择某一客户群体进行测试。一般由产品经理或开发人员集中一个客户小组，向他们详细描述新产品的功能、运作过程、给客户带来的利益、该产品与其他同类产品的不同之处等，以便客户全面了解该产品，并对其进行评价。

在测试的基础上，新产品开发人员需要编制营销方案，设计出产品开发的基本要素，包括：①产品或服务的名称；②产品或服务的特征；③目标市场；④市场的潜在购买量；⑤预期的市场增长率；⑥预计所占的市场份额；⑦调研成本；⑧开发成

本;⑨营销费用;⑩产品的定价;⑪销售情况以及利润预测。

通过以上工作,可对这种产品的未来市场及营销情况有一个基本的了解,判断它们是否符合金融企业的经营目标,为是否正式进行产品开发提供重要的依据。

四、金融新产品的开发与试销阶段

如果金融新产品概念通过了测试与分析,便可以进行全面的研制工作。由于金融产品大多为无形产品,产品开发部门应与营销部门紧密配合,以保研制出来的产品符合产品概念中的各项主要指标,并降低开发成本。另外,金融机构在进行产品开发时要充分利用已有的操作系统与设备,当然也可能要增加另外一些工具或凭证。一些仿制型或组合型的产品开发比较方便,只要看一下该产品或服务与现有的方法或程序有什么不相适应之处,有针对性地进行改进。

新产品的开发是在金融机构内部进行的,为了测定市场上的客户对本产品的反应,金融机构在开发出产品之后必须进行试销,即向少数的客户进行试验性销售。金融机构可以选择某一市场在一定期限内让相关客户试用该产品,以观察客户的行为与购买情况,衡量产品的效果,预先了解市场上消费者的反应。在试销阶段金融机构应利用表格调查、个别面谈、电话询问等各种方式加强与客户的联络,尽量收集客户的意见与其他各种信息,以便有针对性地对产品进行改进与调整,减少新产品开发因差错而带来的风险。

五、商品化阶段

当金融产品开发人员积累了足够的信息,表明产品试销成功,则可以批量投产,并通过其他营销策略将产品全面推向市场,这个过程也正是产品的商品化阶段。

在这一阶段,金融机构应确定:①推出时间,即要选择好新产品推出的最佳的时机;②推出地点,即决定在哪些营业网点首先推出新产品;③推出的目标市场,应该针对哪些客户推出新产品,充分利用他们的影响力,快速推广新产品;④推出策略,针对不同的营销环境,金融机构要采用不同的营销策略组合。

商品化阶段是实现产品创新目标的实践过程,也是各项营销策略的综合运用过程。

六、评价与监测阶段

金融机构在新产品投放市场之后还必须对客户的使用情况进行监测,以便更好地了解产品的销售。一般地,客户使用金融新产品需要一个过程,这个过程大致可分为了解、产生兴趣、试用、评价和采用五个阶段。金融机构的营销人员应该注意客户在不同阶段的各种反应,以便收集更多的信息,随时对产品的一些缺陷加以改进或对营销战略进行适当的调整。同时,金融机构也应该注意分析新产品满足客户需要的范围与程度、新产品对其他同类产品的影响、新产品适应市场变化的速度与范围、金融机构资源的分配情况及金融机构的营销成本、费用与赢利情况。如果发现有问题便要及时分析并加以解决。

以上六个阶段一环紧扣一环、相互衔接、相互影响,任何一个环节出现差错都会使整个创新活动受挫,因此金融机构必须抓好每个环节的工作,以便使金融产品的开发与创新活动更加科学合理、富有成效。

名词解释

金融产品　核心产品　形式产品　期望产品　扩展产品　产品项目　产品线　产品组合　金融产品的广度(或宽度)　金融产品组合的深度　卫星产品　头脑风暴法

☞ 思考题

1. 金融产品包括哪些层次?
2. 金融产品开发时要关注哪些基本构成要素?
3. 金融机构创新产品可以分为哪几类?开发时各自有什么特点?
4. 金融机构开发新产品主要为了实现哪些目标?
5. 金融机构开发新产品可以采用哪些策略?
6. 简述金融新产品开发的基本步骤。

思考与分析

“一卡通”是招商银行的重要品牌,自打响以来,招商银行一直没有停下对它创新的脚步。在百姓金融意识比较差,人们还普遍习惯于使用现金和银行存折的情况下,招行马不停蹄地开通了“一卡通”POS 全国消费网,即只要持有招行“一卡通”就可以在北京、上海、深圳等 16 个大中城市的 3 000 多家招商银行特约商户直接刷卡结账,从而使“一卡通”成为老百姓“口袋中的银行”。另外,招商银行针对在同一分行所有账户中的资产(本外币存款、基金、保险、受托理财、国债和第三方存管等),折合人民币总额达到 50 万元的客户推出了“一卡通”金葵花卡,使其可以享受银行理财综合及国内外尊贵专属的温馨服务,为客户带来了诸多便利。结合这一案例谈谈招商银行金融产品开发策略对其他金融机构的启示。

第六章

金融产品定价策略

定价策略是金融机构最难决定的营销组合要素之一，主要研究金融产品和服务的价格制定和变更，以求得最佳营销效果。尽量满足客户的要求，吸引客户并保持合理的利润，是定价策略的核心所在。本章在介绍定价策略基本原理的基础之上，分析金融产品定价的基本方法与策略。

第一节　金融产品价格概述

价格是商品价值的货币表现，金融产品的“定价”是指金融机构在某个时刻将金融产品对于客户的价值及时地用货币表现出来。金融产品的定价将直接关系到产品的销售成败与金融机构的利润高低。因此，如何制定合理的价格成为金融营销中的一个关键问题。

一、金融产品价格的种类

金融机构经营的是特殊的商品，而金融产品的多样性，决定了其价格形式也多种多样。根据金融机构所提供的服务不同，价格可以分为：利率、汇率、证券投资收益率、保险费与手续费或佣金等。

（一）利率

利率是金融产品最主要的价格。因为多数金融机构从事信用业务，都涉及资金的借贷活动。特别是银行，主要通过吸收存款、借入款项等途径取得资金，再通过贷款等方式进行资金运用。在这个过程中，对于银行资金的提供者，银行需要支付利息；而通过贷款，银行可以获得利息收入。在我国，由于银行业务结构相对较单一，利息收入构成了银行的绝大部分赢利来源，而利息支出也构成了其主要的营业支出（各大银行的利息收支占营业收支的比重见表 6－1）。衡量利息高低的利率在金融产品的价格中就显得格外重要了。

表6－1 2017年上半年各银行的利息收支与营业收支

单位:亿元人民币

	中国工商银行	中国建设银行	中国银行	中国农业银行	交通银行	招商银行
利息净收入	2 509.22	2 178.54	1 650.42	2 113.23	627.08	708.96
利息收入	4 183.53	3 634.89	3 006.34	3 446.00	1 543.81	1 163.93
营业收入	3 621.51	3 203.88	2 482.36	2 769.53	1 036.88	1 126.66
利息收入占营业收入	115.5%	113.5%	121.1%	124.4%	148.9%	103.3%
利息支出	1 674.31	1 456.35	1 355.92	1 332.77	916.73	454.97
营业支出	1 667.89	1 496.82	1 082.72	1 449.02	564.91	630.90
利息支出占营业支出	100.4%	97.3%	125.2%	92.0%	162.3%	72.1%

资料来源:各银行2017年半年度报告。

利率是利息额与借贷资金的预付价值的对比,用以衡量借贷资金的增值程度,利率的种类很多。如按照期限可以分为短期利率与长期利率,前者是指借贷期限在一年以内的利率,而后者则是指期限在一年以上的利率。按照利率在借款期内是否可以变化分为固定利率与浮动利率,前者在整个借贷期限内利率水平保持不变,主要适用于短期资金借贷关系;后者在借贷关系存续期内随市场变化而定期变动,在国际金融市场上,多数浮动利率都以LIBOR(伦敦银行间同业拆借利率)为参照指标而规定其上下浮动的幅度。按照利率决定因素的不同可以分为官方利率、公定利率与市场利率,官方利率由政府决定的,如中央银行对其他银行使用的再贴现率与再贷款利率;公定利率由银行同业协会制定;市场利率由市场上的资金供求关系决定,如同业拆借利率。按照是否扣除通货膨胀率可以分为实际利率与名义利率。此外,还有其他一些种类,比如,优惠利率和差别利率等。

(二)汇率

第二次世界大战之后,各国经济、金融出现一体化现象,国际资本流动越来越活跃,金融机构的业务也出现了国际化趋势,外汇存款、外汇贷款、外汇投资与交易等业务不断增加,这使得汇率成为金融机构营销活动中必须要考虑的价格因素之一。

汇率也称为外汇行市或汇价,它是指两国货币之间的兑换比率,即把一定单位的某国货币折算成另一国家货币的数量。汇率从不同的角度出发有不同的分类,比如,按照汇率的决定者不同可以分为官方汇率与市场汇率;按照汇率是否可以变动分为固定汇率与浮动汇率;按照成交双方交割期不同可以分为即期汇率与远期汇率;从银行买卖外汇的角度出发可以分为买入汇率、卖出汇率与中间汇率;按照银行营业时间的不同可以分为开盘汇率与收盘汇率。

中国自2005年7月21日起,实行以市场供求为基础、参考一篮子货币进行调节、有管理的浮动汇率制度。人民币汇率不再盯住单一美元,并将美元对人民币交易价格调整为1美元兑8.11元人民币。2010年6月中国进一步推进人民币汇率形成机制改革,在坚持以市场供求为基础,参考一篮子货币进行调节,增强人民币汇率弹性,保持人民币汇率在合理均衡水平上的基本稳定。2015年8月11日,中国人民银行汇改完善人民币兑美元汇率中间价报价,做市商在每日银行间外汇市场开盘前,参考上日银行间外汇市场收盘汇率,综合考虑外汇供求情况以及国际主要货币汇率变化向中国外汇交易中心提供中间价报价。12月11日,中国外汇交易中心公布三组人民币汇率指数,加大了参考一篮子货币的力度。2017年5月起,人民币对美元汇率中间价报价模型中引入逆周期因子,有效抑制了外汇市场上的羊群效应。2017年收盘价报6.512 0元/美元,全年人民币累计升值4 028个基点,幅度5.81%,打破此前连续3年的贬值趋势,并创下2008年以来的最大年度升幅。2018年1月人民银行建议报价商可自行设定人民币兑美元中间价"逆周期系数"。

外汇指定银行可在一定的浮动幅度内调整对客户的挂牌汇价。但一般说来,金融机构对汇率的操作余地比利率更小,而且汇率一经公布就应适合所有客户,故而对它定价的灵活性也较弱。

(三)证券投资收益率

一般来说,证券投资收益是投资通过购买股票与债券所取得的收入,它包括两部分:一是基本收益,包括债券的利息收益与股票的股利收益;二是资本收益,是因证券价格变动所形成的价差收益。在证券交易过程中,涉及证券的交易价格,而该价格一般不同于证券的面值,因此会影响证券投资的收益率。

证券的收益率包括不同种类,主要有:

1.票面收益率。这是指证券发行人承诺在一定时期内支付的名义收益率,计算公式如下:

$$票面收益率=支付的年利息(股利)总额/证券面额 \tag{6-1}$$

2.即期收益率。它也称为当前收益率,指本期获得证券利息(股利)额对证券本期市场价格的比率,计算公式如下:

$$即期收益率=支付的年利息(股利)总额/买入价格 \tag{6-2}$$

3.持有期收益率。投资者在购买证券之后持有一段时间,在未到期前又以一定的价格卖出,持有期收益率即从买入开始持有到卖出期间的投资收益率,计算公式如下:

$$持有期收益率=[证券年利息(股息)+(证券卖出价-证券买入价)\div持有期年限]/证券买入价 \tag{6-3}$$

4.到期收益率。从现在购买证券一直持有到到期日时的投资收益率,计算公式如下:

到期收益率 = [证券年利息(股息) + (证券到期卖价 - 证券买入价) ÷ 持有期年限]/证券买入价 (6-4)

到期收益率全面考虑了证券的购买价格、偿还金额、到期时间、定期的利息或股利支付及支付的时间间隔等因素,比较全面地反映了投资者的投资收益,因而使用较为广泛。

(四)保险费

保险费是投保人参加保险时,为转移风险、取得保险人在约定责任范围内所承担的赔偿(或给付)责任而向保险人交付的费用,也是保险人为承担约定的保险责任而向投保人收取的费用。当保险财产遭受灾害和意外事故造成全部或部分损失,或人身保险中人身发生意外时,保险人均要付给保险金。因此,保险费是投保人的一项必需的支出,也是保险人建立保险基金的主要来源及履行义务的经济基础。保险费的缴纳方式一般有四种:一次缴纳、按年缴纳、按季缴纳及按月缴纳。

保险费率是指按保险金额计算保险费的比例,或每一保险金额单位与应缴纳保险费的比率。计算保险费率的保险金额单位一般以每千元为单位,即每千元保险金额应缴多少保险费,故通常以"‰"来表示。

保险费率由纯费率和附加费率两部分组成。纯费率也称净费率,是保险费率的主要部分,它是根据损失概率确定的,保险额损失率与稳定系数相加得出,其中保险额损失率 = 保险赔款总额/总保险金额 ×1 000‰。按纯费率收取的保险费称为纯保费,主要用于保险事故发生后对被保险人的赔偿和给付。附加费率是保险费率的次要部分,按照附加费率收取的保险费叫附加保费,以保险人的营业费用为基础,将保险业务经营的各项费用与适当的利润相加除以纯保险收入总额得出,主要用于保险人的业务费用支出、手续费支出以及提供部分保险利润等。这两部分费率加在一起称为毛费率,即为保险人向投保人计收保险费的费率。

保险费率是保险人用以计算保险费的标准。保险人承保一笔保险业务,用保险金额乘以保险费率就得出该笔业务应收取的保险费。

在我国,保险费是保险公司的主要收入来源,2011 年国内各保险公司总保费超过1.4 万亿元,达到14 339.25 亿元;2017 年1 ~11 月总保费超过3.4 万亿元,达到34 397.58 亿元,同比增长19.17%。2017 年1 ~11 月国内保险公司保费构成见表6 -2。

表6 -2　2017 年1 -11 月国内保险公司保费构成

项目	金额(亿元人民币)
原保险保费收入	34 397.58
1. 财产险	8 813.07
2. 人身险	25 584.51

续表

项目	金额(亿元人民币)
(1)寿险	20 644.14
(2)健康险	4 105.54
(3)人身意外伤害险	834.83

资料来源:中国保监会网站统计数据,2017年。

(五)手续费或佣金

金融机构除了对社会资金余缺进行直接调剂外,还利用自身的资金、技术、人才等优势为客户提供多种多样的其他金融服务。这些服务的提供大大方便了社会上的各种企业与部门的活动,并可给金融机构创造手续费或佣金收入。

一般说来,金融机构的手续费收入主要来自以下几个方面:①结算类业务,指银行等金融机构为因商品交易和劳务供应、资金调拨而引起的货币收支提供服务。它分为现金结算与转账结算,也可以分为国内结算与国际结算。②担保类业务,指金融机构借助于自身的强大资金实力与良好信誉为客户交易提供担保,如担保书、备用信用证、保函和贷款承诺等。③基础金融交易服务,金融机构为客户提供利率与汇率、股票与债券等有价证券交易业务中收取的佣金。④衍生工具交易,指金融机构帮助客户进行期货、期权、权证、互换与远期协议等衍生工具交易业务中收取的服务费。⑤资产管理业务,金融机构为客户提供的理财服务,涉及外汇、保险和证券等多个领域,以更好地实现个人与企业的财富增值,在这些业务中金融机构可以收取佣金。⑥其他服务,除了上面的几种业务之外,金融机构可取得手续费的业务还有:咨询类、代理类、信托类和租赁类等。

案例6-1

手续费收入在金融机构中的地位

随着金融业竞争的激烈,手续费收入已成为金融机构利润的一个重要来源。

据统计,2004年,美国商业银行非息收入占总收入的比重为34.4%,占净收入的比重为42.93%。2007年,美国银行业非利息收入在总收入中占比约为26%,花旗、汇丰、德意志银行2007年的非利息收入占比分别为22%、35%和25%。2017年第三季度美国银行业的非利息收入在总收入中占比约为33.3%。

中国银行业的手续费收入目前在整个银行营业收入中的占比还不太高(见表6-3),因此,如何更好地发展中间业务,争取更多的手续费收入成为银行业面临的一个重要问题。

表 6-3　2017 年上半年各银行手续费及佣金净收入

银行	营业收入	手续费及佣金净收入	手续费及佣金净收入占比
中国工商银行	3 621.51	766.7	21.17%
中国建设银行	3 203.88	680.8	21.25%
中国银行	2 482.36	491.87	19.81%
中国农业银行	2 769.53	424.65	15.33%
交通银行	1 036.88	212.61	20.50%
招商银行	1 126.66	347.5	30.84%

资料来源：各银行 2017 年半年度报表。

同样的，证券交易佣金在证券公司经营中也占据重要地位。20 世纪 70 年代，美国证券公司的收入主要来自佣金收入，其次为交易收益和承销收益。但随着佣金自由化以及机构投资者比例的扩大，美国证券公司来自佣金的收入占比有较大幅度的下降，而交易收益的份额有所上升。我国券商的赢利模式相对较单一，因此证券交易佣金仍是券商重要的收入来源。2002 年证监会下调证券交易佣金后，根据证券业协会的数据显示，2007 年全行业的佣金费率在 0.5‰～3‰之间，部分散户集中的营业部佣金费率一般都在 1.5‰～3‰之间。在证券市场火爆的情况下，交易佣金的规模也十分可观。但 2010 年后互联网的快速发展使证券交易佣金不断下降，2013 年 8 月底国泰君安证券率先实行了网上开户，相关账户可正常参与 A 股交易，并实行全部万三政策。2014 年 2 月 20 日，国金证券与腾讯战略合作之后推出佣金宝，获得了整个市场的关注：不仅开户过程缩减到了仅仅只有 3 分钟，佣金率降为 2.5‱的行业最低炒股佣金，并且对客户股票账户保证金余额提供理财服务。中证协数据显示，2017 年前三季度行业平均净佣金率为万分之 3.94。2017 年券商的佣金战仍在延续，一些券商将佣金底线调至万分之 1.2。

受交易量及佣金费率下降影响，证券经纪业务收入不断下滑。2008 年“代理买卖证券业务”占整体证券业收入的 70.5%，到 2013 年，这一业务比例已下降至 47.7%，2017 年前三季度证券业代理买卖证券业务净收入（含席位租赁收入）仅 626.10 亿元，同比减少 22.78%。

随着佣金收入的减少，券商不得不大力发展“财务顾问业务”、“投资咨询业务”、“证券投资业务”以及“融资融券业务”等其他非佣收入。

资料来源：各银行 2007 年年报；马庆圆. 互联网开户引爆新一轮“佣金战”[N]. 中国证券报，2015-1-27. 王晓宇. 证券经纪业务竞争激烈，佣金费率“贴地飞行”[N]. 上海证券报，2017-11-20.

二、金融产品的定价目标

定价目标是指金融机构制定价格水平所要实现的预期目的。定价目标是金融营销目标体系中的一项具体目标，一般来说，包括以下几个：

(一)维持生存

金融产品的价格会影响到金融机构的收益，而只有价格合理，才能弥补可变成本和一些固定成本，使金融机构的生存得以维持。当然，短期内的亏损有可能，但任何一家机构都不可以较长时间地亏损下去，因此，定价的一个基本要求是要能保证金融机构的生存。

(二)利润最大化

这是指金融机构以在一定时期内所能获得的最高赢利总额作为营销活动中对金融产品定价的战略性目标。任何一家金融企业都要追求利润，因此，利润最大化成为金融机构产品定价的重要目标。但这并不意味着制定最高价格，因为价格只是影响利润的重要因素之一而非唯一的决定因素。除了价格，销售规模、营销成本及其他诸多因素都会对利润产生影响。

利润最大化目标包括长期利润最大化与短期利润最大化。有的金融机构希望制定一个能使当期利润最大化的价格，强调本期财务绩效。但是短期最大利润往往是暂时的，随着市场供求状况的不断变化，竞争日益激烈，任何金融机构都不可能长期地保持高额利润。因此有远见的金融机构应该以长期利润最大化作为其最终目标。

(三)扩大市场份额

市场份额是衡量金融机构经营状况与竞争能力的重要指标之一，许多金融机构都把争取市场份额作为一个重要目标。随着金融自由化的不断兴起，金融机构之间的竞争日益激烈。如何在众多的竞争对手中脱颖而出，占据一定的市场份额就显得更为关键。因此，许多金融产品，尤其是一些新的金融工具，为了能拥有一批稳定的客户，往往以市场份额作为其定价目标，以尽可能低的价格赢得最高的市场占有率。

(四)适应市场竞争

价格竞争是现代金融市场竞争的一个重要内容。金融机构可以运用价格手段来应付金融市场上激烈的竞争，例如，降低价格以扩大金融产品的销路或通过提高价格来树立金融机构的声望。当竞争不太激烈时，金融机构可以利用市场主导价格为基础制定本企业的价格，从而防止出现市场上过于激烈的价格竞争。

(五)稳定产品价格

为了减少金融机构之间的价格竞争，增加市场的稳定性，作为市场领导者的那些金融机构通过各种方式，追求产品价格的相对平稳，将某种金融产品的价格稳定在一定的水平上。这种做法的优点在于：当市场发生剧变时，产品价格不至于产生巨大的波动，从而有利于巩固其市场领导者地位，长期占领市场。

（六）树立良好形象

良好的形象是金融机构借以拓展业务的一项重要财富。一个具有良好形象的金融机构必然可以赢得更多客户的信赖，不断提高金融机构的赢利水平。为了赢得客户的认同，金融机构必须提供能被客户所接受的产品价格。金融机构产品的定价除了要考虑产品本身的性能之外，还要结合其附属服务的实用性、金融机构赢利性、客户的接受程度等进行全面权衡，同时要严格遵守社会公德与金融机构职业道德规范、顾及其他合作者的经济利益，这样才能在公众心目中树立良好的形象，绝不能因贪图厚利而损害客户的利益。

当然，金融机构在定价时可以选择上述目标中的一个或几个作为主要目标来确定价格，使金融产品的价格决策更趋合理。

三、金融产品定价的特点

金融机构是特殊的服务性企业，与客户之间的关系比较复杂，产品价格的确定也不同于一般的企业。

（一）自主性和强制性相结合

作为企业，金融机构对产品的定价有一定的自主性，可以根据自身经营目标与战略确定产品的价格，以保证它能发挥活力、积极参与市场竞争并实现赢利目标。但是，金融机构在经济中具有特殊的地位，它的经营会影响到整个市场乃至整个经济，国家为了保证金融业的有序竞争，对金融机构的定价往往加以约束。西方国家的金融自由化程度较高，对金融产品价格的管制较松，但在我国，金融机构还必须在国家的有关政策指导下制定合适的价格，当然，随着我国金融市场的不断发展，这种管制也在不断放松。因此，金融产品价格是由政府政策和法规强制约束与金融机构自主决定相结合的产物。

案例 6－2

利率管制与利率自由化

在中国，存贷款的定价要按照国家规定的利率执行。20 世纪 80 年代以前，我国实行高度集中的利率管理体制；80 年代之后逐步放松管制，1982 年起允许信用社及非银行金融机构的贷款利率在规定范围内浮动。各商业银行对中小企业的贷款利率也可在一定范围内浮动。

1990 年 12 月，我国颁布《利率管理暂行规定》。1995 年通过《人民银行法》，明确规定人民银行制定法定利率，负责管理全国的利率事项。1996 年起，我国逐步推进利率自由化。

*1996 年，我国放开同业拆借利率及债券市场债券回购和现券交易利率。

*1998 年 10 月，金融机构对中小企业贷款利率的最高上浮幅度扩大到 20%。

*2000 年 9 月，放开外币贷款利率与大额外币存款利率，由金融机构根据国际金融市场利率变化、资金成本、风险差异自行与客户协商确定。

*2003 年 7 月，境内英镑、瑞士法郎、加拿大元的小额存款利率放开。

*2004 年 1 月 1 日起，商业银行、城市信用社贷款利率的浮动区间上限扩大到中国人民银行制定的贷款基准利率的 1.7 倍，农村信用社贷款利率的浮动区间上限扩大到贷款基准利率的 2 倍，金融机构存款利率的浮动区间下限保持为贷款基准利率的 0.9 倍不变。

*2004 年 10 月，金融机构的贷款利率原则上不再设定上限，贷款利率下限为基准利率的 0.9 倍。城乡信用社贷款利率仍实行上限管理，最高上浮系数为贷款基准利率的 2.3 倍，贷款利率下浮幅度为基准利率的 0.9 倍。存款利率不能上浮。

*2004 年 11 月 18 日，人民银行在调整境内小额外币存款利率的同时，决定放开 1 年期以上小额外币存款利率，商业银行拥有了更大的外币利率决定权。

*2005 年 9 月 21 日，央行部分下放了除活期、定期整存整取两种存款以外的“利息定价权”。

*2008 年 1 月 1 日起，经办金融机构对个人新发放的小额担保贷款的利率可在人民银行公布的贷款基准利率的基础上上浮 3 个百分点。

*2012 年央行连续两次降息并扩大存贷款利率浮动幅度。具有决定意义的存款利率首次允许上浮，最高执行央行基准利率的 1.1 倍，这标志着我国推进了近 20 年的利率市场化改革终于迈出了实质性的步伐。同时，贷款利率浮动区间的下限调整为基准利率的 0.8 倍。

*2013 年 7 月 20 日起中国人民银行全面放开金融机构贷款利率管制，取消金融机构贷款利率 0.7 倍的下限，由金融机构根据商业原则自主确定贷款利率水平，并取消票据贴现利率管制，改变贴现利率在再贴现利率基础上加点确定的方式，由金融机构自主确定。

*2014 年 11 月 22 日起央行降息并将存款利率浮动区间上限由基准利率的 1.1 倍扩大至 1.2 倍。

*2015 年 5 月，金融机构存款利率浮动区间的上限调整为 1.5 倍

*2015 年 8 月 26 日，央行结合降息放开一年期以上定期存款利率浮动上限，仅保持一年期以内定期存款及活期存款利率浮动上限 。

*2015 年 10 月 24 日起，央行不再对商业银行和农村合作金融机构等设置存款利率上限，至此利率管制基本取消。

（二）规范性与扭曲性共存

金融机构在政府规定的权限和范围内，根据自身的状况及市场供求和竞争来

确定价格。这种价格形成是规范化的,它谋求社会公共利益与金融机构自身利益的协调和统一。但是,由于多种因素的制约,金融机构制定的价格也可能出现一定程度的扭曲。如市场体系的不完善和市场机制的不健全、政府不合理的价格调整政策、经济发展过快与资金短缺造成的需求过旺、金融机构盲目追求收益等因素都可能导致金融产品的价格制定存在不规范的情况。

(三)公开性与隐蔽性共存

由于受到政府的约束,金融产品的定价有一定的公开性,必须向社会公布并要自觉接受客户的监督和国家的检查。但作为市场化行为,金融产品的定价又有一定的隐蔽性,金融机构有一定主动权,在国家规定的基础上可以根据不同的因素进行调整,也可能出现对有些客户制定的价格不一致的情况。

第二节　金融产品定价的方法

金融产品的定价十分复杂,美国西北大学营销学教授克里什纳莫蒂认为,“定价:部分是艺术,部分是科学”。要进行合理的定价,选择适当的定价方法是一个重要的环节。本节讨论金融产品定价要考虑的因素,并对定价的基本方法进行介绍。

一、金融产品定价需考虑的因素

影响金融产品定价的因素非常多,金融机构只有全面考虑,才能制定被市场所接受的价格。这些因素主要包括:成本、客户需求、金融产品与服务的特征、市场竞争、营销组合情况与法律法规等。

(一)成本

成本是包括金融机构在内的任何一家企业定价时必须首先考虑的因素。可以说,成本是产品价值的最基础部分,一般会决定产品价格的最底线,如果价格低于成本,金融企业便会亏损。

与金融机构成本相关的概念主要包括以下几个。

1. 固定成本。固定成本是一定时期内产品固定投入的成本总和,它们是不随着金融机构销售的变化而改变,它又包括直接成本与日常管理费。直接成本是金融机构提供服务所花费的基本资源,如土地、建筑物、设备与职员等,在短期内一般变化不大,但从长期来看也会发生变动,例如,当一家金融企业的某个分支机构发展到一定水平要进行扩张时,设备、建筑、职员等也会增加。而日常管理费则是为了支持与管理营销机构所发生的成本,如广告费、利息支出、管理人员的工资、保险与其他费用。

2. 变动成本。变动成本是一定时期内可变投入的总和,它会随着金融产品销售量的变动而变化。例如,融资成本便是典型的变动成本,金融机构支付的利息与借款的金额是成比例的,而证券交易佣金一般也会随着证券的成交量而改变。另外,在向客户提供服务时所发生的原材料成本、邮寄费等也属于此类成本。

3. 准变动成本。这是指性质介于固定成本与变动成本之间的开支,水费、电费、部分职工工资等往往带有准变动成本的性质。如果某一天金融机构不营业,这些开支就不会发生,而一旦金融机构开门营业,不管这一天的营业额是多少,电费等基本开支总是要支付的。2007 年开始,许多银行网点双休日开始休假,这在很大程度上是出于节约准变动成本的考虑。

4. 总成本、平均成本与边际成本。总成本是开展某项业务时发生的上述三类成本之和;平均成本是将总成本分摊到每一单位产品上所计算出的成本;边际成本是新增加一个单位产品所增加的成本。当平均成本与边际成本相等时,平均成本处于最低水平。

一般用成本函数来反映产品成本(C)与产品或服务数量(Q)之间的关系,记为:

$$C=f(Q) \tag{6-5}$$

每一项金融服务、每一种金融产品其实都包括了一定的固定成本与变动成本。一般来说,金融产品的价格应该能够补偿其固定成本与变动成本,并要有一定的合理利润幅度,除非出于特殊原因的考虑,价格才可能低于成本价。营销人员必须理解服务产品成本的变化规律,从而为正确制定产品价格策略提供依据。

(二)客户需求

金融营销必须要以客户为中心,根据客户的要求提供合适的服务。金融产品的定价也要注重客户因素。如果客户认为某金融产品的定价过高,他就不愿购买或减少使用该产品,也可能去寻找其他金融服务,从而影响到该产品的销售数量,所以客户对产品价格的反应如何是定价时必须考虑的因素之一。可以说,金融产品的最低价格取决于产品的成本与费用,而最高价格则取决于产品的市场需求。

在考虑客户因素时,往往要考察客户的需求弹性。因各种因素而引起的需求的相应的变动率,被称为需求弹性。根据影响需求的因素不同,需求弹性主要分为价格弹性、交叉弹性和收入弹性。所谓需求的价格弹性是指产品价格变动所引起的需求量的变化率;交叉弹性则是指某项关联产品价格的变动将会使本产品的需求发生变动的百分率;需求的收入弹性是指因收入变动而引起的需求的相应的变动率。

1. 需求的价格弹性。需求价格弹性的计算公式是:

需求的价格弹性 = 需求量变动的百分比/价格变动的百分比

用符号表示为:

$$E_p=\frac{\Delta Q/Q}{\Delta P/P}=\frac{(Q-Q_0)/Q_0}{(P-P_0)/P_0} \tag{6-6}$$

式中：E_p——客户需求的价格弹性；ΔQ——客户需求量的变动；ΔP——金融产品价格的变动；Q_0——金融产品价格变动前的客户需求量；Q——金融产品价格变动后的客户需求量；P_0——金融产品原来的价格；P——金融产品新的价格。

金融产品的需求价格弹性反映了客户需求变动对价格变化的灵敏程度。如果 E_p 较小，则说明弹性较小，客户对金融产品的价格变化反应不强烈，需求量的变动幅度要小于价格变动的幅度；而 E_p 较大，则说明客户需求的弹性较大，需求量的变动幅度要超过价格变动的幅度。

在正常情况下，金融产品的需求曲线是向下倾斜的，即市场需求的变动方向会和价格变动的方向相反，产品价格提高，市场需求就会减少；价格降低，市场需求就会增加。表 6－4 揭示了金融产品的价格弹性与产品销售收入之间的关系。

表 6－4 金融产品的价格弹性与总收入之间的关系

金融机构对产品价格的调整	金融产品需求的价格弹性		
	$E_p<1$	$E_p=1$	$E_p>1$
提价	收入增加	收入不变	收入减少
降价	收入减少	收入不变	收入增加

2. 需求的交叉弹性。需求交叉弹性的计算公式是：

需求的交叉弹性＝需求变动的百分比/关联产品价格变动的百分比

用符号表示为：

$$E_p{}'=\frac{\Delta Q/Q}{\Delta P'/P'}=\frac{(Q-Q_0)/Q_0}{(P'-P'_0)/P'_0} \tag{6－7}$$

式中：$E_p{}'$——客户需求的交叉弹性；P'——关联金融产品的价格。

由于不同金融产品之间存在一定的关系：产品大类中的某一个产品项目可能是其他产品的替代品或互补品，同时，一项产品的价格变动往往会影响其他产品项目销售量的变动，两者之间存在着需求的交叉价格弹性。

如果两项金融产品互为替代品，则交叉弹性是正值，即在其他条件不变的情况下，一项产品价格的变动将会使其关联产品的需求出现同向变动；如果两项金融产品互为互补品，则交叉弹性是负值，即一项产品价格的变动将会使其关联产品的需求量出现反向变动。因此，金融机构在产品定价时需要密切关注相关商品的种类及其价格变动，以便制定合理的价格。

3. 需求的收入弹性。需求收入弹性的计算公式是：

需求的收入弹性＝需求变动的百分比/收入变动的百分比

用符号表示为：

$$E_Y=\frac{\Delta Q/Q}{\Delta Y/Y}=\frac{(Q-Q_0)/Q_0}{(Y-Y_0)/Y_0} \tag{6－8}$$

式中：E_Y——客户需求的收入弹性；Y——客户的收入水平。

某项金融产品的需求收入弹性为正值，说明随着人们收入水平的上升，对该产品的需求会增长，特别是当需求的收入弹性大于1时，其增长幅度超过收入的增长。当需求的收入弹性为负值时，说明该产品的需求随着人们收入水平的上升反而会下降。

随着收入水平的变化，人们对金融产品的选择有着明显的不同，当人们收入出现较快增长时，对于一些高端产品的需求会上升，而对于一些基础性金融产品的需求则会下降。另外，处于不同收入水平层次的客户对价格的敏感程度不同，如低收入的客户对价格变化就较灵敏，为了满足他们的需求，金融机构就要推出一些价格低廉、风险较小的产品。而收入水平高的客户一般对金融产品的价格变动的反应就不如前者那么明显，而且他们往往走在消费行列的前端，对他们的定价策略又要有所不同。

在需求分析的基础上，金融机构可以采取合适的定价方法与策略。另外，在一些条件下，金融产品的需求可能缺乏弹性，这些条件包括：①客户对较高价格不在意；②市场上没有替代品或者没有竞争者；③客户改变购买习惯较慢，也不积极寻找较便宜的替代品；④客户认为金融产品的质量有所提高；⑤客户认为存在通货膨胀等，价格较高是应该的。

（三）金融产品与服务的特征

金融产品与服务不同于一般的企业产品，具有鲜明的特点，这些特点会对金融产品的定价产生较大的影响。

1. 无形性。这一特征使得金融产品的定价远比有形产品的定价更为困难。一般工商企业所提供的产品是有形产品，具有形状、式样、颜色、质量、包装和品牌等实体形态，客户可以通过视觉、味觉、嗅觉、听觉和触觉等来感受这些特点，客户在选购产品时通过检视产品及根据其质量和自身的经验来判断价格是否合理。而金融产品则不然，多数都是无形产品，客户在购买之前既看不到、闻不出，也摸不到、感觉不出这些产品，购买时也不能客观地、准确地检查无形的服务。有些购买者在第一次购买时甚至不知道金融产品里面到底包含什么内容，再加上很多服务产品是按顾客的不同要求对服务内容作了适当的增减，使得顾客只能猜测服务产品的大概特色，然后同价格进行比较。

2. 不可分割性。金融机构向客户提供的产品多为服务，一旦向客户提供了产品，同时就将一系列服务分配给了该客户，也就是说，金融产品的提供与服务的分配具有同时性，两者一般不能分开。正是由于这个特性的存在，使得产品与金融机构紧密相连，不可分开。在任何时候，客户想要获得金融产品或金融服务就必须从某家金融机构这一来源得到。这使得服务受到地理因素或时间的限制，不仅加剧了金融企业之间的竞争，而且直接影响到服务的定价水平。

3. 金融服务的叠加性。一般产品只具有某项特殊的使用价值,其使用价值往往比较单一。而得到金融产品的客户则可以享受金融机构提供的多样服务。比如,某客户在购得信用卡之后便可享受银行的以下几项服务:①转账结算,即持卡人在指定场所购物或消费时只需验交信用卡并签单即可进行转账;②存款与取款,信用卡持有者可在银行指定的储蓄网点及自动柜员机(ATM)等设备上办理存款与取款;③消费信贷,持卡人在购物与消费时可以在银行允许的一定限额内进行透支;④其他服务,如账户管理、债权债务清偿和咨询等。这一特征也使得金融机构在产品定价时必须要多方面考虑,将未来提供服务的有关成本及费用进行合理的分摊,计算出单位价格,但是这一价格又要被客户所接受。

4. 金融产品需求的不稳定性。客户对金融产品的需求往往会因时间而异,体现出较强的波动,如一些银行产品具有季节性特征;而一些金融服务往往可以被客户推迟消费;有些服务内容甚至可以由客户自己来实现。这往往导致服务卖主之间更激烈的竞争,产生不同时期有差别的服务产品价格。

5. 易模仿性。一般企业提供的产品,生产者都可以向有关方面申请专利或商标以维护本企业的产品权益。而金融产品大多为无形产品,无法申请专利。新开发的产品容易被其他机构所仿效,使产品创新者无法有效地保护其产品的特权。因此,制定什么样的产品价格策略就十分重要。

正是由于金融产品与服务具有以上几个特点,它们的定价也有别于其他企业。

(四)市场竞争

金融市场的竞争状况影响着金融产品的价格在上限和下限之间波动的幅度,并最终确定产品的市场价格,对金融企业的定价策略产生重要的作用。

金融市场按照行业内的金融企业数目、金融企业的规模、产品的差异性等依据分为完全竞争、完全垄断、垄断竞争与寡头垄断等四种类型。不同的市场结构下金融企业的定价有不同特点。

在完全竞争的情况下,金融产品的需求曲线是水平的,买主和卖主只能是价格的接受者,金融机构只能按照既定的市场价格出售产品;完全垄断指某种产品的销售完全由一个卖主独家经营和控制,它是价格的决定者;垄断竞争介于完全竞争和纯粹垄断之间,既有垄断倾向,同时又有竞争成分,是一种不完全竞争,此时,卖主已不是消极的价格接受者,而是强有力的价格决定者,广泛地利用心理因素定价;寡头垄断是竞争和垄断的混合物,也是一种不完全竞争,在一个行业中只有少数几家大机构,它们所销售的产品占这种产品的总产量和市场销售总量的绝大多数,此时,寡头有能力影响和控制市场价格,各寡头企业对其他企业的定价策略非常敏感,任何一个寡头企业调整价格都会马上影响其他竞争对手的定价政策。

一般来说,越是独特的服务,卖方决定价格的权力越大,只要买主愿意支付此价格。但金融服务的同质性使价格竞争更加激烈。一般的,一家金融企业要垄断某一产品市场非常困难,因此制定有竞争性的价格就显得非常重要。金融企业要从竞争对手那里获得价格信息与成本状况,科学分析与评价竞争对手在价格方面的竞争能力。金融企业还要借鉴竞争者如何确定其成本、价格和利润率的措施,帮助企业自己制定适宜的价格策略。

(五)营销组合情况

金融机构的营销战略包括价格、产品、分销和促销等,它们共同组成一个统一体。为了使营销的各个要素相互配合,达到最佳配置,定价策略必须与其他战略相协调。例如,不同类型金融产品的价格弹性就不一样,像保管箱、支票、汇票等的需求价格弹性相对较小,而贷款的弹性则较大。即使在同类产品中也有高价品与低价品之分。定价策略应与产品策略相符,价格可能用来当作产品的质量指标,如果采取"高质量高效益"的产品策略,以树立银行产品形象为主要目标,则价格可以相应提高。服务的价格也与产品生命周期有关,例如,在引入一种新产品时可用低价策略去渗透市场,并在短期内快速争得市场占有率。另外,价格与分销策略也有较大联系,一般来说,高价产品的销售环节应尽量少,以降低附加佣金,并要采用较有名的代理商。在定价时也要考虑到代理商为产品营销提供的服务,若服务较多则价格也应适当降低。促销费用的高低也是金融产品定价需注意的一个方面,促销费提高,定价也就要相应上升。只有综合考虑营销组合的各个策略,金融机构制定的价格才会合理。

(六)法律法规

金融机构是一国的重要企业,它们的经营会对经济产生重要的影响,国家一般会对金融业进行一定管制。所有金融机构在经营过程中都要受到各种法律、法规的制约,定价行为也不例外,制定的价格不能与国家有关规定相抵触。

例如,金融机构不得违反有关反垄断的法规,不可以通过共同制定垄断价格而操纵金融市场。另外,在多数国家中,对于存贷款的利率高低有着一定的限制,银行的服务费也可能受到有关部门的监管。为防止金融业的不正当竞争,一些国家的金融业同业协会往往也会规定收费标准,要求会员遵守。

因此,金融机构全面地了解有关法律,在合法的范围内灵活地调整金融产品的价格,以增强其市场竞争能力,是金融机构定价策略中必须要考虑的。

案例 6-3

银行收费的管理与争议

为规范银行的收费,我国曾于2003年10月出台《商业银行服务价格管理暂行办法》,当时列出银行收费项目300多项;但几年来银行收费的项目不断增加,众多客户面对银行乱收费的现状纷纷表示不满，但真正被叫停的银行乱收费屈指可数。

中国银行业协会在2007年4月要求银行根据市场反映停止银行卡境内ATM跨行查询服务收费，但同时强调这项收费是商业银行根据经营成本变化采取的一种市场化经营方式，与《价格法》和《商业银行服务管理暂行办法》并无抵触。

2010年以来，银行名目繁多的各项收费被媒体曝光，引来广大储户的痛斥和质疑，监管部门也加强了银行收费管理。

2010年6月，针对个人客户收取零钞清点费，发改委和银监会在调查研究后，要求各银行暂停对个人收取零钞清点费，并严格执行《商业银行服务价格管理暂行办法》的规定。

2010年12月15日，中国银行业协会发布《关于加强银行服务收费自律工作的六点共识》，要求商业银行尽快采取有效措施，加大系统改造力度，适时对按政府部门规定必须办理的缴费存折账户、养老金存折账户、退休金存折账户、住房公积金存折账户等减免或暂停服务收费。

2011年3月，银监会、央行和发改委联合下发的《关于银行业金融机构免除部分服务收费的通知》规定，要求银行自2011年7月1日起免除人民币个人账户的11类34项服务收费项目，包括同城本行转账手续费、密码修改手续费、密码重置手续费，以及本行柜台、ATM、电子银行查询服务费等项目。

2014年2月14日，中国银监会、国家发展改革委根据《中华人民共和国银行业监督管理法》《中华人民共和国商业银行法》《中华人民共和国价格法》等法律法规制定《商业银行服务价格管理办法》，从8月1日开始实施。《管理办法》对客户普遍使用、与国民经济发展和人民生活关系重大的银行基础服务，实行政府指导价或政府定价；除实行政府指导价、政府定价的服务价格以外，商业银行服务价格实行市场调节价。按照与《管理办法》配套印发的《关于印发商业银行服务政府指导价政府定价目录的通知》规定，包括个人柜台转账汇款、个人现金汇款、支票手续费、本票手续费、银行汇票手续费等13项业务由市场调节价变为政府指导价或政府定价，并设立最高收费，总体而言"指导价"更加优惠。

2016年2月25日，工、农、中、建、交五家银行在北京举行"加强账户管理，推进普惠金融"联合签约仪式，对客户通过手机银行办理的境内人民币转账汇款免收手续费，对客户5000元以下的境内人民币网上银行转账汇款免收手续费，以降低客户的费用支出。

2016年9月30日，央行发布《关于加强支付结算管理防范电信网络新型违法犯罪有关事项的通知》(261号文)，要求银行对本行行内异地存取现、转账等业务，收取异地手续费的应当自《通知》下发之日起三个月内实现免费。

根据发改委和银监会2017年7月31日下发的《通知》要求，8月1日起商业银行减免个人异地本行柜台取现手续费、账户管理费、挂失费等6项服务收费。但银行在减免几项费用的同时对原本免费的服务却开始收费了。

武汉大学法学教授孟勤国认为：银行无权自定收费项目和标准。因为银行与普通企业不同，银行提供的服务具有公共性，涉及广大客户的利益，例如每家国有大银行都有3亿至4亿的持卡人。根据商业银行法、价格法的相关规定以及结合银行的性质，我国银行业属于典型的寡头垄断型市场，所以银行收费应当纳入政府定价。

一些研究报告指出，大多数银行在收费时没有履行充分的告知义务，部分银行还涉嫌虚假告知。例如，多家银行在网站首页上没有公布资费情况，而且网上银行的资费标准也并非"最终标准"。网上银行的资费表与银行网点公布的资费表经常出现不同，因为各家分行可以另立标准，而总行的资费表往往"忽悠"客户。

资料来源：徐可奇：银行收费已达3 000多项，乱收费被叫停仅两项，新浪网，2011年3月21日；孟勤国：《银行卡收费不当问题调查研究》，2011年3月；中国新闻网：官方发布商业银行服务价格管理办法8月起施行，2014年2月14日；程婕：发改委：8月1日起取消个人异地本行柜台取现手续费，搜狐财经，2017年7月11日。

二、金融产品定价的步骤

金融产品的定价有着一定的步骤，主要包括以下几个环节。

(一)数据收集

如果一家金融机构不能通盘考虑关键因素，制定的定价策略常常会导致失败。因此，好的定价决策是在广泛收集成本、消费者和竞争者等各方面的信息的基础上做出的，这就涉及基本数据的收集，主要包括以下几方面。

1. 估算成本：

* 与特定的定价决策相关的增量成本和可避免的成本是什么？
* 包括制造、顾客服务和技术支持在内的销售增量变动成本是什么？
* 提供产品的平均成本是多少？
* 在什么样的产量水平下成本将发生变化，这个改变值是多少？
* 以某个价格销售产品，哪些成本是可避免的？

2. 确认客户的需求：

* 哪些是潜在的客户，他们为什么购买这个产品？
* 对于客户来讲，产品或服务的经济价值是什么？
* 其他因素是如何影响金融产品的价格敏感性的？
* 客户感受到的价值的差异以及非价值因素的差异是如何影响价格敏感性的？
* 如何根据差异将客户划分成不同的市场？
* 一个有效的营销和定位战略如何影响客户的购买愿望？

3. 收集竞争对手定价策略的相关资料：

* 谁是目前或潜在的关键竞争对手？

＊目前市场上，竞争对手的目录价格是多少？实际交易价格是多少？

＊从竞争对手以往的行为、风格和组织结构看，他们的定价目标是什么？他们追求的是最大销售量还是最大利润率？

＊与本公司相比，竞争者的优势和劣势是什么？他们的贡献毛益是高还是低？声誉是好还是坏？产品是高档还是低档？产品线变化多还是少？

4. 其他信息。包括金融机构本身的一些决策及营销策略、宏观经济及国家法律政策等可能会对产品定价产生影响的信息。

数据收集必须全面、合理，因为它会关系到最后的价格决策。

（二）战略分析

在广泛收集相关信息的基础上，金融机构要将各种信息进行相互比较与分析。

1. 选择定价目标。金融机构应根据本身的发展方向、经营实力、资源潜力等内部条件及市场供求、竞争者状况等外部环境选择具体的定价目标。一般来说，该目标应符合银行的总体经营目标，而且应该切实可行。

2. 测定需求的价格弹性。不同价格弹性的金融产品要运用不同的定价方法及策略。金融机构应该认真研究产品的市场潜力、占有率、价格水平及其变动可能对市场造成的影响等，以便正确测定产品需求的价格弹性。

3. 确定盈亏平衡点。金融机构通过调查金融产品的营销状况，投入的人力、财力、物力及营销过程中的费用开支等全面地掌握产品的成本水平。通过估算与不同价格水平对应的客户量及市场上竞争对手对于价格的反应等来预计银行可能实现的产品销售量，确定其保本点。主要考虑：

＊对于潜在的价格、产品或促销变动，销售量需要变化多少才能增加利润？

＊对于新产品或新市场，销量应至少达到多少才能回收增量成本？

＊在基准价格水平下，产品的贡献毛益是多少？

＊为了从减价中获取更多的贡献毛益，销售量应该增加多少？

＊在提价变得无利可图之前，可以允许销量减少多少？

＊为了覆盖与决策相关的追加固定成本（如广告、审批的费用），销量需提高多少？

＊已知成本下，销售新产品或将老产品打入新市场需要达到什么样的销售水平才有利可图？

（三）选择定价的方法与策略

在综合定价目标、成本费用及市场需求等因素的基础上，金融机构要选择合适的定价方法，同时针对不同的金融产品与金融服务特征来制定相应的定价策略，使其价格体现合理性与灵活性的统一。

（四）确定产品的最终价格

金融机构运用恰当的定价方法与定价策略并考虑客户与竞争对手对价格的反

应之后,即可确定金融产品的最终价格。

(五)灵活调整产品的价格

为了与不断变化的市场相适应,金融机构还应根据实际情况及时调整价格。一般来说,金融机构改变价格的因素主要包括内部因素与外部因素两方面。内部因素包括金融机构经营成本的变化、金融产品内涵的变动、经营战略的变化、营销目的的改变等;外部因素包括市场环境的变化、市场风险状况的改变、国家有关法律的调整等。表6-5给出美国商业银行改变金融产品价格的九大理由。

表6-5 美国商业银行改变金融产品价格的理由

1	账户数量或市场份额有所下降
2	与竞争者的价格相比,或与其产品的收益相比,价格过高
3	由于成本的增加或需求量太大,产品价格相对过低
4	某家银行或所有银行因未能提供足够满足低收入客户的产品定价而受批评
5	产品线中某个产品项目的价格差异不合适或令人费解
6	银行向客户提供太多的价格选择,而使客户感到无所适从
7	银行价格对客户来说,似乎高于其真正所值
8	银行的定价行为使客户对价格过分敏感,而不赏识其质量上的差异
9	提高产品质量,从而增加了银行的成本或增加了对客户的价值

资料来源:玛丽·安娜·佩苏略.银行家市场营销[M].北京:中国计划出版社,2001:232.

三、金融产品定价的基本方法

尽管金融产品琳琅满目,但其定价的基本方法大体上可以分为以下几大类。

(一)成本导向定价法

成本导向定价法是金融机构以其提供服务的成本为基础确定产品价格的做法,它又包括以下三种具体形式。

1.成本加成定价法。这是以金融产品的单位总成本加上一定比率的利润来确定价格的方法。其基本公式为:

单位金融产品的价格 = 单位金融产品的总成本 ×(1 + 成本加成率)(6-9)

其中,总成本包括固定成本、变动成本与准变动成本,而成本加成率则是指预期利润占金融产品总成本的百分比。在这种方法中,关键是如何确定成本加成率,如果加成率过高会影响金融产品在市场上的竞争力。

成本加成定价法的优点是:①大大简化了企业的定价程序,成本的不确定性相对较小,计算简单方便,不必考虑复杂的市场情况;②在市场基本稳定时它可以使各机构获得正常的利润率,可避免不同机构之间过于激烈的价格竞争;③在这种策略中,不必根据需求情况的瞬息万变作调整,减少了频繁调整价格的麻烦;④不会因客户的需求过大而提高价格,显得较公平合理,能给客户留下较好的印象。正是由于上述优点,这种方法在金融业务中得到广泛运用。

但这种方法也有较大缺陷:①需要准确地核算产品成本;②定价比较呆板,适应性较差;③过于强调标准化的市场平均利润率,不能发挥金融机构自身的比较优势;④确定的加成率不一定与市场状况正好相符,尤其是金融创新产品的销售量与成本更难测定;⑤没有考虑到市场上的竞争与需求。

2. 目标收益定价法。金融机构根据估计的总销售收入(销售额)和估计的产量(销售量)来制定价格的一种方法。它需要金融机构根据总成本及预计销售量确定一个预期的目标利润,根据该数值的大小来确定产品价格。目标利润率一般为成本的10% ~20%。计算公式为:

$$单位金融产品的价格=\frac{金融产品的总成本+目标利润额}{预计销售量} \tag{6-10}$$

比如,银行信用卡的定价即可采用此种办法,按照投入总成本的10% ~20%作为年目标利润率,分摊到预计可销售的信用卡中,从而计算出每张信用卡所要收取的费用。

目标收益定价法的优点是:一是简单易行,计算方便;二是目标明确,可以保证金融机构实现既定的预期利润目标。这种方法的缺点是:①未考虑到价格与需求之间的关系;②未具体分析其他机构对本机构产品价格的反应。因此,当市场竞争激烈、商品销售不稳定时,不宜采用这种方法。

3. 收支平衡定价法。这种方法是以盈亏平衡分界点作为基础。所谓盈亏平衡分界点(也称为保本点)是指金融机构的投入等于收入(即不亏不盈)时的销售数量。当收支平衡时有:

$$销售数量\times保本价格 = 固定成本+可变成本$$

其中:可变成本=销售数量×单位可变成本

由此可以得出:

$$保本价格=\frac{固定成本}{销售数量}+单位可变成本 \tag{6-11}$$

按这个价格出售金融产品,可以保证金融机构所投入的各种成本正好得到全部补偿。

当然,金融机构经营的目的是为了获取利润,故而在保本价格之上引入预期利润进行调整,得到:

$$实际价格=\frac{固定成本+预期利润总额}{盈亏平衡时的销售量}+单位可变成本 \tag{6-12}$$

这种方法侧重于成本的补偿,当完成预计销售数量时,保本价格保证金融机构不受亏损,而实际价格则使其如愿以偿地实现预期赢利。当市场销售数量未能达到,则两个价格的差额就可使其方便地控制价格调整幅度。这一方法的缺点是未能充分考虑市场需求与竞争。

上述三种做法各有偏重,但都以成本为基础,简单明了。但是对于金融服务业,有时对服务产品的描述和衡量较为困难,也很难确立什么是一个服务的"单位",要计算单位的成本就更难。因此,这种方法对有些金融产品不太适用。

(二)需求导向定价法

需求导向定价法着眼于消费者的态度和行为,以客户对金融产品的理解与认识程度、消费者的需求作为定价的基础。金融产品的价格只有与客户的心理、意识、承受能力等相符合时,才能促进产品的销售,实现金融机构的营销目标。这类定价法又包括以下几种。

1. 感受价值定价法。它是根据客户对金融产品可以觉察或感受到的价值作为基础制定价格。

金融产品的性能、质量、服务等各方面在客户心目中都有特定的价值,对其价值的判断就成为确定不同价格的尺度。客户在选择产品时总会在不同产品之间进行比较,从而挑选既符合他本身的需求,又不超过其支付能力的产品。如果金融机构提供的产品价格正好落在客户的挑选限度之内,则它就可能售出,否则客户便会购买其他机构的产品。因此,金融机构必须尽可能收集客户对产品的价值评价,决定产品所提供的价值及价格,估计在此价格下所能销售的数量,再根据这一销售量决定所需要的投资、单位成本及利润。

这种方法的关键在于准确地计算产品所提供的全部市场感受价值,一般可以采用三种方法:①直接评定法,即直接邀请客户、代理商及专家对金融产品的价值进行评定;②相对评定法,即通过比较本机构产品与其他机构的产品以测定出产品的觉察价值;③加权综合评定法,即对产品的各项指标的相对觉察价值进行评分,再运用加权平均的办法计算总的觉察价值。

当然,由于客户的价值判断会随着外界环境的不同而变,故而金融机构可以运用各种非价格因素,如做广告、提高产品的性能等来影响客户的价值评判。

2. 需求区别定价法。这是一种建立在市场细分基础上的定价法。由于不同市场、不同时间、不同地点的客户购买力与需求大不相同,因此,金融机构可以根据需求强度与消费感觉的差别制定不同价格。客户的需求差别的划分又有不同的标准:首先,因客户而异。由于不同职务、不同阶层、不同年龄、不同收入的客户有着不同的需求,故针对不同客户制定不同价格或者在同一个价格下给予其不同的服务,以促进产品销售。其次,因地点而异。对于不同地点的市场,由于人们的生活习惯、生活条件不同,对金融产品的要求也会有很大差异,因而金融产品的价格也应有所区别。最后,因时间而异。不同时期、不同季节中对产品或服务的需求量并不一致，因此价格也可作适当调整。

需求区别定价法的前提是市场区分后各市场上的客户不会彼此让渡服务而且竞争者也不容易用低价促销的手段拉走市场上的客户。同时，金融机构也要考虑对市场区分进行管理的成本。

（三）竞争导向定价法

竞争导向定价法主要以市场上的竞争对手的价格作为依据制定价格，而较少单独考虑本机构的产品成本及市场需求变化。它又包括下面两种做法。

1. 竞争性定价法。金融机构首先对市场上的竞争对手及其产品的价格作一个比较，划分不同的价格层次，再对本机构的产品性能、质量、销售情况等作一个对比，寻找造成价格差异的原因，并根据产品的优势、特色及市场定位战略来确定具有较强竞争力的价格。

2. 随行就市定价法。这种定价方法是指金融企业参照市场上通行的行业平均价格水平来确定价格，从而使本企业的产品与市场上竞争产品的价格保持一致。

随行就市定价法一般在以下情况下采取：一是成本难以估算；二是金融机构打算与同行和平共处；三是很难了解购买者和竞争者对本机构产品价格的反应。

这种定价方法的好处在于：①方便易行，可以省去确定金融产品成本与测算市场需求的麻烦；②制定的价格可以反映同行业的合理利润水平；③不易导致行业的过度竞争，可使市场处于一种相对的均衡状态。随行就市定价是同质产品市场的惯用定价方法，特别适用于一些中小金融机构。

以上这些金融产品定价的基本方法各有优劣与适用条件，金融机构在具体运用时应该全面平衡，选择适当的方法来制定合理的价格。

第三节　金融产品价格制定策略

金融产品定价时，除了要选择适当的方法外，还必须灵活运用各种策略，从而提高产品在市场上的吸引力。

一、金融产品定价策略的含义

定价策略是金融营销策略中最重要的组成部分之一，指金融机构根据金融市场中不同的变化因素及其对金融产品的影响程度制定出适合市场变化、易于被客户接受的合理价格，更好地实现营销战略目标。定价策略也包括金融机构为求得营销效果和收益的最佳而采取的价格变更策略。

定价策略是金融机构将具体定价手段与客观的条件紧密结合的结果，灵活运用定价策略可以使本机构产品的价格具有更大的科学性与更高的艺术性。因此，金融产品定价策略是营销部门决策的一大难题。

二、金融产品定价策略的种类

金融商品种类繁多,而定价策略也形式各异,不同的策略又有不同的适用条件。常用的定价策略主要包括撇脂定价策略、渗透定价策略、适中定价策略、差别定价策略、产品组合定价策略、折扣定价策略与心理定价策略等。

(一)撇脂定价策略

这是一种先高后低的定价策略。当金融产品刚进入市场时,金融机构将新产品价格定得较高,在短期内获取厚利,当竞争变得激烈时便可适当降价以扩大销售数量。这一定价策略就像从牛奶中撇取其中所含的奶油一样,取其精华,所以称为"撇脂定价"策略。

该策略的优点是可以使金融机构在较短时间内实现预期的赢利目标,提早收回投资,减少经营风险。但是它必须要满足以下几个条件:①金融市场上有相当多的客户,对这种产品需求的价格弹性较低,较高的定价也可以吸引一定数量的客户,从而实现较高的总利润;②金融机构要有一个较好的营销系统与较强的广告宣传能力,从而激发出人们购买本行产品的欲望;③产品最初的高价不会立即招来众多的竞争者,或者竞争者不能作出及时的反应。

撇脂定价策略主要适用于金融新产品的销售。这是因为:①新产品受价格的影响比市场竞争激烈时产品受价格的影响要小;②在新产品上市之初,客户对其尚无理性的认识,此时的购买者多属于求新求奇者;③该策略可以使营销人员在低价吸引价格弹性大的客户之前先吸引住对价格不敏感的客户;④高价可以使新产品获得较好的市场形象;⑤能使金融机构拥有较大的调价余地,一旦发现市场需求下降,难以维持已有的销售时,便可以适当地降低价格,从而保持较强的竞争力;⑥可以使金融机构在新产品开发之初缓解产品供不应求的状况。

例如,20 世纪 70 年代,美国的富国银行在推出"金账户"(Gold Account)时便采用这种策略,尽管当时有些人认为该产品不值一个月 3 美元的收费,但银行通过大量广告宣传仍吸引了不少重要客户。再如,20 世纪 90 年代各家银行推出"网上银行"业务初期,其目标市场是高收入、高学历的年轻阶层,尽管客户的数量有限,但对高收费的承受力较强。因此,网上银行初期的收费比传统银行高,但仍然有较大的市场,后来,一些银行通过降价来不断扩大范围。

当然,撇脂定价策略初期制定的过高的价格不利于市场开拓,影响到产品的需求规模,远高于价值的价格会损害客户的利益,导致竞争者的大量涌入,仿制品、替代品迅速出现。因此,它是一种追求短期利润最大化的定价策略,若处置不当,则会影响金融企业的长期发展。

(二)渗透定价策略

这种定价策略与撇脂定价策略正好相反,是一种先低后高的定价策略。初期,金融机构以较低价格出售产品迅速打开销路,扩大市场份额,再慢慢提高产品价格,保持一定的赢利。

采用渗透定价策略的金融企业只能获取微利,这是渗透定价的薄弱之处。因此,利用渗透定价法有一定的前提条件:①金融产品的需求价格弹性较大,降低价格可以使产品的购买数量大幅上升;②产品存在着明显的规模经济效益,随着销售数量的扩大,产品的生产与分销成本可以实现较大经济性;③金融机构要有一定实力,可以承受以较低价格投入市场的风险,而不至于出现巨大亏损;④金融机构要有足够的销售资源、分销渠道与推销能力;⑤市场上不存在一批愿意支付较高费用以首先获得产品使用的客户。

这一策略也适用于新产品的上市。在产品的导入阶段,如果采用高价策略便不易打开销路,而渗透定价策略则可以较快地占领市场。20 世纪 80 年代初,美国推广 NOW 账户活动中就成功地运用了这一策略。NOW 账户起源于 1970 年,而 80 年代美国颁布《放宽对存款机构管理与货币法》之后,允许全国开设此种账户,于是以前不能提供支票账户的储蓄银行与储蓄信贷协会等为了挤占新市场,纷纷采用渗透定价策略,只要求很低的或者不规定最低余额以吸引客户,扩大销售量。

该策略的优点是:①使产品尽快为市场所接受,尽快打开市场,争取到更多客户;②低价增强了自身的市场竞争力,可较为有效地排斥竞争者加入市场,从而较长时间地占领市场;③容易形成规模经营,有利于降低成本;④有利于获得较高的长期利润。

这种策略的缺点是回收期较长,价格变动的余地也较小,一旦发现金融产品的销路较好时也不太容易提高价格。

(三)适中定价策略

适中定价策略又称为“平价销售策略”或“满意价格策略”,是介于撇脂定价策略与渗透定价策略之间的一种定价策略。

撇脂定价法定价过高,对客户不利,既容易引起竞争,又可能遇到客户的拒绝,具有一定风险;渗透定价法定价过低,对金融机构最初收入不利,资金的回收期也较长,若金融企业实力不强,将很难承受。而适中定价策略采取适中价格,金融机构制定的价格具有较大的合理性,可以避免高价带来的竞争风险,又可防止低价所可能招致的损失,既不是利用价格来获取高额利润,也不是让价格制约市场扩大,实现赢利目标并使金融机构与客户均达到一定的满意程度。

所以,适中定价策略适用在前面两个策略都不太如意的情况下,另外也可能是金融机构为了保持产品线定价策略的一致性。

当然,这种价格可能比较保守,会使金融机构失去更大的赢利机会,不太适合需求变化较大或者竞争较为激烈的市场。

(四)差别定价策略

差别定价策略也叫价格歧视策略,是指金融企业按照两种或两种以上不反映成本费用的差异价格销售某种金融产品或劳务的策略。它的基本原理是:在不同渠道、不同时间、不同花销的情况下,客户表现出有差异性的价格承受心理,因此,金融企业可以根据不同的产品配置、渠道、客户类型和时间,进行区别定价。

差别定价策略有四种具体形式。

1. 顾客差别定价。金融企业按照不同的价格把产品出售给不同的顾客,制定不同的收费标准。这种价格歧视在客户的需求强度和商品知识有所不同的情况下可以运用,但容易遭到客户的反对。

2. 产品形式差别定价。金融机构对不同形式的产品分别制定不同的价格,但是,不同型号或形式产品的价格之间的差额和成本费用之间的差额并不成比例。金融产品琳琅满目,即使是同类产品,由于其具体形式不同,金融机构为客户提供的服务不同,因此可制定不同的价格。目前,这种定价策略得到广泛应用,尤其是一些大的金融机构在充分发挥本行优势的基础上,对不同形式的商品确定灵活的价格,以适应不同客户的需求,更好地推销产品。产品形式差别定价策略在银行卡的定价中较为常用。

案例6-4

银行卡的形式差别定价策略运用

银行发行的信用卡按持卡人的资信状况不同可以分为金卡、银卡与普通卡,金卡仅由经济实力强、社会地位高、信誉良好的个人与单位持有,其授信限额起点也较高,价格相对较贵,而银卡与普通卡的透支额度较小,其价格也较低。

银行卡按持卡人的地位和责任分主卡与附属卡。主卡是由持卡人自身对所持信用卡的各项款项支付承担清偿责任的信用卡,家长、单位负责人可申领主卡;附属卡附属于主卡,附属卡的持卡人一般并不对自己所持信用卡支付承担清偿责任,而是由其主卡的持卡人来承担。由于附属卡是以主卡持卡人的名义申领的,故主卡的持卡人有权终止其附属卡持卡人的使用权。

银行卡的收费主要包括办理卡片时收取的工本费、因每年服务收取的年费、挂失时收取的手续费等。由于各种信用卡中银行提供的服务不同,因此,各大发卡行都对不同形式的信用卡制定了不同的收费标准。

银行卡的收费主要包括办理卡片时收取的工本费、因每年服务收取的年费、挂失时收取的手续费等。由于各种信用卡中银行提供的服务不同,因此,各大发卡行对都不同形式的信用卡制定了不同的收费标准。

2014年以来,许多银行取消借记卡的年费、小额账户管理,也有银行对年费、工本费、小额账户管理费等进行了下调或减免。不同银行收费的做法不同,如中国银行、农业银行、交通银行对借记卡收10元年费,并对日均500元以下的每季收3元;工商银行、建设银行收10元年费,对日均300元以下的借记卡每季收3元;平安银行无年费,但对日均低于1 000元的每季收6元(2年免息期);招商银行无年费,对日均余额不足1 000的磁条卡或存折每月1元管理费,IC卡日元不足1 000的每月3月;而浦发、民生、光大、华夏等银行则对年费与账户管理费全免。

而各银行发行的信用卡年费比借记卡高出了数倍:工商银行普卡年费最低为50元,农业银行、建设银行、交通银行、兴业银行普卡为80元,中国银行、招商银行普卡为100元。其中,浦发银行普卡年费最高,为180元,与工商银行相差了130元。

白金卡方面,多数银行信用卡年费均迈入千元大关。钻石卡等高端卡年费更高,中国银行高端卡年费为8 800元/卡,而建设银行的全球至尊卡为12 000万元,兴业银行的钻石卡年费达15 000元。

资料来源:各大银行网站数据;济南时报:济南多家银行卡收费标准曝光,服务费降低有"潜规则",2015年5月28日。

而东亚银行、渣打银行和花旗银行也在中国内地发行了人民币借记卡。这三家银行的办卡成本都不高:东亚银行的紫荆卡和显卓理财金卡的办卡费用都是每张5元;渣打银行与花旗银行的借记卡目前是免办卡工本费的;东亚银行的紫荆卡的年费是10元,而显卓理财金卡的年费则是20元;渣打银行的智通卡是免年费;而花旗银行借记卡的年费是12元。但外资银行卡最大的特点是对余额没有满足条件的账户要收取一定的管理费,国内银行的小额通常是指300元以下的数额,而外资银行收取管理费的起点却通常是上万元。东亚银行的紫荆卡、显卓理财金卡和显卓理财白金卡分别是账户日均余额5 000元、50万元和200万元。如果账户达不到要求,就会被收取10元/月的管理费;花旗银行的"门槛"相对较低,针对普通客户的蓝卡和贵宾客户的金卡分别要求账户日均余额在8万元和50万元;如果达不到这个标准,银行将会收取每月100元或200元的管理费用。而渣打银行的"门槛"最低,普通账户没有日均余额的要求,而创智理财或优先理财账户的日平均余额为7.5万元,优先理财的客户则要75万元。如果低于这个标准,银行将会收取每月50元或80元的管理费用。

3. 销售地区差别定价。金融企业对于处在不同区域的产品或服务分别制定不同的价格,即使这些产品或服务的成本费用没有任何差异。这主要考虑到不同地区的金融发展状况不同,人们的收入水平不一样,对金融产品价格的承受能力不同,因此要区别对待。

4. 销售时间差别定价。金融机构对于不同季节、不同时期甚至不同钟点的产品或服务分别制定不同的价格。金融产品具有季节性，在旺季时销售火暴，但在其他时间可能销路不畅，金融机构可以针对不同时间的销售情况实施不同的价格。

金融机构采取需求差别定价必须具备以下条件：①市场是可以细分的，而且各个子市场必须表现出不同的需求程度；②市场是可以有效分割的，以较低价格购买某种产品的顾客没有可能以较高价格把这种产品转卖给别人；③竞争者没有可能在机构以较高价格销售产品的市场上以低价竞销；④细分市场和控制市场的成本费用不得超过因实行价格歧视所得的额外收入；⑤差别定价不违反法律规定。

使用差别定价有可能产生下列问题：①价格歧视可能会引起客户的反感，从而影响销售；②存在差别价格预期时，部分顾客可能延缓购买，一直等到差别价格的实施；③部分顾客可能认为采用差别定价的产品存在质量或服务问题。

（五）产品组合定价策略

产品组合定价策略是指金融机构将一系列产品或服务综合起来考虑，根据几种金融产品的总成本制定一个总的目标价格。对于单项服务或单个产品的单独成本与价格则不太关注。

采用这种定价策略的金融机构可以利用那些价格低廉的服务为纽带吸引客户，与他们建立起良好的关系，从而可以向他们推销边际收益较高的产品与服务。在组合产品中，那些价格低的产品（甚至可能低于成本）销售所带来的亏损要用那些成本低、收益高的产品或服务的收入来加以补偿，从而实现组合产品在总体上获利。另外，这一策略也有利于提高金融机构的信誉，扩大其在客户中的影响，因此也得到较大推广。

金融企业可以选择的产品组合定价策略包括以下几种：①产品系列定价；②产品大类定价；③选择品定价；④补充产品定价；⑤分部定价，服务性企业经常收取一笔固定费用，再加上可变的使用费；⑥副产品定价。

（六）折扣定价策略

金融机构为了调动客户的积极性而少收一定比例的产品货款或服务费用，从而降低客户的成本支出，提高产品的竞争能力，扩大销售量。

该策略十分灵活，折扣形式也多种多样，主要包括：

1. 现金折扣策略。这是金融机构对按约定日期或提前付款的客户给予一定的价格优惠，从而加速资金回流，尽早收回款项。比如，银行可以对提前还贷的企业在收取利息时打些折扣。

2. 数量折扣。金融机构对购买本机构产品达到一定数量或金额的客户给予一定的优惠。购买数量或金额越大，这种折扣也就越大，从而鼓励客户增加购买，但折扣的数量起点不宜过高。

3. 季节折扣。这是指金融机构根据不同的时间制定不同的产品价格，在一些特殊日子里，可以给客户一定的折扣，从而促进产品销售。例如，一些银行宣布在一定时间内提供较低的优惠利率以吸引按揭贷款客户。

4. 价格折让。这是另一种类型的价目表价格的减价，包括：以旧换新折让或促销折让等。比如，证券公司推出新的交易软件时，可以对原来的老客户在购买时给予一定的折让。

折扣是一种促销手段，促进服务的生产，刺激需求增加，大量应用于短期业务推广期间。

（七）心理定价策略

心理定价策略是针对客户的不同消费心理制定相应的产品价格，以满足不同类型消费者需求的策略。具体策略有：

1. 尾数定价策略。尾数定价又称零头定价，主要针对消费者的求廉心理，在金融产品定价时有意定一个与整数有一定差额的价格，保留零头，数字上不进位，使客户产生价格低廉和金融机构经过认真的成本核算才定价的感觉，容易激发其信任感。

2. 整数定价策略。整数定价与尾数定价相反，是针对客户的求名、求方便心理，将金融产品的价格有意定为整数，给人以一种方便、简洁的印象。

3. 习惯性定价策略。某些产品在经常性的重复购买之后，在客户心理上已经定格，成为一种习惯性的价格。特别是日常经常用到的一些金融服务，客户习惯于在消费这种商品时只愿付出这么大的代价，此时的金融机构不能随便改变价格，以免引起顾客的反感。

4. 声望定价策略。金融企业利用客户仰慕名牌商品或名声所产生的某种心理来制定较高的商品价格。对于强势品牌、优质产品，或其他竞争者无法提供同样的“价值体验”时，其定价可以比竞争者高。此时，忠实的客户不但不会产生被出卖的感觉或嫉妒的心理，反而会引以为豪。

5. 招徕定价策略。利用部分客户求廉的心理，特意将某几种产品的价格定得较低以吸引顾客。

名词解释

利率　汇率　到期收益率　保险费率　固定成本　变动成本　金融产品需求的价格弹性　金融产品需求的交叉弹性　金融产品定价策略　撇脂定价策略　渗透定价策略

☞ 思考题

1. 金融机构的价格包括哪几类？定价要实现什么样的目标？
2. 影响金融产品定价的因素主要有哪些？
3. 请举例说明金融产品价格变化与需求变动之间的关系。
4. 金融产品定价的基本方法大体上有哪几类？
5. 金融机构在金融商品的定价中可以运用哪些策略？

思考与分析

中国长期以来实行的利率管制使部分商业银行不能正确认识和合理制定贷款价格。在市场上存在较大竞争压力的情况下，有些银行一味强调规模扩张，信贷人员致力于寻找愿意支付现有贷款利率的客户，习惯于从基准利率开始与客户协商，利率浮动则简单地以10%递增递减，计息方式习惯于“一年一定”，很少愿意花费精力考察客户的风险状况，制定合理的价格；一部分客户经理担心贷款定价会提高贷款利率，导致客户流失，因此没有贷款合理定价的积极性。请你根据上述案例分析银行贷款合理定价的重大意义，以及银行在对贷款定价时可以采取的策略。

第七章

金融产品分销策略

近些年，由于科学技术迅猛发展，新金融市场陆续的开辟，许多金融机构已减少了其传统的分销网络。由于金融服务自动化程度的不断提高和市场需求发生变化，对分销策略（数量、地点、方式）也提出了新的要求。就金融机构营销者来说，满足目标市场的客户在一定时间和地点，方便、快捷地得到他们所需要的金融产品和服务，才能实现金融机构的营销目标，取得较高的经济效益。金融机构需要结合金融产品的特点，在不同的时间、区域为客户提供多种渠道的选择，使客户能方便地购买其所需的产品，这就必须要制定和实施分销策略。

本章主要介绍金融机构的基本知识，分析主要的分销渠道，并讨论金融机构可以选择的分销战略。

第一节　金融产品分销策略概述

一、金融产品分销策略的含义与种类

（一）分销策略

分销策略是传统市场营销分析中的营销组合 4Ps 中的第三个 P，即地点（Place）。但在现代市场营销理论中，分销策略重新诠释了这个“地点”。

分销是产品营销的渠道，即产品的所有权或使用权从生产者手中转移到消费者手中这一过程所经过的渠道。美国市场营销协会对分销策略作出如下定义：分销是一种包括生产企业内部组织（如销售部门）和生产企业外部代理商、经销商、批发商和零售商在内的产品销售网络结构，并通过这种结构得以使产品（包括服务）能够参与市场活动，实现销售目的。由此可见，分销不仅包括产品提供者本身，还包括代理商、经销商、批发商或零售商等组成营销渠道的各种成员。

（二）金融机构分销策略的含义

金融机构分销策略是指金融机构把金融产品和服务推向目标客户的手段和途

径。金融机构市场营销活动效益的高低不仅取决于金融机构产品开发，而且取决于金融机构的分销渠道。前者是形成金融产品使用价值的过程，即金融机构降低金融产品的成本、提高产品质量、增加产品的式样与功能、制定合理的价格以提高市场竞争力；后者是金融产品使用价值和价值的实现过程，即金融机构通过适应客户需求的变化，将已经开发出来的产品及时、方便、迅速地提供给客户，以满足目标客户的需要。从某种程度上讲，建立良好的分销渠道要比组织产品开发更为重要。

金融机构分销的基本过程如图 7－1 所示，分销渠道的起始点是金融机构，终点是客户（包括自然人、企业法人）。任何一家金融机构，要想把它的产品迅速推向市场，并在同类市场中占有一席之地，必须建立一整套科学、高效的分销渠道，以最短的时间、最低的成本、最快的速度将金融服务提供给客户。然而，金融机构提供的产品和服务怎样以最快的速度和最低的费用送到客户手中，确保分销渠道畅通无阻？根据目标市场的不同和产品的特点，怎样选择最佳的分销渠道？是直接关系金融机构发展的重要环节。

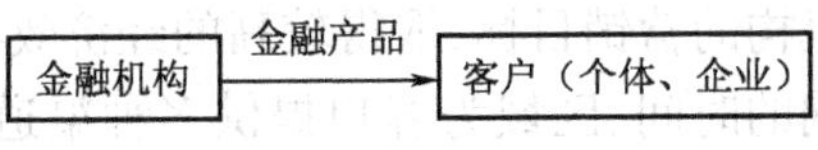

图 7－1　金融机构分销的基本过程

二、分销策略对金融机构的影响

20 世纪七八十年代，工、农、中、建等银行相继诞生，交行等股份制银行成立，保险业、信托业恢复。到 20 世纪 90 年代初，三大政策性银行的成立和上海、深圳证券市场的开市，使中国金融市场呈现一派欣欣向荣的景象。20 世纪 90 年代中后期，我国经济的快速增长，导致金融总量大幅度增加，从某种程度上得益于金融机构广泛地建立“分销网点”。但是，由于银行过度的追求规模效益，导致了成本上升，坏账增加，21 世纪初金融机构纷纷地减少自己的“分销网点”。例如，中国工商银行的网点从最高时的 47 000 家下降到目前的 2016 年底的 17 200 家，反映出金融机构重新审视分销策略与客户需求之间的差距，并改用多种分销渠道策略来增强企业产品的销售效果。

（一）促进了“引进来”与“走出去”的有机结合

经济全球化的发展，要求我们要善于利用好国外、国内两种资源、两个市场。“引进来”是指外资金融机构带来了先进的营销方式和经营理念。随着我国加入 WTO 之后，外国金融机构纷纷涌入中国金融市场，它们不仅带来了先进的经营理念、营销理念、专业技术、管理经验、优质产品及售后服务等，还对中国同行产生了良好的示范和启迪作用，外资企业的这种示范效应和扩散效应对于中国金融业的健康成长起到了助推作用。由于外资金融机构采取积极有效的分销策略进行市场开拓，增强了人们对各类金融产品的了解，提高了全社会的金融意识，从而迅速增加国内市场容量，使中资机构也得到了更多的实惠。“走出去”是指中资金融机构通过从机构设置、分销模式到运作机制的一系列重大改革，走出国门到海外设立分销渠道，促进本国金融机构的国际化，并且将风险在世界范围内分摊，提高自身承担风险的能力。

(二)促进了国内金融市场的竞争

随着我国金融业改革开放的逐渐深入，国内金融机构的种类不断增加，因而有效促进了市场竞争，提高金融创新程度以及专业分销渠道的建立等。直接分销是金融产品的主要分销方式，这是由金融产品不可分割性和专业性决定。直接分销使得金融机构能更快、更有效地接触到目标客户，而且可以直接接收来自客户的信息反馈。根据反馈的信息，金融企业可以创造新的金融产品满足客户的新需求。例如，我国的保险公司通过一线销售人员多年的努力，充分了解客户的潜在需求，开发了人寿保险、财产保险、医疗保险、再保险、旅游保险、农业保险和体育保险等金融产品。

(三)依托互联网的分销策略改变了金融机构的销售方式

正如互联网的出现彻底改变了我们的生活习惯一样，电子股票、网上银行、网络保险的出现，不仅改变了金融机构与客户的关系，而且提供了新的业务机会，拓展了服务的范围，改善了客户获取产品方便程度和降低了服务收费。金融机构可以通过电子商务，将原来不赢利的业务变为赢利的业务，更有效地改善金融机构分销的质量和结果。

例如，ATM 的广泛使用增强了获取银行服务的方便程度，减少了支票的数量。网络技术使零售企业的电脑与银行电脑直接联网进行资金转换。通过网络化手段介绍和推广保险公司及其险种，进一步开拓保险市场的广度和深度。保险需求、产品评价、理赔服务等电子化信息使得保险公司几乎能够实时了解更全面的市场供需情况，从而大大缩短调整经营策略和经营品种的时间，适应市场的快速变化。

新的分销渠道也对金融机构提出了更高的要求。个人和企业客户对价格的敏感性将会增强，反过来又会影响金融机构对其所提供产品的选择，金融机构必须通过业务量的增长来弥补缩小的利润率，甚至需要调整某些产品的营销策略和销售方式。同时新技术也减少了金融机构与客户面对面沟通的机会，使金融机构可能会失去一些年长而又富有的客户的业务机会。

三、金融产品的特性对分销策略的影响

在商品经济条件下，绝大多数企业生产出来的产品不是直接卖给客户，而是经过一系列中间组织配合输送到消费者手中。这些中间组织能使产品及时、迅速地到达消费者，以达到扩大商品销售、加速资金周转、降低流通费用的目的。

在金融活动中，由于金融产品的特殊性，金融机构的分销渠道有其独特的方式，一般是通过建立分支机构与网络来实现销售，即以直接分销为主。当然，随着金融产品的不断创新，功能逐渐多样化，金融机构也开始使用信息技术手段，如通存通兑、信用卡、自动柜员机（ATM）、售货终端机（POS）等自动化营销渠道。同时，金融机构的营销渠道也开始强调中介机构和个人的作用。有时，金融产品比一般产品更需要中介的参与才能完成销售职能。

（一）金融产品的不可分性

一家金融机构向客户提供了某种产品，同时便将一系列服务分配给了客户，而能否充分有效地接触客户，了解他们对服务的意见（如需要什么？什么时间需要？在什么地方需要？哪些消费者需要？产品或服务在哪些方面还要改进？）就成为营销成败的关键。金融产品的销售并不是一次性服务，销售后的跟踪服务和信息反馈对于金融产品的销售来说显得更为重要。这就要求金融机构要经常地、充分地接触客户，这样就会消耗一定的成本。如果将这些费时费力的工作交给中介机构（特别是代理和零售商）必然会节省财力、人力与物力。

（二）金融产品具有高风险性

风险性是金融产品的另一个特点，即使是被人们普遍认为最安全的“储蓄存款”也存在着通货膨胀的风险。因此，风险使得客户比较谨慎，只有在完全了解金融产品的特性和估计预期的风险之后才会作出购买的决定。基于这一点，金融机构需要开展强有力的产品宣传和营业推广，借助广泛的销售网络，充分发挥代理商、经销商以及批发、零售商的宣传优势。当然，金融机构本身为更好地分散金融产品的风险，也可选择多个中间商进行销售。

正是金融产品的特殊性决定了金融机构不仅要依靠自身的优势来直接销售产品，而且更应充分利用各种中间商实现及时、迅速地向客户销售产品的目的。

四、分销策略的作用

分销策略是沟通金融机构与客户之间关系的桥梁，合理选择分销策略对保证金融机构的正常经营，建立国际化、现代化的金融战略具有十分重要的意义。

（一）正确的分销策略可以更有效地满足客户的需求

金融机构根据不同的需求因素选择合理的分销渠道，可以把各种产品提供给目标客户群。并根据消费者需求的变化，随时调整产品的种类与功能，更好地解决金融市场中的供求矛盾、结构矛盾、时间矛盾与地区矛盾，以满足不同地区、不同层次客户的个性化需要。

（二）选择合适的分销策略可以简化流通渠道，方便客户购买

一家金融机构自身的活动范围是相当有限的，无法将其全部产品销售给所有

的目标客户。但如果选择合理的分销渠道,借助中间商的优势便可以在一定时间与空间的范围内方便顾客购买,实现销售的及时性与扩大化,有效地平衡供求关系。

(三)合理的分销策略有利于降低金融机构的营销费用,提高经济效益

直接分销与间接分销各有所长。金融机构直接分销,一般是通过广布销售网点的方式来实现,但这往往会使成本上升。所以,金融机构可以借助间接渠道的优势来弥补这一缺陷。通过合理选择中间商,既可以减少金融机构分支机构的设置,节约相应的营销费用,又可以扩大客户面,增加销售量,加速资金周转。

由此可见,金融机构经营效益的高低,不仅取决于产品的种类,而且还取决于营销渠道的选择。金融机构如何选择合理的手段和途径,把产品适时、适地、方便、快速、准确地销售到终端客户,已经成为企业维持现有客户和增加新客户,制定和实施分销策略的主要问题。

第二节　金融产品分销的渠道

金融机构营销活动效益的优劣不仅取决于金融产品的开发,而且取决于金融机构的分销渠道。从一定程度上讲,建立良好的分销渠道要比组织产品开发更为重要。

一、分销渠道的含义

分销渠道,是指产品从生产者到达最终用户过程中所经过的个人或组织所构成的体系。一个销售渠道的始点是生产者,终点是用户,若生产者自己建立营销网络将产品出售给用户,称为直接销售渠道;若生产者利用了独立的中介机构将产品出售给用户,称为间接销售渠道。与一般企业类似,金融产品的分销渠道也可以分为直接渠道和间接渠道两大类。

二、直接分销渠道

(一)直接分销渠道的含义和功能

1. 直接分销渠道的含义。直接分销渠道,也称零阶渠道,是指金融机构不通过任何中间商将产品直接销售给最终需求者。这种分销方式十分简单,其模式如图7-2所示。

2. 直接分销渠道的功能。金融产品的特殊性决定了在销售产品时通常与金融机构自身无法截然分离,它往往依靠金融机构直接与客户联系,将各种产品直接提供给客户。金融机构的直接分销渠道主要是金融机构通过广泛设置分支机构开展业务,或派业务人员上门等方式销售金融产品。

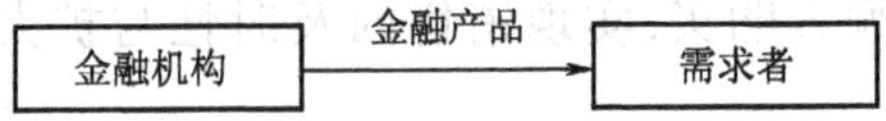

图 7－2　直接分销渠道

在实践中，直接分销渠道对金融产品销售所发挥的功能有：①金融机构自身网点或分支机构分布较广、体系较为完善，能够满足销售要求；②金融产品专业化程度较高，通过其他渠道无法满足专业化的要求；③一些金融产品的目标客户群较为集中、明确，需针对重点客户，实行点对点的专业服务。

（二）金融机构直接分销渠道的类型

1. 分支机构。金融机构在全国各地乃至世界各地直接投资建立的分支机构，构成了其产品的直接分销网络，可直接服务于客户。例如，我国商业银行在各省市所设立的分行，分行在各区县市设立的支行，支行在各街区、乡村设立的分理处和储蓄所，便构成了银行的产品分销网络。分支机构网络是金融机构传统分销渠道的典型形式。

金融分支机构的规模大小、分布的合理与否关系到金融机构经营的效益。因此，金融机构要在不同时期，根据自身的发展情况，科学地设置其分支机构，以实现自己的战略目标。

2. 人员推销。在金融机构网络中，除了开设“分支机构”这一基础的形式外，派人员进行面对面推销也是一种直接销售形式。越来越多的金融机构成立专业的销售队伍，对潜在客户进行访问，发展他们成为现实客户，并不断增加其业务。如银行业所实施的客户经理制度，就是从事面对面推销的直接销售组织。目前，我国保险代理人、经纪人已有数百万之多，保险业一半以上的保单是通过这些人进行交易的。随着证券业经纪人制度和以销售网点为核心的经纪业务体系的逐步建立，证券营业部的核心职能也将由经纪业务经营场所转变为客户资源开发、服务和管理的中心。

案例 7－1

保险营销员与保险产品的分销

保险营销员是指取得中国银保监会颁发的资格证书，为保险公司销售保险产品及提供相关服务，并收取手续费或佣金的个人，必须通过国家保险会的资格考试，考取《代理资格证》（2015 年取消保险代理人资格考试），签订《代理合同书》，取得《展业证》才能依法合规开展保险代理业务。

保险营销员是运用整体营销或协同营销的手段，将保险商品转移给消费者，以实现保险公司长远经营目标系列活动的从业人员。他们以消费者对保险商品的需求为导向，以满足消费者转嫁风险的需求为中心，通过多种营销手段促进保险产品的销售。

目前，保险营销员营销模式已成为我国保险业的一个重要的销售渠道。特别是2015年保险代理人资格考试取消以后，营销员准入权由监管层下放至保险公司，保险营销员增加很快，其保险销售也是保险公司保费的重要来源。根据统计，截至2010年底，全国共有保险营销员329.78万人；2014年末，保险营销人员325万人；2016年底，整个保险业营销员达657.28万人，较年初增加185.99万人；而到了2017年一季度，全国保险营销员达697.45万人，又比2016年末增加了40多万人。

中国保险行业协会发布的《2017年中国保险行业人力资源报告》分析认为从营销员（含代理人）的人均效能来看，2016年保险业营销员（含代理人）人均年保费收入的中位值为10.64万元，财产险公司中位值为19.20万元，人身险公司为8.47万元，差异较大。

营销员（含代理人）人均首年规模保费方面，保险行业内中位值为7.15万元，财产险公司中位值为20.55万元，人身险公司为4.87万元，差异较大。行业间不同公司之间营销员（含代理人）人均年保费收入与人均首年规模保费差距都较大。

随着国人保险意识的逐步觉醒，保险业的发展潜力越来越大，保险人才的需求越来越旺盛。《2017年中国保险行业人力资源报告》认为，在保险营销员（含代理人）队伍中26～45岁人员为中坚力量，2016年底占比69%。

而现行保险营销模式也带来管理粗放、大进大出、营销员素质不高、关系不顺等弊端。传统保险营销模式矛盾凸显，保险代理市场混乱，保险公司与保险中介机构业务关系不真实、不合法、不透明。这导致了保险销售的主动离职率相对较高，《2017年中国保险行业人力资源报告》显示保险公司大部分专业序列员工主动离职率在10%左右，销售（非代理）等序列则达到近15%或更高。

另外，针对有些保险营销员"急功近利"、与保险公司关系不稳定，保险公司一方面需要加强培训，提高营销员人均产能及佣金收入，关注保险行业人才的"获得感"；另一方面也要积极探索新的保险营销模式，大力拓展其他渠道，如银保、电话销售、保险经代等渠道。

资料来源：保监会：2010年保险中介市场报告，2011年3月15日；俞燕. 保险营销员体制改革已呼吁多年，今年或将提速[N]. 第一财经日报，2012-2-1；华商报：保险营销员近700万，卖保险"月入百万"?，2017年5月17日；中国保险行业协会：《2017年中国保险行业人力资源报告》，2017年11月28日。

3. 电子渠道。20世纪90年代以来网络经济的产生与发展，使得金融产品的分销出现了全新的形式，即电子分销渠道。以电话、手机、电脑等媒介，以客户自助为特点,使得顾客足不出户便可享受金融产品消费。例如,电话银行、网上银行、手机银行、企业银行、家庭银行、自助银行和各类电子资金转账(EFT)业务,就是将传统的银行产品通过电子网络系统直接分销给用户。

(三)直接分销渠道的优缺点

金融机构直接向客户销售产品具有一定的优点。

1. 实现及时性。将金融产品直接销售给客户,可以使客户及时了解金融产品。特别是新开发的产品能迅速投入市场,缩短流通时间,减少因销售环节多、时间长引起的损失。

2. 降低营销费用。在间接分销中,各中间商要收取一定的费用,这对金融机构来说是一种成本开支,特别是当中间商过多时,这笔费用也相当可观。对于那些客户相对集中、顾客需求量大的市场,直接销售可以自己控制价格,大大节约流通费用,降低营销成本,利润可有较大的增加。

3. 增加产品销售。在直接销售金融产品过程中,更应强调金融机构对客户的服务。金融机构派人直接提供产品,贴近市场,并保证较高质量的售前、售后服务。这样可以进一步扩大金融机构的影响,提高声誉,密切金融机构与客户的关系,扩大销售量。

4. 便于了解信息。直接推销产品可使金融机构及时掌握市场上的相关信息,了解客户的心理。把客户对产品品种、功能等需求信息直接反馈给产品开发部门,以便更新产品,并不断开发符合客户需要的新产品。

由此可见,如果金融机构将直接分销渠道巧妙运用,可大幅度降低金融机构的流通费用,加快金融产品流通速度,增加收益。

当然,直接分销渠道也有不可忽视的缺点。当金融机构的规模达到一定程度时,由于广泛地设立分支机构,并为其配备相应的服务人员,势必会占用一定人力、物力和财力,这样会增加分销费用,影响金融机构的经济效益。特别对于客户分散、需求差异大且多层次的市场,此渠道的缺陷更为明显。

三、间接分销渠道

(一)间接分销渠道的含义和功能

1. 间接分销渠道的含义。间接分销渠道是指金融机构通过中间商向客户销售产品。这种分销模式如图 7-3 所示。

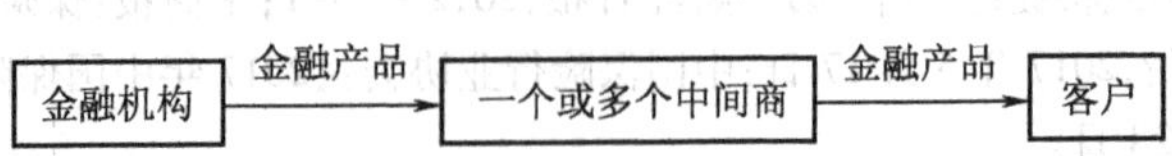

图 7-3 间接分销渠道

2. 间接分销渠道的功能。金融服务在其整个动态化的过程中,可将一部分的金融服务项目进行物化使其呈现实物形态,而这些物化的金融产品可脱离金融机构独立存在。在某些分销环节上,通过中间商将产品销售到客户手中。事实上,金融产品的分销渠道可被视为"价值增值链",当某些机构的介入,能使金融产品增值时,这些机构即是金融机构的中介机构。

在实际经营中,间接分销渠道对金融产品销售所发挥的功能有:①使客户更容易获得金融服务,或使金融服务更加方便。②促使人们使用金融产品,或因金融服务提高了收益。③帮助留住现有客户,促使现有客户增加使用金融服务的频率,或吸引新用户。

例如,银行信用卡业务的最终消费对象是消费者,但消费者获取信用卡消费服务,就需要借助于商场、酒店等消费场所,所以银行只有让商场、酒店等消费场所开展信用卡业务,消费者才能享用到信用卡服务,这正是利用了金融产品分销的间接渠道。消费贷款业务同样也是借助于商家完成的:汽车销售商向消费者销售汽车贷款;房地产商向消费者销售住房贷款等。同样,银行面向广大消费者所开展的中间业务,也要借助于各个商家完成:银行代发工资业务需要有消费者就职单位的配合,代收电费业务需要电信机构的配合,银证通业务需要证券公司的配合等。

客户在购买房产同时销售财产险;购买新车时销售负责险和财产险;购买机票、车票时销售人身险等,都是保险公司引入中间商,利用分销间接渠道的方式。法国国家人寿保险公司(CNP)利用中介间的网络优势方便地推销产品。CNP 自身和被保险人并没有直接的联系,而是借助银行、邮局等客户网络进行分销。

(二)间接分销渠道的策略类型

1. 短渠道策略和长渠道策略。这是根据金融产品传递过程中,纵向所经过的中间商的多少来划分的。

(1)短渠道策略。短渠道策略也称一阶渠道分销策略,是指金融产品在销售过程中只利用一个中间商来传递产品。在产品的转移过程中,可通过批发商、零售商或代理商,但只有一个中介机构,由它负责将产品转售给最终客户,其模式如图 7-4 所示。

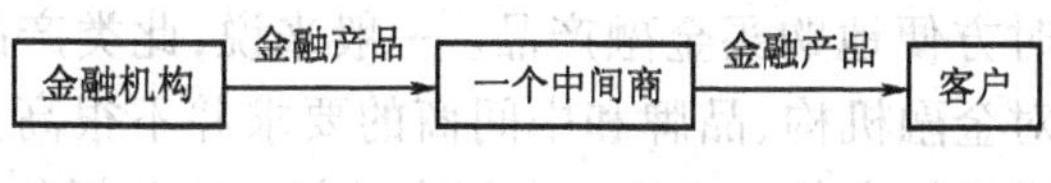

图 7-4 短渠道策略

这种分销渠道策略使金融机构能直接将金融产品通过一个中间商(一般为零售商)转售给最终用户。其特点是分散了金融机构的风险,同时也降低了其设立分支机构直接推销产品的费用,扩大了销售市场,也使客户能更方便地得到产品。

(2)长渠道策略。长渠道策略是指金融机构利用两个或两个以上的中间商来传递产品的策略，有以下几种形式：

第一，二阶渠道分销策略是指金融产品销售要经过两个中间商，通常是一个批发商和一个零售商，也可能是一个代理商和一个批发商将金融产品销售至客户，其模式如图 7－5 所示。

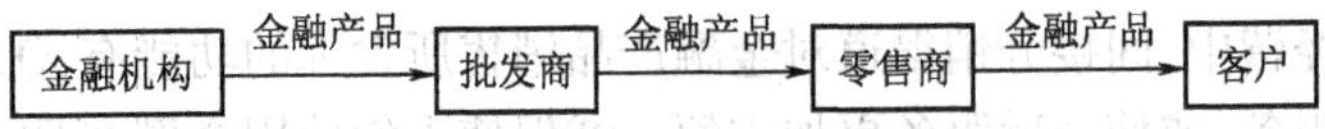

图 7－5　二阶渠道分销策略

在这种策略中，一般由批发商或代理商从几个金融机构手中购得产品，再转售给各个零售商，由其将产品售给客户。例如，某家证券公司获得了一家公司股票的包销权后，可以自己销售，也可以通过中间商去销售。

第二，多阶渠道分销策略，是指金融产品的销售要经过三个或三个以上中间机构的传递。金融机构为自己的产品寻找一个代理商，代理商再转售给批发商与零售商，由零售商将产品卖给最终客户，其模式如图 7－6 所示。

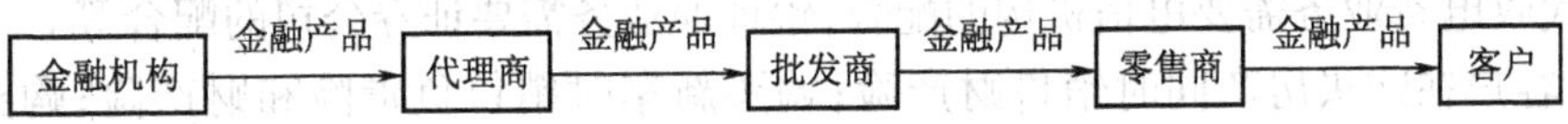

图 7－6　多阶渠道分销策略

这种模式下，由于代理商的出现，加快了金融产品代销的过程，有利于金融产品的传递与推销，并进一步扩大了金融产品的销售范围，增加了中间销售产品的品种，丰富了金融市场。

2. 宽渠道分销策略和窄渠道分销策略。这是根据金融机构在销售产品时横向选择中间商数量的多少来划分的。

(1)宽渠道分销策略。宽渠道分销策略是指金融机构在同一地区设多条分销渠道，或选择同一层次或不同层次的多个中间商分销产品。这种策略又有两种类型：首先，广泛的分销策略，是指金融机构在同一地区内对各类中间商的数目不加限制，尽量拓展分销渠道的宽度与密度。它适用于客户日需求量大、适用性广，客户又能及时方便地购买金融产品。一般来说，此类产品的标准化、通用化程度较高，客户对金融机构、品牌和中间商的要求并不很高。其次，有选择的分销策略，是指金融机构在某一市场对中间商进行对比分析与筛选，从中选择几家中间商推销其产品。此种分销策略通过选择一些基础好、声誉高、效率高的中间商推销其产品，既可节约销售费用，又能增加产品的市场占有率，提高销售效率。

(2)窄渠道分销策略。窄渠道分销策略是金融机构在同一地区只设一条分销渠道,选择某一特定中间商分销产品。这种策略一般是独家经销的中间商享有推销金融产品的权利。它适用于高价产品或某种特殊金融服务。独家经销策略的好处是:①有利于金融机构加强管理,比较容易对中间商进行控制,完全掌握产品的销售价格;②金融机构与中间商关系比较密切,在营销策略上可以有效协调;③可以节约费用、降低成本,提高经济效益;④有利于提高服务质量。但独家经销可能会使金融机构失去部分市场,特别是当选择中间商不当或市场条件发生变化时。

(三)间接分销渠道的优点

1. 转变了金融产品的提供方式。金融机构与客户并不必直接见面,不再受分支机构地点和开业时间的限制,可以更好地满足客户的需求,为客户提供方便。

2. 加快了金融产品的分销速度。间接分销渠道使中间商充当了产品交换的媒介,有效地调节供求之间地区、时间、数量和结构等方面的矛盾,加速产品的合理分流,大大缩短了产品流通的时间。

3. 有利于金融机构拓展市场。由于中间商熟悉产品特点及本地市场情况,这可以改善金融产品的推销状况,挖掘市场潜在购买力,为更多的客户提供多样化服务,进一步扩大业务范围,提高产品市场占有率。特别是对于金融机构新开发的市场或地区,可以通过寻找代理商而使产品快速进入。

4. 有助于降低营销费用。金融机构通过中间商作为媒介,可以降低营销费用并改善金融机构与客户的关系,收到事半功倍的效果。

5. 便于提供更多的市场信息。中间商作为流通媒介,同本地区、本市场的客户有着广泛的联系,能有效地收集客户的信息,并将之反馈给金融机构,可以更好地促进金融产品的开发与销售。

四、我国金融机构分销渠道存在的问题

为了与客户建立更紧密的联系,我国金融机构已经开发了一些新的分销渠道。通过调整与客户直接接触的网络分支机构,设计出让客户感到方便的环境,也拓宽了产品的分销渠道。但与国外同行相比,我国金融机构的分销渠道还较少,营销观念较落后。

(一)银行分销渠道存在的问题

在我国,银行分销渠道仍大体沿用着1979年以来实行的按区域划分和专业分工体系,主要的问题有:

1. 银行网点设置区域不尽合理。长期以来,我国银行分支机构的设置是以行政区域来划分的,使得银行分支机构在经营过程中受到较大程度的行政干预。各家银行的管理受控于地方政府,难以发挥银行内部的调节作用,其特殊的企业性质被削弱。

案例7-2

中国工商银行的分支机构分布

作为国内最大的银行,中国工商银行的分支机构布局会关系到其经营。近几年,工商银行在保持物理网点总量基本稳定的基础上,加强营业网点布局优化调整,适度增强县域渠道建设和资源投入,提升其在县域和农村地区金融的服务水平。工商银行的分支机构分布情况见表7-1。

表7-1 2017年中国工商银行境内外机构分布

项目	资产		机构		员工	
	金额(百万元)	占比(%)	个数	占比(%)	人数	占比(%)
总行	8 884 314	34.8	30	0.2	15 440	3.4
长江三角洲	4 430 752	17.4	2 550	15	60 941	13.4
珠江三角洲	2 745 895	10.8	2 078	12.2	49 757	11
环渤海地区	3 377 829	13.2	2 765	16.2	71 828	15.8
中部地区	2 313 616	9.1	3 589	21.1	50 266	11.1
西部地区	2 877 100	11.3	3 810	22.3	92 979	20.5
东北地区	995 183	3.9	1 684	9.9	92 359	20.3
境外及其他	3 639 021	14.3	529	3.1	20 503	4.5
抵销及未分配资产	13 749 664	(14.8)	—	—	—	—
合计	25 514 046	100	17 035	100	454 073	100

资料来源:中国工商银行2017年半年报。

从表7-1可以看出,工行的网点和资产规模有相当程度的集中。其中,长江三角洲、珠江三角洲和环渤海等经济发达地区汇聚了43.4%的分支机构、41.4%的资产、40.2%的员工,工行在网点的分布上已经打破了我国以行政区域来划分的传统特点,体现了金融与经济的协同发展。但是还需要进一步完善其布局,特别是根据不同区域的发展状况与比较优势,进一步深化区域发展战略,制定差异化发展策略,推动发达地区分支机构转型创新,同时,扶持和推动中西部地区和潜力地区加速发展。

另一方面,工行也大力推进国际化,抓住后金融危机阶段的有利机遇,新兴与成熟市场并举,加快境外机构申设和并购步伐。截至2017年6月末,工行在42个国家和地区设立了419家境外分支机构,与143个国家和地区的1519家境外银行建立了代理行关系,服务网络覆盖六大洲和全球重要国际金融中心,在"一带一路"沿线18个国家和地区拥有127家分支机构。

表7-2　2017年中国工商银行境外机构分布情况

	资产(百万美元)	机构(个)
港澳地区	163 558	108
亚太地区(除港澳)	78 674	88
欧洲	65 081	79
美洲	71 981	143
非洲*	—	—
抵销调整	-42 768	
合计	336 526	419

资料来源:中国工商银行2017年半年报。

2.对机构规模缺乏定量分析,整体经济效益不高。银行对机构网点选址及规模没有进行深入分析与决策,过分重视地理环境、人口分布情况,而对网点未来的经济效益缺乏评估分析与战略构思,造成银行整体经济效益不高。中国银保监会的统计显示,截至2017年底,我国银行业金融机构总资产首次突破250万亿元,达到252万亿元,与2012年末的133.6万亿元相比,五年间我国银行业资产规模增长了88.6%①,银行是中国金融体系最主要的组成部分。庞大的资产规模、网点分支、员工数量使银行的管理难度有所提升,战略执行效率还有待进一步提高。2017年三季度末,商业银行当年累计实现净利润1.43万亿元,同比增长7.40%,增速较上季末下降0.51个百分点。2017年三季度商业银行平均资产利润率为1.02%,较上季末下降0.02个百分点;平均资本利润率13.94%,较上季末下降0.54个百分点②。

以上这些数据说明,尽管银行业的资产占我国全部金融机构资产的绝大多数,但是它们的平均回报率却较低,其中一部分原因是分销网点的设立缺少对经济效益的考虑。

3.海外营销网络不完备。对银行来说,海外市场的开拓非常重要,它是银行赢利的重要来源。据统计,世界最大的十家跨国银行的海外收益占总收益的比重为50%左右。改革开放以来,我国银行的海外分支机构也得到了较快的发展,数目大幅度增加。截至2016年底,我国四大国有银行已在世界各地建立了一些分支机构

① 资料来源:中国银监会,2018年2月27日。
② 资料来源:中国银监会,2017年11月11日。

和代表处，形成了一定的营销网络，这可以从表7－3中看出。但我国银行海外分支机构仍相对单一，中国银行在海外及港澳的分支占到绝大多数，而其他商业银行的海外分支则相对较少，因此，要形成银行全球营销网络还有待时日。

表7－3　我国国有商业银行境外机构一览表

分行	中国工商银行	中国农业银行	中国银行	中国建设银行
境外机构总数	412	13	578	29
在境内外机构中的占比	2.40%	0.05%	5.00%	0.19%

资料来源：各银行2016年年报。

4. 银行分销网点内的服务不够细致周到。我国有些银行的网点较多，但对于网点内的设施却不够关注，服务人员的素质较低，使客户无法得到满意的服务。

（二）保险公司分销渠道存在的问题

目前，我国保险公司在分销渠道选择上较为简单，缺乏计划性、系统性和创新性。存在的主要问题有：

1. 过多依赖人员推销，造成了一定的负面影响。由于个人代理人队伍的增长能迅速带来保费的增长，因此通过人员推销成为各保险公司主要的分销渠道。由于没有经过认真的筛选，且后期的培训支持未能跟上，业务员的技能与素质较低，使其在销售时误导和隐瞒的事时有发生。而这些问题导致客户投诉、退保的上升和续保下降等后续问题的出现。

2. 销售渠道单一，中介严重不发达。个人代理、团险业务员和行业代理占保险营销绝对主导地位，而间接销售渠道所占份额微不足道，不能满足不同客户需求。通过中间商经营的保险业务量目前仅为1%左右，中介不发达较严重地影响了保险市场的开发。

3. 保险电子商务处于初始阶段。互联网的兴起，使各金融机构争先恐后地建立自己的网上品牌，顾客也由传统的消费方式逐步转向网上消费。目前保险公司仍大量采用人员推销方式，名牌意识不强，不注重塑造企业形象和营造企业文化。

（三）证券、基金公司分销渠道存在的问题

证券、基金公司等金融机构在我国发展非常迅速，然而证券、基金业的分销活动还存在着诸多的问题。

1. 证券、基金公司通常采用单一的分销渠道进行营销，成本较高、效率偏低。尽管我国证券、基金的销售逐渐形成了以银行代销、券商销售、基金公司直销的销售体系，可整个分销体系仍处于粗放式经营的状态。从基金业来看，托管银行代销在总销售额中占绝对比例。事实上，一方面有些基金的销售可能不一定需要遍布全国的分销机构，可能靠基金管理公司自身就足够了，另一方面代销银行的营销毕竟是有限的。这种过分依赖银行代销基金的现象导致了目前开放式基金的营销渠道总体成本较高，且营销效率低下。

2. 证券、基金业自身拥有的营销人员相比银行、保险业还较少，专业素质不高。首先，目前证券、基金渠道营销中还面临过分依赖销售代理机构的问题。其次，证券、基金营销人员过度追逐佣金，损害客户利益而引发法律纠纷，降低了公司的社会形象。而且证券、基金的环境竞争激烈，其淘汰率高、流动性非常大，这也使销售队伍水平长期处在参差不齐的状态。

五、金融产品分销渠道建设要考虑的因素

金融机构在设立与管理分销渠道过程中要综合考虑多方面的因素，主要包括成本与利润、金融产品及需求、市场及控制等因素。

（一）成本与利润因素

金融机构选择何种类型的分销渠道，完全取决于收益的情况。不同的金融机构即使采用相同类型的分销渠道，其具体的操作效果也会迥然不同。在西方，大多数营销经理认为，使用企业自己建立和拥有的分销网络的销售量较大。因为企业的推销员完全致力于本企业的产品，在如何推销本企业产品方面受到专门的培训，他们的未来与企业的发展密切相关，因而更富有进取心，而且客户更愿意与企业直接打交道，因此，他们成功的可能性更大。然而，销售代理商或经纪商也可能比企业推销队伍的销售量大。这是因为，代理商早已建立了广泛的市场网络，如果企业的激励机制科学，代理商会像企业推销员一样拥有积极性。新建立的金融机构须从头做起，自己直接销售，困难大、成本高、时间长。

（二）金融产品及需求因素

从金融产品角度看，通常技术复杂的产品或服务，其展开具有极强的连续性，多采取直接渠道；而如果产品或服务的技术要求较低，其展开具有多环节，且相对分割和独立，可采取间接渠道。从需求方面看，客户对服务的专业性要求高，服务过程具有较高的参与度，对产品及服务的需求具有整体性，宜采取直接渠道；反之，客户需在一定时间和地点一次性购买很多产品，可采取间接渠道。

例如，基金公司在向战略投资者配售业务中，面对的只是少量的、较为集中的机构客户，拥有较大规模的券商，可通过营业部自身满足要求。反之，如果面对的是广大中小投资者，就需要充分利用银行营业网点多的优势作为间接渠道进行销售。还有像保险公司销售不同的险种，也可利用独立中间商，例如，经纪公司、银行或邮局来开展。而银行业的自身特点，使得银行服务利用独立中间商较有限，大量的业务主要靠自己的销售网络直接服务于客户。因为银行业的各个服务环节很难相互独立，产品和服务的技术性也很强，顾客的参与程度也很

高，且具有整体性的要求，所以它只有利用自己的销售网络来综合性地、一揽子地开展整体服务。信用卡业务之所以可利用间接销售渠道，是因为只有借助于商场和酒店开展相应的业务，信用卡的使用价值才能得以实现，客户才能真正享用到银行信用卡的全面服务，因此信用卡业务的这部分服务是可以从银行整体业务中独立出来的。

（三）市场与控制因素

利用间接渠道通常能够迅速扩展市场，提高市场覆盖面，但会失去对分销的直接控制。销售代理商或经纪商是一个独立的机构，它更关心的是本企业的利润最大化。因而，它特别关注关键业务的销售和开展，或是产品组合的整体经营业绩，而不大关心某一特定代理业务的经营业绩。此外，销售代理商的营销人员可能缺乏有关产品的技术细节和对具体市场的了解，不能有效地进行促销宣传和市场拓展工作。金融机构通过直接渠道销售产品，能直接控制分销状况，但受网点数量、推销队伍规模、成本利润等因素的影响，又不能迅速提高市场覆盖面。

第三节　金融产品的分销策略

随着中国加入 WTO 后，外国金融机构和资金的大量涌入，加速了资本市场的发展，加剧了同业竞争，我国金融机构的经营环境面临着深刻的变革。在激烈的市场竞争环境中，我国金融机构的分销策略应从增加分销网点数量来实现销量增长的外延型发展战略，向提高金融产品分销的有效性的内涵型发展战略转变，从注重分销渠道数量的粗放型增长方式转变为提高分销渠道业绩的集约型增长方式。

一、分销策略的含义

分销策略，亦称为分销渠道策略，是企业为了使产品迅捷地转移到消费者手中如何选择最佳的分销渠道，并适时对其进行调整与更新，以适应市场变化所采取的策略。金融机构在沿用生产企业的传统分销策略基础上，结合金融产品的自身特点创造出了一些新的分销策略。

二、分销策略的种类

随着分销策略为金融机构带来竞争优势，许多企业越来越注重营销渠道的开发和建立。如单一分销策略、双重分销策略、建立比较宽的渠道成员网络策略、使用新技术策略、提供优质服务策略、保持低分销成本策略等已广泛地被金融机构采用，下面介绍金融机构的几种主要的分销策略。

（一）直接分销策略和间接分销策略

这是根据金融机构销售产品有无中间商来划分的。直接分销策略也称零阶渠道策略，是金融机构直接把产品销售给客户，不需要借助任何中间商完成商品销售的策略；间接分销策略是金融机构通过中间商把金融产品销售给客户的策略，它又能分为多种形式，如图7-7所示。

- 分销策略
  - 直接渠道分销策略（单渠道分销策略）
  - 间接渠道分销策略
    - 单渠道分销策略
    - 双渠道分销策略
    - 多渠道分销策略

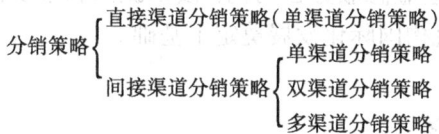

图7-7　直接与间接渠道分销策略

（二）单渠道分销策略和多渠道分销策略

单渠道分销策略指金融机构只是简单地通过一个渠道实现产品销售，例如，金融机构的产品全部由自己销售或交给经销商销售。多渠道分销策略指金融机构通过不同的销售渠道将相同的金融产品销售给不同的市场或不同客户的策略。比如，金融机构可以在本地区采用直接分销，外地区采用间接分销；有些地区独家经销，有些地区多家分销；对某些产品采用长渠道，对另一些产品采用短渠道。这种分销策略比单渠道分销策略能更有效地扩大市场占有率，对市场竞争激烈的金融产品的销售具有更大的作用。

（三）结合产品生命周期的分销策略

金融机构将分销策略与金融产品生命周期理论相结合，以产品所处的生命周期为前提所采取的分销策略，称之为产品生命周期分销策略。如产品导入期应以自销或独家经销为主，尽快占领市场，提高新产品声誉；在成长期应选择有能力，有前途的中间商进行分销，提高销售量，扩大市场份额；在成熟期应拓宽分销渠道，与更多的中间商积极配合，进一步扩展业务活动的范围；在产品的衰退期可以选择声望高的中间商分销产品，获取产品最后的经济效益。

（四）组合分销渠道策略

组合分销渠道策略是指金融机构将分销策略与产品策略、定价策略、促销策略等相结合，更好地开展产品的销售活动。这种策略分为三种：①分销渠道与产品生产相组合的策略，即金融机构根据产品的特征选择分销策略；②分销渠道与销售环节相结合的策略，即金融机构根据平等互利的原则，尽量减少销售环节，拓宽分销渠道，更好地减轻客户的负担，促进产品的销售；③分销渠道与促销相结合的策略，即金融机构通过大力的广告宣传或协助中间商做广告以促进金融产品的销售。

（五）综合渠道成员网络策略

金融机构要利用固定网点、先进的设备和技术、销售人员、中间商、地区性和全国性的广告等一切行之有效的分销渠道，创立和维持一个地区性的或全国性的金融分销网络。由于新技术的发展提供了传递金融产品的新渠道，并开辟了新市场，所以许多金融机构已减少了其传统的分销网络，一方面是为了削减成本，另一方面使金融机构认识到，随着金融服务自动化程度的提高和市场需求的不断变化，综合化的分销策略为金融机构国际化发展奠定了基础。

案例 7－3

中国建设银行的分销渠道建设

2016 年以来中国建设银行（下称建行）采取多种策略改进渠道建设：

1. 完善物理渠道整体布局，优化业务流程，凸显品牌效应，提升客户体验和网点竞争力。截至 2016 年末，建行累计开业私人银行专营机构 306 家；累计组建“信贷工厂”模式的小企业经营中心 288 家；累计建成个贷中心超过 1 500 家。分类打造旗舰网点、综合网点和轻型网点。打造综合性网点旗舰店，塑造本行高端品牌新形象；推进综合性网点轻型店建设，快速进驻新型区域和专业市场，以低成本解决客户最后一公里的服务需求；促进综合性网点智慧转型，全面提升业务流程智能化。

2. 推进智慧柜员机渠道创新，分流柜面业务压力。加大智慧柜员机创新与应用，助推物理渠道智慧转型。智慧柜员机全面整合网点设备功能，深度优化原有柜面业务办理流程，大幅缩短业务处理时间。智慧柜员机已上线 19 大类 180 项业务，自试点应用和推广以来，渠道产能稳步提高。

3. 持续完善自助渠道服务网络。加大离行自助设备布放力度，着力向县域地区进行倾斜，有效延伸服务触角。加快自助设备功能创新及新技术应用，在同业中率先推出了 Apple Pay、Samsung Pay、华为、小米取款和查询等非接取款功能，实现“刷脸”和“声纹”取款，推进公安部“身份自动核查”试点应用，促进线上线下渠道协同。

4. 积极推进电子渠道建设。2016 年，建行的网络金融业务以打造金融生态系统为核心，充分运用互联网思维和技术快速响应市场客户需求，由传统的银行服务向全面电子银行服务模式转型，为全行“获客、活客”创造价值。电子银行和自助渠道账务性交易量在电子银行、自助渠道和柜面账务性交易总量中占比达 97.82%，作为建行主渠道的作用进一步凸显。

5. 加大推广移动金融。手机银行加快产品创新与业务推广节奏，推出 e 账户、快 e 贷、结售汇、银证 e 路通、纪念币预约等全新功能。微信银行运用"推送＋定制"方式，推出包括微黄金、智慧 301 医院、纪念币预约、微信善融、微信实物金等微金融服务，同时推出全国加油卡充值、全国手机流量充值、去哪儿网商旅出行等服务。进一步拓展了智能服务渠道覆盖面。

6. 拓展网上银行功能。新版建设银行个人网银获得客户广泛认可，新增信用卡一键还款、外汇汇率查询等功能，推出小微企业快贷、股票期权等业务。企业网银新增客户网上支付平台定期存款和通知存款、全球账户查询、大额转账提示等功能，推出"慧医疗"、"e 智联"（企业网银银企直联）、"保 e 生"三大品牌，可为用户提供医疗卫生和医保缴费服务。企业网银海外版在建行亚洲、香港分行成功上线。

7. 大力推进智能客服建设。建行通过打造智能化、多功能、便捷化的统一客户服务平台，拓宽手机在线等移动金融服务新渠道吸引客户。2016 年末，建行 95533 电话银行客户 2.42 亿户，智能客服业务量较上年增长 85.45%，电话客户自助服务占比 75.06%。

通过这些措施，建行的分销渠道大大拓宽，取得了积极的成效。

资料来源：中国建设银行 2016 年年报，第 59、60 页。

三、选择分销策略的基本原则

金融机构选择分销策略要遵循以下基本原则。

（一）经济性原则

企业是以追求利润最大化为经营目标，因此金融机构应以最小的投入取得最大的产出，以最有效率的方式和最低的营销费用销售产品，这是选择分销渠道的一个重要原则。

金融机构在制定分销策略时，一般可建立两种或两种以上的销售方案，再将备选方案中的每一种分销渠道所能引起的销售收入增长同实施这一渠道方案所需要的费用作比较，以评价该种分销渠道效益的高低，然后再择优采用。这种比较可从两个角度进行：

1. 静态效益的比较，即在同一时点对各种不同的渠道方案可能产生的经济效益进行对比。

2. 动态效益的比较，即对各种不同的渠道方案在实施过程中所引起的成本和收益的变化进行对比。通过比较，金融机构认为直接分销获利大于间接分销时，则选择直接分销；若直接分销系统的投资报酬率低于中间商进行间接分销的投资报酬率，则选择后者。

当然，在利用中间商推销产品时，金融机构也要对中间商进行挑选，应选择处于有利地理位置（如交通枢纽、运输便利区、繁华街道及主要商业区）、有较强经济实力和经营管理水平、信誉好、并能提供较好服务的中间商。

（二）适度控制的原则

控制是指金融机构对分销渠道施加影响的程度。从长远来看，金融机构对分销渠道的选择除了考虑其经济性外，还必须考虑能否对其进行有效的控制。在各种分销策略中，金融机构对于本企业设立的分支机构的控制最容易，但其成本相对较高，市场覆盖面较窄；建立特约经销或代理关系的中间商较容易控制，但金融机构对特约中间商的依赖过强；利用多家中间商在同一市场进行销售，会降低风险，但对中间商控制能力会相应削弱。分销渠道越长、越宽，金融机构与中间商之间的关系越松散，就越难以对中间商施加影响。

然而并非所有产品都必须要求金融机构对其分销渠道实行完全的控制，如市场面较广、购买频率较高的大众化产品就无须过分强调对于分销渠道的控制；在金融产品供不应求时也不必太强调对分销渠道的控制。

（三）易于沟通的原则

沟通包括金融机构与各类中间商之间的沟通，也包括各中间商之间的沟通，它是一种信息的双向传递和反馈。金融机构与客户、金融机构与中间商、各中间商之间、中间商与客户之间都需要经过沟通才能相互了解。因此，它对分销渠道的正常有效运转至关重要，金融机构在选择分销渠道时，必须考虑沟通问题，金融机构制定的分销策略必须在最大程度上有利于各方之间的信息交流，以加强合作。

（四）灵活性原则

除了金融机构的分支机构外，很多分销渠道都是金融机构不能完全控制的，所以金融机构在制定分销策略时应讲究灵活性，随机应变，以适应环境的变化。金融机构应根据不同地区、不同经济发展水平、不同购买习惯、不同时间、不同文化背景等因素选择不同的分销策略，并保持适度的弹性，随时根据市场及其环境的变化对其分销渠道进行适当的调整。

（五）连续性原则

连续性是指金融机构要找好中间商，以便实现对其产品的持续销售。对金融机构来说，分销渠道的设计是营销组合中具有长期性的决策，某条渠道的建立需要付出一定的代价，而对它进行维持也需要大量的投入。因此要尽量维持产品分销渠道的持续经营，避免出现中间商在本产品销路好、利润大时蜂拥而至，在销路不好时又投向他家的现象。

四、分销策略的具体选择

（一）根据目标客户群对金融产品种类的需求不同来选择分销策略

金融机构首先要进行市场细分，然后确定目标市场。只有确定了谁是目标顾客，才能去了解他们的需要，他们会在何时、何地对什么金融产品提出诉求。

在金融机构分销活动中，必须坚持要根据目标顾客的需要提供正确的金融产品；根据目标顾客需要的时间，在正确的时间销售产品；根据目标顾客需要发生的地点来决定在哪里销售产品。

同时，金融机构在选择分销网点时，要打破过去那种"姜太公钓鱼，愿者上钩"式的、无的放矢的销售习性。通常顾客的需要具有时效性、多样性、个别性，所以金融机构应尽量选择顾客最愿意光顾、最容易购买的地方去销售产品，让顾客能够及时、方便购买。对分支网点的选择主要取决于：

1. 顾客最方便购买的地点，如居民区、商业街、学校、医院门口、车站、机场、工作场所边缘和交通干线等。

2. 顾客最乐意光顾并购买的场所，如商场、娱乐场所等。

3. 产品最充分展现、让更多人认知的地点，如国内外的金融产品展示会、各种媒体广告和广播等。

4. 树立金融产品形象的地点，如公益活动、社会活动等。

选择分支网点时，要求根据目标市场的特征及竞争状况、企业自身的经济实力、产品特点、公关环境和市场基础等特点，以及企业外部的市场环境、竞争对手状况等因素，经过综合权衡选择出直接面向顾客的分销点。

案例 7－4

国外银行分支网点设立的创新做法

从20世纪90年代起，国外许多银行开始探讨、试验网点的新概念，更新网点设计、设备和人员安排，将网点从处理基本业务调整为主要从事其他渠道无法替代的复杂、高附加值的业务，从而提高分销渠道的竞争力和效率。这期间，发展出了多种新型的业态渠道，如店内网点、高档场所网点、咖啡厅网点、机场网点及卫星网点等。

1. 店内网点。由于在超市和百货商店购物的人群密集、流动量大，成本比传统网点低，可分别接触客户，能更快实现赢利。澳大利亚、英国、美国普遍设立了超市银行。据估计，2003年美国有8 100家店内网点，占全部网点的10%左右，约600

家银行在超级市场设有分支,富国银行就有1 000家左右。

2.咖啡厅银行。为了给客户带来舒适的感觉,提高客户在银行网点的停留时间,一些银行将网点设计成咖啡厅的形式。部分银行自己经营咖啡厅,如华盛顿互惠银行开设了星巴克咖啡厅风格的分行。ING直销银行也采取了这样的方式在各国进行扩张:开办低成本的连锁咖啡馆,ING直销银行的咖啡馆都设在能带来最大收益且成本较低的地方。

3.“艺术”银行。“艺术”银行通常以艺术展览的方式营业,展览从世界各国收集来的艺术品,其定位目标客户为高端客户。这种形式的“银行”成本比较高。纽约的帕克大街(美国纽约市的豪华大街街名,常用作奢华时髦阶层的同义语)是银行竞争最激烈的地方之一。为了有别于其他竞争者,纽约银行将艺术展览设在银行网点中吸引艺术爱好者客户走进他们在曼哈顿的一个营业网点。这个艺术展览展示了从世界各国收集来的艺术品。每个展览持续6~8周。办这个展览的目的是为了吸引更多的高消费层客户。展览和银行的主要办公区域用玻璃门隔开,只要网点营业,展览就会进行,而且不收门票。

4.机场网点。为了宣传银行形象,扩大银行零售产品的销售,出现了“机场网点”。机场网点的优点在于它们的成本很小,但所达到的对外宣传的效果却很好。比如,通过安全通道的乘客将可能会在很长一段时间内记住银行的品牌标志。另外,机场网点也为旅行者和机场工作人员提供了便利。不过现在还只有少数银行在机场设有网点。

5.“卫星”网点。“卫星”网点(Small Satellite Offices)的特点是规模小、网点多、覆盖范围广,可以最大限度地向最多的客户提供服务,满足客户与银行进行直接交流的需要。每个网点配备一至两个金融顾问,帮助客户选择适合的产品,向客户推荐适合的银行服务,维护客户关系。如嘉信银行(Charles Schwab)决定对其营业网点进行新的规划改造,这种变化是为了建立更紧密的客户关系,再平衡和优化网点资源。这些改变包括在市场上以客户为基础设立54个卫星网点,而不是传统的营业网点。这些新的小网点可以节约成本,而这种节约成本的做法也可以提供低的有竞争力的价格给客户。为了最优化网点网络效率及再平衡网点资源,嘉信银行将选择的不同城市的19个网点合并入紧邻区域的其他网点,在这些改变完成之后,大约有282个网点,85%的嘉信银行网点的覆盖半径将从9公里扩大到20公里。而住在传统网点或卫星网点覆盖之外的客户,金融顾问会通过电话的形式与其沟通。

资料来源:百度文库:银行排队破解之道:来自国外银行网点启示,2013年5月10日。

(二)根据竞争需要选择分销策略

金融机构选择分销策略时,无论从生存的角度还是从发展的角度,都必须充分考虑竞争对手的情况,所以要全面分析竞争对手的数量、竞争对手的策略、竞争对手的优势、企业的竞争优势及战略目标。

1. 竞争对手的数量。竞争对手的数量越多，选择分销策略的复杂性就越高。竞争对手数量多，一方面意味着市场竞争会更激烈，另一方面说明市场需求离饱和边界越来越近，从而要求企业更加小心谨慎。当然，竞争对手数量多，同时也说明产品的普及程度相当高，这样，会造成渠道形式的多样化，因而也有利于分销策略的选择。

2. 竞争对手的策略。金融机构在选择分销策略时，必须研究和调查竞争对手所采取的策略，然后再根据自己的实力和条件选择分销策略。一般而言，不应采取与竞争对手同样的策略，这样可以扬长避短，相互补充，使市场得以协调发展。

例如，我国中小金融机构大多规模小、实力弱、人员素质相对低、分支网点少，无法与国有商业银行、股份制商业银行开展竞争。因此，中小金融机构可针对自己具有优势的细分市场进行单一、短渠道分销产品。如城市信用社应该把城市个体私营经济作为市场定位对象。由于一般国有商业银行难以顾及城市个体私营经济，股份制商业银行由于网点布置问题也不可能顾及，农村信用社身处农村，顾及的可能性也不大，所以城市信用社完全可以把城市个体私营经济作为市场的主要对象。而城市个体私营经济的特点基本相同，所以城市信用社可以采用单一、短渠道策略开拓这一市场，避开强大竞争对手的优势，方便及时地满足客户的需求，实现利润的增长。

3. 竞争优势策略。金融机构选择分销策略要注意发挥企业的优势，如在国外金融机构纷纷进入我国金融市场的同时，国内金融机构可发挥“本土”优势，力求在广大的农村市场建立起自己的分销网络和便捷的服务体系。

例如，外资保险公司已经在技术上和经营管理上取得了很多成功的经验，但进入中国市场后，它们不可能依老经验办事，必须选择适应中国经济、政治、法律、文化的金融产品和服务，它们可能需要花大量的时间和费用在其金融产品“本土化”上做文章。而中资保险公司在这方面有得天独厚的优势，它们土生土长，对国民的生活习惯、消费水平有充分的了解。因此，从产品设计与创新，营销网络与社会关系网络都优于外资保险公司，而且政府支持民族产业，对中资保险公司会给予更多的支持。如申请在华开业的外资保险公司，在经营地域上只能在指定的城市内开展业务；在业务上，财产保险公司只能做外资企业的保险业务，人寿保险公司只能做个人分散业务，而不能涉足团体业务等。这些规定对外资的发展速度、扩展规模起到了限制作用。

（三）根据中间商的性质、能力及对各种产品销售的适应性选择分销策略

如同一般产品营销一样，金融机构在决定中间商的数量时也有三种分销策略可供选择：密集分销策略、选择分销策略和独家分销策略。对三种策略的选择，也要考虑到众多因素，如所推出的产品类型与规模、潜在市场及其目标顾客群、欲求

的市场占有率、分销的环节以及产品的生命周期等。每一个金融机构都希望有众多合作者,进行密集分销,但不能胜任的潜在中间商,将会影响到金融产品的营销效果,所以采用选择分销策略或独家分销策略将有助于金融机构的销售业绩。

1. 密集分销策略。在密集分销中,凡符合金融机构最低信用标准渠道的成员都可以参与其产品或服务的分销。密集分销意味着渠道成员之间的激烈竞争和很高的产品市场覆盖率。密集式分销最适用于专业技术性不高、易于满足客户需求的金融产品,通过最大限度地便利客户而推动销售的提升。采用这种策略有利于广泛占领市场,及时销售产品。

密集分销策略的缺点在于:提供服务的经销商数目总是有限的。金融机构应对中间商进行必要的培训,以及对分销支持系统、交易沟通网络等进行评价以便及时发现其中的障碍。而在某一区域内,中间商之间的竞争可能造成销售努力的浪费。由于密集分销加剧了中间商之间的竞争,他们对金融机构的忠诚度降低,价格竞争激烈,而且中间商也不再愿意合理地接待客户。

2. 选择分销策略。金融机构在特定的市场,选择一部分技术性较强的中间商来推销本企业的产品。采用这种策略,金融机构无须花太多的精力联络为数众多的中间商,而且能够与中间商建立起良好的合作关系,还可以使金融机构获得适当的市场占有率。与密集分销策略相比,该策略有较强的控制力,成本相对较低。

选择分销策略应注意如何确定中间商区域重叠的程度。在选择分销中重叠的量决定着在某一区域内,是选择分销还是密集分销。市场占有率高会方便顾客,但会增加企业的营销成本,而且中间商之间也会产生一些冲突,可能会降低金融产品的营销效果。低重叠率会增加中间商的忠诚度,但却降低了顾客的方便性。

3. 独家分销策略。金融机构在一定地区、一定时间只选择一家中间商销售自己的产品。独家分销的特点是竞争程度低、成本相对较少,可以形成长期稳定的密切关系。因为它比任何其他形式的分销更需要企业与中间商之间更多的沟通与合作,其成功是相互依存的。它比较适用于服务要求较高的金融产品。

独家分销策略使中间商获得一种特许经营权,可以避免与其他竞争对手作战的风险。独家分销还可以使中间商无所顾虑地增加销售费用和人员以扩大自己的业务,不必担心金融机构会另谋他途。采用这种策略,金融机构能在中间商的销售价格、促销活动、信用和各种服务方面有较强的控制力,进行独家分销的金融机构还希望通过这种形式获得中间商强有力的销售支持。

当然,独家分销也有其缺陷:如中间商由于缺乏竞争将导致销售力量减弱,从而影响到金融产品的销售。独家分销会使中间商认为他们可以支配顾客,因而他们占据了垄断性位置。对于顾客来说,独家分销可能使他们在获取服务的过程中感到不方便。采用独家分销,通常双方采用契约方式约定,在一定的地区、时间内,规定中间商不得再销售其他竞争者的产品,金融机构也不得再找其他中间商销售该产品。

（四）根据金融企业的战略目标选择分销策略

企业的战略目标是企业在一定时期内发展的总体目标。分销是实现上述目标的重要手段之一。我国金融机构有着与西方国家不同的发展轨迹，西方国家的金融机构经历了扩展到收缩的过程，而我国的金融机构正经历着一个产权创新和组织结构创新、规模重组和整合的过程。在美元贬值、通货膨胀等复杂的金融环境下，企业制定的战略目标往往会决定什么样的分销策略。

例如，银监会 2007 年对《金融租赁公司管理办法》进行修订，允许合格的金融机构参股或设立金融租赁公司。之后，交行、工行、建行、招商银行和民生银行先后向银监会提交设立金融租赁公司的申请。同年 11 月，由工行独资设立的工银金融租赁公司开业，这是在商业银行退出租赁行业十余年后的首次进入。2008 年，其余 4 家商业银行筹建金融租赁公司的申请通过银监会批准，并获准开业，截至 2017 年底已成立的金融租赁公司 66 家中银行系就达 46 家，占比为 69.7%。这项政策推动了我国商业银行综合化经营，提升了商业银行的核心竞争力，同时也对商业银行的发展战略和分销渠道提出了新的要求。一方面银行可以建立起自己的金融租赁公司，充分控制金融租赁公司的经营管理和金融产品创新。另一方面，银行可以借助有一定市场占有率、有经验的金融租赁公司来拓展自己的分销渠道，以节省经营成本和时间成本。

（五）根据金融产品的生命周期选择分销策略

没有哪种分销策略能保证产品在生命周期内永远具有竞争优势。因此，企业在选择分销策略时，必须考虑产品生命周期的变化、阶段和时间长短。金融产品生命周期的有限性对产品的分销提出了客观要求。金融产品像其他产品一样也有其生命周期，即导入期、成长期、成熟期和衰退期四个阶段。然而，金融产品和普通产品相比，二者的生命周期有很大区别，主要表现为：金融产品的引入期比普通消费品的引入期要短得多，这是因为大部分金融产品都没有专利权或商标权，很可能在短期内被竞争对手模仿。其次，金融产品的成熟期比其他有形产品的成熟期要长，因为消费者并不愿意经常变换自己的投资方法，所以，一些金融产品可以保持多年，不容易被其他金融产品所淘汰。

案例 7－5

中国平安的分销渠道创新

在银保渠道受制于新政，营销员渠道陷入增员困境，车险代理渠道面临佣金率上涨的复杂大环境下，高速发展的新渠道正以上规模后低成本、快速传播等优势，迅速成为国内保险公司开辟保费新增长的主要渠道。

(一)车险:电销助力、增速超前

打个电话,就能轻松搞定复杂的车险投保,不但价格便宜还有专人送单上门——如今,这种即便宜又快捷的电话投保方式已经为广大车主所熟知。这就是近几年来发展迅速的电话车险,最早喊出这一口号的,就是中国平安旗下的平安产险。

业内人士分析认为,电话车险实现盈利的原理是:电话车险所产生的价格差异,是在保证综合成本可控的前提下,最大限度地节省综合费用率,提升综合赔付率空间,从而保证渠道获利。

平安产险距推出国内首个电话车险专属产品仅仅3年时间就实现盈利的消息一经发布,让电销阵营中的后继成员们个个变得活跃起来。平安电销的示范效应,开始让越来越多的产险公司开始发力电话车险市场。据了解,目前已有14家产险公司拿到电销牌照,开始大张旗鼓地挺进电话车险市场。

消费者对这个新生的车险投保模式也从最初的怀疑转变为现在的认可,相对于传统渠道,约有15%价格优惠的电销成为车主投保车险的主流渠道之一。

但就发展阶段而论,目前大部分保险公司的电话车险业务仍处于起步阶段,平安在这个市场的“老大”之位短期内难以撼动。据中国保险行业协会数据显示,平安产险2011年1—9月累计实现保费收入156亿元,同比增长84.6%,为行业第一,在电销市场的占有率为52.7%;2017年平安产险累计保费收入412.09亿元,占比为49.47%,在电销财产险市场份额仍位居第一。

(二)寿险:渠道创新、力抗“寒冬”

有观点认为,国内寿险公司目前正遭遇业务增长乏力的“寒冬”。一方面,国内保险业正面临保险营销员的增长瓶颈,“增员难”使得个险保费增长的前景堪忧;另一方面,监管层对银保业务持续规范的“组合拳”,也影响了寿险保费规模的扩张。

一时间,国内寿险的两条主要销售渠道同时陷入前所未有的发展瓶颈。而中国平安再次走在了寿险大军渠道改革的前列。近几年来,全面利用综合开拓、电销、E化行销等多种创新营销渠道,给予客户全方位的服务体验,对改进业务增长方式进行了新的探索。

在中国平安看来,寿险电销价值在于:一是集约化经营,固定成本摊薄效应明显;二是佣金率低,保单变动成本低;三是电销主要以传统保障型产品为主,契合监管主基调;四是客户资源事先经过筛选,一定程度上降低了逆选择风险。

与此同时,信息技术、电子商务的发展为寿险业务的转型与创新提供了技术支撑。在此值得一提的是中国平安另一大渠道创新项目——移动展业新模式(MIT)。据介绍,目前移动展业新模式所带来的保费收入已经占平安人寿新单保费的85%以上,用户人数超过40万人。

尽管目前移动展业模式仅仅在平安人寿内使用,但未来移动展业模式将会逐步推广到平安集团旗下其他业务,目前办理业务的范围已经包括产险、养老险,未来还会逐步延伸到银行、投资等业务。

资料来源:赵铃.中国平安领跑新渠道,开拓保险发展新纪元[N].上海证券报,2011-12-29.李丹萍:2017电销产险市场集中度提高,平安产险独占半壁江山,2018年3月12日。

名词解释

金融产品分销策略　金融产品的直接分销渠道　金融产品的间接分销渠道　金融产品短渠道策略与长渠道策略　金融产品单渠道分销策略　金融产品多渠道分销策略

☞思考题

1. 简要描述金融机构分销的基本过程,分销策略对金融机构具有什么意义?
2. 金融机构直接分销渠道与间接分销渠道有哪几种类型?
3. 请联系实际分析我国金融机构的分销渠道存在哪些问题。
4. 金融机构在设立与管理分销渠道过程中要考虑的因素主要包括哪些?
5. 金融机构的分销策略有哪些?分析选择分销策略要遵循的基本原则。

思考与分析

长期以来,美国实行了单一银行制度,银行不允许在国内的其他州开设分支。20世纪80年代初,美国法律放松了对金融业的管制,允许商业银行跨州经营,花旗银行决定打进大西洋区的抵押放款市场。但考虑到设立一家分行的巨大成本,花旗银行决定采用直复营销战略。银行产品开发部门在设计出房贷产品后,营销部门利用广泛普及的电话及邮递业务与客户进行直接接触,安排经过严格训练的电话营销员在电话中详细与热情地解答客户的来电,并在电话中协助其填写房贷业务申请表,填好的申请表送到区域推销员处进行处理,这样达成了多笔贷款交易。这一做法开辟了金融产品营销的新渠道,并成为美国金融营销中的一个成功案例。试对花旗银行的上述金融产品营销渠道策略进行分析与评价。

第八章

金融产品促销策略

在激烈的市场竞争中，金融机构的营销效果受到多种因素的影响，其中一个主要的因素便是促销策略。能否通过灵活的促销手段销售更多的金融产品，是目前许多金融机构日益重视的一个重要问题。

本章从金融产品促销的基本概念入手，介绍金融产品促销的原则与方式，并详细讨论人员促销、广告促销、营业推广与公关促销等几种主要的促销策略及其组合与运用。

第一节　金融产品促销概述

促销策略是金融机构营销组合中的重要组成部分，金融机构除了向市场提供有用的产品、制定合理的价格、选择适当的营销渠道之外，还必须采用恰当的促销方式。促销方法的有效运用对金融机构来说具有重大的意义。

一、金融产品促销的概念

（一）金融产品促销的含义

金融产品促销是指金融机构在了解客户需求的基础上，为了鼓励客户购买，保持原有金融产品的销售量和扩大金融产品市场所采取的各种刺激手段和方法，也是金融产品和服务的提供者与客户之间进行信息交流的各种活动。

由于金融产品与服务具有相似性与易模仿性，为了使客户能在众多的产品中选择自己的产品，金融机构必须通过适当的方式在一定的地点和一定的时间向客户进行宣传，把服务信息传递给客户，引导和影响客户的消费行为。通过促销，可以引起他们的兴趣，激发起购买欲望，最后说服客户来购买。

金融产品促销策略是金融机构营销组合的重要构成部分，良好的促销策略能使其在短时间内营销出去更多的产品，而获得赢利。反之，促销手段运用不当，会阻碍其产品的销售，影响经营业绩，因此商业银行必须采用合理的促销策略。

（二）金融产品促销中的信息流动

金融产品促销是围绕金融产品的信息展开的，信息是各种促销手段所指的对象。

1. 促销信息的特征。所谓“促销信息”是金融机构为了吸引客户而发布的有关金融品种和金融服务的客观综述，它可以表现为文字、图像、声音等多种形式。

在金融营销中，促销信息一般具有以下几个方面的特征。

（1）真实性。即信息要能如实、客观地反映出有关金融产品与金融机构的情况，使客户能对产品或服务产生正确的认识。

（2）有用性。促销信息应能满足客户的某种金融需要，解决客户所关心的有关问题。

（3）针对性。金融信息不是千篇一律的，应针对不同的市场、不同的客户特征、不同的客户行为与心理特征而异。

2. 促销信息流动涉及的主体。一般地，在促销信息流动过程中，主要包括信息的发送者、信息的接受者与信息的传播者三类主体。

（1）信息的发送者，是要向客户传递信息的一方，即金融产品的销售者。发送者应事先确定接收者的需求，明确促销目标，并把信息准确地传递给信息的接收者，以引起后者的需求和购买欲望并实施购买行为。

（2）信息的接收者，一般是金融产品的现实或潜在的需要者，他要把信息变为自己所能理解或接受的信息。信息接收者对信息的理解是否正确是促销活动能否成功的关键。

（3）信息的传播者，是传播信息的渠道，包括杂志、电视台、电台、网络等不同的媒体中介以及金融机构的销售人员。

3. 金融产品促销中的信息传播。为了更好地达到促销目的，金融机构要通过合适的方式向市场发出他所要表达的产品或机构形象的信息，通过信息的传播者把信息传递给信息接收者，激发其对产品的购买欲望。

当然，信息的准确传递只是开始，在此基础之上金融机构要通过市场调研，及时接受反馈信息，了解所传递信息对客户的影响及客户对该产品或服务的反应及购买欲望的强弱，从而及时调整促销策略，取得更好的效果。

金融产品促销信息的传播模型如图 8－1 所示。只有信息传递的各个环节保持畅通才能发挥促销作用，不断扩大金融产品的销售。

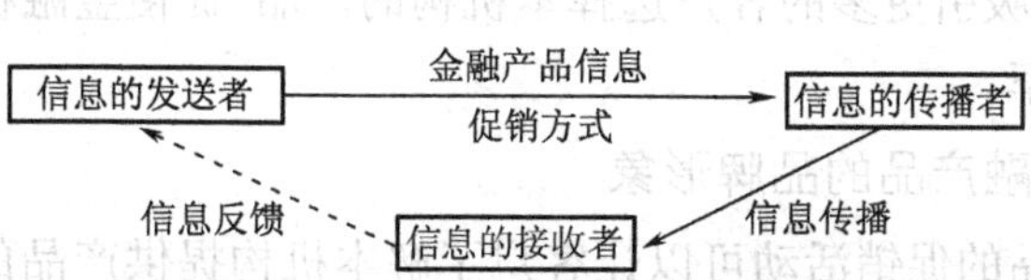

图 8－1　金融产品促销信息的传播模型

二、金融产品促销的意义

金融机构开展产品促销活动是金融市场发展与金融国际化的必然结果,通过促销可以大大改善金融机构的经营能力,可以说金融产品促销在现代金融竞争中发挥了非常重要的作用。

(一)提供金融信息,引导消费

随着金融的不断深化,客户的金融意识在不断增强,但金融产品具有相似性,如何引导客户的消费是十分关键的。一般来讲,客户比较喜欢购买他们所了解的产品,如果客户对某家金融机构的金融产品信息知道得越多,选择该产品的可能性也就越大。金融机构通过促销活动,迅速地向目标客户提供金融产品的信息,如本机构生产何种产品?这种产品能满足何种需要?有哪些用途和功效?其产品与其他金融产品相比有什么特点?客户可以通过哪些渠道获得这种产品?客户在使用这种产品过程中可以享受什么优惠?这些明确的信息提供能迎合客户的要求,便于客户的分析、选择及购买。特别是当新的金融产品和服务推出以后,更需要通过促销活动来进行引导。

(二)刺激金融消费需求

金融产品的促销活动可以起到诱导和激发需求的作用,在一定的条件下还可以创造需求。

随着金融业的发展,客户对自己的权益越来越珍惜。金融产品的替代性增强,弱化了客户对某家金融机构的依赖度,金融机构要争取更多的客户,必须取得客户的认同与兴趣。通过对金融产品的促销,促进现有的或潜在的客户关注金融机构提供的产品、使客户对金融企业的形象或产品产生好感,刺激客户的兴趣,在潜移默化的影响下激发购买欲望,使其产生购买行为,将“潜在的需求”转化为“现实的需求”。

同样的,对于已购买了金融产品的客户,通过促销可以扩大产品的影响,凸显产品价值,坚定其消费该产品的信念,维持客户的需求。

(三)扩大金融产品销售

随着经济全球化与金融自由化发展,金融机构的营销环境越来越不稳定,各项业务变化较大,这不利于金融机构的稳健经营。通过有针对性地开展各种金融产品促销活动,可以吸引更多的客户选择本机构的产品,促使金融机构扩大业务量,提高其市场占有率。

(四)树立金融产品的品牌形象

通过金融产品的促销活动可以让客户了解本机构提供产品的特点和优点,提高金融产品的知名度,加深客户对金融机构的了解,树立良好的信誉,从而使客户产生对金融机构及其产品无法抹去的印象，有助于增强金融品牌效应，扩大金融机构的产品在市场上的份额。

（五）提升金融机构的竞争力

在“金融深化”的引导下，各国纷纷放松了对金融业和金融市场的管制，对金融业的约束弱化，金融机构设立和进入市场的障碍减少。20世纪70年代以前银行所拥有的那种在金融市场上的绝对垄断地位已不复存在，各种金融机构包括共同基金、养老金基金、保险公司等非银行金融机构已有了长足的发展。金融业竞争日益激烈，而促销已成为当前金融机构竞争的一种重要手段。通过促销活动，客户可以了解不同金融机构的产品特点，便于客户进行比较及选择。各家金融机构之间也可以通过促销来增强相互了解，同时根据对方的促销状况采取相应对策。与此同时，金融机构通过宣传自身产品，让客户认识到它能带来的特殊利益，增强客户对产品的偏好，不断提高本机构产品的竞争力。

三、金融产品的促销方式

金融机构为了与客户顺利地进行信息交流，达到促销目的，应该通过适当和有效的方式向客户传递信息。

一般来说，金融机构促销产品的手段与一般企业类似，只是在具体形式上存在某些差异。总的来说，金融产品促销的方式分为两大类：一类是人员促销；另一类是非人员促销，包括广告促销、营业推广、公关促销等三种形式，见图8-2。

- 金融产品促销
  - 人员促销
  - 非人员促销
    - 广告促销
    - 营业推广
    - 公关促销

图8-2　金融产品促销的方式

人员促销是通过金融机构的促销人员与客户直接联系，以当面交流信息并促成交易。非人员促销则通过人员直接促销以外的其他途径来促进产品的销售，其中，广告促销是指金融机构运用各种广告媒体向客户传递金融产品信息，以引导需求；营业推广是金融机构运用优惠、咨询、配套服务等各种促销手段刺激客户需求、扩大对金融产品的购买；公关促销是指金融机构在营销活动中，通过正确处理与社会公众的关系，树立金融机构的良好形象，赢得公众的信任和支持，从而促进金融产品的销售。

为了使信息的传递取得预期的效果，金融机构必须根据目标市场的不同特点，选择信息传递的具体形式。

第二节 金融产品促销的方法

金融产品促销的方法多种多样,包括人员促销、广告促销、营业推广与公关促销等几大类,本节主要分析这些方法的具体含义、形式、特点及如何在金融营销中加以运用。

一、人员促销

人员促销是金融机构最早采用的促销方式,近来人们也越来越多地认识到人员促销在产品促销策略中的重要作用。

(一)人员促销的含义

人员促销,是金融机构的员工为了促成金融产品的销售,同客户进行口头交谈,说服和引导客户购买金融机构的产品和服务的促销过程。

由于金融产品具有无形性、服务的提供和产品消费的同步性、较强的专业性等特点,决定了金融机构在进行产品宣传时需要一定的人员与现有客户或潜在客户直接打交道,以帮助其增加对产品与服务的了解,诱导其购买欲望。金融机构营销部门的专门人员可以有目的地去企事业单位或居民家庭推销金融机构的某个产品或某项业务,当面向这些客户说明这些金融产品的用途、特点,并说服这些客户购买金融产品或服务。

在这一方式中,金融机构的促销人员可以是固定人员或流动人员,也可以委托投资顾问或经纪人开展促销。人员促销发挥作用的领域包括:已有的客户,通过热情周到的服务,同他们保持牢固的关系;尚未建立关系的客户,通过人员促销可以说服客户与金融机构建立起关系。

人员促销可以在以下几方面发生作用:①使客户了解金融机构的产品与服务;②增加产品或服务被优先购买的可能性;③与客户磋商价格和其他条件;④完成交易;⑤向客户提供售后服务;⑥坚定客户的信心。

(二)人员促销的形式

人员促销的形式较多,可以采用柜台促销、大堂促销、专门服务区促销、电话促销、上门促销、举办研讨会或讲座和社区咨询活动等。

1. 柜台促销。这是一种比较传统的银行人员促销方式,当客户来到金融机构之后,由营业柜台的临柜人员办理业务,同时向客户介绍金融产品或向其发送印有相关业务介绍的文字材料、宣传折页等活动。柜台促销面向广大个人客户,通过服务人员的优质服务可以大大提升金融产品的销售,带来很多新的客户。

2. 大堂促销。这是指在金融机构的营业大厅里由专门的大堂工作人员向客户提供相关的信息咨询服务,进行促销。目前,许多金融机构在营业大厅里设立专业的咨询服务台，由熟悉业务、形象较好的职员负责，向客户介绍产品和服务，帮助客户进行金融产品购买的咨询，分析不同金融产品的特点，并推荐适合的金融产品。

比如，现在每家银行基本上都设有大堂经理，负责维护正常营业秩序、提供金融咨询服务、指导客户使用自助设备、处理客户投诉与建议、帮助客户解决问题，并能识别与推介优质客户。在一些银行，作为客户进入银行网点最先接触到的工作人员，大堂经理能够发挥很大的促销功能，一位银行相关部门负责人认为，一个优秀的大堂经理抵得上四五个营业柜台的作用。

3. 专门服务区促销。一些金融机构在客流量大的网点设立一些专柜服务区，为客户提供特定功能的咨询服务，这样可以将业务复杂、占柜时间较长的业务和一般业务分开，也可以将特殊的客户与普通客户加以分离，更好地向其提供服务。

比如，目前，多数银行把营业大厅分为四个区域：一是办理传统、常规业务的柜台区域，受理单位和个人的现金收付与转账结算；二是ATM等计算机自助服务区域，由客户自己办理存取款、转账、查询、兑换等业务；三是大堂经理区，设立大堂经理为客户提供咨询；四是金融理财专区。在理财区内，银行工作人员通过面对面、无干扰的谈话方式，为客户提供多功能、全方位的咨询和服务，特别是满足对金融资产了解不多的客户群的需要，提升客户的满意度，增强客户对银行的信任感和亲切感。

再如，许多证券公司设立了贵宾室，宽敞明亮、环境舒适，配备先进的电脑设备，进行自助委托、网上交易和电话委托等，拥有快捷畅通的证券交易通道，并有专门的服务人员为其提供专业化的指导。

4. 电话促销。这是通过金融机构的有关工作人员，以电话方式向客户进行金融产品的介绍，提供有关的业务咨询，以促进产品的销售。

5. 上门促销。上门促销是指金融机构的相关人员专门去企事业单位或个人客户家中分送宣传产品的折页、推销金融产品和联系其他业务。例如，保险公司的代理人与经纪人往往通过上门推销的方式向客户促销保险产品。

案例8－1

保险经纪人制度

英国是世界现代保险制度的发源地，不仅历史悠久，而且保险市场机制十分发达，保险营销体制与保险市场一样成熟和完善。保险市场分为劳合社市场和保险公司市场，市场绝大部分被保险经纪人所控制。

在保险营销方面，主要采用以经纪人制为主体。保险经纪制度主要是指保险公司依靠保险经纪人来获得保险业务和推销其保单的一种制度。经纪人为了投保人的利益，代表投保人拟订保险合同，并且向承保人收取佣金。所以英国的保险经纪人既是投保人的代理人，又是承保人的业务招揽者。

在英国，保险经纪人是要求最严格的中介人，一个中介人或中介公司要想成为保险经纪人，必须按英国1977年《保险经纪人(登记注册)法》向保险经纪人注册理事会登记注册，并参加某种形式的考试，合格后才能以保险经纪人的名义进行保险业务活动。

保险经纪人代理投保人申请保险、交付保费和处理以后的索赔赔款。这一独特的业务习惯影响英国整个保险市场，造就了英国庞大的保险经纪人队伍，培育了健全的保险经纪制度。英国现有3 000多家保险经纪公司，8万多名高素质的保险经纪人，他们活跃于世界各地，每年为保险人招揽绝大部分保险业务，遥遥领先于其他中介人。在财产险业务中，2/3以上为经纪人所介绍，而在1995年以前劳合社的每笔业务都离不开经纪人。

20世纪90年代，中国也引进了保险经纪人的做法。1999年5月，中国举办了首次保险经纪资格考试，有7 500多人参加考试，2007年之后，中国保险经纪行业也逐渐规范，发展日趋理性。2015年4月24日，修订后的《保险法》取消了保险销售(含保险代理)、保险经纪从业人员资格核准审批事项，资格证书不作为执业登记管理的必要条件。8月3日，保监会下发《关于保险中介从业人员管理有关问题的通知》要求“保险中介机构规范从业人员准入管理，认真对从业人员进行甄选，加强专业培训，确保从业人员品行良好，具有相应的专业能力。”9月17日，保监会印发了《中国保监会关于深化保险中介市场改革的意见》，对保险经纪公司的管理包括：①市场准入方面，加强出资人的管理；对资本金托管、公司治理、内控等方面提出了要求；优化工作流程，对经纪公司实行先照后证；对保险经纪公司划分为全国性机构和区域性机构。②规定了退出情形。③加强事中、事后监管。四是抓关键环节，规范经营秩序，如保险经纪人开展互联网保险经纪业务、销售非保险金融产品须具备一定的条件。

2008年底，全国保险经纪公司有350家，到2011年底发展到416家。根据保监会中介部统计，截至2017年第三季度，全国共有保险经纪机构483家。目前，全国每年保费收入的60%以上通过保险经纪人取得。在三类保险中介的发展中，保险经纪公司是发展最快的。

资料来源：唐金成. 发达国家保险营销体制的比较研究[J]. 金融与保险，2007(3). 中国保监会：《2011年3季度保险专业中介机构经营情况报告》，2011年12月5日；宋文娟. BATJ抢筹保险中介，保监会监管思路谋变[N]. 中国经营报，2018-1-27.

6. 研讨会或讲座和社区咨询活动。为了让客户能更多地了解金融机构及其产品，传播金融知识，一些金融机构也可以采用举办研讨会或讲座的方式或派员工深入社区开展咨询活动。

（三）人员促销的特点

一般来说，金融产品的人员促销方式具有以下特点。

1. 通过促销人员与客户的直接接触，面对面的交谈，直接为客户提供信息，这种形式所传递的信息更为直接、具体和准确。

2. 促销人员可详尽与反复地向客户介绍金融产品的特点和服务功能，做好客户的参谋，激发客户的购买欲望，促进销售。

3. 通过银行的营销人员与客户的交谈和观察，有利于营销人员掌握客户的性格与心理，有针对性地介绍金融产品的特点和功能，可及时发现问题并进行解释，从而抓住有利时机促成顾客的购买。

4. 促销人员在与客户的经常联系、友好交往中，帮助顾客解决问题、满足其需求，可与客户建立友谊，有助于巩固老客户，发展新客户，增强客户对金融机构的信任感，使尽可能多的客户成为本机构的稳定客户，从而更好地实现产品销售的目的。

5. 促销人员在与客户的直接沟通中可及时、直观地了解客户的态度、意见、需求、愿望和偏好，掌握市场动态，了解产品所处的生命周期与市场占有率等信息，有利于金融机构迅速作出反应、适时调整产品和服务。

6. 人员促销的接触面相对较小，由于它依赖于员工的直接接触，而这一特点使得它不像广告促销那样具有很大的接触面。

7. 这一方式的费用较高，并对促销人员有较高的素质要求。

（四）促销人员的素质

金融机构人员促销对促销人员有着较高的素质要求。促销人员要出色地完成促销过程，必须具有较高的综合素质，特别要具有以下的素质：

1. 工作热情。享有“推销之神”美誉的日本保险推销大王原一平在其《撼动人心的推销术》一书中，让促销人员先回答七个问题，第一个问题便是：“您是不是相信自己目前从事的是正当的工作？”得到肯定的回答才能说明你热爱你的工作。可见爱岗敬业、工作热情是促销人员必须具备的首要条件，只有这样，他才能充满信心，克服困难，坚持不懈。

2. 精通专业知识。金融产品和服务比一般产品更为专业与复杂，这就要求金融产品促销人员必须通晓金融专业知识，熟悉金融产品和服务的特色及交易程序等，否则促销工作难以推动。一些客户可能会自己去比较不同金融产品的差异，如果促销人员能帮其进行权衡，让其了解产品能给他带来的额外好处，这必然有利于推销产品。

3. 宽泛的知识面。促销人员除了精通与工作内容有关的知识外，还要尽可能地扩大知识面，增加信息量。促销是在与客户的不断接触中进行的，不同的客户有其不同的兴趣、爱好，知识面宽、信息量大，就容易以客户关心的话题与之沟通。如你对该话题拥有比客户更丰富的知识和信息量,会更加得到客户的尊重,增强双方的亲密度,客户也就乐于接受你提供的产品和服务。

4. 诚实的语言表达。卡耐基说:“与不诚实的人说话,说了也等于没说。”诚实的语言表达会帮助客户消除疑虑和不安全感,起到启发和诱导需求的作用。因为当客户对促销人员不信任时,会担心受骗而拒绝购买。不诚实的人无论如何卖力地说,也无法打动别人的心,赢得别人的信任。

5. 良好的仪表举止。促销人员有意无意中表现出来的言行,包括衣着打扮、打电话的姿态、招呼人的态度、办事效率都会构成你在别人心目中的形象。因此,促销人员应注意仪表优雅大方,衣着整洁得体,同时,要加强个人的文化修养,培养具有优雅、热情、自信、真诚的良好气质。促销人员颇具魅力的外表和良好的气质,将给客户留下难以忘却的印象,一旦被客户接受和信赖,那么其促销阻力将减少,而成功的可能性将大大增加。

(五)促销人员的培训

促销人员的素质会直接关系到人员推销的效果。由于金融机构的客户是多种多样的,故也要不断提高促销人员的适应性。目前,我国金融机构职工(包括促销人员)的学历层次有所提高,但整体素质还难以适应金融发展的需要。除了在对促销人员挑选时要把好关外,金融机构还必须做好促销人员的培训与考核工作。培训的内容一般包括:①学习党的方针政策,包括党和国家的各项大政方针、政策法规和法律条例等;②学习金融理论,熟悉金融与市场的有关基本知识;③学习现代市场管理学,掌握市场营销学的基本原理、策略和方法,以及市场调研的内容、方法和技巧;④了解金融机构的基本概况,包括其历史、经营方针、经营方式、业务种类、服务项目等;⑤学习和掌握促销技巧和语言艺术,增强促销的吸引力。

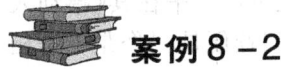

案例 8-2

中国工商银行大堂经理队伍建设

2006 年 10 月 27 日,中国工商银行 A 股上市,之后工商银行把上市后的第一年作为“优质服务年”,为了打造“中国第一零售银行”,贯彻“以市场为导向、以客户为中心、以效益为目标”的经营思路,高度重视大堂经理队伍建设。

目前,工商银行已经拥有超过 1 万名专职的大堂经理,他们的工作成效,对于贯彻工行“以客户为中心”的营销理念,提升优质客户服务水准,提升银行核心竞争力具有重要意义。

为此,工商银行不断加强大堂经理业务技能的学习。一方面通过优化劳动组合,选好配强大堂经理,另一方面通过一系列业务技能培训,努力提升大堂经理的业务素质和专业水平。

2007年7月,工商银行举办了首届"大堂经理业务技能比赛",在全国35个分赛区进行大堂经理"万人海选"。在"以比促学,以学促强"的基础上,由各分行选拔优秀选手集训备战总决赛。2007年11月6日至8日,在北京举办了首届"大堂经理业务技能比赛"总决赛,工商银行行长杨凯生亲率总行全体在京领导悉数出席。选手参加了业务知识比赛、电子银行演示比赛、营销推介演讲比赛、现场情景模拟比赛等多轮角逐。比赛项目都以大堂经理的实际工作环境为主要背景,展现出工商银行大堂经理的较高业务水平。经过两天紧张激烈的比赛,有10个代表队获得了"中国工商银行首届大堂经理业务技能比赛优秀组织奖",10名优秀选手获得了"中国工商银行十佳大堂经理"荣誉称号、9名35岁以上优秀选手获得了"中国工商银行大堂经理特别贡献奖"荣誉称号。这次竞赛规模之大,堪称银行业务技能比赛之最。

2010年,工商银行深入开展"2010服务价值年"活动,全面实施网点服务效率提升、加强营业网点建设改造,充实大堂经理等客户服务队伍,为工商银行个人金融业务的可持续发展提供更强大的人力和智力支持,为客户提供更优质的服务体验。

资料来源:工商银行:《大堂经理业务技能提升计划》,2007年11月;尹娜.杨凯生总动员,工商银行向零售彻底转身[N].理财周报,2007-11-19.中国工商银行:《中国工商银行股份有限公司2010年年度报告》,2011年3月31日。

二、广告促销

广告是金融机构促销的一种重要方式,借助广告可以刺激需求、引导消费、扩大销售,提高银行的竞争力。

(一)广告的含义

广告,按字面意思是广而告之,是"以其事告之于人",即是向社会公众告知某件事件。广义的广告是包括一切向目标市场上的客户对象(包括现有的和潜在的)传递某种信息的活动,包括不以获利为目的的非经济广告和为了促进购买者行为、以获利为目的的经济广告两大类。狭义的广告则是指经济广告,金融营销中的广告也指狭义的广告,即金融机构支付费用后,通过媒体以各种方式向现有的和潜在的客户介绍产品及其功能、特点等情况,以吸引客户的注意并引导客户的消费行为的宣传活动。

(二)广告的功能

金融机构的广告有四个基本功能。

1. 传递信息。在高速发展的信息时代,信息成为人类生存与生活的重要资源。金融机构通过各种方式向社会提供产品信息,产品需求者也通过各种途径搜集信息，广告则成为传播信息和沟通金融产品供求双方关系最为迅捷的工具。在金融机构推出金融产品、服务项目后，为了让公众了解产品的性质与功能，通过广告可以提供与传递情报，向客户介绍产品，提高金融产品的知名度，从而激发客户的需求。

2. 说服购买。通过广告，可以展示金融产品的性能、价格、功效，解除客户的疑虑，说服客户建立对本金融产品的信心，强化客户对金融产品的消费欲望，促使其迅速采取购买行动。特别是在客户犹豫不决的时候，广告可以帮助他们作出购买决定。同时，在一定范围内高密度的广告宣传会改变客户对金融产品的消费行为。

3. 提升品牌形象。金融机构通过各种广告形式向社会公众传递如机构名称、金融产品等方面的信息，通过持续的广告，不断刺激客户，让社会公众在无意中记住金融机构，接受其品牌，从而树立金融机构的良好形象。

4. 方便联系。一般来说，金融机构做广告时，会在广告上注明联系电话、咨询电话与营业地址等，这些联系方式可以在客户中起到沟通的作用，方便客户，一旦客户有需求或遇到疑难时可以咨询，从而保持联系渠道的畅通。

正是由上述功能，各大金融机构都越来越重视广告促销功能，不断增加投入以扩大影响。例如，美国银行对外宣传的目标是让其品牌像苹果电脑和耐克运动鞋一样家喻户晓。资料显示，美国银行在过去的5年，平均每年用于电视、报纸、杂志和电台的广告宣传费用达5 000万美元之多，而且许多广告的持续时间长达一年。观察人士发现，无论是国际还是国内重大体育赛事，美国银行都会准时出现在赞助商的名录中。据悉，美国银行每年的经费预算中有5 000万～5 500万美元专门用于体育项目的赞助。这一数字意味着，美国银行在全美企业赞助排行榜上位居第16位，并当之无愧地成为美国银行业体育赞助的“老大”。

(三)金融广告的种类

广告的种类较多，我们可以按照不同的标准对金融广告进行分类。

1. 按金融广告的目的划分，可分为形象广告和产品广告。

(1)金融机构形象广告。这是指把金融机构作为一个整体进行宣传，塑造良好形象，以提高其声誉，增强客户对其了解和信任感，从而达到赢得客户的目的。例如，许多银行开展了大量侧重于宣传商业银行服务宗旨、经营方式等特色化内容的形象广告宣传，目的就是为扩大银行的知名度，树立起值得客户信赖并能提供最佳服务的形象。例如，在2005年五一长假期间，随着中央电视台特别节目《艺术人生》的热播，中国银行创造性地使用中国银行广告的音乐和企业形象宣传，将节目不同板块之间有机地串联起来，达到了“润物细无声”的传播效果，最后以濮存昕主演的一则形象广告完美收笔。

(2)金融产品广告。这是金融机构对所提供的产品和服务所作的宣传。通过对产品的特点、作用、收益的介绍，让客户了解金融机构提供的产品和服务，激发客户的购买欲望。比如,中国建设银行的广告语:"欧币储蓄到建行""要买房,到建行";中国民生银行"理财面面俱到,当然胜券在握"系列等都向客户提示了其产品的特点。

2. 按金融广告的内容划分,可分为介绍性广告与说明性广告。

(1)介绍性广告。这类广告主要是向客户介绍金融机构推出的产品及其特点,增加客户对该产品的知晓与了解程度。

(2)说明性广告。这类广告主要用于说服客户改变对金融机构及金融产品的看法,从而引导其改变消费行为,使其购买金融产品。

3. 按金融机构的客户来区分。金融机构的广告客户包括现有客户与潜在的或未来的客户。因此,广告也可以分为针对现有客户的广告及针对潜在客户的广告。如一些金融机构专门针对大学生做一些广告,提升他们的兴趣,促使其在毕业后能购买它们的产品。

4. 依据广告所使用的媒体划分。广告所使用的媒体有多个种类,按此标准可以分为电视广告、广播广告、户外广告、报纸广告、杂志广告、网络广告和宣传页广告等。

5. 依据广告覆盖面的大小划分。金融广告按覆盖面的大小可分为全国性广告、区域性广告与地方性广告等。

(四)广告在金融业的发展

广告的历史十分悠久,早在原始社会末期就产生了广告的萌芽,在信息发达的今天,广告已成为各行各业必不可少的促销手段。

金融业应用广告的时间并不太长,但其发展速度却是惊人的。

20世纪50年代,国外有的金融机构偶尔做一些广告,但是规模较小,影响也不大。到七八十年代,随着金融业竞争的日益加剧,金融创新不断涌现,金融机构才真正认识到金融广告对促销产品和服务的重要作用。

金融业采用广告促销大致经历了三个阶段。

1. 初期的金融机构形象广告阶段。由于金融机构向社会提供的服务十分类似,客户无法明确区分某一金融机构与其他金融机构之间的差别,因此,早期的金融广告主要目的在于树立自身的名誉,强调自身实力,力图给客户一种安全的保证,吸引客户能在众多的金融机构中选择本机构办理金融业务。

2. 金融产品广告阶段。20世纪70年代后,各种金融企业的纷纷成立,包括不同的银行、各种非银行金融机构,它们之间展开了激烈的业务争夺,对于产品的宣传成为金融机构一个非常重要的促销内容。因此,这一阶段的广告更侧重于突出不同产品的特点,使客户能增加对产品的消费。尤其在新产品和服务不断涌现的情况下,金融机构重点宣传新产品和新的服务项目,以便客户了解与其他机构产品的区别。

3. 整合广告阶段。后来,金融机构逐渐认识到,向公众做广告宣传的目的,是要向社会推出一个强有力的、能全方位为客户提供多功能和多样化服务的金融机构形象,在客户中树立良好的形象以增强客户的信任感,激发客户购买金融产品和服务的欲望。因此,许多金融机构改变了广告策略,通过多种广告手段以树立其整体形象。

(五)金融广告的特点

金融广告和其他促销手段相比,具有鲜明的特点。

1. 非人员性。这是指广告是通过媒体传播而非通过人员进行直接传播。因此,媒介的选择对于广告效果有着举足轻重的作用。

2. 补充性。广告促销可以对人员推销起到补充作用,它告诉客户目前金融机构有哪些产品,又开发了哪些新产品,帮助人们了解新产品的特性,可以缩短促销人员介绍产品的过程并强化说服力。

3. 广泛性。广告通过大众传媒把金融信息传递给人们,比在同一时间或空间接受信息的人员促销要广泛得多,受影响的人也多得多,引起注意的作用也大得多。

4. 艺术性。广告信息可以艺术化,以语言、图片、声音展示金融企业的形象和产品特征,易加深消费者印象和引起偏爱,这必然大大提高促销信息的传播效果。

5. 低成本性。做广告需要金融机构付出一定费用,但与其他促销方式相比,通过特定的媒体向市场传递信息,到达每个潜在客户的人均费用则较低。

6. 效果相对滞后性。广告对客户消费需求的刺激作用相对滞后,对消费者购买态度和购买行为的影响难以立竿见影,除非是非常有利可图的一些产品才能促使消费者立即行动。

(六)金融广告策略的要点

广告是金融促销的一种重要手段,为了达到更好的促销效果,金融机构在做广告时要做好几方面的决策,包括:确定广告主题、编制广告预算、选择广告媒体和制作广告等。

1. 确定广告主题。广告主题是广告的中心思想,为广告创作和设计确定了一个基调。金融机构确定广告主题主要是指要确定广告以金融产品和服务还是以金融机构形象为主要宣传内容。

以金融产品和服务为主题的广告由于说明了产品和服务本身的特点,易引起消费者注意,并成为客户的购买理由,从而起到促销作用。产品广告的关键在于:一要充分显现自己的产品和服务区别于竞争者的特色,加以宣传介绍;二要根据不同的目标市场和客户需求,突出显示该产品的质量和服务优势对这种需求能提供的满足程度;三要选择广告投放的时间和地点,在人无我有的情况下,能达到先入为主的效果。

以形象为主题的广告是为了在客户中树立有利于金融机构长期稳定发展的良好声誉和知名度，以获得客户的信任感和安全感。良好的形象包括金融机构的历史沿革、文化氛围、规模、实力、产品质量、服务方式、服务态度及外观形象，营业大厅的布置、标志等。

广告主题的选择主要取决于金融机构的经营目标。如果金融机构着眼于长期目标，为达到树立良好品牌形象的目的，可以选择以形象广告为主的宣传；如果金融机构着眼于近期扩大销售或提供具有特色的产品，那么宣传的重点则要以产品为主。

当然，产品广告和形象广告并非相互独立的，可以互相补充、互相促进。形象广告为长期目标服务，必须以多种产品和一揽子服务或以特色产品和服务为基本内容。产品广告为短期目标服务，通过向客户介绍各种金融产品与金融服务，使客户能知道产品为其所带来的特殊利益，从而增加购买，而推出的产品、服务的质量和安全性又必须以良好的金融机构的声誉为保证。

2. 编制广告预算。任何广告都必须要有一定的费用发生，因此，金融机构要根据自身的情况进行广告预算。广告预算是指金融机构根据广告计划在一定时期内从事广告活动所要投入的总费用。合理的广告预算是金融机构开展广告活动的前提，如果预算过紧可能无法取得预期的广告效果。

3. 选择广告媒体。广告媒体是指广告借以传播信息的载体，也就是在广告主体与广告客体之间起媒介作用的一切物质或技术，广告形式包括：印刷媒体广告：如报纸、杂志和书籍等广告；广播广告；电视广告；户外广告：如路牌、招贴、报栏和候车亭广告；车体广告：如公共汽车和轮船等；邮寄广告：如说明书和销售信等；网络广告；销售现场广告：如金融机构营业大厅开辟的橱窗等；其他广告。

不同的广告媒体在传播的空间、时间、效果、广告费用等方面各有其不同的特点和差异。如空间上传播范围有不同，时间上有传播速度差异和信息被接受的快慢不同等。

(1)报纸、杂志媒体。报纸的最大好处在于发行量大，覆盖面广，几乎涉及各阶层的读者。由于订阅和分发地区比较明确，读者区域的相对集中度较高，信息传递快，费用也比较低。另外，报纸主要借助于文字传播，非常适合内容比较复杂的说明广告。

杂志的品种多，不同读者可选择性大，大多数为固定订户。由于杂志印刷质量较好，保存时间长，反复传阅的可能性大。读者一般阅读杂志时比较认真，广告的被注意率也就较高。杂志广告的缺陷在于发行周期长，信息传递慢。

(2)广播、电视媒体。广播媒体传播速度快，传播范围广，而且制作周期短，传播时间灵活，费用也低，但仅限于声音，留下的记忆和印象较差，最适合于时机性广告。

电视媒体收视率高，传播的范围广、速度快，加上其集语言、动作、形象于一体，综合视觉、听觉效果，所以表现力和感染力强。电视媒体在广告媒体中传播效果最好。据统计，电视广告直接产生的效果占所有媒体的50%左右，积累性效果达到70%左右，但其费用最高，特别是在一些黄金时段。因为电视媒体影响大、效果好，国内外金融机构运用电视媒体的广告预算逐年增加。2004年以来，国内银行和保险公司频频现身在央视广告招标会上，2011年11月，中国银行更是拿下了央视广告"第一标"——新闻联播后的"黄金十秒钟"，之后，工商银行、交通银行、浦发银行、中国银联、中国人寿、平安保险、中国人保等金融企业也纷纷参与央视投标，金融保险成为继食品、饮料行业之后的最大中标客户。

(3)户外媒体。户外媒体包括在露天和公共场所的路牌、广告牌、招贴、报栏和候车亭等广告媒体。这类广告的主题较鲜明，形象较突出，或采用耀眼的图案，或采用醒目的文字，容易给人留下深刻印象。另外，广告牌长期固定在某一场所，可重复传播，注意率高，但传播面相对较小。

(4)邮寄媒体。邮寄媒体是通过邮局直接寄给消费者的宣传品等。邮寄媒体针对性最强，可根据目标市场客户的需求特点，决定传播的内容和形式；邮寄媒体可详细介绍产品和服务的功能、特点，说明性强；邮寄媒体被阅读率高，传播费用也较低。

(5)其他做法。如传单、手册、指南和说明书等也是金融机构推广业务、促进销售的传播工具，尤其在推出新产品和服务时，需详细向客户说明，给予指导，这些方式更是一种有效的做法。目前，各大金融机构的营业大厅都摆有业务介绍的手册，便于客户阅读。

再有，一些金融企业在销售现场做广告，采用挂标语、横幅的方式进行宣传。比如，有些银行在大门上方悬挂"热烈庆祝中国××银行储蓄超百亿"、一些保险公司打出"庆祝××保险公司开业二十周年"标语等。

网络广告也开始涌现，由于接触及使用网络媒体的受众相对比较年轻，一般来说金融机构在网络上投放的广告多以产品推介广告为主，形式感、互动性强。例如，上海浦东银行为专门针对年轻消费者推出的四款浦发WOW(我)信用卡所做的网络广告，运用四种明亮的色彩和简单的线条，凸显个性、时尚和活力的产品特性，并充分运用了网络媒体的观赏性和互动性特征，通过提示箭头在四种色彩间悄然潜行，让浏览者在鼠标滑动间清晰了解产品的信息和活动内容，很有创意。

当然，广告媒体的选择要根据多种因素综合考虑，主要的因素包括：①媒体的效果，如媒体的影响力、接触度和频率等；②宣传对象，即要向谁进行广告宣传，金融机构要分析哪些个人、家庭或单位会有兴趣去购买金融产品，并且要判断谁能作出购买的决定；③广告的内容，即广告要传递的信息；④广告费用，金融机构的广告预算及自身的控制能力也要考虑。

一般来说，金融机构形象广告强调的是长期性效果，可以在电视上播出或在杂志上刊登;而为了推销新产品或是具有激励活动的产品广告,强调及时迅速,因此要选择报纸、广播与电视传播;如果是介绍技术性较强的产品则以载在专业刊物或印刷、邮寄广告为宜。当然,在广告媒体的选择上,可以以某一媒体为主,辅以其他媒体,实现重点和多元化相结合。

4. 制作广告。广告制作是指金融机构设计广告内容,一般包括三个阶段。

第一步是广告创意。广告创作人员通过与有关专家和管理者交流,搜集信息,产生灵感,提出可供选择的若干广告主题。主题要强调金融机构或金融产品给客户带来的利益。

第二步是信息的评价和选择。有关人员对提出的广告创意进行评价。评价通过以下方式进行:①广告主题是否明确?能否展现金融产品具有其他产品所没有的优点;②广告形式是否具有吸引力,能否引起目标客户的购买兴趣;③广告是否有独特性;④广告内容是否具有可信性,不存在浮夸的成分。

第三步是信息的表达。通过什么形式将广告主题及事实、意图表达出来是广告制作的最后环节。一个好的创意只有借助好的表现形式才能成功,因此金融机构要把确定的创意通过具体的音像、图片、文字等加以表达,并制作成印刷品、光盘、展位、户外广告、报纸广告及电视广告。

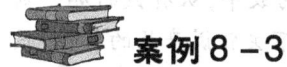

案例 8－3

几个有代表性的金融机构广告欣赏

华盛顿银行的广告是黑色幽默的,冰冷的银行大厅、冷酷的职员、钉在客户额上的条形码以及长长的人龙,戏剧性的夸张手法从反面展现了其他银行服务非人性化的一面。

恒生银行的广告则是温情的,无论是为了哄儿子理发而使出浑身解数,最后不得不跟儿子一样剪了个“锅盖”的爸爸,还是用镜子把天上的星星“摘”下来给妹妹的姐姐,都用平实而动人的故事表达了“恒生在乎你”的理念。

星展银行的形象广告里,有个成天想入非非爱做白日梦的父亲,和他的儿子一起,幻想自己以后能建起一座装满美酒的酒窖;飞机上,坐经济舱的女孩,幻想有朝一日能坐在商务舱享受高档的餐饮服务;年轻的职员渴望着自己会有私人司机接送上班,让公交车司机目瞪口呆。这些平凡的人在为他们平凡的希望而夜以继日地奔忙着,银行看到了,并且道出了他们共同的心声“为好日子做准备”。

纽约人寿的广告:一家人筹备婚礼的情形在平静而喜悦的气氛中展开,女儿写请帖时亲昵地询问母亲,对着过世父亲的照片祈求庇佑全家等,让人很自然得出女儿要出嫁的判断。然而当接新娘的花车徐徐开走,洁白的婚纱转过来却是一张母亲的脸。由于有了纽约人寿保险,父亲过世却留给家人一份坚实的生活保障,使妻子得以鼓起勇气迎接新的人生,就像父亲在天堂微笑地祝福和保佑着全家人一样。

2008 年 8 月,中国农业银行正式推出新的平面形象广告,有蓝底和红底两种版本。在色彩的选用上,主体图形选用了黄色和绿色,底色选用了红色和蓝色。黄色是黄金的颜色,寓意崛起和复兴;绿色是大自然的颜色,象征农业、环保和生机;蓝色是天空和海洋的颜色,象征无限的空间;红色是中华民族喜爱的传统颜色,象征吉祥和激昂。主体图形通过黄色、绿色、红色、蓝色的有机组合,呈现出"广大"和"宽广"的气势。整个画面具有很强的动感和深远的意境,给人以生机、进取、舒展、升腾的感觉和遐想,表达了农行成就大业、造福于民的责任感和使命感,以及为每一位客户提供完美卓越服务、鼎力支持客户发展、与客户相伴成长、共同促进经济社会和谐进步的"大行德广、伴您成长"的理念气势。

2017 年 7 月,浦发银行推出一个信用卡广告,是一部 18 分钟艺术电影——《我们的故事从没钱开始》。广告讲述了一对老年夫妻,放弃富人国没有死亡和烦恼的生活,到穷人国寻找青春、诗歌和拥抱的故事,通过移民过程中老人和青年人的剧情碰撞,引发观众对如何获得财富的深思。它很容易让很多人想起年轻时陪着身边的爱人打拼、一无所有却快乐的日子,"或许,青春的故事,从有钱的那一刻便结束了",更是戳中了泪点。这个广告找到了一个方式:不去叙说产品的特性、服务等功能性,而是展示文化内涵,把金钱观上升到了人生观、价值观的高度,用感人的故事打动了受众,让浦发银行树立起了懂人性、有人情的品牌形象,以强大的感染性让自己具有鲜明的差异性。片子上线 48 小时,微博话题阅读就达到了 4 000 万,同时在朋友圈、广告圈、金融圈引发刷屏式转载。

资料来源:现代广告:金融广告如何深入人心,2007 年 9 月;金融时报:农行新平面形象广告正式亮相,2008 年 8 月 7 日;搜狐网:金融行业怎么做广告? 这是正确的打开方式,2017 年 12 月 21 日,http://www.sohu.com/a/211916123_430089。

三、营业推广

营业推广作为一种非价格竞争手段,在金融产品促销中有着特殊的作用。

(一)金融机构营业推广的含义

营业推广又称"销售促进",是指金融机构为刺激客户购买和提高经销商的效率而采取的能够产生激励作用并达成交易目的的促销措施。一般包括陈列、展出、展览、表演和许多非常规及非经常性的销售尝试。它可以在短时间内迅速引起客户对产品的注意,扩大产品销路,补充其他几种促销方式的不足,因此,在金融领域得到越来越大的重视。

（二）金融机构营业推广的特点

与其他几种促销方法相比，它有以下几个特点。

1. 非规则性。营业推广多用于在一定时期里为完成一定营销任务采取的短期的和额外的促销工作，因而不像其他促销方式那样规则，它是一种非周期性使用的促销方式。

2. 应用范围广。金融机构的营业推广要求全体人员在各自的营业岗位上结合本职工作向有关客户推荐产品、促进销售，有较广的应用范围，包括：一是推广主体的广泛，金融机构的全体人员都可参与；二是推广对象的广泛性，凡与金融机构有联系的公众都可成为其推广的对象；三是推广的内容广泛，包括金融机构的形象与金融产品都可成为其推广的内容。

3. 灵活多样性。营业推广工具十分繁多，一般没有固定的模式，金融机构人员可根据与客户接触的实际情况选择合适的推广形式，体现出灵活多样性。

4. 低成本。营业推广是金融机构营业人员在为客户办理业务过程中附带的一项促销活动，花费较少的时间与精力就能完成推广工作，对正常业务无任何的影响，一般不需向营业人员支付专门的费用。

5. 短期效益比较明显。营业推广比较容易实现短期目标，在短期内刺激客户大量购买，并能吸引潜在的客户。正是如此，营业推广的局限性也就十分明显，它的长期效果不是太好，一般不能建立品牌忠诚。另外，频繁地使用营业推广会使公众觉得金融机构急于推销，降低了服务项目的“身价”，不利于金融机构形象的树立。

（三）金融机构营业推广的形式

营业推广立足于客户的实际需要，以激发客户使用某种产品和服务的兴趣为准，根据推广对象的不同可分为三类。

1. 针对客户的营业推广活动。金融机构通过一些方式经常激励老客户重复购买，吸引新客户试用，改变竞争者的客户观念，转向本机构。

2. 针对中间商的营业推广活动。金融机构通过一些推广手段鼓励中间商持续代理本机构的业务，并吸引新的中间商加入营销渠道。

3. 针对推销人员的营业推广活动。金融机构鼓励推销人员积极推销金融产品和服务，开拓新的市场，促进人们对本机构的产品或服务的购买。

（四）金融机构营业推广的工具

金融机构对于营业推广工具要加以选择，目前，采用比较多的有以下几类。

1. 赠品。赠品是为了鼓励客户购买某种产品而附赠的另一种产品，金融机构以较低的价格或免费向客户提供某一赠品，以刺激其购买特定产品。赠品包括即时赠送的附包装赠品、包装调换赠品、自助获赠和自我清偿性赠品等，一般价值都较小。

2. 赠券。优惠券可以让持有者在购买某特定产品后凭此券按规定少付若干金额或可以在办理其他业务时享受一定的折扣，又分为无条件优惠券和附条件优惠券。

3. 退款优惠。金融机构的客户在消费某种金融产品后，可以得到一些退款，或参与摸彩，根据摸彩的奖额，退还部分金额。

4. 有奖销售。有奖销售是指客户在购买某金融产品后，向他们提供赢得现金、旅游或物品的各种获奖机会。通过奖励以刺激客户的进一步消费，可以一年开一次奖，也可以一年开几次奖。例如，有的银行曾推出"住房有奖储蓄""外币出国旅游有奖储蓄""信用卡消费积分奖励"等。

5. 促销联盟。促销性策略联盟是金融机构利用一些生产或流通企业开展联合营销活动。如与航空公司、宾馆、餐馆、饭店和洗浴企业等合作，给予优惠、付现金折扣款等，以扩大它们的影响力。

6. 专有权益。专有权益指金融机构给某些客户提供某种特殊的权益或方便。例如，英国渣打银行推出一种信用卡客户享有的专有权益，持卡人可以在香港及海外各大城市的任何一部电话上使用国际电话服务，电话费可用信用卡支付。

人员推广形式的选择直接关系到促销的效果。金融机构在选择促销形式时，必须综合考虑促销时机、促销目的、产品特性、产品价格特性、消费者群体和促销组合效果等多方面的因素。

案例8－4

工商银行信用卡的营业推广促销策略

为了让每位持卡人通过使用牡丹卡得到方便和实惠，工商银行凭借雄厚实力，不断扩大特约和特惠商户网络，推出主题丰富的优惠促销活动。

2008年，工商银行继续推出"日日刷、月月游、年年奖"积分兑换活动，即"月月游"积分兑奖活动和"年年奖"积分抽奖活动。从3月开始至2009年2月，工商银行将分期组织到海南、云南、陕西等12个地区的旅游活动，并将旅游活动与环保、救助捐献等主题相结合，赋予牡丹信用卡更多社会责任。积分在50万分(含)以上的客户均可报名参加；年末，每个客户还可用积分兑换抽奖机会，赢取加拿大、澳大利亚和韩国等地的畅游大奖，每个奖项分别设置10个、30个、100个中奖名额。工行各分行也结合自身特点，开展具有区域特色的优惠促销、积分回馈活动，如工行北京分行2009年举办了"牡丹盛放20载，感恩回馈多重礼"主题系列促销活动、天津分行推出的"年年有好礼，岁岁礼不同"优惠活动、重庆的"牡丹卡——月刷月有礼"活动等。

工行还不时推出针对不同种类信用卡的促销活动。如2011年1月1日至12月31日工行在全国推出“行程万里,牡丹相伴”的航空类联名卡系列促销活动,包括“幸运大抽奖,精彩连环中”抽奖活动及“礼天下,魅力香港休闲旅游”;2012年1月20日至3月31日针对未启用的牡丹网龙信用卡客户推出“工行网龙卡启用享好礼,消费充值送惊喜”活动。

另外,工商银行2010年推出面向一定的信用卡持卡人的“综合保障服务计划”,即以市场现有保险品种为基础,根据信用卡产品线形成保险服务品种和等级的梯度,对不同的信用卡产品和卡片等级提供对应的基础保险、特色保险和增值保险。有的险种开卡即赠送,有的需消费金额达到一定标准,有的需客户刷卡进行特定消费,有的险种客户可使用不同标准的积分兑换。此外,已申办牡丹运动卡并在世界体育大赛中获得优秀名次的运动员还能够享受赠送的运动意外险。工商银行提供的保险服务种类由过去的航空意外险、交通意外险、旅行不便险等增加至健康保险、财产损失保险等十余种,进一步扩大了客户享受保险服务的范围,丰富了保险服务品种,满足了不同层次客户的需求。

资料来源:中国工商银行:让服务与您更近——中国工商银行牡丹信用卡服务全面升级,2010年7月26日;中国工商银行:工商银行信用卡业务发展势头良好,2011年1月20日。

四、公关促销

(一)公关促销的含义

“公关”(即公共关系)促销是指金融机构在营销活动中正确处理金融机构与社会公众的关系,包括与股东、员工、工商企业、同业机构、社会团体、政府机构及客户的关系协调,树立良好形象,赢得公众的好感、理解、信任和支持,以达到营销的目的。公关促销是现代西方企业营销中逐渐发展起来的概念,在目前已成为促销的一个主要手段。

公关促销是以获得公众的理解和支持为目标的一项管理活动,金融机构运用各种传播手段向社会公众传递信息,与社会公众建立一种互利互惠、亲善友好的和谐关系。在公关促销中涉及的基本关系主体包括如下内容。

1. 客户。客户是金融机构赖以生存和发展的基本群体,是金融产品的消费者,维持足够的基本客户可以保持金融机构业务的平稳发展。因此金融机构必须与客户处理好关系,特别是一些重要客户。

2. 员工。员工是金融机构内部最活跃、最具能动性的要素,有些员工直接与顾客面对面地接触,有些员工从事后台运作。金融机构的形象会通过员工与相关主体的互动得到体现,员工的素质和工作态度决定着金融机构的工作效率和经营成果,因此,如何处理金融机构与员工的关系也是金融营销中的一个重要问题。

3. 同业。不同金融机构之间的关系是十分复杂的,不仅存在竞争关系,也有着广阔的合作领域,金融机构要解决如何加强同它们之间的沟通与相互合作。

4. 政府。政府的直接权威体现在金融监管上,通过金融法律法规的制定与执行,金融监管部门对金融机构的经营也会产生一定的规范作用。当然,政府部门的调控有助于建立良好的金融秩序,维护金融系统的正常运营,这又会给金融机构创造一个良好的环境。

5. 媒体。金融机构与媒体之间的关系是双向的。一方面,金融机构的行为处于媒体的严密注视之下,媒体对其经营产生一定的外部约束;另一方面,金融机构通过媒体也可以获取市场信息,了解公众的心态和市场需求,同时借助媒体宣传自己的形象,协调与多种主体的关系。

(二)公关促销的作用

公关促销在金融营销中发挥重要的作用。

1. 公关促销可以塑造金融机构的形象。公共关系活动的主要目的在于促使金融机构与社会公众建立一种良性的互惠互利的和谐关系,在公众心中塑造一个良好的形象,提升客户对其的认同感。

2. 通过公关促销有利于金融组织正常运行、发展。为塑造良好形象,金融机构必须制定适当策略和方法,规范不同岗位的员工的行为,使他们言行一致,诚实守信。

3. 公关促销可以增强金融机构的竞争力。通过公关促销活动,金融机构可以强化与社会公众的良好关系,提升客户对其的忠诚度,给金融机构的发展带来巨大的潜力,能为其赢得客户和市场,使金融机构在市场竞争中处于相对优势的竞争地位。

作为一门“博取好感的艺术”,公共关系刻意追求良好的金融机构形象,包括:产品和服务形象、员工形象、外观形象等内在和外在的精神、风格、特征等。为此金融机构应做到:①让客户充分了解金融机构的宗旨、信誉、经营范围及服务手段和方式;②提供多样化产品和热情周到的服务;③善于及时处理客户投诉;④要善于协调与竞争者的关系,努力与竞争者建立良好的伙伴关系,尊重竞争对手,学习竞争对手的长处;⑤把经营重点引向金融机构和公众利益的交会点,而不是冲突点。

(三)公关促销的特点

与其他促销方式相比,公关促销具有以下一些特点。

1. 公关促销的对象是金融机构和与其相关的公众之间的关系,即所谓的公共关系。公共关系明显不同于人际关系,它以金融机构为出发点,强调其与公众之间的联系。

2. 公关促销的目的不仅要推销金融产品，更重要的是树立金融机构的整体形象，争得公众的支持，改善其经营环境，从而取得更好的经济效益与社会效益。

3. 公关促销的基本方法是双向沟通，一方面是通过向公众宣传金融机构的经营方针、经营范围，使公众了解；另一方面通过信息反馈，增加对客户的了解，不断调整营销手段与经营方针。

4. 公关促销的手段很多，可以利用各种媒体传播，也可以进行各种形式的直接传播。

5. 公共关系的影响面大，容易受到客户的欢迎、信任或者不满与厌恶。成功的公关活动会起到树立金融机构良好形象的作用，而失败的公关活动则会给形象造成不利影响。因此，金融机构难以对其进行计划和控制。

（四）公关促销的方法

公共关系促销的核心是公关活动的方法和形式的策划与实施。当然，无论选择何种形式和方法，都必须事先筹划，根据金融机构在目标市场所处的位置选择合适的公关形式。

公关促销的方法大体有以下几种。

1. 通过新闻媒介，宣传形象。报纸、杂志、广播和电视等新闻媒介是与公众沟通、扩大影响的最重要渠道。新闻报道在说服力、影响力和可信度方面比商业广告所起的作用要大得多，也最容易被社会公众接受和认同。所以金融机构要与新闻媒介建立良好的关系，争取它们的支持。

有的金融机构设立专门的新闻联络员，保持与新闻界的密切联系，主动培养记者对金融机构的兴趣，随时向金融界透露本机构的业务状况，以提高公共宣传的效率。当然，更重要的是金融机构要不失时机地策划出价值高、可予报道的新闻，并在高质量、有社会影响的媒体上报道才能成为传媒的热点。

2. 借助社会名人和知名团体扩大知名度。金融机构的一些重要场合，如开业典礼、展销会、赠奖活动和新产品发布会等，如能邀请名人或"意见领袖"参加，都能达到扩大知名度的目的。"意见领袖"是指在某一阶层中具有一定影响力的人，他们的思想、态度和行为容易被别人模仿，对促销有着不可估量的作用。如 1997 年 6 月 1 日，中保财产保险公司在柯受良飞越黄河的现场做了两幅巨型山体广告，一幅为"飞人壮举越黄河，中保财险作后盾"，另一幅则是"中保财产保险公司"的冠名广告，总面积达 2 250 平方米，创当时中国广告面积之最。这次利用社会热点事件所做出的公关促销活动获得了极大的成功，许多电视台对"飞黄"现场的直播，使中保财险获得了比电视广告还要好的宣传效果。

3. 积极参与和支持社会公益事业。在国外，对社会公益活动进行赞助是金融机构开展公关促销的主要形式。我国很多金融机构也积极借鉴这种做法扩大本机构的影响，如赞助希望工程和孤寡老人，为慈善基金会和教育基金会捐款，热心支持所在社区建设与大型文体活动等，通过媒体报道赞助活动的过程获得免费的公共宣传，大大提高了知名度；并给公众留下企业的社会责任感、对公益事业的热情等良好印象，可以赢得公众的普遍赞誉。

4.举办专题活动。金融机构各级部门应在各自所辖范围内开展有吸引力的活动，包括体育比赛、歌咏比赛、征文和技艺比赛等，通过这些活动给员工创造一个相互交流、相互了解的机会，增强员工之间、员工与领导之间的友谊。2017 年 11 月 11 日，广发银行南京分行为庆祝成立 20 周年举办了一场“志高意广，逐浪奋发” 纪念晚会，以欢快歌舞回望廿年春秋。此次晚会分为“追梦”、“筑梦”与“圆梦”三个篇章，象征广发银行南京分行扎根江苏、潜心发展、逐浪向前的发展心路。晚会所有节目均来自辖属各地分行、支行，显示出良好的团队协作力，增强了大家的凝聚力。①

5.危机应对活动。金融机构可能会因某些问题而与一些部门发生矛盾，受到社会的批评或被新闻媒体曝光，此时，如何应对危机成为一个重要的公关机遇。金融机构必须抱着正确的态度，虚心接受社会的批评，真诚地表达歉意并要在短时间内拿出处理意见或整改措施，从而既可以挽回声誉，又给人以认真负责的企业形象。

第三节　金融产品促销方法的组合策略

金融产品促销的方法很多，金融机构应该根据自身的特点及市场环境的不同而灵活运用，并加以适当的组合，这样才能取得更好的促销效果。

一、金融产品促销方法组合的必要性

每种金融产品促销的方式都有其长处和短处，在促销中的侧重点不同，因此在金融营销的不同时期、运用到不同的金融产品上也要有区别。表 8 –1 对各种促销方式进行了比较，金融机构在制定促销策略时，要根据金融产品的性质、市场性质、促销预算等各种因素，对几种促销方式加以有机组合与综合运用，才能体现出金融企业的整合营销思想。

表 8 –1　主要促销方式的比较

促销方式	优　点	缺　点
人员推销	灵活、直接、具体和准确； 可随机应变，掌握市场动态； 针对性强，易激发客户的兴趣，易促成交易	接触面窄； 费用大，占用人员多； 对促销人员的要求高

① 资料来源：新浪无锡：广发银行南京分行成立 20 周年纪念晚会成功举办，2017 年 11 月 15 日。

续表

促销方式	优 点	缺 点
广告	公开性、接收信息的面广并能反复多次使用； 表现方式多样，艺术性，形象生动； 到达每个潜在客户的人均费用较低； 节省人力	效果相对滞后； 说服力较小，难以促成即时的购买行为
营业推广	灵活多样，非规则性，非周期性； 应用范围广，吸引力较大、直观； 短期效果明显，易吸引客户，能促成顾客即时购买	长期效果不好，一般不能建立品牌忠诚； 使用次数不宜过多，否则会降低产品与服务的身价
公共关系	长期目标，持久性强； 影响面和覆盖面大，容易使顾客信任； 有利于树立金融机构的整体形象，提高产品和服务的质量	间接性强，见效较慢； 难以进行计划和控制

二、金融产品促销组合策略

金融产品促销组合是金融企业根据促销的需要，对人员促销、广告促销、营业推广和公共关系等各种促销方式进行适当选择和综合编配，以更好地发挥促销效果，实现营销的目标。促销组合策略主要解决各促销手段的选择及在组合中侧重使用某种促销手段。促销组合有三种基本策略类型：推式策略、拉式策略与推拉结合策略。

（一）推式策略

推式策略主要以人员促销（包括推销人员、经纪人员与中间商）为主的促销组合，基本运作流程见图 8－3。

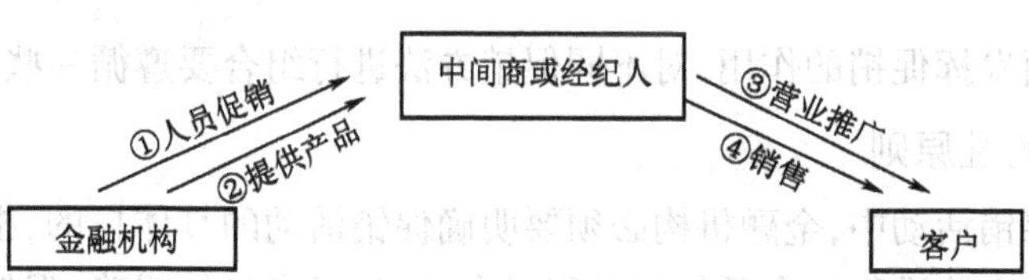

图 8－3　推式促销组合策略

这一策略的作用在推，强调了金融机构的能动性，通过金融机构的积极促销而说服客户接受金融机构开发的金融产品，从而使产品渗透进销售渠道，打开市场。推式策略主要适用于金融机构和中间商对前景看法一致的产品，一般具有风险小、推销周期短、资金回收快等特点，但前提是必须取得中间商的共识和配合。

（二）拉式策略

拉式促销组合策略主要以广告促销为主，金融机构针对客户展开广告攻势，将客户吸引到金融产品上来，形成强烈的购买欲望与需求，再拉动中间商经销该产品。该策略的重点在于“拉”，强调了客户的能动性，其运作流程如图8－4所示。

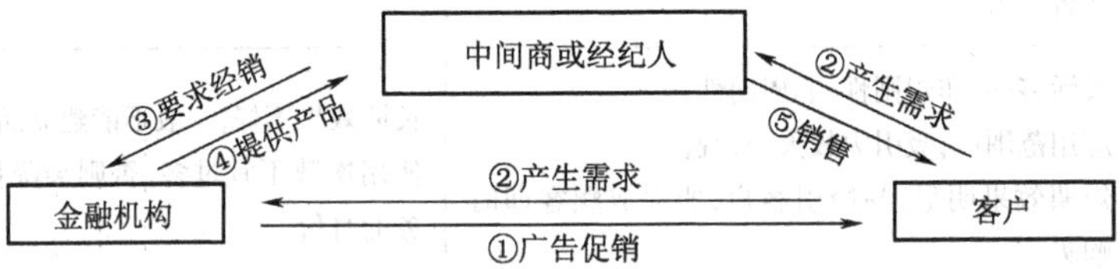

图8－4　拉式促销组合策略

这一促销组合策略特别适用于新产品上市时的促销，因为此时中间商往往因高估市场风险而不愿经销，只能由金融机构先向消费者直接促销，等有一定的市场需求后会自动吸引中间商促销。

（三）推拉结合策略

金融机构也可以把上述两种策略加以配合运用，在大力采用人员促销的同时，通过广告刺激市场需求，其运作流程如图8－5所示。

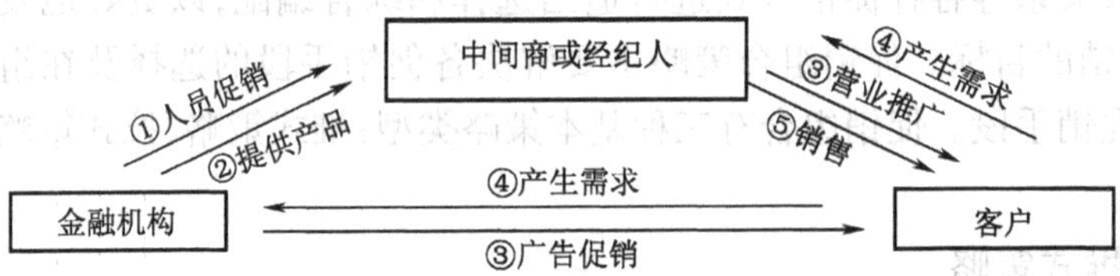

图8－5　推拉结合促销组合策略

三、金融产品促销组合的原则

为了全面发挥促销的作用，对不同促销方法进行组合要遵循一些基本原则。

（一）目的性原则

在具体促销活动中，金融机构必须要明确促销活动的具体目的，根据目的决定选择哪些促销方法进行组合及如何进行组合，因为只有目的明确，促销组合才能有鲜明的指向性和较强的针对性，才能收到好的效果。

（二）促销时机原则

金融机构在组合促销方法时要综合考虑产品促销所处的时机，如新产品上市、销售旺季或成熟期和产品退市时，可分别采取有针对性的促销方式组合。比如，在新产品上市时，金融企业可以采取广告促销配合营业推广等促销手段，加快产品进入市场的速度。

（三）协调性原则

不同的促销方法有自己的长处与弱点，金融机构应充分利用它们的互补关系进行协调，综合运用，一旦协调不当，就会造成不利于金融机构正常运行的结果，甚至会降低促销组合的效果。比如，价格折让与售点陈列、赠品在一起组合会增强促销效果，而价格折让与质量保证或以旧换新组合在一起就不太协调。

（四）整体效益原则

金融机构在进行促销方式组合时，在追求自身效益的同时也要注重社会的整体利益。因此，要立足于树立长期稳定的良好形象，保持促销方式的整体性。

四、金融产品促销组合的步骤

在前面一些原则的指导下，金融机构可以按以下步骤进行促销方法的组合。

（一）确定促销对象

促销组合是将金融企业的不同促销手段进行组合，加快信息传播的过程，使客户在接收、理解这些信息的基础上认可、接受金融产品。因此，目标促销对象就是指接受促销信息的潜在客户。金融机构在促销组合之前，要详细分析目标客户对金融机构及其产品的熟悉程度、喜欢程度以及原因，借以有针对性地调整促销方法。

（二）决定促销目标

促销目标是指金融机构从事促销活动所要达到的目的。主要包括：

1. 告知。通过促销组合提高金融企业及其产品的知名度，让更多的客户了解该机构和产品。

2. 激发。金融机构通过促销组合激发客户对金融产品的需求，争取客户选择本机构的产品。

3. 劝说。通过促销组合劝说更多的客户使用本金融机构与金融产品，从而扩大销售，提高产品的市场占有率。

4. 提示。金融机构通过促销组合的宣传提醒客户不要忘记本金融机构与金融产品，并能反复购买和使用该金融产品，以巩固其在市场的地位。

5. 偏爱。通过组合促销，在目标市场中营造金融企业经营和产品的独特风格和个性，树立良好的金融产品形象，使客户偏爱该产品。

（三）确定促销预算

促销预算是指金融机构打算用于促销活动的费用开支，促销预算规模直接影响到促销组合的选择余地，并会刺激促销效果的大小和促销目的能否实现。促销预算要根据市场状况、金融企业自身的财力状况及竞争者的促销支出情况等各方面因素灵活确定，并要留有一定的调整余地。

(四)决定促销组合方式

对人员促销、广告促销、营业推广和公共关系等各种促销方式进行合理搭配，并要对各种方式中的具体手段进行综合运用。

(五)检验促销组合效果

在实施了金融促销方式组合之后，金融机构要及时对实施的效果进行评估，及时发现问题，为制定和调整促销策略提供依据。

案例8-5

中信理财全方位营销

2004年，中信银行作为第一批获得开办银行个人理财业务资格的银行，始终把握市场脉络，以"中信理财"人民币理财产品创新引领理财新潮流，以全方位营销推广来扩大销售规模。

2006年7月以来，"中信理财"人民币理财产品在市场推广中采取的促销组合策略包括：

1. 分支机构推广。每只理财产品的营销都由总行统筹安排以协调营销活动的节奏，但十分强调分布在全国各主要城市的400多家分支机构在理财产品营销中发挥的最直接的面对面促销中的作用。为了规范全行理财产品营销工作，总行统一制订了《理财产品营销快速启动方案》和《理财产品推介活动方案》，对营销推广工作提出了明确要求，各营业网点的网点宣传等活动开展得丰富多彩，大大增强了客户对产品的了解。

2. 大众媒体传播促销。通过大众传媒树立品牌认知，进行知名度范围的扩大建设，培养潜在用户的品牌识别。具体做法包括：

(1)平面广告：在经济观察报、21世纪经济报道、环球、财经等报刊投放广告。

(2)电台广告：在所有分行所在地，选择以交通台为主的电台频道，播放产品广告。

(3)新闻报道：与地区性媒体加强沟通，以新闻报道形式宣传品牌和产品。

(4)互联网传播：与和讯网合作设立"中信理财"频道，介绍中信银行理财产品和相关业务；在中信银行网站上开设"理财专栏"，介绍理财知识和产品特点。

3. 针对目标市场的营业推广。针对目标用户进行广泛的营业推广，促成直接的销售达成，具体措施包括：

(1)终端网点传播：张贴海报、DM单、宣传横幅，在柜台前放置宣传折页。

(2)路演：常规性的社区路演和商业区路演。

(3)与合作企业进行现场营销宣传。

通过这些促销策略的组合，中信银行的理财产品销售取得了优异的业绩，如2006年6—7月，中信银行向市场连续推出"双季"系列理财产品——双季1、2和3号，自6月末"双季1号"面世到7月31日"双季3号"销售结束，该系列产品累计销售92.1亿元，在不到半年的时间，这3只产品实现近3 000万元的中间业务收入，给银行带来了可观的收益。"中信银行个人理财产品"营销也获"2006—2007年度中国杰出营销奖分类决赛(金融类决赛)二等奖"。

资料来源：王林：创新型产品、全方位营销——中信理财引领个人理财时代新潮流，经济观察网，2008年6月16日。

名词解释

金融产品促销　金融产品的人员促销　金融产品的非人员促销　金融广告促销　金融机构形象广告　金融产品广告　金融产品营业推广　金融机构公关促销　金融产品促销组合

☞ 思考题

1. 金融产品促销有何重要意义？主要有哪些方式？
2. 请联系实际分析金融机构人员促销可以采取的形式。
3. 广告促销有哪些形式？和其他促销手段相比，广告具有什么特点？
4. 金融机构公关促销具有哪些特点？可以采用什么样的做法？
5. 金融产品促销组合可以运用哪些策略？

思考与分析

从2002年起，国内金融机构每年在电视广告上的投放开始呈现不断上升的趋势，各地区的银行、保险企业纷纷在国内各级电视台播放广告，而且相当注重高端媒体及黄金时段。例如，2002年中国人寿投放《新闻联播》后片尾，2003年、2004年又继续在央视招标时段投放大量广告，获得了极大的反响。金融广告忙于擦亮"金"字招牌。纵观2005—2006年各媒体的广告投放数字，金融广告在排行榜上突飞猛进。据尼尔森媒介的报告，2006年各银行仅在信用卡上的广告金额就比2005年增长了46%。2004年以来，金融企业在央视的中标金额已经增长了22倍，2010年与2011两年的增长速度也分别达到37.99%和20.02%。根据以上资料分析金融机构广告促销的功能及主要策略。

第三篇

金融营销管理

第九章

金融营销组织管理

成功的营销活动依赖于一个有效的营销组织，金融营销也不例外，营销组织对于分析营销环境、实施营销计划、控制营销活动都具有十分重要的作用。

本章将从金融营销组织的基本理论入手，介绍金融营销组织的演变、建立、要求与基本步骤，讨论现代金融营销组织的不同模式及其选择，并分析金融营销组织的协调与控制问题。

第一节　金融营销组织概述

一、金融营销组织的含义

营销组织是金融机构为了实现特定的营销战略目标，更好地发挥营销功能，设置不同的营销职位、确定其权责并对它们之间的关系进行一定协调与控制，从而组成一个有机整体，合理、迅速地传递信息的科学系统。

随着金融业的不断发展，金融机构的竞争不断加剧，营销组织也日益壮大，传统的营销组织管理受到巨大的冲击。如何建立有效的营销组织成为各金融机构面临的一大重要问题。通过科学的营销组织，可以贯彻营销方针与战略、实现营销目标，把金融机构在营销活动中涉及的各个要素、各个部门、各个环节在时间与空间上紧密联系起来，加强各部门之间的分工与协作，促使营销活动更加协调与有序地开展。

金融机构只有健全营销组织，确立新的营销理念、营销组织战略和营销管理策略，才能更好地实现自身的不断发展，在营销活动中长盛不衰。

二、金融营销组织的演变

金融营销组织随着企业营销组织的不断发展而演进，目前，已由简单的销售职能发展成为一个复杂的职能组织。

金融营销组织的演变经过了漫长的过程，这一过程体现了营销部门在金融机构中地位的不断提升。

（一）早期的金融营销组织

最初，人们对金融机构的营销活动并未给予足够的重视，认为它并不属于金融企业在经营过程中至关重要的活动。那时营销经理不参加金融机构最高权力层的决策活动，其地位相对较低。营销部门在整个金融组织中只不过是人员服务部下属的一个部门（如图 9－1 所示）。

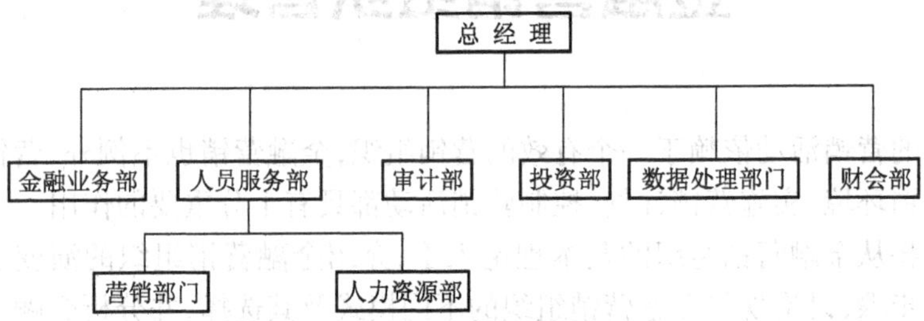

图 9－1　早期的金融机构组织结构

（二）第二阶段的金融营销组织

20 世纪 60 年代之后，随着金融业竞争加剧，人们开始认识到营销对金融机构的作用，对营销组织有了一定的重视，但还没有把它放在决定性的位置。在这一阶段，营销部门经理可以直接向总经理汇报相关工作，但其权力仍受到较大限制。此时金融组织结构如图 9－2 所示。

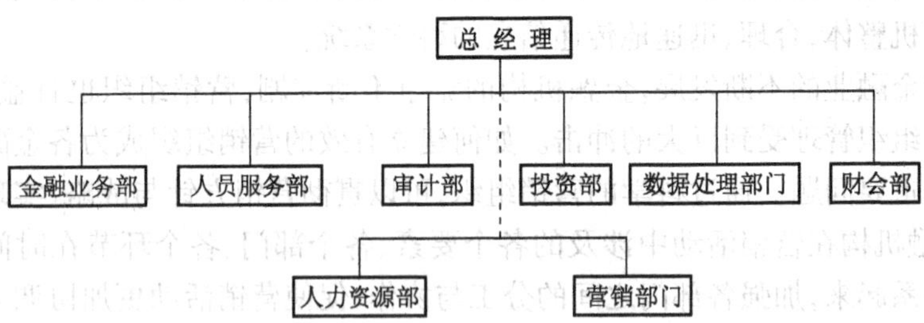

图 9－2　第二阶段的金融营销组织

（三）现代金融营销组织结构

第二次世界大战以后，尤其是 20 世纪七八十年代以来，金融机构的业务规模迅速扩大，市场竞争也日趋白热化。金融管制的放松又使得金融业的创新活动蓬勃发展。人们真正意识到营销在金融机构经营中的重要作用，金融企业逐渐转向以市场营销为导向，金融营销成为金融机构经营管理的中心。营销部门的地位得到进一步提高，成为独立的部分，营销经理可以直接与行长沟通，在金融机构的总体战略制定中发挥了越来越大的作用。这一阶段，营销部门与其他各部门之间的结构关系如图 9－3 所示。

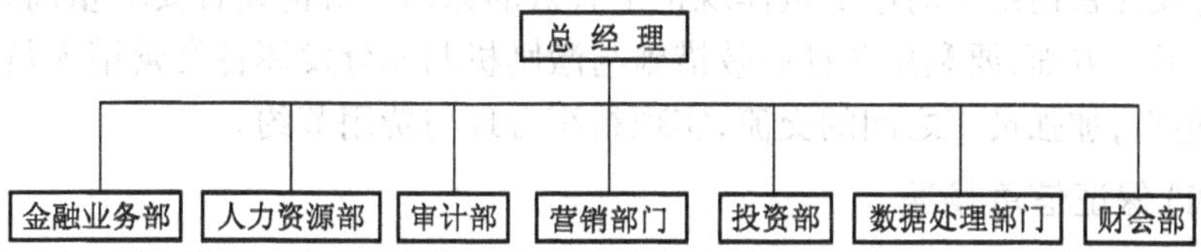

图 9－3　现代金融营销组织

当然，一个金融机构光设有营销部门，还不能说它建立了现代营销组织，关键在于金融机构中的其他主管人员怎样看待营销功能，如果“营销”只被当作销售或把营销部门当成市场运作部门，那还停留在初级阶段，只有建立了一切部门都是“为顾客而工作”的理念，营销才能成为贯穿于金融机构运营始终的哲学，这时才真正地建立了现代营销组织。金融营销部门作为金融组织的重要构成，对于执行营销计划，更好地服务客户具有极其重要的意义。

三、金融营销组织建立的基本要求

金融机构为了实现其营销目标，必须建立一个有效的营销组织，科学的营销组织应该满足以下几个基本要求。

（一）适应营销目标

营销组织的设立是为了使金融机构能更好地开展营销活动以实现营销战略目标。金融机构有着多种营销战略目标，比如，市场目标（满足市场需求、客户对产品的要求等）、销售目标（如销售量、营业额及其增长率等）和财务目标（如投资收益率、利润率等），这些目标是金融营销活动的最终目的所在。因此，金融机构建立的营销组织必须考虑营销目标与营销战略，使建立的营销组织与目标一致、任务统一，否则就达不到预期的效果。

（二）提高效率

效率主要体现在速度与数量两方面。

从速度上来说，金融机构的营销组织要能够迅速及时地贯彻执行它所制定的营销战略方针。营销目标及战略计划为金融机构的营销活动指明了方向，金融机构营销部门应在它们的指导下建立起适当的组织体系，合理安排营销人员高效地执行，保质保量地完成营销工作。

当然，高效性还体现在数量上，即强调市场份额的不断扩大与利润的不断增长。营销部门要能及时开发新金融工具，并通过有效的组织迅速将新产品推向市场，让客户了解产品的性能与特征，吸引客户，不断开拓市场。

（三）降低成本

金融机构营销组织的建立必须考虑成本问题。在市场瞬息万变，竞争激烈的格局下，设计营销组织时应尽量体现精干有效的原则。机构设置要尽量简化，以降低成本；另一方面，要利用各种有效措施与激励机制充分发挥各类营销人员的主动性与创造性，加强员工之间的交流，实现组织合理与费用节约。

（四）保证信息畅通

在现代企业竞争中，信息传递显得日益重要，营销活动也不例外。在瞬息万变的市场中，既有来自金融机构内部的信息，又有来自金融市场的外部信息；既有原始的信息，又有经过加工的信息；而且营销信息的时效性极强，控制难度大。因此，金融营销组织应该建立有效的信息网络，保证信息在不同层次间的畅通，以便及时、准确地传递信息，并将有关资料迅速送达需要信息的人员，为决策提供依据。

（五）保持充分的灵活性

营销部门是金融机构直接与外界联系的组织，因此，它要能够适应外部环境变化，也就是说要具备较大的灵活性。市场是一个动态的整体，客户的需求、竞争对手的经营活动、国家的方针政策、社会的宏观环境等各个因素都处在不断的变化之中。而这些变化都会直接或间接地影响到营销活动乃至整个经营状况。因此，营销组织必须与外部保持畅通的联系，善于发现市场中的各种变化，并迅速调整其营销策略，使营销工作能够适应市场需要。

四、金融营销组织建立的步骤

任何金融机构营销活动都要以一个营销组织为载体而运作，合理的营销组织是实现营销工作有效执行的先决条件之一。一般来说，金融营销组织的组建可以按以下步骤进行。

（一）明确金融机构所要达到的营销目标

营销目标是建立有效市场营销组织的起点。如前所述，金融机构的营销目标是多方面的，包括追求业务量的增加、市场份额的上升、服务的推广、机构形象的树立等。金融机构可以从中选择一两个目标作为某段时期的重点，以便估计出所需的营销人员、其他资源配置及营销预算，为营销组织的建立提供依据。

（二）明确为达到营销目标所必须完成的活动

检验一个营销目标是否实现一般可以看若干项活动是否已经完成。因此，金融机构在确定营销目标之后就要对营销目标进行分解，规划出几项主要的营销工作，以便有针对性地组织营销活动，确定所需要的工作量。

（三）将活动转化为职位

金融机构要运用科学的方法将划分好的各项活动转化成职位。比如，按照职能划分将各种营销活动进行归类，有关联的活动归结成一个职位。而当这样确定的职位较多时，为了保证机构精简、层次合理，可以将工作性质类似的职位合并成一个大职位，在其内部再进行适当分工。一般来说，比较重要的活动应该摆在组织中较高的层次，而较次要的活动则可以放在较低层次。能否科学地设置职位将会影响到整个金融营销组织运行得合理与否。

（四）按职位分派人员

职位的确定可以建立基本的营销组织框架，接下来就可以往各个职位上安排具体人员。金融机构应该按照以工作为中心的原则，安排合适的人员担任相应的职务，开展有关营销活动。在实际工作中，金融机构也可设置一些专门职位以安排那些具有特殊才能的人员，从而充分发挥员工的潜力。

（五）合理授权

为了提高营销组织的效率，金融机构必须进行合理的授权以明确职责。授权的基本程序一般包括三点：一是对部属指派职责，即高一层的管理人员应该使其下属明白要履行哪些职责；二是授予部属相应的权力，即让下层工作人员了解他可以对哪些工作进行何种处理，从而为下层创造履行职责的环境与条件；三是对下层人员交代必须承担的责任，使下层人员能够对高层管理者负责，保证顺利完成任务。

（六）确定协调办法

由于营销活动是由营销人员开展的，在具体营销活动中难免会出现一些差错及人员之间的矛盾，为了避免出现本位主义与各自为政的现象，更好地发挥营销组织的整体效益，在建立营销组织时还须制定协调办法，对营销人员的有关活动进行适当控制，并及时协调在运行过程中出现的各种矛盾。

第二节　金融营销组织的模式与选择

一家金融机构的营销活动，要以一个组织模式作为载体而运行，一个合理有效的营销组织模式，是营销取得成功的先决条件之一；而一个无序的、低效率的、难以适应环境变化的营销组织模式，则难以实现预期的营销目标。

一、金融营销组织模式的含义

金融营销组织模式是金融机构组织营销活动的方式，它随着金融机构业务的不断扩大，营销部门地位的逐渐提高而不断发展。

目前，金融机构围绕金融产品的职能、金融活动领域的范围、地理位置及其相互关系形成多种多样的营销组织模式。它具有多样性的特点,在不同领域、不同行业,甚至在同一领域、同一行业内都不尽相同。选择合理的组织模式开展营销活动成为各家金融机构开展营销活动的一个重要决策内容。

二、金融营销组织模式的基本类型

尽管金融营销组织有多种模式,但归纳起来,常见的金融营销组织模式有职能型、产品型、地域型、市场型和混合型等几大类。

(一)职能型金融营销组织模式

职能型营销组织模式是一般企业最常见的组织结构形态,指按照营销工作的不同职能来对营销部门进行划分的一种组织模式。

一般来说,金融营销部门设营销行政、市场调研、新产品开发、销售、广告与促销、客户服务等职位,各职位的分工主要为:

1. 营销行政部门:负责金融机构营销领域的日常具体行政事务,如人事管理、费用控制等。

2. 市场调研部门:主要负责改善金融机构的市场机会及营销活动的市场调研。

3. 新产品开发部门:负责根据市场调研部门提供的信息设计出满足市场需求的产品。

4. 广告与促销部门:提供有关推广金融产品信息、广告宣传、媒体技术等服务,并与外部保持密切联系,以增强本机构及其产品的知名度。

5. 营销服务部门:主要负责向客户提供各项售后服务,接受客户的投诉案件。

开展营销活动时,金融机构将总任务目标分解成单个的任务,并交给相应部门完成。该模式的结构如图 9-4 所示。

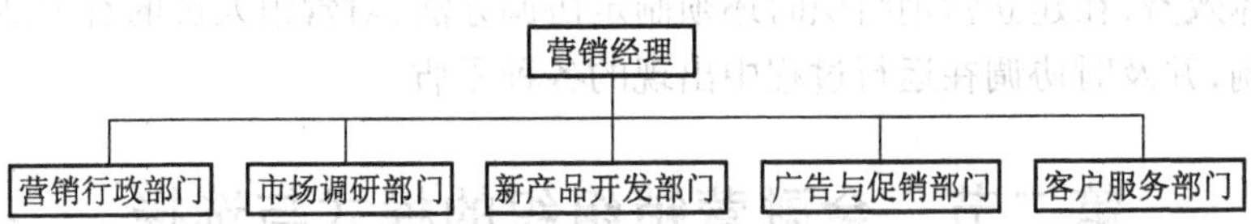

图 9-4　职能型金融营销组织模式

在这种模式中,营销经理是金融营销组织中的最高层次,负责金融营销战略的制定及营销预算决策等关键性事项,同时也协调各营销职能部门的工作,而各职能部门则要向营销主管负责,其规模大小可以根据金融机构的具体情况来确定。

职能型金融营销组织模式的优点主要有:①各职能部门分工明确,各司其职,避免相互扯皮的现象发生;②可以利用特殊专长来处理不同的营销工作;③管理较简单,各职能岗位都对营销经理负责,职能部门设立的层次较少。这种模式在金融界得到广泛的应用,特别在外界环境较稳定时,这是最有效的一种组织模式。

但它也有明显的缺陷:①制定的规划可能与具体的金融产品及市场不相适应,没有人对某种产品或某个市场负完全责任;②不适合市场与产品数量太多的金融营销活动;③各个职能部门容易造成各自为政的局面,过分强调本部门功能的重要性,为了获得更多的预算和更高的地位,营销经理不得不花费大量精力进行协调。因此,这种形式在金融产品及其市场成熟后一般就失去效用。

(二)产品型金融营销组织模式

这种组织模型按照不同种类的产品进行管理,它是一种为了适应金融产品竞争激烈化、产品创新多样化的形势而出现的纵横交织的结构。在纵向仍然保留了职能型模式的业务配置,而横向则设置产品经理,负责金融产品的管理,主管若干个产品大类,包括制定产品的策略与计划,分析其执行情况,评定效果并采取必要措施对其进行控制。产品型金融营销组织模式的基本结构如图 9 - 5 所示。

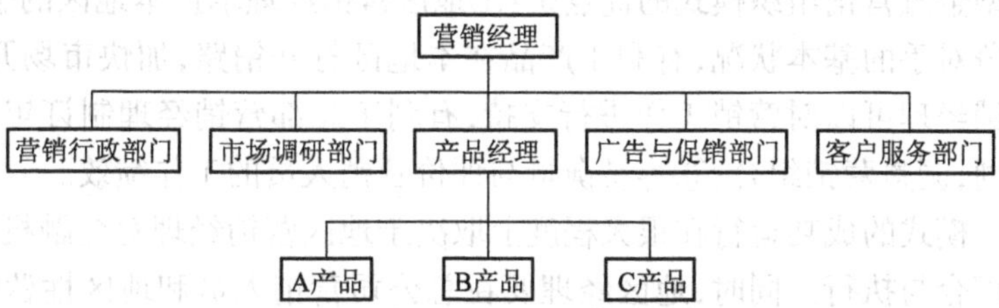

图 9 - 5 产品型金融营销组织模式

产品型金融营销组织模式有以下优点:①不同金融产品由专人负责,产品经理可以为某一产品设计有效的营销组合;②产品经理对于市场上出现的情况反应较快,容易开发新产品;③由于每类产品都有相应的产品经理负责,所以不会忽略小产品,产品成长较快;④便于实现对产品的管理,可以集中精力管好不同产品尤其是在市场营销中占到较大比例的产品,故而特别适合规模较大、拥有较多金融产品的金融机构。

该模式的缺点主要表现在:①组织成本较高,因为由专人负责一种或几种金融产品,故对营销部门的人员配置较多,投入较大;②整体性较差,各产品经理可能致力于他所管辖的金融产品的管理而忽视市场的整体状况;③产品经理的权力有限,可能要依赖于广告、推销等部门的合作。

(三)地域型金融营销组织模式

随着金融机构的服务区域不断扩大,其产品销售不只限于本地区,而扩展到整个国家乃至不同国家,地域型的营销组织模式便得到了应用。

这种模式是按照不同的地区来设置营销力量,通常将其销售人员按地域划分,一个全国性营销经理可以负责 3 ~4 个地区销售经理,后者又分别负责若干个小区经理，直到销售人员。其结构如图9-6所示。

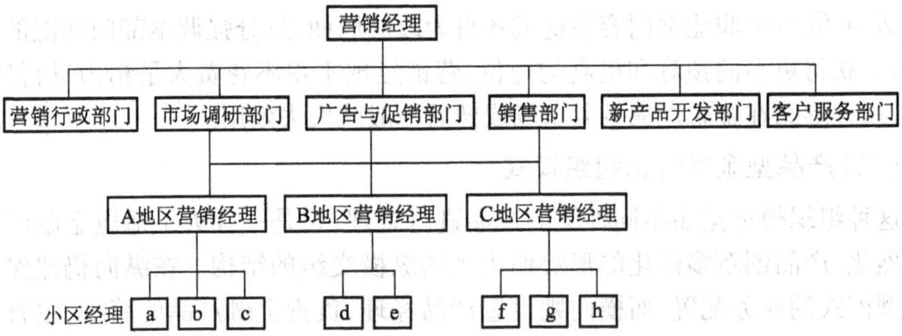

图9-6　地域型金融营销组织模式

地域型金融营销组织模式的优点是：①地区营销经理掌握本地区的金融环境、客户及竞争对手的基本状况，有利于产品在本地区打开销路，加快市场开拓速度；②地区营销经理可以对营销工作进行支持，有利于总部营销经理制订年度计划与中长期计划，调整营销组合；③容易衡量与评价营销人员的工作绩效。

但这一模式的成功运行在很大程度上取决于地区营销经理对金融机构总体战略计划的配合与执行。同时，地区经理要在总公司营销人员和地区性营销人员之间起到联系沟通的作用，充分调动本地区的各方力量，最大限度地利用市场机会开展营销工作。因此，对于地区性营销经理的挑选至关重要。

（四）市场型金融营销组织模式

许多金融机构将产品出售给不同类型的市场，因此在市场细分的基础上可以建立金融营销组织模式。

金融机构面临多种多样的客户，为满足不同类型的客户需求，应进行全面的市场细分，并做好市场定位，努力为不同市场提供优质服务。市场细分的标准很多，如将整个市场划分为个人客户市场与企业客户市场，再针对不同客户继续划分，根据不同的客户偏好、消费习惯、消费水平等开展营销活动。该模式的结构如图9-7所示。

在这一模式中，市场经理的职责和产品经理相类似，要对自己负责的市场发展状况进行分析预测，制订长期计划和年度计划，不断提高产品的市场占有率。这种模式以市场为中心，针对不同的细分市场开展营销活动，满足不同消费阶层的需要，而不是集中于营销职能、地区或产品本身，因此有利于发现新的机会。它的缺点是可能会有较高的营销费用。

（五）混合型金融营销组织

前面的几种模式各有侧重与优劣，随着金融机构的业务规模与经营范围的不

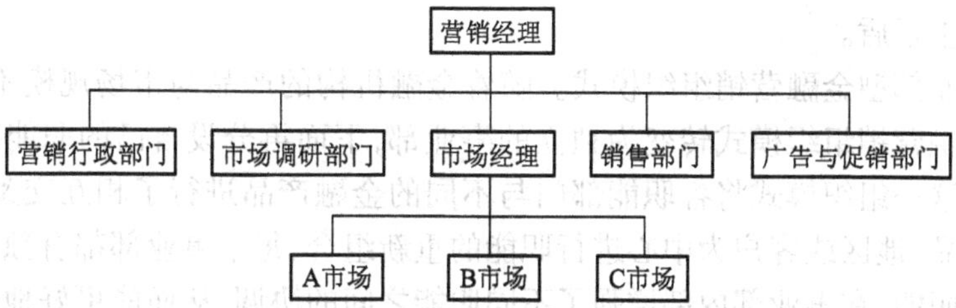

图9-7　市场型金融营销组织模式

断扩大,单一的营销组织模式已不能再适应环境与竞争的需要,一些金融机构将不同模式进行融合与搭配,出现了混合型的金融营销组织模式。比较典型的混合方式包括:

1. 产品-市场型金融营销组织模式。金融机构往往面向多个市场提供多种金融产品,有时会面临进退两难的境地:要么采用产品型组织模式,但这就要求产品经理熟悉高度分化的市场;要么采用市场型金融营销组织模式,这又要求市场经理必须熟悉他主管市场上提供的种类繁多的产品。

为了解决这一问题,金融机构的营销部门引进同时设立产品经理与市场经理的做法,前者负责产品销售及利润规划,后者致力于市场的培育开发,其结构如图9-8所示。

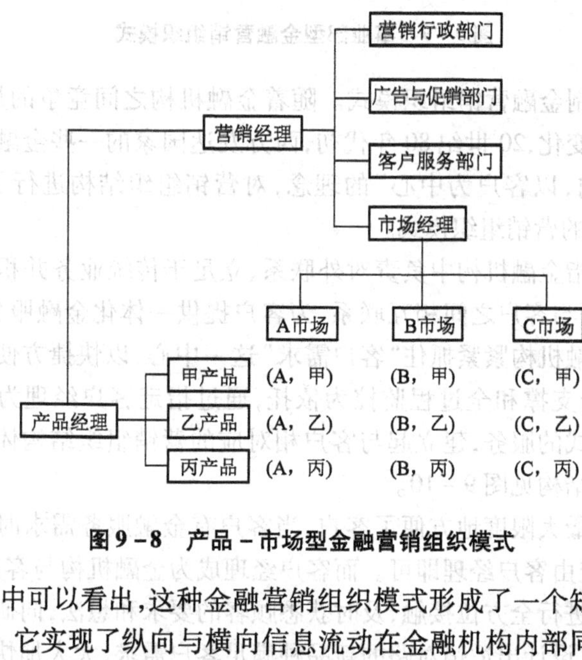

图9-8　产品-市场型金融营销组织模式

从图9-8中可以看出,这种金融营销组织模式形成了一个矩阵,因此也称为矩阵组织模式。它实现了纵向与横向信息流动在金融机构内部同时进行,因此适合于产品多样化和市场多样化的金融企业。但这种模式的缺点是组织费用较高而且容易产生矛盾。

2. 事业部型金融营销组织模式。随着金融机构的产品与市场规模不断扩大，有的将金融营销组织模式转变为独立的事业部，下面再分设自己的职能部门和服务部门。这一组织模式将各职能部门与不同的金融产品进行了相互交叉，各业务环节以产品、地区或客户为中心进行职能的重新组合，每个事业部都有独立的研发与销售等职能，在事业部内部增强了不同职能之间的协调，从而能更好地适应环境变化。而在总部一级的营销人员则可以削减甚至不设立。

这一模式的基本结构如图9－9所示。

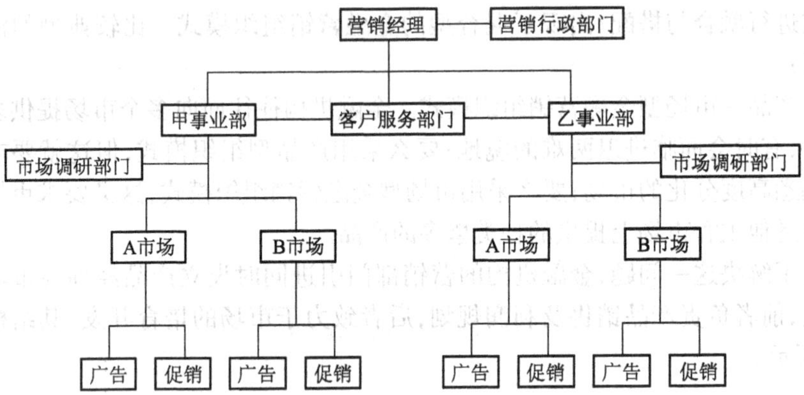

图9－9　事业部型金融营销组织模式

3. 客户经理制金融营销组织模式。随着金融机构之间竞争的加剧，金融营销活动发生了巨大变化，20世纪80年代初，西方发达国家的一些金融企业逐步建立起“以市场为导向，以客户为中心”的理念，对营销组织结构进行了调整，引进了“客户经理制”式的营销组织模式。

客户经理是指金融机构中负责对外联系、立足于传统业务并积极推行新型业务、协调金融机构与客户之间相互联系、为客户提供一体化金融服务，开发新市场的营销人员。金融机构紧紧抓住“客户需求”这一中心，以快捷方便地受理金融业务为前提，以后台支撑和全过程监控为依托，通过指定客户经理为客户提供全方位、多层次、组合式的服务，建立起与客户相对应的营销组织结构体系。这种营销组织模式的基本结构见图9－10。

客户经理制最大限度地方便了客户，当客户有金融服务需求时不必分别找相应的部门，只需交由客户经理即可。而客户经理成为金融机构与客户连接的桥梁，他们通过与客户进行全方位接触，及时获悉顾客的要求和想法，向研究部门和管理部门反馈信息，以设计出适销对路的新品种满足客户需求，大大加快了金融创新的

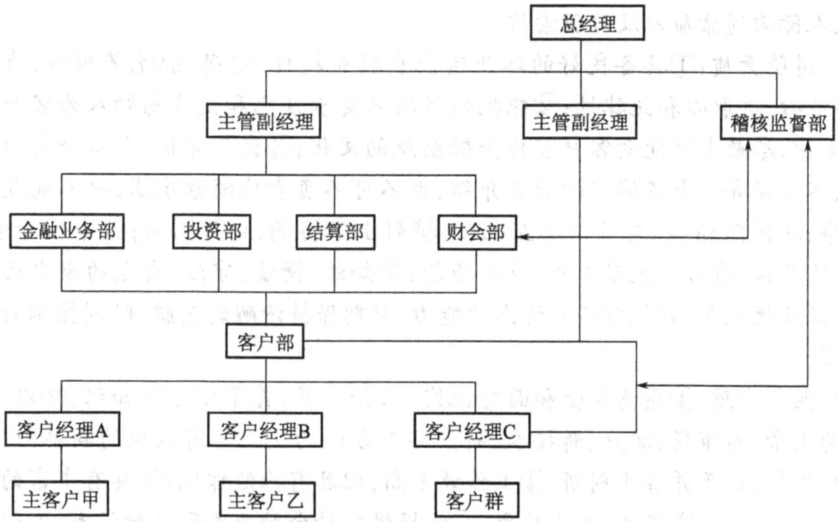

图9－10　客户经理制金融营销组织模式

速度。

客户经理制的引入是现代金融企业在金融营销管理上的创新和经营理念的提升，也是现代金融机构对客户提供金融产品和金融服务方式的重大变革。它集推销金融产品、传递市场信息、拓展管理客户于一体，把各部门连接成一个整体，为客户提供全方位的金融服务，体现了金融机构谋求与客户建立全面、明确、稳定和长期的服务关系，更有效地利用其人力、财力与物力资源。

当然，这种组织方式也存在一定的限制：①对客户经理的要求比较高，作为连接金融机构与客户的桥梁，客户经理如果缺乏敏锐的观察力与足够的亲和力，就可能无法与客户进行有效的沟通；②容易产生客户经理制与团队营销的矛盾，以个体营销为特征的客户经理制充分调动了客户经理的工作热情，但以个体化为主的营销不能适应现代市场竞争的要求，因此如何处理客户经理制与整个营销团队的关系也是这一模式需要解决的问题。

案例9－1

客户经理的素质

客户经理制是金融机构适应市场和客户需求变化而建立的一种营销组织模式，它要求金融机构要有一支高素质的客户经理队伍。在现代银行中，客户经理发挥着越来越重要的桥梁作用，是联系银行和企业等机构的纽带。客户经理负责为客户提供全方位金融服务，这一工作性质决定了他必须具备良好的道德素质、业务素质、人际沟通素质以及心理素质。

1. 道德素质：①具备良好的职业道德和敬业精神，爱岗、能吃苦耐劳，有责任心、事业心、进取心和纪律性；②能把强烈的社会责任感和使命感融入为客户的竭诚服务中，尽最大可能向客户宣传金融企业的文化；③诚实守信，全心全意为客户服务，不做误导性或不诚实的业务介绍，也不可不负责地随意承诺，更不能超越权限行事；④团队精神，与员工相互配合，搞好上下协调、内外沟通；⑤个性开朗、坚毅、不言气馁；⑥努力主动工作，少些抱怨；⑦知法、懂法、守法，自觉约束自己的行为，不做违规业务；⑧抵制各种诱惑的能力，时刻保持清醒的头脑，时刻控制好自己的欲望。

2. 业务素质：①愿意接受和面对挑战，求知欲强，善于学习新知识；②以市场、客户为上帝，对市场、客户、新技术、新产品等方面的变化具有敏锐的洞察力；③具有创新思想，乐于并善于创新；④工作效率高，但具有稳健作风；⑤具有丰富的营销技巧和经验；⑥处事果断，善于应变；⑦能提供各种金融业务和金融服务，有较宽的知识面；⑧具备综合分析能力、直觉判断能力（如辨别客户业务信息的真实性）和获取信息的能力；⑨适应能力与提升学习的能力，要能适应变化的市场要求和银行管理的要求，努力学习新知识、新技能，特别是了解互联网与大数据应用的知识；⑩尊重上级，服从安排，但对上级的决策有异议时，应勇敢地提出来。

3. 人际沟通素质：①有一定的文化艺术素养，知识面广，具有较为丰富的生活经历；②好的形象与气质，衣着整洁，举止稳重大方；③人际交往能力强，具有良好的协调和沟通能力，性格外向；④有灵活的语言艺术。善用诙谐、幽默的语言，能调节与客户会谈时遇到的尴尬气氛。善用委婉的语言拒绝客户；⑤善于借用外部资源；⑥团结同事，善于合作。

4. 心理素质：①外向、开放、包容的性格；②对失败和挫折有较强的心理承受能力；③不服输、吃苦耐劳、不断进取；④头脑冷静，不感情用事，善于灵活变通。

三、金融营销组织模式的选择

金融营销组织模式是否合理有效，关键是看它能否适应市场，有利于营销执行。如果一家金融机构选择的营销组织模式不符合其实际情况，不能有效地实现营销执行，必将阻碍预期营销目标的实现。

当然，各种市场营销组织模式有不同的特点与适用性，还受宏观市场营销环境、金融企业市场营销管理哲学以及企业自身所处的发展阶段、经营范围、业务特点等因素的影响。金融机构在选择何种模式时要充分考虑以下几个因素。

（一）金融机构的规模

金融机构规模的大小在很大程度上决定了营销组织的模式选择。对于规模较小的金融机构而言,其营销组织相对较简单,极易统一,管理也不难,只要采用某一种基本模式即可。而大型金融机构则不一样,它拥有多种多样的营销专职人员,比如,市场调查分析专家、产品经理、广告经理等,营销组织从基层到高层也需较多中间缓冲层,对管理技巧也有一定要求。因此,只采用某种单一的基本模式是不够的,它们往往通过将职能型、产品型、区域型与市场型模式加以组合而建立起比较有效的营销组织,并可选择重点客户采用客户经理制。

(二)金融机构的业务区域范围

金融机构按照经营业务地域的不同可以分为区域性经营与全国性经营。对于只在某区域范围内开展业务的金融机构,由于其服务范围较小,可以采用职能型或产品型模式。而在全国开展业务的金融机构,由于其业务范围广,可以在不同地区开设分支机构,故其营销组织相对较复杂,往往采用区域型组织模式,按不同的地区设立营销机构,或者采用混合型模式,使营销活动更加灵活地开展。

(三)金融机构的产品

金融机构所拥有的金融产品种类与数量也是金融机构选择营销组织模式时应考虑的一个重要因素。目前,大多数金融机构都在向"金融百货公司"转变,除了传统的业务之外,还可办理多种新型服务。尽管这些业务大大拓展了利润来源,但也增加了营销活动的成本。因此,金融机构必须根据产品的多少选择合适的营销组织模式。金融产品种类多、服务齐全的机构可以考虑产品型的模式,按产品设置营销组织。尤其是一些能够体现本机构特色、对客户有较强吸引力的产品,应该安排营销人员做好广告宣传及信息反馈工作,不断提高产品质量,使其占有更大的市场份额。

(四)市场

市场状况也会影响金融机构配置营销人员及选择组织模式。一般地,金融机构的市场分布在客户集中的地区。如果一家机构的市场由多种类型的客户组成,而各种客户在市场上所占的比率又不相上下,那么金融机构应该选择市场型营销组织模式,并为各个市场配备专门的市场经理及营销人员。

总之,金融机构只有全面权衡,结合各方面的因素综合考虑,才能选择适合自身的营销组织模式。

第三节　金融营销组织的协调与控制

为了更好地实现金融机构的营销目标,金融机构必须建立合理的营销组织,但在运行过程中,往往会出现一些矛盾,需要对各部门的营销工作进行一定的协调,保持步调一致。同时,为了避免在组织运作过程中出现偏差,还需要及时进行控制。

一、金融营销组织中存在的矛盾

由于金融营销部门是金融机构的一部分，与其他部门之间的关系如何是一个现实的问题，处理不当则会引发矛盾。

（一）金融营销部门的地位

关于营销部门在金融机构中的地位和作用，管理学中存在着多种观点，在实践中也有着不同的倾向。一般来说，有四种类型。

1. 金融营销部门与财会、人事、投资、金融业务、数据处理等部门处于同等地位。在整个金融企业的战略规划中，各职能部门地位平等，没有主次之分。

2. 金融营销是金融机构的主要职能。因为没有客户就没有企业的存在，因此营销部门应是金融企业的重要部门，而其他职能作为支持职能。

3. 金融营销是金融企业经营管理的中心。在"顾客导向"思想的指导之下，所有职能部门都要共同努力、彼此平等地了解顾客、服务顾客和满足顾客。

4. 营销部门在金融企业中处于中心支配地位。因为金融企业的主要任务是吸引和保持顾客，这正是营销部门的职能，但同时客户得到的满足程度还受到其他部门的影响。因此，营销部门必须得到其他部门的支持，要影响或控制其他部门，这样才能满足顾客的期望。

一般来说，金融业务越发达的金融机构，金融营销部门的地位越高，而对营销部门的不同定位在一定程度上反映了金融企业的经营哲学。

（二）金融营销组织中的冲突

尽管多数金融机构都已确立了金融营销部门在整个金融机构中的重要地位，但营销部门与其他部门之间仍然是相互作用的关系。金融营销计划的执行要依赖于企业组织中的每一个部门，尤其是数据处理、人力资源、财务会计、法律服务和审计等部门。

在金融机构的实际运行过程中可能会产生诸多矛盾，这些矛盾主要来源于以下几个方面。

1. 不同部门的视角不同。由于金融机构内部各个部门面临的具体工作不同，它们看待问题的出发点有着较大差异。如营销部门要求在有利可图的情况下尽量满足客户，因此它们往往希望为广告、推销等活动提供预算。而财会部门则认为营销人员很难具体说明营销预算的增加能带来多少销售额的增长，因此可能限制资金的投入，这样，两者之间便产生了冲突。

2. 不同部门有着不同的利益。不同部门的编制、预算及运行动机不同，存在不同的利益，为了争夺本部门的利益，可能会出现摩擦。比如，操作部门最关心的是日常工作能够顺利、精确、及时地完成，避免失误或因其他问题而引起检查人员的注意，而相对来说就轻视了对于客户的满意程度；但营销部门要求的不仅仅是工作顺利与及时，而且要使金融产品能在最大限度上满足客户需求，追求效益的最大化。

3. 各部门的权力之争。一些部门在经营过程中为了获得更多的权力，强调本部门的重要性，以提高自己的地位，甚至想成为业务活动的领导者，去控制其他部门。而另外部门则不甘于受控于人，会产生争夺领导权与控制权的斗争，引起矛盾。

4. 部门之间的相互报复。在金融企业的运作过程中，如果有的部门出于过失或主观故意而采取了不当行为，导致其他部门受到一定的损害，这势必会引起其他部门的报复。

5. 营销部门内部职位的冲突。除了上述部门冲突之外，在营销部门内部各职位之间也会产生冲突，包括市场调研部门、广告与促销部门、营销行政部门、客户服务部门，产品经理、市场经理等岗位，在运行过程中由于各种原因也难免产生摩擦。

二、金融营销组织的协调

上述矛盾的存在会耗费许多时间与精力，使金融机构丧失一些发展机会，并影响其战略目标的实现。特别是随着金融机构规模的日益扩大与营销组织的复杂性不断增加，组织协调工作就显得日益重要。

（一）金融营销组织协调的含义

金融营销协调的含义可以从两方面加以理解：一是各项营销职能、营销战略与营销战术要相互协调；二是金融机构各部门及资源要通过整合，实现协调运转。而金融营销组织的协调主要指的是后者的协调。

一般来说，金融营销组织协调主要包括内部协调与外部协调两方面内容。所谓外部协调是指营销部门与其他各部门之间的相互协调，而内部协调则是指营销组织内部各个职能部门之间的一致性。另外，理顺观念与加强信息传递也有助于更好地协调营销组织。

（二）正视营销组织的冲突

这是从观念上进行组织协调的基本前提。由于金融机构内部的运作复杂，部门之间的冲突是不可避免的，想要完全消除这些冲突也是不现实的，因此，在出现矛盾时不要害怕，而要正确对待，加以引导与解决。

（三）做好外部不同部门间的协调

为了使整个金融机构工作实现有机组合，营销部门必须要与其他各个部门相互沟通，使各部门树立营销观念，明确客户是金融机构各项工作的中心，客户需求是金融活动的基本出发点。

1. 营销部门与数据处理部门的协调。现代科学技术的发展使得金融机构的产品日新月异，而客户的数量与需求也不断发生变化，能否向客户提供有价值的产品,满足其需求在很大程度上取决于信息的搜集,而信息要以数据为基础。因此,营销人员尤其是新产品开发人员必须要与数据处理部门的有关专家通力合作,才能使其工作更富有成效。当然,金融产品是由产品部门开发的,数据处理部门也是营销组织中调研部门与产品开发部门获得有关信息的主要来源。

2. 营销部门与人力资源部门的协调。人力资源部门是金融机构中的一个重要部门,它负责培训员工、建立工资与福利制度、评价业绩等工作。在现代营销理念下,"以客户为中心"的思想应该被列入每个工作人员的工作准则中,服务培训应面向客户,业绩评价及工资的增长均应反映出这一特点。当然,为了使员工的考核更加富有成效,营销部门应向人力资源部门提供全面的信息。

3. 营销部门与财会部门的协调。营销部门与财会部门在资金运用上很容易产生冲突。为了解决这个矛盾,营销人员应该获得更多的财务培训,理解金融机构的资金来源及运用的状况,了解金融机构的收入与成本、费用等,掌握财务的基本情况。另一方面也要求财会人员能更多地了解市场状况,理解产品开发与市场拓展给金融机构可能带来的机会与好处。

4. 营销部门与法律服务部门的协调。随着金融全球化的不断推进,各国正在不断放松对金融业的管制,但仍然有许多法律与法规,在很大程度上影响着金融营销活动。例如,在美国,金融机构的经营要受到联邦存款保险公司(Federal Deposit Insurance Corporation, FDIC)、联邦储备委员会(Federal Reserve Board, FRB)、货币监理署(Office of Currency Comptroller, OCC)、证券交易委员会(Security Exchange Commission, SEC)及各州有关部门的监管,这些机构颁布的法律法规对金融服务及广告活动等产生了巨大影响。营销部门应该通过法律服务部门更好地了解这些法规,使其营销活动不与有关法律相抵触。

为了提高部门之间的协调效果,金融机构可以定期召开部门联席会议,相互交换看法,了解对方的观点,加强对彼此的目标、工作及利益的理解,消除认识分歧而导致的矛盾。有条件的金融机构也可以设立营销部门与其他部门的联合机构,如在产品开发过程中的联合、市场调研中的联合等,以调动各部门的积极性并减少摩擦。

(四)促进内部职能的协调

金融营销组织内部的各个职位之间也要时常进行沟通,这便是所谓的内部协调问题。

一般来说,金融营销组织的内部结构主要包括营销经理、营销行政部门、市场调研部门、广告与促销部门、产品开发部门和客户服务部门,在市场型与产品型组织模式中还涉及市场经理与产品经理等职位。

营销经理是金融营销组织内部结构的最高领导与核心,他的具体工作有以下几方面:①为产品制定总体长期发展战略;②编制各产品的年度计划;③采取一定措施实施计划,包括激发销售人员与代理商对金融产品的兴趣,配合广告促销部门制订广告方案,共同推进产品促销等;④与市场调研人员密切联系,随时了解市场动态,从而抓住时机,改善产品服务,设计出满足市场的新产品。

市场调研部是其他部门活动的基础。通过对市场的调查研究可使营销部门了解市场需求动态、供给状况、竞争对手的情况,从而为制定正确的营销方针、政策提供依据。

广告部门应与有关部门相互配合,利用各种可能的媒介及人员关系将金融产品推向更广阔的市场,树立金融机构的声誉,以吸引更多的客户。

产品开发部门则应认真研究市场调研部门得到的信息,针对市场变动状况及客户需求设计出新的金融产品,并通过广告部门将产品迅速推向市场,以增强竞争力。

客户服务部门则要为客户提供全面周到的服务,并接受客户在使用金融产品过程中的意见、建议,将它反馈到有关部门,以改进营销工作。

市场经理则负责某一个或几个市场,分析研究市场的发展状况和金融机构供应市场的新产品,并制订其所管理产品的长期计划和年度计划。产品经理负责某些产品或产品线的开发、营销和计划等全部职能活动。

因此,各组成部分之间是相互联系、相互影响的,它们应该随时进行协调以保证营销部门内部的统一性与灵活性。

为了在营销部门内部进行协调,克服功能冲突,可以采取这样一些措施:①功能转移,让不同职能的工作人员进行轮调,保持组织内部的充分流动性;②建立任务小组或营销团队,为了某一个任务临时整合不同人员,发挥各自优势,交换观点与看法,解决矛盾;③为现有员工进行重新定向,从其他部门或其他金融机构引入新人。

(五)加强信息传递

为了提高组织协调的效率,一个灵活、快速的信息传递系统是不可或缺的。因此,金融机构要建立一套科学的信息传递机制,完善客户投诉与建议系统,定期组织客户与员工调查,了解各部门及员工的想法,及时发现矛盾。

在协调过程中,金融机构应尽量运用交谈、会议、计划图表等手段来实现信息交流,也可以采用工作说明书或经营手册作为工具,在工作说明书或手册中详细记载各工作职位的责任、权限、本部门与其他工作部门的关系等。这样可以使营销人员更好地了解整个营销组织,明确自己及他人肩负的任务与享受的权利,有利于激发个人的工作积极性,并可将它作为评判营销人员工作实际成效的标准。

案例9-2

邮储银行阜阳市分行旺季营销的组织协调

2017年11月份邮储银行阜阳市分行开展旺季营销活动,全员上下积极奋进,开拓市场、拓展客户,迅速掀起"比、学、赶、帮、超"的营销热潮。

为了协调各方面的组织,有力推进旺季营销活动深入,邮储银行阜阳市分行积极推出多项措施:

一是认真部署,明确目标,广泛动员,全员参与,积极营造旺季营销氛围;

二是科学合理制定营销考核办法,加大全员考核激励力度,确保资源配置科学有效,营销积极性充分调动;

三是以大力增加有效客户为重点,结合省分行"大走访"活动持续开展外拓营销活动,突出客户营销,带动关联业务发展;

四是建立旺季营销协调联动机制,加强个金、公司、信贷业务条线、前中后台之间的协调配合,形成不同层级、部门、岗位、产品之间的有机互动,形成营销合力;

五是改进工作作风,提高服务效率,确立"二线为一线,后台为前台,全行为客户"的大服务体系,全面加强工作效能督导,确保营销效果,为全年业务发展奠定坚实基础。

通过合理地组织,邮储银行阜阳市分行的旺季营销活动取得了积极成效。

资料来源:阜阳新闻网:邮储银行阜阳分行多措并举力促旺季营销工作,邮储银行阜阳市分行掀起旺季营销热潮,2017年11月30日。

三、金融营销组织控制的意义

金融营销组织的控制是对营销组织管理的一项重要内容,对金融机构具有重要意义。

(一)金融营销组织控制的含义

"控制"是促使组织的活动按照计划规定的要求展开的过程。金融营销组织的控制是指金融机构按照既定的目标、计划和标准,对金融营销组织活动的实际情况进行检查和监督,将原定的计划目标、操作过程与营销部门实际情况进行对比,发现偏差,分析原因,采取措施予以纠正,使工作能按原计划进行。或者是根据客观营销情况的变化,对计划作适当的调整,使其更符合实际。

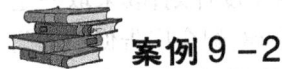

金融营销组织控制的目的是为了确保营销组织目标的实现,因此要有明确的目标标准,如数量、定额、指标、规章制度和政策等。通过控制,金融机构的管理者可以监督和评估组织的战略和组织结构是否如预期的那样运转、是否存在差错、有

没有达到标准,并决定是否需要改进或修正。

当然,营销组织控制系统不仅要能显示营销组织在执行计划过程中出现的偏差,而且要揭示产生偏差的原因及对其应承担责任的人员,从而可以采取相应的补救措施,防止今后再次发生同类差错。

由于金融机构在不同的时间、不同的营销活动中有不同的活动环境,作为一种重要的管理手段,金融营销控制必须能够适应外部环境的变化,经常地发挥作用,体现一定的弹性。控制活动必须从实际出发,既要抓住重点又要强调例外,灵活把握。

(二)金融营销组织控制的意义

当前,一些金融机构对营销组织缺乏有效的控制,没有建立起一套科学的控制制度,从而严重影响了其营销功能的正常发挥。因此,加强营销组织的控制有着重要意义。

1. 营销组织控制是正确地实施金融营销战略计划的保障。营销的战略与计划是引导金融机构开展营销工作的有效工具,营销组织的管理者要运用一套工作程序或工作制度对营销组织日常活动中的每一个环节进行跟踪,以确保营销活动按照计划中既定的管理意图逐步进行,使合理的计划得到正确实施。

2. 金融营销组织控制有助于营销计划的调整。营销组织制订的计划是建立在对现状分析、对将来预测基础上的,而在实施计划的过程中,许多不确定因素及意外事故都会使原先制订的计划与现状发生偏离,实际执行效果不一定能与计划完全保持一致。这时,如果金融机构仍然按照原定的计划实施则可能会使营销活动遭受巨大损失,原定目标得不到实现。因此,金融机构必须对营销组织活动进行必要的控制,对计划本身或其实施过程进行调整,使它与实际情况相适应。

3. 营销组织控制可以减少决策失误。对营销组织实施控制有助于及早发现问题,减少事故出现的可能,找到更好的管理办法。例如,对产品开发部门选择的新产品进行控制可以避免因开发决策失误而导致金融机构投入巨额经费却收益甚微的情况;通过对营销网点的控制可以防止出现盲目追求市场覆盖面的增大而忽视对市场占有率进行合理分析的局面,对于那些效益不好的网点应该及时进行调整以削减不必要的开支;通过对营销组织的审计可以发掘出营销组织与其他部门之间及营销组织内部各单位在工作中存在的不良现象,从而寻找改善营销组织整体效能的途径。

4. 营销组织控制可激励员工。二八定律适用于大多数营销活动,即20%的购买者占到全部营销额的80%,或者说20%的营销人员的营销活动创造了整个营销收入的80%,这种情况与营销组织的灵活性、高效性原则是相违背的。通过营销控制,可以发现是哪20%的销售人员完成了80%的营销额,哪80%的销售人员只完成了20%的任务,对优秀的营销人员进行奖励。这会对那些不能正常完成销售任务的人员起到鞭策作用，使其潜能进一步得到发挥，更积极地开展工作，实现营销目标。

由此可见，营销控制是金融营销组织管理的一个重要阶段，它与营销计划及执行的联系非常密切。控制保证了计划的实施，又为制订下一个计划提供了依据，而计划的调整与修正也需要以控制为基础。控制又对营销组织及人员的工作进行评价，指出偏差并予以纠正，从而使营销组织的结构日趋完善。

四、金融营销组织控制的方法

金融机构为了保证对营销组织进行合理、有效的控制，应该综合运用多种方法。营销组织控制的方法发展很快，金融机构在营销组织控制中可以运用以下方法。

(一)现象观察法

这是从营销领域获取原始信息的一种重要手段，常常被各级营销管理组织所采用。营销管理人员直接到营销现场进行观察，和营销人员直接交谈，掌握他们的思想动态、对组织机构的看法、对营销活动的意见等，从而了解营销组织的运行。

现象观察法的优点是：①由于管理人员亲临第一线，便于及时掌握第一手资料；②通过深入交流，管理者可获得一些其他方法无法得到的信息；③可以加强管理人员与营销人员之间的沟通，融洽关系。

当然，观察法也有一定的缺点：①由于所得到的只是原始信息，要经过有关人员的分析才能提升资料的价值；②有时观察的结果会受到时间、地点的限制，而且在很大程度上取决于观察者的知识、能力与经验。

现象观察法应用非常广，比如，一些金融机构为了推动柜面服务标准化，不仅制定了详细的柜面服务考核标准，还通过定期或不定期检查、第三方暗访等方式对柜面服务进行监督与考核，以实施一定的控制。

(二)报告法

由于金融营销管理人员的时间与精力有限，如果大部分控制信息都采用现象观察的方法从大量原始数据中去查找就会浪费精力，因此营销管理者可以要求有关部门对原始资料进行适当的分析与整理，形成系统的信息，提出能够反映偏差、揭示原因、表明发展趋势的报告，以供管理人员及决策者参考。报告一般由下属部门或基层工作者提供，也可以在主管人员的领导下组织一些经过训练的人员，成立专门小组对营销组织进行分析与调查，从而提出专题报告以改善营销活动。

(三)预算法

营销组织在具体开展有关活动之前进行预算规划，对要分配的各项活动费用(比如，营销人员的推销费、广告费等)进行一定的计划限制，以控制营销成本。

这种方法具有以下几个优点:①通过预算,可以减少不必要的费用开支,取得更好的经济效益。②预算可以作为衡量营销组织有关部门绩效的标准,对于超过预算限度所发生的费用开支,控制部门要认真查找原因。③整体性强,预算可以立足于金融机构的整体状况,便于进行控制。

当然,营销组织预算控制应该和整个金融机构的经营目标相一致,但又要避免管得过细过死。为了做到这一点,营销部门的预算可以采用弹性预算法,即将预算费用划分为固定费用与可变费用两块,后者可以根据营销业务的数量而变化,从而体现一定的灵活性。

(四)盈亏分析法

在实际的营销计划实施过程中,由于各种外界条件的不断改变,营销费用与营销收入也处于变化之中,管理人员可以对照营销目标评价盈亏情况以分析其偏离目标的程度,揭示应该采取什么样的矫正措施来保证营销目标的顺利实现。

盈亏分析主要从以下几个方面入手。

1. 销售额分析。营销管理人员将营销组织的实际销售额与计划中制定的销售额进行对比,也可通过计算总的销售额及按地区划分的销售额分析营销组织的整体效能及分销组织设置是否合理。

2. 营销费用分析。计算营销组织的费用开支数额及营销费用率(即营销费用占销售总额的比率)并进行分析。一般来说,营销费用率有一定的幅度限制,如果超过了该幅度就要寻找原因,看看营销组织的哪个环节出了差错而导致费用上升。

3. 市场占有率分析。市场占有率对金融机构的利润水平有较大影响,所以是金融营销的一个重要目标。通过分析营销机构在特定目标市场上份额的变化,控制部门可以为组织的调整提供依据。

4. 客户态度分析。客户给金融机构提的意见、批评、建议都是对营销效果的一个重要反馈,它代表了金融机构在客户心目中的形象。通过对它们的分析,可以让金融机构采取措施更好地树立它在客户心中的地位。

(五)审计法

金融营销审计是对金融机构的营销环境、目标、组织及活动等各个方面进行全面、系统、独立的检查与评价,其目的在于确定金融营销活动中存在的问题和机会,提出行动计划,以改善营销业绩。

金融营销审计的内容十分广泛,覆盖了整个营销活动,又可分为金融营销环境审计、金融营销战略审计、金融营销系统审计、金融营销效率审计、金融营销职能审计与金融营销组织审计。

1. 金融营销环境审计。营销环境是金融营销活动的基础,因而营销环境审计也是其他审计内容的基础。金融机构通过对其所处的营销环境进行审计，以分析营销战略与计划是否与营销环境相适应，以及是否要对原有的营销计划作出修订。

2. 金融营销战略审计。这类审计主要是检查金融企业制定的目标和任务是否体现了市场导向，选择的竞争战略是否合适。比如，选择的目标市场是否科学、关键策略是否可靠、完成资源预算是否充分等。

3. 金融营销系统审计。这主要是对金融机构的营销控制系统是否有效、信息系统是否完善、新产品开发系统是否健全等进行评估。其中控制系统审计包括市场占有率审查、比率分析运用审查、营销成本审查和边际贡献分析审查等。信息系统的审计包括营销信息系统的构成、设计、使用等方面的审查。对新产品开发系统的审计包括新产品开发观念是否正确、新产品开发方针是否体现用户导向、新产品开发计划是否科学等。

4. 金融营销效率审计。这类审计主要进行利润分析和成本效益分析，内容包括销售收入绩效审查、销售费用绩效审查、成本支出是否过高及降低成本的措施等。

5. 金融营销职能审计。这是指对金融营销组合诸因素，如产品、价格、分销、人员推销以及广告管理、公共关系效果进行审计。内容主要包括营销管理的总体审计、销售管理审计、市场调研管理审计和广告管理审计等。

6. 金融营销组织审计。这类审计是对金融营销部门在特定的营销环境中实施营销战略的能力及执行情况、营销部门的组织机构、职权划分、报告制度、管理观念及与其他部门之间的关系等进行的全面评估。它又包括以下几个方面：①检查营销主管及营销人员的权责范围及其划分程度，分析他们的日常营销操作是否按既定的原则进行组织，营销部门内部是否做到权责明确并相互协调；②审查金融营销领导机构决策和控制决策的能力；③评价主要职能部门对营销工作的分析、规划和执行的能力；④检查营销部门的职工培训、监管、评价及激励等方面的活动是否正常有序地进行；⑤检查营销部门与其他部门（如数据处理部门、业务部门、投资部门和财会部门等）之间的关系。

当然，对营销组织的审计通常要由专门的审计人员定期进行。在金融营销审计中一般可以采用多种具体的方法，包括顺查法、逆查法、核对法、审阅法、查询法、分析法、推理法、任意抽样法、判断抽样法、随机抽样法以及因素分析法、本量利分析法、均衡率计算法等统计和数学方法来进行。

通过营销审计，可以找出营销活动中的薄弱环节，捕捉住市场契机，改善营销计划，提高营销活动的效果。

案例 9-3

我国金融审计的发展

一般来说,与金审计相关的机构和部门有:一是国家审计机构,包括审计署金融审计司、各地方特派员办事处和地方审计机关的金融审计部门;二是人民银行、金融稳定发展委员会、银保监会、证监会等专业监管部门;三是各金融机构的内部审计部门;四是社会审计机构。其中,国家审计机关最权威,也最具有超脱性,审计署组织全国审计机关对金融机构会计记录、会计报表和其他财务资料反映的业务活动的真实性、合规性和经济效益进行的监督和审计。

伴随着我国改革开放的推进和金融业的发展,金融审计也不断深入。20 世纪 80 年代,我国的金融审计处于起步阶段,主要以四大国有银行为中心,以银行的日常业务收支为基础,以促进银行的资产、负债、损益真实性与合法性。20 世纪90 年代,金融审计将目标和重点转移到整顿金融秩序、查处大案要案上来。

1997 年全国金融工作会议后,我国金融监管体制发生了重大变化。中央成立金融工委,国务院向国有大型金融机构派驻监事会,中国人民银行成立了大区分行和金融监管办事处负责区域金融监管,保监会和证监会也在各省设立了派出机构。1998 年金融监管部门对88 家证券公司进行审计;1999 年开始连续四年对四大国有商业银行在全国范围开展大规模的审计,坚持以财务收支为基础,重点审计信贷资产质量;2000 年起,对证监会、建设银行、交通银行等金融机构的领导人员开展任期经济责任审计;对人民银行的审计也突破了传统的财务收支和预算执行审计,将重点转移到人行的再贷款和再贴现等资产业务上来。2002 年审计署提出金融审计要摸清家底、加强监管,重点要放在“风险、管理、效益”六个字上,审计的重点逐步转向信贷资产质量,促进银行依法经营、加强管理,提高金融资产质量上来。2004 年,审计署展开四大资产管理公司的审计,并对全国 871 家城市商业银行和农信社及证券公司进行审计。2007 年,审计署对国家开发银行、中国农业银行、中国光大银行、中国人保控股公司、中国再保险(集团)公司的资产负债损益情况进行审计,重点审查各项管理制度的有效性、健全性;同时,开展对四大资产管理公司资产处置情况的审计,重点检查金融不良资产处置情况。2008 年,审计署专门对中国工商银行、中国建设银行和中信集团资产负债损益情况审计,对招商银行、交通银行和中国银行的股份制改革成效进行专项调查。2009 年审计署将审计重点放在大型商业银行的信贷投向与资产质量上。2010 年,全国审计机关着力于国家宏观调控政策的贯彻落实,开展了两大保险公司审计、促进规范市场秩序为目标。2008 年之后,金融审计走向新的阶段,从履职、从落实国家政策、从免疫系统的角度进行金融审计。

多年来持续开展对重点商业银行信贷投放情况的跟踪审计，重点关注商业银行在业务发展和风险管控方面的薄弱环节，积极揭示金融领域体制机制问题，在现有金融监管的格局下很好地发挥了综合性与独立性的特征，在防范区域性和系统性金融风险方面起到了重要作用，被李克强总理称为“国家金融安全卫士”。

党的十八大以来，针对我国资本市场风险防控机制不健全、个别创新类业务易诱发风险跨市场传导、保险公司举牌冲击市场秩序等问题，金融审计司给予及时、深入的分析和揭示，审计成果成为防范和化解风险的重要参考。2015 年，国务院组织召开专题会议，通报金融审计司发现的相关问题，直接推动金融监管部门面向全行业开展了“两加强、两遏制”的专项整治活动，对切实防范金融风险起到了关键性作用。

5 年来，审计署累计查处金融领域问题线索近 200 起，涉案金额近 8 000 亿元，在整个金融领域都产生了较大反响。针对金融行业海量数据的特征，审计署开展了对大数据审计的探索，逐步形成了“总体分析、发现疑点、分散核查、系统研究”的数字化审计模式，审计效率和审计层次得到大幅度提高，并被总结为过去 5 年间最重要的审计创新之一。

资料来源：杨益波：浅谈金融审计未来的发展方向，国家审计署审计资讯 - 理论与方法，2011 年 12 月 8 日；王志成：大数据铸造金融审计新引擎，审计署网站，2017 年 2 月 10 日；刘斯恩. 砥砺奋进的五年，党的十八大以来审计署金融审计工作回顾[N]. 中国审计报，2017 - 11 - 21。

名词解释

金融营销组织　金融营销组织模式　职能型营销组织模式　产品型营销组织模式　市场型金融营销组织模式　客户经理制　金融营销协调　金融营销组织控制

☞ 思考题

1. 金融营销组织的演变经历了哪几个阶段？
2. 金融机构建立有效的营销组织要遵循哪些基本要求？
3. 金融营销组织模式有哪几大类？各有何特点？
4. 试联系实际谈谈金融机构如何选择金融营销组织模式。
5. 金融机构如何进行营销组织的协调？
6. 加强营销组织的控制有何重要意义？主要方法包括哪些？

思考与分析

有些学者认为,在中国,现有的保险营销组织有三个基本特点:一是代理人制的存在;二是组织的非现场管理;三是考核淘汰机制的残酷运用。在这样的制度安排下,组织中的大多数成员没有归属感,普遍缺少组织情结,其销售行为主要动因为短期的利益驱动。请结合所学知识分析如何建立有效的保险营销组织,并讨论如何加强对保险营销组织的管理。

第十章

金融营销人才管理

随着经济全球化,中国金融业面临着巨大的挑战和机遇,怎样才能在这样的国际竞争环境中立于不败之地?如何保持具有中国特色的经济与金融健康平稳的发展和运行?归根结底是金融机构的核心竞争力——“服务”,而服务的关键是“人”。因此,金融业的竞争,说到底是金融人才的竞争。

本章从金融营销人才的特点出发,讨论金融营销人才的培育与选拔,并分析如何培育营销人才的忠诚度。

第一节　金融营销人才概述

对于金融机构来说,营销人才意义重大,但金融营销人才与一般企业的人才又有所差异,因此把握其特点有利于更好地进行人才管理。当然,目前我国的金融营销人才管理还存在较多问题,培育与发展金融营销人才十分迫切。

一、人才的含义与特点

(一)人才的含义

《辞海》对人才的解释是:“有才识学问的人;德才兼备的人。”著名的人才学学者叶忠海教授进一步阐述道:“人才,是指那些在各种社会实践活动中,具有一定的专门知识、较高的技术和能力,能够以自己创造性劳动,对认识、改造自然和社会,对人类进步做出了某种较大贡献的人。”然而知识经济时代是经济全球化、信息化、知识化、高新科学技术产业化的时代,也是21世纪的主导力量,创新是知识经济的灵魂,传统的“人才观”有了新的发展。知识经济时代对人才的要求与其他任何时代都不同,人才必须具备创新意识、创新精神和创新能力。

(二)人才的特点

1. 时代性和社会性。人才是一定社会历史条件下的人才,离开了社会和历史就无所谓人才。

2. 内在素质、技能和知识的优越性。人才拥有优于一般人的素质和技能，没有较高的素质和技能，难以成为人才。

3. 社会实践性。实践出人才，人才的劳动成果也必须经过实践的检验。

4. 普遍性和多样性。俗话说“行行出状元”，不同工作岗位上有不同的人才。

5. 劳动成果的创造性和贡献的超常性。人才的劳动不同于一般人模仿性和重复性的劳动，人才的劳动成果具有创造性。由于人才的劳动成果往往具有创造性，因而人才的贡献远大于一般人。

6. 社会作用巨大。人才能以其创造活动改造自然、改造社会，因而能够推动人类社会的发展进步。同时，他们具有科学的人生观和良好的社会道德。

二、金融营销人才的特点

（一）金融营销人才的含义

金融营销人才是以金融市场为导向，利用自己的金融业务知识和技能，通过运用各种营销手段，把可赢利的金融产品和服务销售给客户，以满足客户的需求并实现赢利最大化为目标的、业绩突出的专业人士。

营销与消费者的需求密切相关，而金融市场化、国际化程度的提高，使得金融机构通过金融的创新在更广阔的空间寻求并满足目标客户的金融消费需求和欲望。站在第一线的金融营销人员，是最早聆听到目标客户需求的群体，因此金融营销人员对于金融机构来说，更具有区别于公司其他岗位人员的特点。

（二）金融营销人才的特点

1. 专业性。随着中国金融市场的繁荣，金融机构为了应对日益激烈的竞争形势和复杂多变的经济环境，需要打造一批熟练精干、经济与金融知识丰富、并具有较高的业务技能和实际操作能力的营销人才。专业知识包括：扎实的财会、审计知识技能；中级以上的电脑程序水平；广博的金融专业理论知识、技能和一定的宏观经济理论素质；掌握对各类金融产品使用和操作的知识。由于金融业的经营对象是货币，货币的特征之一就是具有高风险性，这就要求金融人才不但熟悉金融业务知识，还应有驾驭高风险金融市场的能力。

2. 国际性。自中国加入 WTO 后，外资金融机构大量涌入中国市场，使得国际化金融营销人才需求更为广泛与迫切。尤其是欧美金融机构的职位需求激增，导致拥有良好国际金融知识，精通欧美语言、中国本土文化、客户关系和行业经验的高端营销人才成为这些金融机构觊觎的对象。而中资金融机构则纷纷在海外拓展自己的业务，吸引具有国际背景的金融营销人才，希望借此提升自身形象，塑造自身国际竞争力。

3. 科技创新性。人类进入了日新月异的信息科技时代，科技正改变着当代社会的各个层面。信息技术对于金融业的影响如一把“双刃剑”：一方面它为金融业的创新提供了新的机遇和途径,另一方面也对金融业提出了严峻的挑战,这种挑战主要来自科技带来的开放性、非控性、多样性和方便性。为了适应这种新的形势,金融机构营销单靠文明用语、微笑服务已不能满足客户对金融服务高层次、多样化的需求。金融营销人才必须具有科技创新性,能够把握世界金融发展趋势,参与研制开发金融产品,利用先进的网络技术,创新业务品种,高效、准确地开展营销服务,提高金融机构的赢利水平和竞争能力。

4. 复合性。随着社会的进步与金融市场的发展,金融机构对营销人才的知识结构和各种能力的要求已变得越来越高,复合型金融营销人才将越来越受到中外金融机构的追捧。在迈向经济强国的进程中,中国金融业已初步具备了良好的外部环境,证券、期货、黄金、信托和租赁等市场都得到了快速发展。目前,我国尚未真正进入混合经营时期,但已有开办"银证通""银保结合""代客理财"等金融交叉业务混合经营的趋势。这一趋势相应地需要更多的复合型人才,因此,需要调整现有金融人才的知识结构。

总的来说,具有一定的企业管理知识、相当的国际金融和国际经济法知识、具有广阔胸怀与锐利眼光、能准确把握市场脉搏、预测未来发展的专业性、决策性的金融营销人才已经出现明显的供不应求的现象。

三、金融营销人才管理的意义

在过去的10年里,中国的GDP保持了高增长率,中国经济体系市场化程度也越来越高,金融营销人才也变得炙手可热。"得人才者兴,失人才者衰",人才已经成为中国金融企业在国内、国际金融市场上的立足之"本"。因此,营销人才策略对金融机构的发展有着深远意义。

(一)营造和谐的金融文化氛围

由于金融产品的无形性特质,决定了消费品无法用视觉、听觉、感觉、味觉和触觉去体验产品。因此,营销人员必须清楚地解释产品和服务以及给客户带来的益处,以赢得客户的信任。而营销人员自身素质的好坏、专业水平的高低,是衡量金融机构文化水准的一个最直观的尺度。他们如同金融机构的窗口,让消费者透过他们了解企业的文化和内涵;他们也如同桥梁,使金融机构与消费者之间的沟通变得更加顺畅。他们询问客户、倾听客户的心声,了解客户真正的需求和要求;他们建议开发最能满足客户需求和要求的金融产品;他们回答客户的问题,帮助客户了解销售的金融产品;他们还使客户能够方便快捷地购买和使用金融产品。

(二)提高金融机构的效益

"人"是生产要素中最具活力、价值、潜力的要素,也是实现金融机构经营目标的核心竞争力。利润最大化是金融机构经营的目标,而金融机构在获得赢利的同时也要满足客户的需求,营销人员直接影响着客户对服务的满意程度又影响着赚取的利润。营销人员通过争取和保留客户影响金融机构的收入,可以间接地促进金融机构对金融产品开发的积极性,还使金融广告投资回报最大化来增加金融机构的收入。

(三)加快金融机构的电子化

电子技术的发展犹如一夜春风,在国内外金融市场上呈现了千树万树梨花开的局面。网络银行、电子货币、网上证券、网上清算和网上保险等新的金融服务方式和电子产品孕育而出,正冲击着传统的金融服务方式和金融理念。近几年来,我国金融业已出现了从实体化向虚拟化,从传统营销向网络化、电子化营销的拓展。金融机构业务量的成倍增长,成本的不断下降,大大地增加了金融机构的竞争能力。因此,金融机构如果没有一批高层次、高水平的科技营销人才,便无法做到业务的现代化,只有掌握高新技术的金融营销人才,才能不断更新金融机构的金融交易手段,提高业务处理能力,加快金融电子化步伐。

(四)适应金融竞争

随着我国金融改革不断开始向市场化、国际化方向推进,金融机构的外部环境和行业竞争格局都发生了重大变化。我国金融业竞争愈演愈烈,不仅面临国内金融机构竞争,而且还要应对国际金融机构的挑战,而竞争能力的实质是人才的竞争,谁能拥有优秀的人才并能发挥其能力,谁就掌握了金融机构经营的主动权,就能赢得竞争的胜利。正是这种机遇和挑战,加速了金融营销人才的流动,也向金融营销人员提出了更高的要求。实践证明,一个成功的金融机构背后必定有一批优秀的金融营销人才。

四、金融机构的营销人才观

金融生态链中,对物质资源、市场的竞争,已逐渐被人才资源的争夺所取代,金融机构核心竞争力的强弱将以人才资源竞争力的优劣表现出来。

当然,在国际上,金融机构对于金融营销人才的观念也在不断发生变化。

(一)金融营销人才观的初始阶段

20 世纪 50 年代,由于整个世界的金融业处于卖方市场地位,金融业自由化程度较低,其业务受到各国法律、政策的保护和限制,同业间竞争不激烈,营销理念并没有树立起来,因此也无所谓营销人才的争夺。50 年代以后,金融企业市场定位开始发生转变,单个金融企业对资金市场的绝对控制地位已发生动摇,金融机构的增多和融资渠道的拓宽,加剧了金融业间的竞争。在该条件下,市场营销观念开始在金融企业中萌生,增强金融企业竞争力已刻不容缓,这时的金融营销人才逐渐开始被金融机构重视,并加强对其培养。

(二)金融营销人才观的成长阶段

20 世纪末,西方主要国家对金融管制的放宽,促进了全球金融自由化的发展,由此引发了全球范围内金融消费的多样化、国际性趋势。例如，美国花旗银行在1997年底公布的一份“金融消费白皮书”中把金融消费归纳为十大趋势，即服务不打烊、自动式服务、理财不出门、跨国金融产品、多功能金融产品、无实体金融产品、全方位金融服务、金融产品百货化、个人化的家庭银行和无现金社会。这些趋势的出现将给各国金融业的发展带来新的契机，也为培养各国金融业的营销人员提出了新的要求。

(三)金融营销人才观的发展阶段

进入21世纪，在金融自由化和市场化发展的同时，金融主体也出现了多元化的局面。这种多元主体的并存，既给金融业的发展带来了活力，同时也加剧了金融企业之间的竞争，各金融企业为了在竞争中求生存、谋发展，必然要引入新的经营理念，寻求新的竞争手段，这是实践对金融营销人员提出的客观要求。

五、中国金融营销人才的现状和发展

最近几年，中国金融业发展迅猛，中国金融业的就业人数一直保持增长态势(见图10－1)，从1978年的76万人增加到2002年的近340万人，年均增长10.5%，2016年末更是达到了665.2万人，年均增长率5.87%①。近些年来，金融专业已经成为各大专科院校的热门专业，而且社会对于各类金融人才认证的不断完善，金融从业人员的数量和素质都得到明显的提高。当然，金融营销人才队伍也在不断壮大。

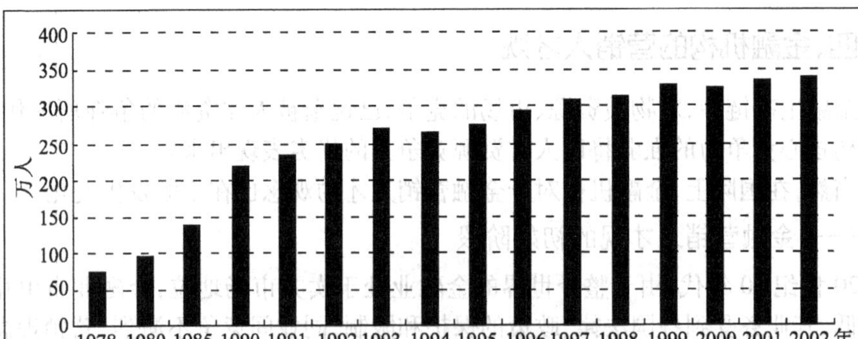

图10－1 中国金融业就业人数

① 资料来源：国家统计局. 中国统计年鉴[M]. 北京：中国统计出版社，2017.

（一）我国金融营销人才现存的问题

我国营销人才现状与金融发展的目标相比，依然存在较明显的结构性矛盾。突出的问题表现在以下几个方面：①金融营销人才数量不足，知识老化，专业知识参差不齐；②复合型人才匮乏；③缺少熟悉国际金融市场经营的理论，又拥有职业经历的金融营销人才；④缺乏创新意识。

（二）如何发展我国金融营销人才

如何培养和发展大量的、专业的金融营销人才来加强自身的竞争优势，是金融机构面临的重要问题。总体上讲，人才发展的实施重点有以下几个方面。

1. 注重以优秀金融营销专家为代表的人才培养，为他们创造良好的工作环境和发展空间。重视对金融营销队伍的开发与利用，以及对营销方式和营销产品的创新。

2. 提高金融营销人才的国际化水平，尤其是金融的营销管理人才。金融机构可以通过加强对金融营销人才的教育培训，如派遣海外办事处、邀请资深国际金融机构金融营销专家授课等方法来制定和完善各个层次的金融营销人才培养规划，加快培养具有国际视野、熟悉国际业务规范的国际金融营销人才。

3. 建立创新金融营销人才工作机制。完善公开、平等竞争的营销人才资源配置机制，逐步实行营销人才的市场化配置和契约化管理。推进以薪酬激励机制为目标的分配制度并建立科学的绩效评价机制作为目标的考核制度。

4. 为金融营销人才发展创造良好的环境。借鉴金融发达国家的经验，对金融营销人员进行严格的职业道德训练，弘扬严格、规范、谨慎、诚信和创新的企业文化。

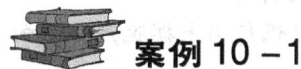

案例 10－1

人才成私人银行业务发展瓶颈

近年来，对公业务的压力日益增大，银行的净利润增速不断下滑，而与银行整体业绩形成鲜明对比的是私人银行业务持续发力。自 2007 年 3 月中国银行在北京成立了第一家私人银行部以来，截至 2016 年底我国已有 22 家商业银行开展了私人银行业务，其中招商银行、工商银行、中国银行 3 家银行的私人银行资产管理规模突破万亿元大关。

但是，商业银行推出私人银行业务以来，人才匮乏一直是困扰私人银行发展壮大的一大问题。私人银行业务从业人员的专业性及结合素质的要求高，他们不但需要有扎实的专业知识，还必须具备较高的综合素质，能够有效地与客户沟通，取得客户信任，并为客户作出合适的理财方案。招商银行作为首批在国内开展私人银行业务的股份制商业银行之一，在2006年上半年就开始讨论成立私人银行。在私人银行业务刚刚起步时，总行私人银行部的产品经理、投资顾问、营销管理、运营业务支持团队都需要逐一建立。但当时招商银行没有成熟的私人银行客户经理，全部从外资银行引进更不可能，只能从理财经理队伍中挑选，依靠内部培养。2007年9月，第一批来自北上广深的客户经理们奔赴香港学习，培训长达一个月，听讲师讲私人银行产品、资产配置、保险规划、家族信托，领略了香港私人银行成熟的市场运作模式。

此后短短9年时间，招行私人银行就实现了超越，构建了包括投资顾问专业服务、开放式产品平台和专属的CRM系统等在内的完整的服务体系，接近了国际先进私人银行的服务水平。从2007年推出私人银行业务开始，私人银行的客户每年都在以30%到40%的速度递增，2014年私人银行管理资产排名超过工商银行，成为“一哥”。截至2016年底，招商银行管理资产规模达到1.6万亿元，同比增长32%，私人银行客户数量近6万，人均资产超过2 500万元，在同业中处于领先地位，多次获得《欧洲货币》杂志“中国区最佳私人银行”大奖。

招商银行总行私人银行部总经理王菁认为：“只有客户真心地信任你，才能把自己的财产交给你打理，把财富传承的大事和你商量。客户和Banker之间是合作伙伴的关系。这样，Banker就不仅仅是银行服务人员，而是真正成为客户家族的一分子。”

但他也认为：“私人银行在人才方面比较缺乏”，主要是因为行业发展时间较短，这方面的专业人才需要靠自己培养，比如招商银行的私人银行工作人员80%都是本行培养，引进的在20%左右。由于私人银行业务对专业性要求比较高，所以培养的周期比较长，“比如，对招行的体系文化比较熟悉，此前在招行其他业务部门工作的，培养时间也必须要两三年，并且人均培养费用极高”。

此外，产品同质化严重也困扰着私人银行的发展，多数银行仍未摆脱产品导向型的服务模式，定制化和个性化服务不足。

资料来源：南方都市报：人才成私人银行业务发展瓶颈，2017年3月17日；金投网：私人银行这十年的经历了什么?，2017年6月12日。

第二节　金融营销人才的培育与选拔

金融营销人才是金融机构的重要资源，金融企业要做好金融人才的培育与选拔工作，才能使营销活动取得更好的效果。

一、金融营销人才的培育

(一)金融营销人才培育的含义

金融营销人才的培育，是指金融机构通过有计划的努力而实现金融营销人才对组织的认同，开发金融营销人才的潜能、改变某种不合理的行为。关注金融营销人才的业绩、发展金融营销人才与组织战略相关的能力等。

（二）金融营销人才培育的目标

我国金融机构的传统管理并不重视对营销人员的培训，但在金融全球化、产品的创新层出不穷、资源配置逐步国际化的宏观环境下，我国金融营销人才战略正在经历从量变到质变，从人才规模扩张到持续稳定发展的变化过程。

1. 提升金融营销人员的技能。在人力资源管理中，技能培训是营销人员培训最基本的内容之一。“技能”是人们在生活实践中运用某种知识经验，通过训练而获得的“自动化”了的行为方式。金融营销人员的专业技能在营销活动中起着重要的作用，它是提高服务质量、工作效率、增加客户满意度的重要条件。通过技能培训使得营销人员从程序化的工作中解放出来，集中到营销活动的主要方面，充分发挥创造性，以准确、迅速、灵活和协调的动作高质量地完成营销任务。如图10－2所示，沟通技能、理财技能、信息管理技能、解决问题技能、外语交流技能和团队合作技能都是金融企业对营销人员技能培训的主要内容。

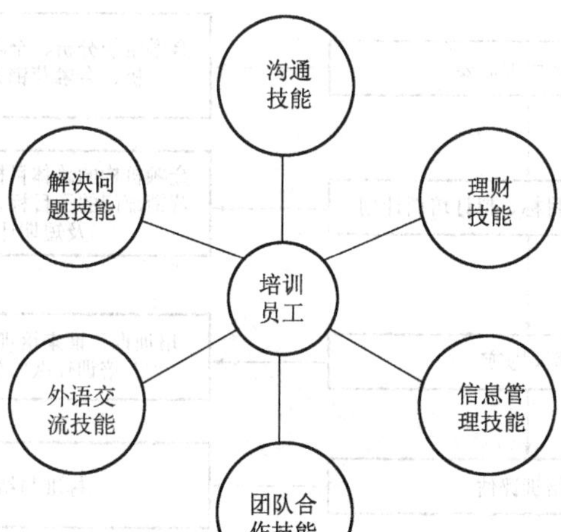

图10－2　营销人员的技能培训

2. 培育金融企业文化。企业文化是作为组织的集合体而创造的一种组织生存的样式，它使企业的存在与发展获得了合理性的证明。就企业而言，营销所追求的最高境界是一种企业文化的营销。正如有人说：“营销的目的在于最终要达到使客户感觉不到我们的营销，他们每做一件事都是自觉、自愿的。”营销人员承担着金融企业文化的建立和推广的使命，因此营销人员通过金融企业的各类培训建立起企业文化理念，如以客户为本，用心沟通，创新服务，全方位了解客户的需求，让客户获得超越期待的服务等。

3. 更好地实施留人用人政策。通过各类培训，使营销人员适应金融机构发展的需要，真正成为组织人，建立起对组织的忠诚。通过培训，使营销人员及时、完整地获得金融产品的知识、技能等，这些都有利于金融机构所需营销人才队伍的稳定，达到留人用人的目的。

4. 促进金融机构成长。随着金融机构规模不断扩大，特别是在境外设立分支机构或分公司，对营销人员培训的任务已经刻不容缓。这种培训，主要目的是提高营销人员对企业文化、地域文化的适应性，使金融机构能够尽快适应国际化的要求。

（三）金融营销人才的培育过程

金融营销人才培育由一系列培训计划项目所组成，对于金融机构的人才战略来说，是一个缜密的目标与过程控制的系统。如图 10－3 所示，金融营销人才培育过程大致包括四个阶段：确定培训需求阶段、设立培训目标并拟订培训计划阶段、培训活动的实施阶段和对培训的评估阶段。

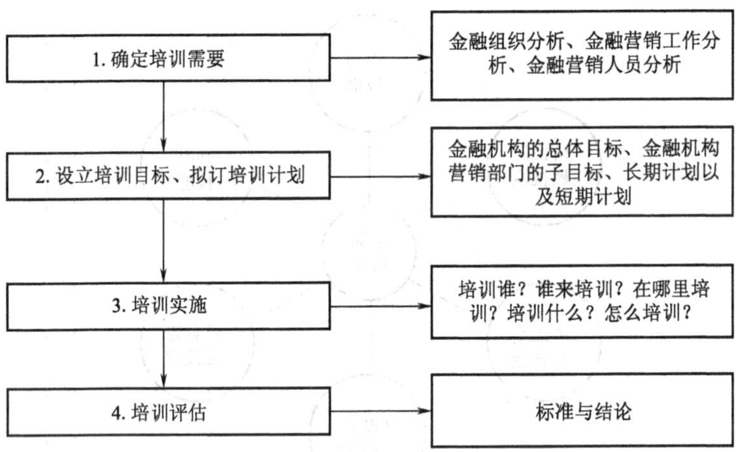

图 10－3　金融营销人才培育的过程

1. 确定培训需求。该阶段是整个培训工作的基础，解决为什么要培训的问题，核心的内容是进行培训的需求分析。培训的需求分析主要分为几个层次：金融机构组织分析、金融营销工作分析、金融营销人员分析。在进行培训需求分析时要注意紧密结合金融营销工作的岗位（职位）要求和承担的工作任务。

（1）组织分析。组织分析的目的是确定组织中哪些部门需要开展培训活动以及能够实施培训。金融组织分析是从整个组织的角度进行宏观分析，如企业的发展战略、新科学技术、国际金融市场的动向等。组织分析还应了解现有营销人员的能力并推测出未来将需要哪些知识和技能,从而确定哪些营销人员需要在哪些方面进行专门的培训,以及这些培训真正见效所需要的时间。

(2)金融营销工作分析。金融营销工作分析研究的是营销人员怎样具体完成他们各自所承担的工作职责,即考察他们工作的实际职责和要求。通过分析,了解他们有效地完成工作需要具备的条件,从而找出差距,通过培训加以弥补。从培训的意义上说,金融营销工作分析主要应包括以下内容:①确定金融营销工作标准及所要取得的结果。②确定金融营销工作任务内容,即了解具体工作任务及其与工作标准之间的关系。③确定完成金融营销工作任务的方法,即了解应如何完成每项任务。④确定完成任务所需的行为特征,即确定从事金融营销工作职务所必须拥有的技能、知识和态度。

(3)金融营销人员分析。金融营销人员分析是对某个具体的营销人员而言的,是确定未来该人员是否需要培训以及培训的具体内容。如可以通过对某位营销人员任务的完成情况来决定他必须训练和开发哪些技能、知识与态度。一般情况下,金融机构都会对营销人员进行定期考核,从他们的工作效绩的等级顺序中可以分析出他们的工作状况。这些考核往往可以反映出他们各自的优劣,培训部门通过分析,可以发现被考核者在技能和知识方面存在的缺陷,进一步分析其产生的原因,以便采取相应的培训措施。

2. 设立培训目标并拟订培训计划阶段。在培训需要确立后,就要制定出具体的培训计划和目标,为培训提供明确的方向和依据。

(1)确定培训目标。培训目标是金融机构希望营销人员通过培训所能够达到的知识、技能水平。因此,只有预先确定培训目标,才能确定培训对象、内容、时间、地点和方法等具体内容,并在培训后对营销人员进行必要的效果评估。

企业要依据培训对象的实际情况,设置切实可行的目标,一方面为培训提供方向,另一方面在培训后可成为培训效果的评估指标。

(2)制订培训计划。在制定了培训目标后,金融机构就要将目标具体化,使其具有可操作性,这就要通过拟订培训计划来实现。根据培训目标,确定采用的培训形式、课程设置、使用的教材、培训人员、培训地点、培训时限、考核方式,以及是长期培训还是短期培训。制订培训计划时,应顾及许多具体的情境因素,如组织规模、市场要求、技术发展水平、职工现有水平和国家法规等。

3. 培训活动的实施。培训活动最终能否实现金融机构预期的目标,要通过培训活动的实施过程来确定。在培训活动的具体实施过程中,主要需要确定以下因素。

(1)培训对象,即每个培训项目所针对的特定对象。

(2)实施培训者(即培训教师)。培训教师的确定主要取决于培训项目和内容。一般说来,基本技能培训可由公司内部资深的金融营销专家来担任,如营销部主管、人力资源管理部门的人员,而针对高层营销管理层的技能培训,则可以由外部科研机构和专门院校相关专业的教授、培训公司营销管理顾问等来完成。

(3)培训中使用的教学方法。培训的方法具有多样性,如演讲法、视听法、培训部培训法和程序教学法等。金融机构具体采用何种培训方法,应根据不同培训的具体情况而定。

(4)培训所期望达到的水平。金融机构对员工进行培训就是期望他们的认知水平、工作能力和工作水平得到提高。因此,在培训过程中应根据实际效果和可能,对期望值进行适当的调整。

(5)培训地点的确定。即确定培训活动是采用组织内部培训还是组织外部培训。

(6)培训中应遵守的基本学习原理和学习原则。根据培训的内容和性质,确定培训活动开展过程中应遵守的学习的基本原理和原则,并严格遵守可以最大限度地提高培训有效性的各项规定。

在培训实施阶段,还应当注意理论联系实际、学以致用,促成学习效果的正迁移,适时纠正过于学术化或灌输式的培训方法和倾向,注意排解学员的厌学和畏难情绪。如开展研讨会,计算机模拟实践,培训者演示,采用视听材料并及时接受教与学两方面的反馈意见,保证培训目标得以实现。

4. 评估阶段。金融机构投入大量的人、财、物、时间用于营销员工的培训工作,就是希望培训是有效的,这就涉及对员工培训效果的评估。对培训效果的评估可以使用以下标准。

(1)学习标准。在培训结束后,通过对学员的应用知识、技能方面来评定培训成效。通常的做法是,在培训开始前与结束后实施两个平行测验,把两个测验的结果进行比较,以检验培训是否有效。

(2)反映标准。培训的组织者(金融机构内部培训中心或外部培训机构)利用问卷的方式调查学员对培训的看法,了解培训的效果及今后可做哪些方面的调整和改进。问卷的内容有:学员对培训组织、培训内容、培训效果、培训教员的看法,以及对改进培训活动提出的意见和建议等。

(3)工作、行为标准。在培训完成一段时间后,对学员的工作、行为表现进行跟踪,观察培训是否对学员发生了正迁移,他们在工作中是否在知识、技能上都有所提高,行为表现是否比过去有所改进,以此来评价培训的效果。

(4)结果、绩效标准。培训后对学员进行绩效考核,并把考核结果与其过去的绩效水平加以比较,以判断培训的成效。另外还可以用缺勤率、离职率、工作量、年度业绩、成本与收益比率以及客户的满意度反馈等作为评价的指标。

培训的评估阶段必须得出一个明确的结论,以便用于重新评估的参考,同时也为下一次培训提供信息。但营销活动中出现的所有问题,不一定都能通过培训来解决,因此,要注意辨别是否有培训以外的因素影响到培训对象的行为和绩效。只有排除了这些因素的影响后员工工作绩效确有提高，才能说明培训是有效的。

图 10－4 总结了金融机构对营销人员进行培训、激励、控制、反馈和评估的过程。

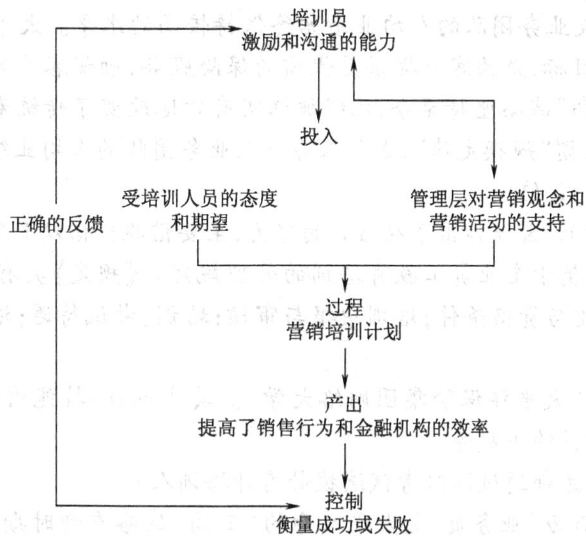

图 10－4　金融机构的销售培训

资料来源：玛丽·安娜·佩苏略. 银行家市场营销[M]. 北京：中国计划出版社，2001.

案例 10－2

太平人寿的人才培育

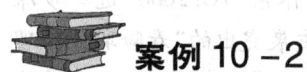

太平人寿保险公司（简称太平人寿），是中国太平保险集团（简称太保集团）的控股子公司，历经十几年发展，业务规模和业务品质位居国内寿险公司前列。2011 年上半年，太平人寿保险业务收入 545.74 亿元，同比增长 11.5%；公司归属于母公司的寿险业务净利润 27.93 亿元，同比增长 28.5%；上半年营销渠道实现新保业务收入 64.17 亿元，同比增长 31.4%；上半年新业务价值实现 38.30 亿元，同比增长 18.3%。

太平人寿寿险营销渠道强化基础管理和培训执行力度，开展持续有效的增员，大力推动健康人力和城区人力增长。2011 年 6 月末，营销员总数达到 28.2 万人，同比增长 11.9%。截至 2011 年年末，太平人寿“百万标保”* 业务员达到了 195 人，与 2010 年相比，增长 66%，成为行业百万精英占比最高的寿险公司。

太平人寿在业务发展中凭借其先进的体制、优秀的经营理念、富有魅力的企业文化不断培养和建设专业化员工队伍，加强客户经营。

太平人寿国内复业之初即确立了“高素质、高品质、高绩效”（简称“三高”）的业务团队发展战略，即按寿险规律严格筛选队伍人力，通过科学的培训体系提高全员销售技能，通过诚信进取的营销文化有效提升队伍素质，通过市场化的激励政策增强队伍活力，使业务团队的人均业绩始终保持较高的水平。太平人寿认为，“三高”战略的最终目标，是为客户提供更优质的保险服务，确保客户的保障计划得到完善实现。“三高”战略坚持至今，已经被证实有效地改变了传统寿险营销模式的“人海战术”及所谓“规模定律”，太平人寿个人业务团队的人均业绩常年保持在行业平均水平的3～5倍。

在人员培训上，太保作出了相当大的努力，主要措施包括以下几个：

一是制定了属于企业员工教育培训的管理规定。《规定》共有六章，23条，包括总则；培训性质与资格条件；培训申报与审核；培训、考试待遇；培训、考试管理；附则。

二是开辟了“太平洋保险集团网络大学”。其中包括：技能培训；资格认证考试；法律、法规资料的下载等。

三是人力资源部通过网络考试选拔赴海外培训人员。

批量培育“百万”业务员，是太平人寿的“三高”战略在新时期的新发展方向。近年来，太平人寿在个人业务实施了专业化运作的“八大体系”，以此促进顶级代理人专业经验在团队传导的影响，推动优秀的个体行为转化为优秀的团队行为，提升公司“批量”培养专业业务员的能力。

2011年，太平人寿个人业务系列再将其高端业务培训体系“TOP2000”进一步深化和细化，分作培育业绩优异的高端业务精英和培养组织发展突出的“寿险职业经理人”两个更加专业系统的培训方向，分别推出“TOP国内论坛”和“TOP组织发展论坛”培训项目。同时，通过“绩优成长日”“135新人成长日”创新性培训项目，推动各层级业务人员的垂直成长，也为太平人寿批量培养绩优业务人员提供了保证。

*注：在寿险行业，业务员在一年内实现个人年承保标准保费超过100万，即达成“百万标保”。从某种程度上来说，一家保险公司拥有“百万标保”业务员的数量多少，体现了这家公司业务队伍的总体素质和服务能力，也体现了这家公司业务人员培训和培养的实力，更体现了市场对该公司产品和服务的认可度。

资料来源：和讯网：批量培育百万精英：太平人寿百万级业务员数量再创新高，2012年2月1日；《中国太平洋保险（集团）股份有限公司2011年半年度报告》。

二、金融营销人才的选拔

（一）金融营销人才选拔的含义

金融营销人才选拔是指金融机构的人力资源部门根据企业自身的发展战略要

求,确定人才选拔的规划,运用网络、平面媒体、现场招聘、猎头公司、熟人推荐和内部升迁等各种途径选择金融企业所需要的人才。

(二)金融营销人才选拔的意义

金融营销人才的选拔在金融机构人力资源管理中占有极为重要的位置,因此它对金融机构的发展有着至关重要的影响。

1.有助于补充营销人员。金融机构的营销人员状况处于变化之中,这包括:①营销人员向外流动;②组织内部流动(如升迁、降职、退休、解雇、死亡和辞职等);③在金融企业成长过程中,营销人员的拥有量也在不断地扩张。上述情况意味着,金融机构的人力资源处于稀缺状态,需要经常补充营销人员。因此,通过各种途径获取金融机构所需的营销人员是金融机构人力资源管理的一项经常性工作。

2.有助于创造金融机构的竞争优势。现代的金融市场竞争归根结底是人才的竞争。一个组织拥有什么样的员工,在一定意义上决定了它在激烈的市场竞争中处于何种地位。对人才的获取是通过人员选拔这一环节得以实现的,因此,选拔工作能否有效地完成,对提高组织的竞争能力、绩效及实现发展目标,均有着至关重要的影响。从这个角度说,人员选拔是金融机构创造竞争优势的基础环节。对于获取金融机构急需的紧缺人才来说,人员选拔更有着特殊的意义。

3.有助于传播金融机构的形象。研究结果显示,公司选拔人才过程的质量高低会明显地影响应聘者对企业的看法。许多经验表明,人员招聘既是吸引、选拔人才的过程,又是向外界宣传组织形象、扩大企业影响力和知名度的一个窗口。应聘者可以通过选拔过程来了解该企业的组织结构、经营理念、管理特色及企业文化等。尽管人员选拔不是以企业形象传播为主,但选拔过程客观上具有这样的功能,这是金融机构不可忽视的一个方面。

4.有助于建设金融机构的文化。有效的人员选拔既让企业得到了人才,同时也为人才的保持打下了基础,有助于减少因人才流动过于频繁而带来的损失,并增进组织内的良好气氛,增强组织的凝聚力,提高士气,增强人才对组织的忠诚度。

(三)金融营销人才选拔的目标

人才的选拔是与组织管理相联系的过程。人员选拔方案应注意以下目标。

1.成本效率目标。人才选拔作为金融机构的人力资源部门的管理项目,是一项花费比较大的工作。成本效率目标是金融机构在完成有效选拔人才任务的同时努力降低人才选拔成本,从而提高人才选拔效率。这就要求金融机构人力资源部门要经常研究人才选拔的方法,开发人才选拔的创意,设计创新性的人才选拔战略,选择更快速、更经济、更有效的方法完成金融机构对人才的需求。

2.吸引高度合格人选。所谓高度合格,应该是完全符合专业技术岗位的要求,并能够直接与组织规划目标相衔接。越是技术高的岗位,越需要高度合格的人员;

越是高度合格的人员，则越具有稀缺性，这是人才选拔中一个突出性的矛盾。它要求金融机构人力资源部门增强战略意识，开拓招聘途径，在环境、组织、战略的多重制约条件下，努力吸引合格的人才。

例如，中国银行通过双向选择、公开竞聘等形式，建立公正、公开、公平的人才选拔机制，按照新的职位体系择优聘任，优化人员结构，采用竞争择优上岗，保证将合适的人才聘任到合适的岗位。中行结合职位体系改革对不同类别和层级的职位提出了明确的任职要求，通过公布职位、个人申报、笔试、面试、组织考察、党委研究等多种形式和程序进行人才选拔。在一些关键职位，还引进能力测评、结构化面试等科学化的人才测评方法，提高选人用人的准确性。

3. 提高和保持招聘成功率。选拔人才成功率是应聘者能够留在组织中的比率。下列因素会影响人才选拔的成功率：①通过选拔过程建立的心理契约；②同行业竞争；③新员工的素质。第一个因素来自组织，通常是组织的有关部门在选拔人才过程中作出了难以兑现的承诺，因而，当应聘者来到组织之后产生“受骗感”，导致人才“流失”。第二个因素来自环境，当同行业对人才提供了更为优厚的工作条件时，有可能导致他们“跳槽”。第三个因素来自应聘者自身，如难以胜任岗位技术要求，难以适应组织文化等。金融机构的人才资源部门应了解这些客观存在的情况，在设计人才选拔目标时充分考虑这些因素，从而提高人才选拔成功率。

(四)人才选拔的途径

1. 内部人才选拔。这是通过金融机构内部各种渠道来寻找合适的营销人才。当企业出现职位空缺时，在企业内部通过各种方式向全体员工公开这一信息，并招募具备条件的合适人选来填补空缺。内部选拔的方法主要有以下几种。

(1)推荐选拔。这是内部选拔的特殊形式，一般由上级主管人员向人力资源部门推荐候选人，通过对候选人的审查、考核、岗前培训等一系列的程序，把符合条件的人员安排在新的工作岗位上。这种选拔方式通常适用于企业的中高层管理人员。

(2)竞争考试。这是最常用的内部选拔方式，尤其是非管理层的职位出现空缺时，通过各种内部媒体，如企业内刊、企业公众宣传栏等，公开空缺职位，吸引人员来应聘，并通过考试录用。此种方法简便、经济、快速和实用。

(3)人员调动。包括“调换”和“轮换”两种方式。人员调换也称“平调”，通过将组织内部平级人员之间进行调换，为员工提供施展所长的机会，提高工作效率；“轮换”相对于“调换”通常是短期的。它通过让不同岗位上的员工定期地轮流换岗，从而使那些有潜力的员工了解到组织的不同方面，也可以减少一些员工因长期从事某项工作而带来的枯燥乏味、无聊感，避免因这种单调重复劳动引起的工作效率降低。

金融机构内部人才选拔应该遵循机会均等、任人唯贤、人尽所长、能够激励其他员工的工作效率等原则。

2. 外部人才选拔。这是面向组织外部征集应聘者以获取人力资源的过程，这是企业根据自身发展的需要，向外界发布招聘信息，并对应聘者进行有关的测试、考核、评定及一定时期的试用，综合考虑其各方面条件之后决定聘用对象的常见方式。外部选拔的方法主要有以下几种。

(1)广告招聘。该方法是被广泛使用的外部选拔方法。它利用各种广告媒体和宣传媒介广泛向外界发布招聘选拔信息，吸引社会上的人才前来应聘，并对应聘者进行一系列的资格审查、能力考核和测试，选出能够胜任该职务的人。在正式聘用前，通常还要进行相应的培训和学习，经过一段的试用期后决定是否正式录用。最常见的广告媒体是报纸、电视、广播、专业类期刊和网络等。选拔对象为社会上广大的应聘者，要求辐射范围广，选拔余地大，那么可以选择广播、电视；若需要精确地定向选拔专业技术人员，则可以选择专业的刊物或电视的专栏节目。

图 10－5 是平面媒体(报纸、期刊等)人才选拔的过程。

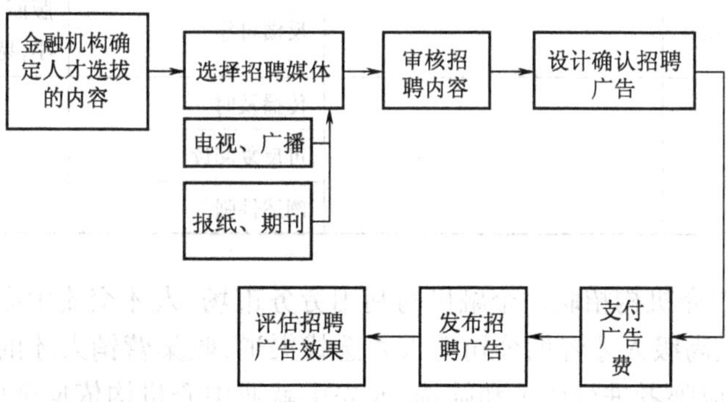

图 10－5　平面媒体人才选拔的流程

而随着科学技术的不断发展，网络选拔人才越来越普遍，图 10－6 是网络人才选拔的过程。

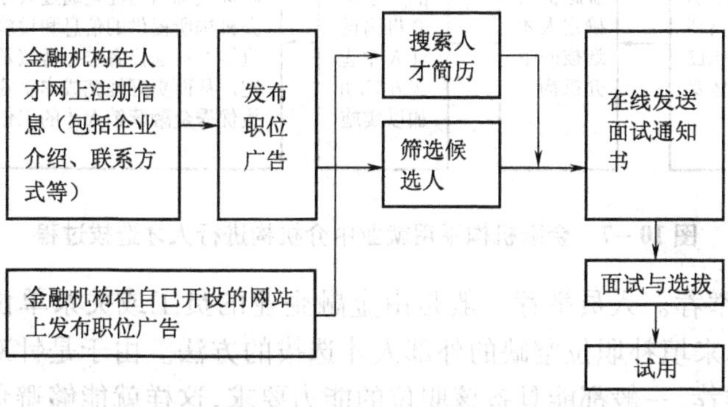

图 10－6　网络人才选拔的流程

表10－1列出了网络选拔与平面媒体选拔的优点和缺点，金融企业可以依据自身人才发展战略的特点、选拔的时间、地域的限制选择合适的途径。

表10－1　人才选拔采用各类媒体的优、缺点

网络选拔		平面媒体选拔	
优点	缺点	优点	缺点
无地域限制且具备远程服务功能	网络是虚拟世界，因此，对信息的真实性缺少控制	覆盖面广	有效期相对较短
信息量大、更新速度快	网络使得信息大量增加，但人力资源经理对信息处理工作量也随之增加	目标对象集中	价格相对较高
功能强大，选拔效率高	网络选拔无法让求职者和企业直接沟通	约束条件少	发行不平衡
方便快捷，投入较低		反馈可靠	版面多、内容杂、篇幅小，易被忽视
		传播及时	
		可反复阅读	
		阐述性强	

(2)职业中介机构招聘。金融机构利用劳务市场、人才交流中心或人才市场、人才咨询公司、高级人才咨询公司等人才选拔渠道，收集营销人才的个人信息，直接面对面地对应聘者进行评价和筛选，或先由就业中介机构依据金融机构的选拔要求对被选拔者的资格进行初步的筛选，从而大大提高选拔工作的效率。该方式的流程见图10－7。

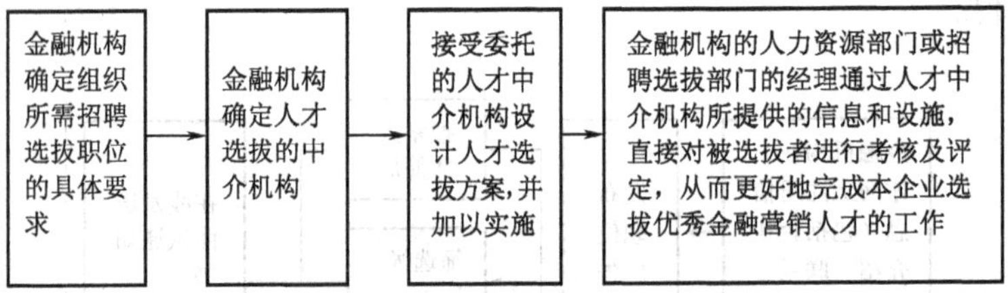

图10－7　金融机构采用就业中介机构进行人才选拔过程

(3)人员举荐。人员举荐一般是由金融企业的员工或关系单位主管推荐企业外部的人选来填补职位空缺的外部人才选拔的方法。由于是针对该空缺职位的要求进行推荐，一般都能具备该职位的能力要求，这样就能够避免在用其他外部人才选拔方法时，由于许多完全不符合选拔条件的应聘者前来应聘，而给招聘人员带来额外的工作量。但该种方法有其缺陷,因为是通过组织员工或关系单位主管推荐所以会碍于情面而影响招聘水平,也容易造成裙带关系和管理上的困难,同时,选拔对象的来源也会受到限制。

外部人才选拔的优点有:选拔范围广,选择余地大;为组织注入新鲜血液;更容易避免偏见,易于管理;为组织带来新技术和新思想;树立组织形象,扩大组织影响。其缺点是:招聘费用高,成本大;可能影响原有员工的积极性;吸引、接触、评估有潜力的候选人较为困难;需要较长时间的培训和适应;可能将原先的工作方法和思维模式用到新的工作环境中。

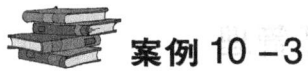

案例 10-3

兴业银行的人才选拔制度

兴业银行是中国首批股份制商业银行之一,从一家偏居东南一隅的地方性银行,发展到如今位居全球银行 1 000 强中的第 28 位(一级资本 504.17 亿美元)。兴业银行成立于 1988 年 8 月,总行设在福建省福州市,于 2007 年 2 月 5 日在上海证券交易所挂牌上市(股票代码:601166),注册资本 190.52 亿元。截至 2017 年 9 月末,兴业银行总资产 6.41 万亿元,总资产收益率和加权净资产收益率分别为 0.76% 和 12.74%,保持业内优良水平。兴业旗下拥有兴业国际信托、兴业金融租赁、兴业基金、兴业消费金融、兴业财富和兴业国信资产管理等子公司,形成以银行为主体,涵盖信托、租赁、基金、证券、消费金融、期货、资产管理等在内的现代金融服务集团。

兴业银行信用卡中心大量选拔市场部门人员,这充分体现了兴业银行以“市场”为本的经营导向,兴业银行作为金融市场改革的产物和股份制企业的“身份”,深刻知道只有在市场的摸爬滚打中求生存,在尊重市场规律的前提下谋发展,而这些又反过来锻造了兴业银行强劲的内在生长和自我发展能力。兴业银行通过人才战略来优化企业内部业务结构,提高银行的营运效率,向各层次客户提供真诚的优质服务。20 年来,“服务源自真诚”“发展中我们共成长”的理念贯穿于兴业银行日常服务、业务创新和品牌建设的全过程,也得到了市场和客户的广泛认可。兴业银行以“人”为本的管理理念,通过围绕人才引进、评价、培育、激励四大机制来建设和强化各项工作。

兴业银行前行长李仁杰曾这样坦言:“人才是商业银行最宝贵的资源。兴业银行 20 年成功发展,最根本的一条经验是对各类专业人才的吸引和集聚。本行的考核和激励制度安排体现了高度市场化的特征。一方面,重素质、重能力,各类人才都要接受市场的检验和挑选,以综合绩效论英雄;另一方面,考核结果与人才使用、优胜劣汰、薪酬分配直接挂钩,努力实现员工能进能出、职位能上能下、薪酬能高能低，以岗定薪、岗变薪变。为不断提高考核激励的科学性，近几年本行先后引入了平衡计分卡、360 度考评、宽带薪酬等一系列先进方法，建立了企业年金、风险基金等长效激励机制，进一步强化对人才的吸引。除了科学合理的考核激励制度，良好的发展平台和优良的企业文化也是本行吸引和集聚人才的重要手段。作为一家中型商业银行，本行的业务成长空间仍然十分广阔，这将为本行各类人才的职业生涯发展和自我价值实现提供良好的机遇和平台。同时，本行多年来形成的简单和谐、纯洁健康、积极向上的工作氛围和家园文化也为吸引和留住人才提供了良好的空间和土壤。”

第三节　金融企业员工忠诚管理

在“终身雇用制”慢慢退出历史舞台的今天，员工对企业的忠诚度和依赖度大幅降低。怎样在新的环境下吸引人才、留住人才？越来越多的金融企业意识到忠诚度高的员工所创造的价值，并且加强对企业员工忠诚度的管理。

一、忠诚管理的概念

所谓忠诚管理，就是金融企业仔细地挑选客户、员工和投资者，然后通过各种努力留住他们，这种忠诚不仅是面向个人或团体的忠诚，更重要的是忠于某个企业据以长期服务于所有成员的各项原则。

雇员、客户、投资者可以说是一个金融机构的基本要素，弗雷德里克在《忠诚效应》一书中将其称为“忠诚的力量”。如图 10 – 8 所示，这三种要素之间有着极为微妙的内在关联：没有忠诚的员工就不可能出现忠诚的客户；忠诚客户缺乏，企业也无法吸引忠诚的员工。而一旦客户和员工这个忠诚的基础不存在，企业的投资者也不会再继续保持对企业的支持，客户和员工的忠诚也建立在投资者忠诚的基础上。因此，商业忠诚实际上是三维的，即顾客、雇员与投资者三维，其力度、广度和相互关联性远远超过了我们的预想。

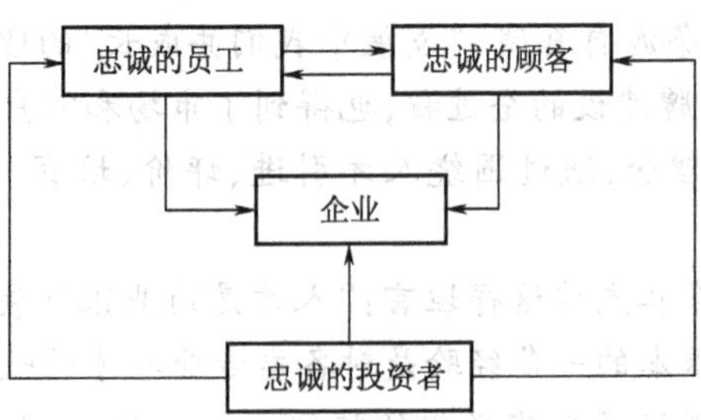

图 10 – 8　金融企业员工、顾客、投资者之间的相互关系

二、员工忠诚度的含义与分类

(一)员工忠诚度的含义

员工忠诚度是员工对企业的忠诚程度,员工对于为之工作的企业所表现出来的行为指向和心理归属,即员工对企业尽心竭力的贡献度。员工的忠诚度,跟他是否长期效力于一个组织无关,而与他的所得和为组织作出的贡献之间的比例有关。忠诚度是员工行为忠诚与态度忠诚的相互统一。行为忠诚是态度忠诚的基础和前提,态度忠诚是行为忠诚的深化和延伸。因此,提高员工对企业的忠诚度是提高企业经营管理水平,实现可持续发展的一项长期基础性工作。

(二)员工忠诚度的分类

对于人力资源管理者来说,正确的理解和识别员工忠诚度的类别,对其日常人力资源管理工作有着举足轻重的作用。员工忠诚度按不同内容和标准划分,有不同的分类。

1. 依据员工的工作意愿,可分为主动忠诚和被动忠诚。被动忠诚是指员工本身不愿意留在该企业工作,但是由于一些客观因素导致他不得不或者暂时留下。导致这种情况的原因大都是物质因素,如高薪、高福利、良好的工作环境、交通便利、易于照顾家人等,一旦这些因素消失,员工就不可能再保持忠诚。主动忠诚是员工主观上有强烈的忠诚愿望,这种愿望常常是由于组织与员工的目标高度一致,组织帮助员工自我发展和自我实现等因素形成的。

2. 依据员工忠诚的对象,可分为个人忠诚和事业忠诚。个人忠诚是员工只对个别上级和领导者个人忠诚,如果上级和领导离开企业和岗位,则员工就很难保持忠诚,具有较大的盲目性,这是一种狭隘的忠诚;事业忠诚则是基于对认同理想的忠诚,不局限于个人和短期得失,员工对事业忠诚,就会对自己和事业负责,是一种崇高的忠诚。

三、员工忠诚度对金融机构的作用

员工是金融机构生存和发展之“本源”,他们的工作自觉性表明企业的实力,他们的工作态度展示着企业的文化。员工忠诚将大大激发员工的主观能动性和创造力,使员工潜在能力得到充分发挥,使企业竞争实力得到提高。

(一)提高业务量

忠诚是效率,员工通过吸引并留住更多的忠诚顾客,有利于企业形成再次销售、多次销售以及顾客之间的口碑相传,从而增加企业的业务量,扩大其市场份额。反之,企业也可以用获得的利润更好地服务于顾客,保证企业的可持续发展。因此,员工的忠诚度提高与客户忠诚度的提高存在着促进的作用。

（二）充实人力资本

在金融机构的所有资源中，人力资源最具活力。随着金融机构的业务量增长，则更容易吸引并留住优秀的人才，而科学地使用人力资源能帮助金融机构营造人才战略优势。一方面，员工从忠诚的顾客身上获得满足感和成就感，从而学会更好地为顾客服务；另一方面，员工提供的这些优质服务又反过来强化了顾客的忠诚度，从而达到"双赢"的效果。因此，企业员工的创造性思维和劳动是金融机构发展的根本驱动力，但是这些都取决于员工的忠诚度。

（三）降低相关成本

当员工的忠诚度降低时，就会表现出对企业的不满，甚至会提出辞职，从而导致人才流失。而金融机构为了填补因离职而产生的空缺，将重新选拔、培训新的员工，这期间企业还要承受可能带来的销售量、服务质量的下滑，还有新进员工可能一时不能胜任工作的风险，这样就会形成置换成本和交替成本。相比之下，忠诚的长期员工则更了解金融机构开发的各种产品、服务、价值导向及工作流程，也更熟悉企业的顾客及他们的要求，从而能够在工作中学会降低成本、加强交流、改善服务质量。而忠诚的员工会带来忠诚的顾客，忠诚的顾客一方面可以降低企业的风险，另一方面可以提高工作效率。这些都能形成令竞争对手难以匹敌的竞争优势。

（四）增加金融企业的收益

在较低成本的基础上辅以忠诚顾客的数量增加，便可为企业创造更多的利润。同时，企业主观上也愿意研发更多的产品和服务，满足客户的多种需求，更有利于吸引并留住忠诚的顾客和投资者。

（五）建立良好的企业形象

员工的工作态度可以直接或间接向客户传达着企业的文化和经营理念，通过培养忠诚的员工，企业获得了忠诚的客户，并树立起良好的企业形象。

四、影响员工忠诚度的主要因素

在经济高速发展的时代，员工常常会通过自身的个人判断，不断寻求适合自己发展的空间。金融机构作为经济前沿的组织始终处于动态发展中，员工与企业之间的文字契约，并不能长期保证员工与企业之间稳定的关系，要想维持这种长期稳定关系，就要构建起员工和企业之间的"心理契约"。"心理契约"是以一种内隐性、知觉性、非正式性的形式，形成员工和企业之间的相互理解和信任，而这种心理契约需要通过多方面来得以实现。

（一）工资福利制度

马斯洛需要层次理论指出，人的最低需要是生理需要（physiological need），这是人维持自身生存的最基本、最强烈的需要。因此，薪酬和福利在员工的心目中是影响其忠诚度的一大重要因素。华信惠悦针对中国180家外资、内资或合资企业，约60 000名雇员的调查表明：高薪，良好的福利政策，都可以赢得人们的满意度。同样的现象也在现代企业治理中体现，华信惠悦美国的调查发现，员工忠诚度高的企业，其投资报酬率达到26%，而低忠诚度的仅有4%。

（二）金融机构未来的发展

据有关调查，企业未来的发展作为影响员工忠诚度的因素之一获得了最高认可率，在回收的有效问卷中，有76%认为企业未来的发展是影响员工忠诚度的因素。需要层次理论指出，当人们生理需要得到满足后，这种需要就不再成为激励人们的因素，人们就会更加注重自己发展性需要的满足。故其对企业的发展尤为看重，并渴望自己能与企业共同发展，实现双赢。

（三）金融机构的人力资源管理制度

人力资源管理对任何企业的发展都起着关键性作用。人力资源管理政策和措施的好坏在很大程度上可以促进和保持管理者和员工之间、不同员工群之间、组织和团体之间、员工和他们的家庭之间以及个人之间的和谐一致。安排员工在合适的岗位上工作，激励员工，培训和考察员工等，都会在一定程度上影响员工忠诚度。尽管有些金融机构形式上存在人力资源管理，但其制度上的不科学、不合理造成企业内部的不公平、不和谐，而这种不良现象会影响到员工的工作表现，甚至导致员工消极怠工、抱怨增多、小道消息弥漫，人心涣散。因此，希托普（Jean Marie Hiltrop）（1996）认为，很少有证据证明人力资源管理政策和措施能提高组织的效率，并提出了4个非常重要的问题：①高效率组织和低效率组织之间在人力资源管理政策和措施方面有没有重大的区别？②如果有，影响人力资源管理政策制定和完善的最重要的内、外因素是什么？③支持高效率组织的人力资源管理政策在多大程度上可以并且如何引入低效率组织？④组织的人力资源管理是如何吸引和激励人们的？

（四）培训机会和晋升空间

毋庸置疑，绝大多数员工都渴望在现有的基础上得到更好的发展，提升自己的工作水平和技能，更好地实现自身的价值。如果培训机会少并且晋升空间小，容易使人失去工作的积极性。若企业能提供有效培训和设计良好的晋升通道，会让员工始终感觉到自己在企业有发展空间，愿意长期留在企业并努力为企业发展作贡献，从而有效促进忠诚度。

（五）金融企业领导者的个人魅力

金融机构领导者的个人魅力、他对企业的忠诚度以及他的开拓创新精神，将会在很大程度上影响下属员工的忠诚度。调查发现，100%的员工愿意在这种魅力型领导的带领下积极而努力地工作。

五、金融机构员工忠诚的现状

(一)金融机构员工忠诚的下降

20世纪八九十年代,许多金融机构被人誉为“黄金时代”,仅从就业角度说,能在国有金融机构工作是被许多人羡慕的事情,鲜有人主动离职,企业的凝聚力很强,员工忠诚度很高。近些年,随着我国金融业体制改革的深化,外资金融机构纷至沓来,各类金融机构的建立,使国有金融机构无论在收入水平、培训机会,还是企业文化、未来发展潜力等工作的“软环境”上都失去了自身的竞争力,员工忠诚度呈现整体下降态势。这突出表现在:

1. 金融人才流失加剧。新兴的金融机构和外资金融机构在我国各地设立分支机构时,无一例外地都采取了人才的“本土化”“拿来主义”等战略,为人才提供了优厚的待遇和良好的发展机会。在诱人的条件下,一些国有金融机构的业务精英选择了“跳槽”。据人民银行统计,2000—2003年,四大国有商业银行有近10万人辞职,其中大多数人充实到了股份制银行和外资金融机构的管理和营销队伍中。

2. 工作责任心下降。过去,一些国有金融机构的员工曾十分珍惜自己的工作岗位,可以说是“爱行如家”,许多人积极为单位的发展献计献策,不计个人报酬地加班加点。如今,员工更关注付出与收益的对等,分内与分外的工作、个人与集体的利益都划分得十分清楚,甚至出现了“给钱办事”的思想倾向,工作责任感大打折扣。

3. 兼职者增多,甚至副业为主。一些员工利用企业的内部资源在外面兼职,挣取“外快”,借以提高自己的收入水平。

此外,还有一些贪污公款、挪用资金、用公款为自己牟利,泄露商业秘密等情况。员工忠诚度的下降,直接削弱了金融机构管理的效率和员工的凝聚力,特别是人才的流失严重影响了它们的竞争力。因此,众多金融机构开始意识到,企业的发展首先要搞好员工忠诚度的管理。

(二)金融机构对员工忠诚度的认识误区

构建员工忠诚是金融机构人力资源部门为实现企业可持续发展的基础工作。员工忠诚能给企业带来明显的效益,它不仅有助于增强企业凝聚力、提升企业战斗力、降低企业管理成本,而且有利于推动企业文化的形成。但企业在人才管理过程中,出现了对于员工忠诚的错误观点,导致员工忠诚管理没能更好地为企业的发展提供服务。因此,做好员工忠诚管理的前提是必须对员工“忠诚”内涵形成正确的理解。但在现实中,还存在各种认识误区。

1. 行为服从就是员工“忠诚”。从社会文化上来看,“服从”长久以来被视为中国礼教的一个重要的思想。在家要服从父母,在学校要服从老师,在企业要服从领导等。这些从小养成的观念,使得行为的服从成为员工“忠诚”的代名词和突出表现，也是企业衡量员工忠诚的标准。反之，对于那些行为奇特、难以实现行为服从的员工，企业管理者多以“叛逆”“另类”等态度对其敬而远之。

然而，行为服从真的就能代表员工“忠诚”吗？据哈佛大学哲学系教授乔西亚·洛伊斯的观点：“忠诚自有一个等级体系，也分档次级别：处于底层的是对个体的忠诚，而后是对团体，而位于顶端的是对一系列价值和原则的全身心奉献。”行为服从是一种明确的表面状态，这种表层次的“忠诚”反映的恰恰是员工对金融企业活动的漠不关心。如果要求员工处处以服从领导来表现自己的“忠诚”，那么组织就如一潭死水，也没有真正意义上的“忠诚”，因为不管领导是错是对，员工只是去服从而非发自内心去做。

2. 思维趋同就是员工“忠诚”。俗语说：“非我族类，其心必异。”人与人之间会因为思想、政见、价值观等不同而分道扬镳，更何况金融企业与员工之间的关系。如员工的价值观与企业的价值观相去甚远时，员工的行动中的冲突在所难免，这时要实现员工对企业的忠诚似乎是天方夜谭。

事实上，员工为了得到更好的发展，通常愿意与自己有差异的人一起工作，实现互补。一旦金融企业内部大部分员工达到了一种“思维趋同”的状态，那么企业的个性和创新性就会受到遏制，必然导致在企业发展中遭遇“瓶颈”。

因此，企业要发展，必须重视员工差异的价值，员工的“忠诚”绝不能建立在“思维趋同”的基础之上。

（三）从一而终就是员工“忠诚”

弗雷德里克认为，忠诚是忠于某个企业据以长期服务于所有成员的各项原则。一旦曾经为之奋斗的“原则”不存在了，员工就可以主动选择离开。从本质上说，员工“忠诚”是一种忠诚于金融企业、忠诚于客户的敬业态度。

对于员工个人来说，是无法决定或改变企业的经营方针和战略的。随着企业的发展，可能会出现企业的价值观和文化与员工相背离，一旦这个差距达到员工无法接受的程度，员工的流动无疑对双方都有利。离职后，在一定时期内能保守原企业的商业秘密，不从事有损原企业利益的行为，这丝毫无损于员工“忠诚”。

六、提高员工忠诚度的策略

一个简朴而正确的道理是：只有满意的员工，才会做出让客户满意的事情来。因为，管理者对员工的态度，决定了员工对顾客的态度。提高员工的满意度与忠诚度是管理者需要做的最重要的工作。

（一）招聘选拔期——以忠诚度为导向

招聘选拔，作为员工忠诚度全程管理的起始站，是员工进入企业的“过滤器”，其“过滤”效果的好坏将直接影响到后续阶段忠诚度管理的难度。因此，金融机构在招聘选拔的过程中要注意以下几个方面。

1. 排除跳槽倾向。金融机构在招聘选择过程中，应仔细查看求职者的申请材料，通过面试、笔试或获得的其他有用信息对求职者的工作能力进行分析。例如，求职者有哪些企业的工作经验、平均工作时间长短、对上级（同事）的看法和离职原因等，一个频繁调动工作的人在其主观方面一定存在问题，忠诚度的建立难度较大，金融机构在招聘中要清醒地认识到这一点，通过这些可以预先排除那些跳槽倾向较大的求职者。

2. 注重价值观倾向。价值观决定行动力，金融机构在招聘选拔过程中不仅要看求职者的工作能力，还要对求职者的个人品质、价值观、与企业价值观的差异程度及改造难度等作出判断，并将其作为录用与否的重要参考因素。

3. 如实沟通，保持诚信。招聘选拔是双向选择、相互承诺的过程。可是一些特别急需人才的金融机构，为了尽可能地网罗到优秀的人才，常常会在与求职者的沟通中夸大金融企业的业绩和发展前景，给求职者一个过高的承诺（如薪水、住房、培训等），并故意隐瞒一些企业的不利情况，从而提高了员工对企业的心理预期。但当求职者到了企业之后却发现原来的承诺无力兑现，从而放大了员工对企业不满的情感体验，那么企业很可能会失去员工的信任，导致忠诚度的降低，使员工产生消极行为。所以金融机构在招聘选拔的过程中要切忌空头承诺，堵截失信源头。如许多保险公司、证券经纪公司在现场招聘会上，向应聘者给予高收益、高回报等承诺，这都将影响应聘者对企业的认识和判断，不利于员工忠诚度的建立。

（二）员工供职期——培养忠诚度

供职期是金融企业与员工联系最为紧密，忠诚度管理的最佳时机。当企业如实沟通，保持诚信后，培养员工的忠诚度首先要提高员工的满意度。这就需要企业给员工提供富有挑战性的工作和舒适的工作环境，建立合理的薪酬制度和公平透明的晋升制度，以及推行人性化的管理等。以下是几种有效提升员工忠诚度的方法。

1. 加强员工与企业间的信息沟通。员工可获得企业信息的多少及其重要程度，不仅直接影响到员工的工作绩效，而且会影响其对自己在企业中地位及重要性的评价。从“心理契约”理论来看，员工和企业之间可能对契约内容的理解存在偏差，而“理解歧义”是心理契约违背的一个重要的失信源。因此，信息沟通对于培养员工的忠诚度有重要的意义。企业可以加强内部沟通、公布信息，做到信息沟通与共享，创造一种坦诚相见、相互信任的“家庭”氛围，使员工产生强烈的归属感和认同感，员工自然也就会忠于企业。

2. 加强企业文化建设，以提高员工满意度、归属感和企业凝聚力。企业文化建设是现代企业管理的一项重要内容，它是企业可持续发展，留住人才的重要因素之一。金融机构要是没有积极进取的文化氛围，就无法将核心人才凝聚在一起，因此企业文化建设应先从“参与式管理”开始。员工参与企业决策的范围越广、程度越大,他对自己在企业中地位和重要性的评价就越高,其归属感也就越强烈。

3. 加强员工团队合作的意识。人具有"社会性",交流、合作是其融入社会组织、团体的途径。"涟漪理论"指出影响是从小到大、从中心到四周的。对于普通员工来说,他打交道最多的是一起共事的团队,而不是庞大的企业整体。就整个企业来说,团队的重要性比个人要更为明显。团队内成员技能的互补性越强,任务的完成就越需要彼此之间的密切合作,因此,员工在团队内的重要性更为明显,其团队意识也就更强烈。企业可以利用团队的中介作用,有效地培养员工忠诚度。

4. 实行爱抚管理,提高员工的"心理收入"。人有丰富情感,中国古语中亦有"投桃报李"之说。西方许多企业都设有"心理抚慰"一职,专门负责处理员工的心理和情感问题,他们通常会制订健康计划、兴建医疗保健设施、开展健康咨询、改变员工的不良生活习惯。让员工在接受心理抚慰的同时,切实感觉到企业对他的关心、爱护,把他当成"自己人"来看待,增加了员工的归属感。因此企业的管理者应多了解员工需要、尊重员工、关心员工的感情,这样会大大提高员工忠诚管理的效果。

5. 健全信用机制,提高员工的违约成本。在金融机构员工忠诚管理中也应引入适当的惩罚制度,对于那些不忠于企业、泄露企业机密的员工,应进行必要的违约赔偿。当前员工流动率居高、泄露商业秘密等非法行为的蔓延,很大原因就是违约、违法成本远远低于他们所获得的利益。

(三)离职潜伏期——挽救忠诚度

员工的忠诚度是一个不断变化的过程,金融企业如果不能及时发现并重视这些变化,并有针对性地做出令员工满意的调整,员工忠诚度很可能会让员工产生离职的想法,员工也就进入了离职潜伏期。离职潜伏期是员工离开企业的最后一个时期,所以必须尽力采取有效措施来挽救,挽救重要员工的忠诚度,是企业防止人才流失的关键,挽留成功与否也是检验员工忠诚度管理成效的重要标准。要挽救员工忠诚度,首先要了解员工离职的真实原因,对发现的离职原因按照合理程度进行归类。然后,企业综合考虑离职原因的合理性、员工类别及企业的实力等因素,制定挽留员工的具体措施。需要说明的是,员工的挽留应以不损害双方最终利益为目的。对于特殊急需挽留的员工应制订挽留方案,包括谈话、工作条件、福利待遇、供职时间等,从而保证挽留的价值,避免二次离职。

(四)辞职期——完善忠诚度的管理

从员工递交辞呈到正式离职,这期间企业通常需要做两件工作:一是重新招聘合格的员工以填补空缺职位;二是进行离职面谈。离职面谈,是安排一个中立人(一般由人力资源部门或专业咨询公司来进行)与即将离开企业的员工进行面对面的沟通。其目的是了解员工离职的真正原因,以及其对企业各方面的意见和看法,从而发现企业目前在员工忠诚度管理及其他方面存在的缺陷,为今后员工忠诚度管理的完善提供依据。

(五)辞职后——延伸忠诚度

员工离开企业并不一定意味着对企业的背叛。IBM公司曾经自豪地称:“我们培养了数以千计的工程师,他们有的还在为IBM服务,有的则成为其他公司的领军人物。而对那些传承IBM企业文化的在职和离职的员工们,不论他在哪里服务,为谁服务,他们都是IBM的企业资本。”这是一种企业的气魄,他向员工清楚地表达着:忠诚不应该是狭隘的忠于某一个企业或组织,而是一种广博的、贯穿于他们一生的思想态度。对于金融机构来说,离职后的员工仍然可以成为企业的重要资源,如变成企业的拥护者、客户或商业伙伴。因此企业应该把忠诚度管理的范围延伸到离职后的员工,继续与他们保持联系,充分利用这一低成本资源。

案例10-4

招商银行信用卡客户服务中心的员工忠诚度培养

招商银行信用卡中心客户服务中心以“服务领先同业,创造良好市场口碑”为追求目标。日常的营运中将招商银行“服务、创新、稳健”的核心价值观贯穿各项业务、日常管理之中。在服务理念、服务流程设计、服务渠道上,紧密围绕招商银行信用卡中心“以客户为中心”的理念。

24小时365天主动和热情的服务,使招商银行信用卡中心客户服务中心在国内外同业中取得了良好的口碑。2008年,招商银行信用卡在年初发卡突破两千万张。招行还陆续成功推出购汇、分期邮购、VISA验证等国内首创业务功能;不断完善了IVR、网银和申诉等作业平台;有效提高了客服中心的整体服务能力,强化了业务处理能力。在招行业务不断发展的同时,也得到客户的肯定,获得包括“全球最佳呼叫中心大奖”“CCCS客户联络中心标准五星钻石认证”等各项荣誉。

对于呼叫中心的客户服务专员来说,他们的工作有其特殊性,比如轮班,严格的上下线时间控制,高强度的情绪劳动等。这些特点,使得呼叫中心的高离职率成为行业内的共性难题,业内服务专员的平均离职率保持在30%左右。而同时,呼叫中心也存在另一个共性问题,就是专员年龄结构的年轻化态势,特别是目前,各呼叫中心的人员主体构成为80后人员。这一群体的特点,集中体现出来的是个性自我,更追求新鲜感,也使得现在的员工管理工作面临着新时期的挑战。

招商银行信用卡中心的客户服务中心,人员流失率在业内处于较低的水平。招商银行长期以来非常重视团队文化建设和员工激励工作,从人才的发现、培养、激励和维护各方面做好员工建设工作。从招聘环节开始,通过相关测试和面试,力求选择合适的人到合适的岗位。由于呼叫中心的特性,要适应融合这样的工作氛围，选择合适的人要比选择优秀的人更为重要。其次，招商银行信用卡中心有一套相对完善的员工职业生涯发展规划体系，员工上岗之后就设定清晰的个性化的职业生涯发展规划；在客户服务中心内部也建立了人才培养机制，力求公正、公平地选拔人才，拓宽员工的职场通道。再者，加强“尊重、关爱、分享”的人性化氛围建设，除了美化和完善客观职场环境外，更加重视员工内心对这个企业的认同，对企业文化和工作氛围的认同，这个因素，在员工忠诚度建设上，更为长久也更为坚固。

资料来源：中国客户服务网：招商银行客户服务部总经理王丽专访，2008 年 5 月 9 日。

名词解释

金融营销人才　金融营销人才的培育　金融营销人才选拔　金融企业员工忠诚管理　忠诚度　主动忠诚　被动忠诚

☞ 思考题

1. 总体上讲，作为金融营销人才应具有哪些特点？
2. 联系实际谈谈我国的金融营销人才存在哪些问题？如何发展我国的金融营销人才？
3. 金融营销人才选拔要实现哪些目标？可以采用哪些方法？
4. 什么是员工忠诚度？它对金融机构有何作用？
5. 影响金融企业员工忠诚度的主要因素有哪些？
6. 联系实际谈谈我国金融机构员工忠诚的现状及存在的问题。

思考与分析

自从我国加入 WTO 后，随着外资金融机构的大量进入，金融人才的争夺和竞争日趋激烈，员工的离职与跳槽现象频频出现。有的人认为，金融机构员工流动比率偏高说明金融机构缺乏稳定的员工队伍，表现出员工对企业缺乏忠诚度。于是，为了留住业务骨干，有些金融机构通过规章制度、劳动合同等手段来约束人才，阻止人员流失。但也有人认为，人才流动对金融企业具有积极的意义，它能够为金融机构注入新的活力和力量，淘汰不合格和缺乏忠诚度的员工。因此，不必对这一现象进行干预。请谈谈你对这一现象的看法，并讨论应如何进行管理。

第十一章

金融营销风险管理

在当今竞争激烈的市场环境下，营销活动往往对金融企业的经营起到决定性作用，而在金融营销中不可避免地面临风险问题，如何进行风险管理成为金融营销中一个重要的话题。本章从金融营销风险的概念入手，分析其特点与种类，探讨形成原因，并研究如何管理风险。

第一节　金融营销风险管理概述

20 世纪 80 年代以来，随着金融自由化和经济全球化的不断推进，金融业面临的营销风险不断增大，如何防范与管理风险得到金融企业的高度重视。金融营销风险具有自己的特点，而金融机构进行营销风险管理也有着特定的目标。

一、金融营销风险的概念

风险是与金融业相伴的一个重要概念，是指结果与预期不一致的可能性。在金融市场上，风险与机会并存，不存在没有风险的机会；金融企业在经营中不可能完全消灭风险，营销活动也不例外。

金融营销风险是指金融企业在开展营销活动中，由于出现不确定的因素而导致营销活动的实际收益与预期收益发生偏离的可能性。全面地讲，这种不确定性可能是好的，即金融机构的营销活动获得了额外收益的机会；也可能是不好的，即金融机构的营销活动会蒙受损失或导致失败。但我们在风险管理中更加偏重讨论的是不好的一面，即金融机构制定的营销策略或采取的营销方案与营销环境的发展不协调，导致营销策略难以顺利实施、目标市场出现萎缩或消失、金融产品难以顺利售出、影响到赢利目标的实现。

由于金融机构的营销人员面对的市场是不可控制的，通过各个渠道都可能出现风险，如来自销售人员的风险、来自客户的风险、来自关联机构的风险、来自促销活动的风险、来自市场预测失败的风险等。可以说，营销的风险在金融企业所遭遇的各方面风险中危害是最大的，最难以预料。因此，如何管理营销风险就成为金融机构的重要职责。金融企业在开展市场营销活动过程中,必须分析市场中可能出现的风险,并努力加以预防与控制,最终实现金融企业的营销目标。

二、金融营销风险的特点

由于金融业的独特性,金融营销风险不同于一般企业在营销活动中的风险。它的主要特点表现在以下几个方面。

(一)客观性与主观性并存

金融营销风险是客观存在的,不以人的意志为转移。由于金融机构所处的经济环境(如市场环境、政策环境、竞争环境等)的不确定性极强,因此营销风险是时时刻刻存在的。但也有些风险是由营销业务的当事人的主观原因引起。金融业是一种服务行业,更加注重营销人员在提供服务中的作用,如果工作人员主观重视,就可能降低营销风险事故发生的概率,减少营销风险所带来的损失。

(二)货币资金的得失

金融最直接的解释是资金的融通,主要涉及货币或与货币相关的各种工具的筹措和运用,所以在大多数情况下,各种金融营销风险导致的后果最终都表现为货币或可以用货币来进行衡量的损失。但损失的具体表现则多种多样:如开发的美元产品因汇率变动而出现的货币贬值、发行的股票因股市波动而出现股票价值的下降、设立的分支机构因地区经济走软而无法实现存款营销的目标等。

(三)极强的破坏性

营销活动产生的任何损失都会给有关当事人带来不利影响。从微观来讲,它会降低金融机构的资产质量、支付能力与收益水平,甚至导致金融机构的倒闭;从宏观来讲,它会引起整个国家的金融秩序混乱,阻碍经济的持续健康发展,甚至波及世界经济的稳定。

在现代社会,金融产品的运用十分广泛,任何国家、单位与个人都要与金融产品打交道。随着金融机构不断拓展经营范围、扩大对客户的产品销售和金融服务,金融机构与企业的关系越来越密切,形成了复杂的业务合作甚至交叉持股的关系。一旦客户出现问题,会把风险传递给金融机构,而在企业与金融机构共受损失的同时又会进一步危及整个社会。

伴随着电子技术在金融领域的广泛运用和金融创新工具的不断涌现,金融市场之间的关系交错复杂,一种金融产品的风险会很快影响到另一种金融产品,一个地区的金融风险会很快影响到另一地区,甚至对全球金融产生冲击,20 世纪 80 年代以来的几次金融危机便是最好的例证。

(四)可测性与不确定性并存

金融机构在营销活动中面临的风险具有一定的规律性,特别是随着人们认识的深入与风险管理工具的不断开发，人们可以对风险的表现形式、危害程度进行分析与测定，从定性及定量方面进行风险管理和风险控制。但由于金融业所面临的金融市场瞬息万变，证券价格的波动、国内外利率的调整、汇率的变化等又会使风险同时具有无序性的特征，各个时期的风险大小及结构不尽一致，甚至差别相当大，又体现出极大的不确定性。

（五）较大的累积性

金融业务中收益的支付往往具有分期、分次的特点，如贷款分季度偿还、债券利率每月支付等，一旦出现一次支付的违约就会使以后的支付出现违约，呈现出风险的累积性特征。

（六）无法进行保险

一般行业中，许多风险往往带来一种绝对的损失，可以用保险的方法进行较为有效的转嫁。但金融产品风险的后果并不都表现为损失，在许多情况下也表现为收益，能给持有者产生额外的收入，如股价的波动既可能使某一股票的持有者遭受损失，也可能使他获得收益。正是这一“双面性”特点使得金融产品的风险大多不可保险。当然，随着保险业务的发展和金融产品开发的深入，保险业越来越多地渗入金融产品领域。

（七）周期性

金融机构的经营活动总是在既定的宏观经济与政府政策环境中进行，由于金融业的特殊地位，国家对其影响十分巨大。营销风险也会受国家经济循环周期和政府宏观调控政策变化的影响，呈现出一定的周期性特征。一般说来，在国民经济高速增长的时期政府政策环境较为宽松，社会对金融业的需求相对活跃，金融业的营销活动面临的不利因素较少，风险也就较小；而在国家经济处于低谷时期或者政府实行从紧的货币政策时，金融营销也会面临巨大的市场收缩压力，使风险增加。

案例 11－1

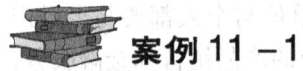

2017 年以来中国房地产调控对银行房地产贷款业务营销的影响

2016 年，在“去库存”的大政策下，房地产政策全面放松，引发中国房地产市场的火爆，房地产销售面积突破了 15 亿平方米大关，销售额超过了 11 万亿，都创下历史新高。

2016 年底，针对房价的暴涨，国家开启新一轮房地产调控，货币政策转为稳健中性，一系列楼市管控措施出台，对居民房贷转为降杠杆。2017 年，房地产调控进一步趋严。3 月 17 日，北京发布楼市调控新政——《关于完善商品住房销售和差别化信贷政策的通知》。3 月 26 日，北京市接连出台多个延续性政策，如“商住限购”、二套房贷认定、首付比例提高、对“假离婚”进行监控、对贷款发放实行限制。此后，更多的地方城市陆续跟进，新一轮调控政策蔓延全国，截至2017年12月底，年内累计超过100个城市以及相关部门(县级以上)发布房地产调控政策，业内统计的政策发布次数超过250次，北京、上海、广州、深圳、杭州、成都等城市发布政策密集程度超过历年。通过调控，房价得以控制。2017年12月的中央经济工作会议强调了完善促进房地产市场平稳健康发展的长效机制、保持房地产市场调控政策连续性和稳定性。2018年1月，中国银监会召开全国银行业监督管理工作会议，提出2018年将继续打好防控金融风险的攻坚战，其中一个方面就是继续遏制房地产泡沫化，严肃查处各类违规房地产融资行为。

房地产业作为资金密集型的行业，对资金具有先天的高度依赖性。同时，由于前期投资较大，开发周期较长，企业销售回款较慢等原因，企业在规模扩张的阶段，普遍使用了较高的财务杠杆，负债率较高。2009年我国房地产行业负债率为65.02%，2016年已达到76.7%。

房地产的资金来源一大块是靠银行贷款，随着宏观管控加强，银行房地产信贷业务的营销活动全面收缩。从价格上看，2017年3月以来银行首套房贷利率取消了原先的85折优惠，逐步回归基准利率，9月份以来利率则全面上浮；从贷款数量上看，到2017年底出现了大部分银行房贷紧张甚至停止发放房贷的局面，融360报告统计的533家银行分(支)行中停贷银行分(支)行数由1月份的9家骤增至11月的56家。其中超9成表示受额度紧张影响，暂停受理新增房贷业务，消化已受理业务。

从央行的宏观统计数据上看，我国2017年房地产贷款增速明显下降。2017年末，全国主要金融机构(含外资)房地产贷款余额为32.2万亿元，同比增长20.9%，增速较上年末低6.1个百分点，房地产贷款余额占各项贷款余额的26.8%。其中，个人住房贷款余额为21.9万亿元，同比增长22.2%，增速较上年末低14.5个百分点，3月份以来持续月度同比少增，全年增量为4.0万亿元，同比少增8 269亿元，增量占比下降至29.4%，较上年低8.6个百分点；住房开发贷款余额为5.6万亿元，同比增长26.7%，增速较上年末高13.4个百分点；地产开发贷款余额为1.3万亿元，同比下降8.0%，降幅较上年末扩大3.1个百分点。

资料来源：盛松成：房地产调控需谨防房企资金链风险，2017年10月27日；中国人民银行：《货币政策执行报告2017年第四季度》，2018年2月14日；经济参考报：2017房地产十大新闻事件：史上最严厉调控政策密集出台，2017年12月29日。

三、金融营销风险管理的要求

(一)制定合适的营销风险安排政策

风险安排也称风险分配，是风险决策的重要内容，旨在把各种风险在金融机构及参与交易的各方之间进行合理安排，实现收益与风险的科学合理的配置。根据金融中收益与风险成正比的原则，收益高的交易风险也相应较高，风险低的交易一般收益也低。

过于保守的风险安排政策可以降低金融机构的风险，但同时也可能损失一部分业务量；过于激进的风险安排政策会增加业务收入，也会增加风险。所以金融机构在制定风险管理政策时，应该在风险识别、分析、评估的基础上对风险和收益进行全面权衡，实现在收益增长目标的基础上尽量控制风险，减少损失。

（二）采取合理的金融营销风险管理措施

金融机构要根据自身的风险承受能力、管理水平、财务状况、成本费用和人员配置等各种因素采取适当的措施管理营销风险，通过预防风险、回避风险、分散风险、转嫁风险、自留风险等做法把损失降到最低限度。其中，金融企业特别要确定应自身承担的风险比例、数量和结构。

（三）运用数量的风险管理技术进行科学的管理

传统的金融风险管理主要依赖定性分析，而现代风险管理模式越来越多地重视定量分析，大量运用数理统计模型来识别、衡量和监测风险，这使得风险管理越来越体现出更强的客观性和科学性的特征，也使风险管理决策成为艺术性和科学性相结合的决策行为。在营销风险管理中应灵活运用风险管理技术与模型，增强对风险的预测，并能合理地监控营销过程中的风险变动状况。

（四）利用信息技术手段提高营销风险管理的效率

随着金融全球化与自由化的不断推进，无论是风险来源和性质上还是风险管理技术，都变得越来越复杂。因此，在金融营销风险管理中越来越重视现代信息技术的作用。国际上大的金融机构都非常重视采用最新的 IT 技术，投入大量资金建设先进的信息管理系统，收集全球范围的数据与资料、整理相关数据、建立数据库。另外也必须做好金融数据的备份工作，不断提高对营销风险管理的效率。

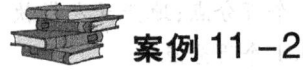

案例 11－2

金融机构灾难备份

2008 年，汶川特大地震发生后，各家银行纷纷启动了应急预案。对银行业来说，最紧张的可能是中国邮储银行和中国银行了。因为这两者都还没有实现总行数据大集中，如果各自的四川分行信息系统遭到地震破坏，数据丢失，后果将会非常严重。所幸的是，成都没有发生大的灾情，这两家银行四川分行的数据系统也没有受到影响，但这有惊无险的一幕也足够让银行业深思。

随着金融机构逐步实现了办公运营的信息化和数字化,保障着金融机构业务正常运转的大量重要数据被存放在存储终端中,这些数据的丢失或损坏,对金融机构而言,将导致不可估量的毁灭性后果。尤其是当一场突如其来的灾难降临后,如果没有良好的灾难备份系统支撑,金融业遭遇巨大的损失几乎是难以避免。因此,各国金融机构都十分重视灾难备份系统建设,如美国银行,其针对总行、各分行的应对各种突发性灾难事件的应急预案多达7 000余份。

一般地,建立灾难备份系统有两种方法:一种是在另一个地方建立一个同样的系统,但是投资成本会很大;另一种是分步骤地进行数据备份,做到使用场合和存储场合分离。现在国际上比较流行的是,将数据切成碎片后在专业数据备份公司存储。在目前数据中心非常发达、高速网络成本越来越低的情况下,把数据切碎后分散放置,既保护了企业的隐私,其成本上升也不会太大,从而能够使更多企业也有机会使用分步存储服务。

中国银行业在灾难备份与业务连续性管理方面同国外相比还存在不小的差距:

一是灾难备份覆盖范围不足。虽然部分银行已经针对大集中做了总行、总数据中心的灾难备份和业务连续性管理。但是,现在还没有任何一家银行做了分行级的整体灾难恢复预案和灾难备份。

二是灾难备份内容不完整。银行业灾难备份以及业务连续性管理主要还是IT部门考虑的比较多,投资也主要在IT部门。而且,在总数据中心灾难备份建设过程中,只备份了存取、结算等少部分核心业务系统,还有很多系统没有备份。

三是灾难备份受限于地域制约。由于规模和区域的限制,地方性的金融机构很少跨区域投资灾难备份和其他后勤中心,大都会把核心资料放在总部或在省内设立灾难备份。一般来说,像农信社和城商行这种机构,主要资料可能会存放在总行,但由于电子化程度和运输的原因,还是有不少客户资料留在网点内,特别是农信社。

四是灾难备份缺乏部门间协调。像地震、冻雨等大范围灾害已经不仅仅是IT系统问题,它还涉及业务问题、组织架构问题、营业场所问题、人员伤亡等问题。一旦发生这种大规模的突发灾难,如果仅仅做了IT系统方面的灾难备份方案,就算IT系统可以很快恢复,也没有办法对外提供服务。

正是看到灾难备份对金融机构的重要性,央行在2002年8月就下发的《中国人民银行关于加强银行数据集中安全工作的指导意见》中明确规定:"为保障银行业务的连续性,确保银行稳健运行,实时数据集中的银行必须建立相应的灾难备份中心。"2008年2月,中国人民银行颁发《银行业信息系统灾难恢复管理规范》(JR/T0044—2008)进行规范,2008年5月,中国保监会印发《保险业信息系统灾难恢复管理指引》要求保险机构应统筹规划信息系统灾难恢复工作,自《指引》生效起5年内至少达到《指引》规定的最低灾难恢复能力等级要求。

经过2008年这次地震,相信国内金融机构和众多国内企业的灾难备份意识会大大增强,措施水平也会不断提升。

资料来源:夏志琼.灾难备份金融机构的必修课[N].证券时报,2008-6-20.

(五)为客户的交易提供有效的帮助

风险管理不仅要站在金融机构的立场上,还要从客户角度考虑。客户是金融机构营销活动的中心,如何进行风险管理,帮助客户实现有效的交易是营销业务中必须加以考虑的。通过适当的风险控制措施让客户满意,为客户提供更有效的服务,不仅可以扩大金融机构的业务,还可以实现金融机构的可持续发展。

第二节　金融营销风险的种类及成因

金融机构的营销活动,面临着各种不同的风险,它们的成因也各不相同,只有通过具体分析才能更好地实现对它们的管理。

一、金融营销风险的种类

金融营销风险可以按不同的标准进行分类。

(一)按营销策略的要素分类

1.产品风险。产品风险是指金融机构开发的金融产品在市场上不适销而带来的风险。例如,金融产品的设计过时或者过于超前、功能不足或产品功能过剩、特色等不能满足客户的客观需求;产品定位不准;产品进入市场的时机选择不当;金融品牌未及时注册或被别人抢注;假冒或侵权产品盛行而损害金融机构的信誉,这些都可能导致产品风险的产生。

2.定价风险。定价风险是指金融机构对向客户提供的金融产品未能制定合理的价格,导致市场竞争加剧,或损害了客户的利益,或影响了金融企业的利润。尽管金融产品本身是十分重要的,但价格风险是市场营销第一大风险,这是因为价格对金融产品的销售及金融企业的利润有着举足轻重的作用。如果价格定得过低,虽有益于扩大市场,但客户会怀疑产品的质量,缩小企业营销活动中价格降低的空间,导致利益受损,甚至还可能引发其他金融机构的价格战,形成恶性循环;如果产品的价格定得过高,虽然单位产品的赢利较大,但可能妨碍客户对金融产品的使用,伤害客户的消费积极性。

3.分销渠道风险。分销渠道风险是指金融企业所选择的分销渠道不能履行分销责任和不能满足分销目标而给金融机构带来不良后果的风险。金融产品的分销渠道目前已实现了多元化,但不管是直接分销渠道或者间接分销渠道都还存在风险,如金融机构的分销人员素质不高影响到产品的销售;选择了不当的分销商产生的失误,出现金融产品销售拖欠或侵占资金或其他违约行为;金融产品供应与传递过程中出现数量、质量上的损失或者产品不能顺利地传递给客户;金融电子化程度不够或设备不先进而使客户无法获得方便的服务;客户违约而无法及时收回货款等。

4. 促销风险。金融企业在开展促销活动中,由于促销行为不当或受到干扰等而导致企业促销活动受阻、受损甚至失败。促销风险包括广告风险、人员促销风险、营业推广风险及公共关系促销风险等。

(1)广告风险。金融企业投入成本利用广告进行促销而没有达到预期结果。由于广告促销必须向广告发布单位支付一定的费用,但这些费用所产生的效果不可准确进行衡量,金融机构在做了广告之后能在多大程度上促进销售,事前并不能估计,事后也无法确认。

(2)人员促销风险。由于各种主、客观因素可能造成推销人员向客户推销产品不成功。因为,推销人员的知识、技巧、责任心等方面都会影响推销的效果,而如果金融机构雇用了素质不高的推销人员则无法准确向客户表达产品功能,给企业带来损失。尤其是在金融机构对推销人员按销售业绩计酬的情况下,更容易出现问题。

(3)营业推广风险。金融企业为在短期内招徕顾客、刺激购买而采取一定的促销措施,但如果营销推广的内容、方式及时间选择不当,很难达到预期的效果。

(4)公共关系促销风险。为了给企业或其产品树立一个良好的社会形象,企业会开展一定的公共关系促销活动,但支出费用后达不到预期的效果,甚至出现负效果,就会产生风险。

(二)按照金融风险产生的原因分类

1. 国家风险。国家风险是一个主权国家或其居民出于某种原因,不愿或无力偿还外国债务,或因国际结算款项、投资收益等在国际上流动受阻,给金融机构的营销活动造成损失的可能。这种风险一般是由金融机构无法控制的因素决定的,通常与一国的经济、社会、政治、法律和环境等方面紧密联系。

国家风险又可分为政治风险、社会风险和经济风险三类。政治风险是指境外金融机构受特定国家的政治原因限制,不能把在该国的资金等汇回本国而遭受的风险,又包括政权风险、政局风险、政策风险和对外关系风险等多种形式。社会风险是指由于经济或非经济因素形成特定国家的社会环境不稳定,从而使金融机构不能实现营销目标。经济风险是指金融机构受特定国家直接或间接经济因素的限制,而不能把在该国的资金汇回本国或其他活动受阻而遭受的风险。

2. 信用风险。信用风险是指由于债务人或市场交易对手的违约而导致金融机构遭受损失的可能性。金融交易大都是信用交易活动,例如,贷款、贴现、透支、信用证、同业拆放、证券承销和担保等,参与交易的一方不依照合同按时偿付债权人本息,便可能使另一方遭受损失。这类风险还包括由于借款人的信用评级的变动和履约能力的变化导致其债务的市场价值变动而引起的损失。

3. 市场风险。由于市场价格(如利率、汇率、股价以及商品价格等)的波动而导致金融机构的资产价值发生变化的风险。主要包括:①利率风险,指由于利率水平的变化引起金融资产价格变动而可能带来的损失。利率风险是各类金融风险中最基本的风险,它会直接影响到金融产品的定价。②汇率风险,指一定时期内,由于汇率的变动而引起其价值涨跌的不确定性,包括外汇交易风险、国际贸易结算风险、外币金融资产组合和外币金融负债组合间的不匹配风险、清算风险或交割风险等。在国际营销中或开发外汇类金融产品中,这类风险必须加以考虑。

4. 操作风险。由于金融机构的交易系统不完善、管理失误或其他一些人为错误而导致金融营销活动中有关参与者遭受损失的可能性。操作风险主要来自技术和组织两个层面,表现形式是多样的,主要有:火灾、抢劫、通信线路中断、计算机故障、重要的经营人员遭遇交通事故、工作人员日常差错和操作人员失职等。

5. 流动性风险。由于金融机构所掌握的可用于支付的流动资产不足以满足支付需要甚至丧失清偿能力而导致营销活动遭受损失的风险,它包括市场流动性风险和现金流动性风险。金融业的经营很大程度上建立在公众对其有充足信心的基础之上,当金融机构流动性不足时,无法以合理的成本迅速增加负债或变现资产获得足够的资金,使其信誉受到影响,债权人因此而大规模挤提、兑换现金,此时根本无法实现营销目标,甚至可能导致金融企业破产倒闭。

(三)根据营销活动涉及的金融产品分类

1. 银行类金融产品风险。银行类金融产品在营销过程中面临的风险,包括存款、贷款、结算等业务开展过程中出现损失的可能。

2. 非银行类金融产品风险。非银行金融产品在营销过程中出现的风险,又可再细分为保险金融产品风险、信托金融产品风险、证券金融产品风险等。其中保险金融产品风险又可分为人寿保险产品风险、财产保险产品风险、责任保险产品风险、信用保险产品风险和再保险产品风险等;证券金融产品风险又可细分为债券类金融产品风险和股票类金融产品风险等。

案例 11-3

工商银行周村支行多管齐下,防范理财营销风险

随着诸多金融机构围绕理财产品销售规范及收益等声誉风险、信用风险的出现,理财从业人员的销售行为成为制约该业务健康发展的关键。

为进一步规范银行网点理财业务发展,切实提升理财业务从业人员依法经营水平,工商银行周村支行以监管部门及上级行下发的理财业务监管法规、制度、操

作规范为基础,加强理财产品销售人员的学习培训,从源头上杜绝违规行为。

一是要求从业人员从思想上重视学习。深刻认识理财业务规范操作对业务发展的重要性,注重对法规、制度的理解,不断深化认识,自觉运用到工作实践中,指导业务开展。

二是在营销过程中重视规范操作。①要求从业人员在实际营销过程中,严格遵守理财业务监管法规的各项规定,严格筛选客户,对客户进行风险评估,了解客户的风险承受能力,按客户承受能力推荐产品;②理财业务人员对理财产品的风险与收益进行真实宣传和讲解,不做夸大不实宣传,不做口头承诺,提醒客户可能发生的履约风险和注意事项,引导客户合理配备资产组合,控制不必要的风险;③加强对销售人员的管理,严禁利用银行信誉代理销售与银行无关的理财产品,形成风险。

三是加强对售后产品的跟踪,及时与客户沟通。引导从业人员加强售后服务,对银行理财产品的销售坚持一站式服务,加强与理财产品购买客户的沟通与联系,认真听取客户不同意见,积极改进工作中的不足,为客户创造更好理财投资环境,扩大市场份额。

资料来源:凤凰网山东综合网:工行周村支行加强规范理财销售行为防范操作风险,2018 年 1 月 15 日。

二、金融营销风险的具体成因分析

金融业是一个特殊的高风险行业,金融营销的风险种类繁多,成因复杂,归纳起来主要有主观因素与市场环境客观因素两大方面的原因。

(一)金融营销风险的主观成因

主观因素主要是指由于金融机构内部存在的各种不确定性因素给金融企业所带来的风险,这是金融机构营销风险管理的关键。对于金融机构而言,由于内部各种因素较为复杂,增加了对内部风险防范与监控的难度。

1. 金融机构的营销观念滞后。我国金融机构脱胎于计划经济,在原来的条件下,金融机构处于绝对的卖方市场中,金融商品供不应求,资金十分短缺。因此,很难树立正确的营销观念,大都凭主观想象进行营销决策,致使开发的金融产品无法适应客户。

2. 金融营销人员缺乏风险识别能力和防范意识。在一些金融机构中,金融营销人员不了解市场需求与运行规则,销售工作主要看重关系、熟人与机会等,具有随意性和非连贯性。而金融机构的营销管理人员又缺乏处理营销风险的经验和知识,在产生营销风险征兆时,或发生风险时,抱着侥幸的心理,总往好的方面想,不进行及时控制。

3. 金融营销管理制度不健全。有的金融机构,营销管理人员的素质不高、管理方法不科学,没有建立健全金融风险管理的规章制度与程序,或者即使制定了制度也不认真执行,操作程序不规范,风险管理出现漏洞。

4. 金融营销决策不科学。决策是经营的中心部分,由于一部分金融机构的经营决策队伍素质不高,个人能力差、经历和阅历不深,缺乏对市场的敏锐观察力及科学的决策方法,不能对营销活动进行正确的指挥。有的金融企业法人治理结构不清、内部有关人员的权责利及制衡机制不完善,也影响到金融营销决策的及时性与合理性。

5. 金融机构内部信息的不对称。通常情况下,金融营销的决策者与市场信息的收集者是不完全重合的,甚至是完全不重合的。这导致了决策者掌握的信息与市场信息收集者掌握的信息不能完全吻合,与市场实际的信息也不一致,从而影响营销的效果。

6. 内部人员的道德风险。一些营销人员或者管理人员缺乏责任心,或欠缺职业操守,为了自身的私利,可能会采取隐瞒、欺骗和谎报等行为,引发营销事故,增加了金融风险。

(二)金融营销风险的客观原因

金融营销风险的客观原因主要来自营销环境的变化,特别是市场的变化很容易引发市场营销风险。

1. 市场需求的变化。金融市场需求变化是客观存在的,这是导致市场营销风险存在的客观因素。金融营销活动的对象是金融市场上的各类客户,随着市场经济体制的建立、金融市场不断深化,市场需求不断发生变化,明显呈现出由低层次向高层次变化、由数量型向质量型变化、由群体共同性向个性化变动的趋势。而一旦客户需求发生转变,金融机构原有的营销活动就不能适应市场需求变化,产品就可能出现滞销,不可避免地产生营销风险。

2. 客户的信用状况变化。金融是一种信用活动,由于客户的品质或财务状况发生变动,很容易导致营销风险的出现。

(1)客户的道德风险。道德风险是发生在交易之后的信息不对称问题。由于金融机构与客户存在信息不对称问题,在签订金融服务协议时无法知道客户的真实行为。一旦协议生效之后,客户的不道德行为可能导致金融机构发生损失。这些不道德行为主要包括:①客户改变资金用途。如一些客户在得到银行贷款之后不按合同规定使用资金,而用于改善自己的福利、偿还第三者债务或者从事高风险投资或投机活动,使银行承担大部分风险损失。②客户缺乏责任意识。如一些企业在取得金融机构的资金后,对借入资金的使用不关心,不进行妥善的安排,导致借入资金发生损失。

(2)客户的财务风险。财务风险是指客户的财务状况恶化、财务指标失控给金融机构带来损失的可能性。由于经营环境是不确定的,一些金融机构的营销对象由于各种因素出现了财务问题,资产价值急剧下降,无法履行原有的合同,导致金融机构的营销目标受到影响甚至出现亏损。

3. 竞争对手力量的变化。金融营销企业面临着其他机构的竞争压力,如果各竞争对手力量对比发生变化,可能使有竞争优势的金融企业得以发展,无竞争优势的企业遭到淘汰,从而带来市场竞争格局的变化。特别是在中国入世之后,金融企业面对的不仅仅是国内同行的竞争,也面临国际同行的竞争压力,增加了市场营销的难度,带来更大的营销风险。

4. 经济形势与政策的变化。由于经济形势及国际因素等宏观环境发生变化而导致的金融机构的营销活动遭受宏观风险。金融业受国家政策的影响比较大,与经济周期的关系也十分密切,一旦国家经济政策有了变化,会导致经济形势及市场需求变动,进而影响金融企业的市场营销活动。

5. 科技进步。科学技术的变革对金融企业的营销活动具有重要的作用,特别是进入 20 世纪 90 年代以来,以电子计算机和互联网为技术基础产生的网络营销对传统营销带来猛烈的冲击,也为市场营销活动提供了新的机遇和新的方式。但是每一次新的技术革命也意味着原有技术的淘汰,因此,科学技术的进步对金融机构的营销战略与策略、营销的方式和营销组织结构都提出了新的挑战,这也意味着风险的产生。

6. 其他外部因素。还有一些客观原因,包括政治因素、军事和法律因素等都会产生金融营销风险。比如,一个国家内部的政局是否稳定、一个国家与其他国家间的外交与合作关系、国家的法律调整、一些国际组织的政策变动等,都会影响到金融机构的营销活动,产生国内市场营销风险和国际市场营销风险。

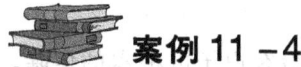

案例 11 - 4

金融科技带来的金融营销风险

2016 年被金融界称为中国金融科技(FinTech)元年,金融科技的兴起让人们在以 P2P 为代表的互联网金融之后,对技术改变金融产生了新的希望,金融业转型创新不论是在技术上还是体制上都取得了巨大进步。金融科技的发展引领未来经济方向,金融机构在营销活动中需要积极运用。

但金融科技也带来新的风险,主要表现在以下几个方面。

首先,金融交易操作走向智能网络化后,若技术出现一点问题,人工可能很难控制,比如金融市场交易中的"乌龙指"事件、闪崩事件,都显示人工不容易控制突发事件。

其次,在新技术推动下,交易速度大大提高了,整个金融资金的流量和流速有显著的提升,但是一旦处理得不好,它所带来的损失也是瞬间的,也就是资金来得快，损失得也会同样快。

再次，当前进入了大数据时代，大量的数据在金融营销应用上也存在风险，比如在数据是否充分、数据质量是否到位都不确定的情况下，利用数据模型得出的结论也不一定非常准确，太相信模型或数据开展营销活动会带来一定风险。

最后，网络的安全性问题，比如客户数据存在被盗的可能，许多银行的数据库就曾受到很多黑客的攻击，许多客户都表达了对隐私和数据保存的担忧。

资料来源：新浪财经：证监会副主席姜洋：金融科技带来三方面风险，2018 年 1 月 15 日；2017 博鳌论坛：金融科技的风险隐忧，2017 年 3 月 24 日，http://www.ftchinese.com/story/001071901。

第三节　金融营销风险的管理策略

随着国际金融动荡的不断涌现，一些大的国际金融机构相继出现问题甚至最终倒闭，这些事实给金融业提供了血的教训，金融机构的风险管理引起各国政府和金融业的高度关注。金融企业在经营中必须把防范和化解金融风险放在重要地位，采取合理的策略切实加强营销风险管理。金融营销风险的管理策略主要有营销风险回避策略、营销风险防范策略、营销风险控制策略、营销风险转移策略和营销风险自留策略等。

一、金融营销风险的回避策略

金融营销风险的回避策略是以放弃或拒绝某项营销活动或业务来避免损失发生的可能性。

营销风险回避的常用做法有两种：一是将特定的风险客户予以根本的免除。例如，金融机构觉得某项产品的开发风险太大，就决定不进行开发，从而可以完全免除该项业务可能导致的损失；二是在营销开展中途放弃某些既存的风险客户或业务，例如，一家金融机构进入某一区域开展营销活动却发现投入要远远地超过收益，为了避免进一步的损失，决定中止该营销活动，回避风险。

虽然这两种做法均可以达到避免风险的效果，但它们是各种风险管理技术中最为简单也较为消极的做法。由于受多方面的限制，特别是在市场竞争激烈的情况下，一家金融企业为了发展壮大，不太可能因为风险就彻底拒绝一些业务。

二、市场营销风险的防范策略

这一策略是通过一系列的措施来加强金融机构自身的免疫系统建设，防止营销风险的产生，这是一种事前控制风险的做法，可以达到防患于未然的目的。基本要点如下。

(一)加强市场环境的调查研究

市场是营销风险的重要来源,加强对市场环境的调查研究,是金融机构控制营销风险的根本性措施。

金融企业从设计产品开始,到定位、分销和促销活动的整个过程,都必须与市场结合,围绕客户的需求展开。通过对市场的调查研究,金融机构可以掌握相关的情报资料信息,包括客户需求信息、竞争者信息、经济及政策信息、政治与法律信息等,为营销决策提供有力的依据。

在进行市场环境调查时,尤其要注意对交易对手的信誉调查,包括:

1. 对手过去的履约记录。如果一个企业过去经常拖欠别人的贷款或租金,则说明其主观上存在较大的违约可能,风险较大。

2. 对手的管理层素质。企业领导者的素质关系到整个企业的前途和命运。要对企业主要管理人员的年龄、才干、胆识、眼光、成就、精力、责任心以及思维活跃程度、创新精神、公关意识、市场把握程度等进行分析,从而了解对手的风险程度。

3. 对手的赢利能力。赢利能力是企业实力的源头,对手赢利能力强,承担的风险相对就低。审查赢利能力时,要从多方面予以考察,比如,资本结构、固定资产状况、企业的生产效率、销售毛利率、资产净利率、资产周转率和销售净利率等。

4. 对手的员工素质。包括员工的整体素质、技术水平、生产经验、创新意识、对行业的把握程度和敬业精神等。

(二)提高营销人员的素质

营销活动中的一些风险,是由企业员工素质不高或其他主观因素造成的。员工素质包括员工的政治素质、文化素质、业务素质和道德素质等多方面的内容,营销人员综合素质的提升与否,会直接影响金融机构的营销风险防范效果。为此,要做好以下几项工作:一是要树立金融营销队伍的全员风险意识,从人员招聘、培训、日常管理等方面向营销人员灌输风险意识,培养他们的危机感与责任感,增强防范风险的意识;二是加强员工素质的培养与提高,防止由于销售人员不熟悉所推销产品的相关知识、不掌握有关业务流程而发生的营销风险;三是建立风险防范与处理小组,在金融机构内部建立风险预防的规章制度,提高风险处理能力。

(三)建立金融营销风险预警机制

建立风险预警机制的目的是监视营销活动中的不安全行为(营销失误)和不安全过程(营销波动),从而制止营销逆境的发生。风险预警机制建立的关键是要能科学地识别风险、预测风险。

1. 金融营销风险识别。营销风险识别是金融机构对营销过程中所面临的风险以及潜在的风险加以判断、归类和性质鉴定的过程。一般来说,营销风险识别通常可以从以下几方面着手:一是对营销业务对象的业务活动现状进行分析,如资产分布、人员构成、以前业务的信用记录等;二是对潜在的营销风险进行识别,分析业务对象可能面临的人员损失、财物损失、营业损失、费用损失和责任损失等,从而判断将来出现损失的可能性。

识别营销风险的方法很多,在实际操作中应根据具体情况而定,并应综合运用多种方法,以收到良好的效果。对金融营销风险的识别可以通过感性认识和经验进行判断,但更重要的是必须依靠对各种会计、统计、经营资料和风险记录的分析、研究和整理,发现风险产生的原因和条件,鉴别其性质。

在识别风险的基础上,金融机构可以构造预警指标,并在此基础上建立一套能够评价营销状况的营销预警指标体系,设定相应的风险阈值。

2. 金融营销风险的预测。营销风险是客观存在的,但其在时间、空间及数量上又是不确定的,需要运用一定的理论和技术工具来预测风险发生的概率以及造成损失的程度。风险预测便是在风险识别的基础上,运用概率论和数理统计的方法,对所收集的大量资料进行分析、估计,预测风险发生的概率和损失幅度。预测的方法主要有:

(1)经验法。经验法主要是根据过去的经验,采用仿真试验法、主观衡量法、乐观悲观法和保守估计法等进行类比,推算出营销业务的风险变化趋势。

(2)数学法。数学法主要采用概率分析、敏感性分析、盈亏平衡分析、决策树分析、蒙特卡罗分析、趋势外推法和回归分析等数学方法进行计算,从不同的角度验证经验法的预测。

(3)资产评估法。对正在开展的营销业务经营状态进行评估,决定该业务是否继续进行或需采取什么补救措施。评估的内容包括:销售分析、存货分析、成本分析、利润分析、负债分析、还债能力分析和股本利润率分析,以此预测业务风险。

(4)财务分析法。财务分析法是营销人员利用业务对象的各项财务指标对预计经营状况进行分析,分析指标有:销售利润率、资产利润率、成本利润率、投资利润率、平均投资利润率、投资收益率、股本收益率、平均股本收益率、净现值、现值指数、现金流量、内部收益率、投资回收期、借款还款期、财务收益分配、项目清偿能力、收支平衡点和内部收益率等,以此预测未来的风险及违约的可能。

(5)模型法。利用目前国际金融界流行的风险管理模型进行预测,如在信用风险预测方面就有 CreditMetrics 模型、KMV 模型、CreditRisk + 模型及 CreditPortfolioView 模型等,可以利用这些模型来计算违约概率。

当然,风险预测是风险识别的深化,两者在时间上不能截然分开。事实上,有些数量分析活动是在风险识别的过程中进行的。

三、金融营销风险的控制策略

当风险产生以后,如何面对风险,是决定风险能否正确和顺利处理的关键。营销风险控制是指金融机构对不愿意放弃也不愿转移的营销风险，通过降低其损失发生的概率或缩小其损失程度来达到风险管理的目的。它是金融营销风险管理中较为适用的一种方法，在营销风险事故发生前或发生后，通过积极改善营销风险的特性，减少损失发生范围或损失程度，使其能为金融企业所接受，从而抑制损失又不丧失获利机会。

营销风险管理组织机构必须按照金融机构抵御风险、高效运转和灵活反应的要求，结合安全营运进行合理设计，要做到部门设置系统，层次安排有序，岗位配置合理，功能组合齐全，任务分工清楚，职责权限明确，既便于集中指挥，又有利于互相协作与制约。

为了使营销风险得到有效控制，金融机构在建立风险管理机构的同时也要制定科学的规章制度，包括风险管理的指导思想、政策纲要和方针策略等，同时也要遵守外部监管机构的有关规定。在金融企业出现风险后，由风险处理机构按照风险管理制度统一处理风险事件。

在经济全球化背景下，营销风险管理变得越来越复杂，现代信息技术在风险管理中必将发挥越来越重要的作用。金融机构必须加强风险管理技术建设，学习发达国家金融风险管理方式与技术，引进先进的风险管理技术，并与我国的金融营销实际进行有机结合，提高对营销风险的反应与管理能力。

另外，金融企业在发生营销风险后，应该迅速地运用法律武器来处理风险。经济法律和法规是国家为了规范市场行为、保护公平竞争、维护企业合法权益而制定的，在营销活动中必须依法办事，对于违反法律的客户金融机构完全可以依法进行处理，因此，金融机构应积极寻求法律途径处理风险。

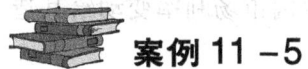

案例 11 -5

农业银行利用现代运营体系进行风险控制

2011 年，中国农业银行以“三大集中”(集中作业、集中授权、集中监控)为重点的现代运营体系建设成绩斐然，各项工作实现跨越式发展。截至 2011 年底，农业银行集中作业网点覆盖率 34%；集中监控网点覆盖率 68%；集中授权网点覆盖率为 89%。

农业银行自 2008 年启动运营体系建设以来，在全行临柜业务量以每年 20% 速度增长的情况下，全行高柜柜员 3 年减少了 1.7 万人，在线柜员日均处理交易笔数比 3 年前提高了近 26%。在提高运营效率、大幅节约人力的同时，通过推进标准化作业模式，应用后台新型技术手段，为客户提供统一、规范、标准化的服务体验，业务运营质量也得到明显提升。在风险控制方面，集中作业使前后台多岗位之间“背对背”制约成为可能，集中授权增强了柜面操作风险防控能力，集中监控使监管的灵活性和针对性更强，监管质量更高。

运营管理作为一个全新的领域，各商业银行都在探索中前行，随着运营改革的不断推进，也面临新的困难和挑战，如运营改革的资源保障还需继续跟进，如何科学有效地对规模化的后台中心进行管理也是一个难题。对此，农业银行运营管理部负责人表示，2012 年，农业银行将继续深化运营体制改革，加快“三大集中”推广，力争年底前覆盖到除西藏分行以外的所有营业网点，后台业务集中度达到 30% 以上；全面推进“三化三铁”创建活动，通过基层营业网点的“标准化、规范化、制度化”建设，实现“铁账、铁款、铁规章”的管理目标；加强后台中心运行的科学管理，持续推进柜面业务流程再造和系统优化改造，做好操作风险防控工作，加强运营队伍建设，努力提升业务运营质量、风险管控能力和客户服务水平，为推动全行业务的稳健经营和有效发展奠定坚实的运营基础。

资料来源：曹华：农行加快现代运营体系建设，新华网，2012 年 2 月 9 日。

四、金融营销风险的分散策略

风险分散是为了避免风险过于集中而进行多元化组合的一种管理策略。比如，在资金来源上可以实现多元化，向多个投资者或渠道借钱；客户分散，如采用银团的方式参与大宗客户授信业务，使原来一些效益较好、风险较高、金额较大的单个金融机构难以承担的项目，通过多家机构的联合得以实现，有效地分散客户集中的风险；产品分散，金融机构根据市场和客户的金融需求，积极拓展业务品种，避免业务过于单一的风险；期限分散，金融机构应将金融业务的期限进行短、中、长的合理搭配，避免期限过于集中可能带来的风险；利率分散，金融机构业务中固定利率和非固定利率均应占一定的比例，减少因市场利率变动给其造成的损失。

五、金融营销风险的转移策略

金融营销风险转移也是一种事前控制风险的手段，金融机构在营销风险发生之前通过一定的交易方式和业务手段把可能发生的风险尽可能地转给其他机构。营销风险的转移形式主要有以下两种。

（一）保险

保险是转嫁风险损失的一个好方法，采取间接投保转移客户风险或直接向保险公司投保的方式，实现风险向保险机构的转移。一旦发生风险，可以向保险机构索赔，获得风险补偿。

（二）担保

这是一种非保险的风险转移策略，通过契约或合同将损失的财务负担和法律责任转移给非保险业的其他人，降低风险发生频率和缩小其损失。例如，在贷款业务中引进财务担保，经认可的保证人在担保函中被规定为第一追索人，在借款人无力偿付本金与利息时由担保人承担连带责任，将存在的营销风险转移到保证人身上。

六、金融营销风险的自留策略

营销风险自留又叫营销风险承担，是指金融机构自己承担由营销风险事故所造成的损失。金融企业通过内部资金的融通，来弥补所遭受的损失，不再把营销风险转移给别的经济单位。

有些情况下，对于某种营销风险无法预防、不能回避、又无处可转移，只有自留风险，这是客观原因造成的风险自留；有时也可能是营销风险管理者在营销风险识别和权衡的基础上，比较了各种可能的营销风险处理方式，权衡利弊后决定将营销风险留置在金融机构内部。

对于自留的风险，金融机构要事先准备，按照国家的规定建立准备金制度，一旦发生损失实在无法处理时，应用准备金补偿损失。

名词解释

金融营销风险　信用风险　市场风险　操作风险　流动性风险　道德风险　金融营销风险回避策略　金融营销风险防范策略　金融营销风险控制策略　金融营销风险转移策略　金融营销风险自留策略

☞ 思考题

1. 与一般企业相比，金融营销风险有哪些特点？
2. 金融营销风险按营销策略的要素分为哪几类？
3. 请联系实际分析金融营销风险的主要成因。
4. 金融营销风险的管理策略主要有哪几大类？
5. 金融机构可以运用哪些方法来预测金融营销风险？

思考与分析

在一个成熟市场中，基金管理公司通常是将更多精力放在提高投资业绩、做好客户服务上，共同基金的发行也不用“兴师动众”，只需达到成立条件即可。但在中国，由于基金公司严重依赖巨额管理费收入，使得近两年基金的首发进入了比拼规模的怪圈，所有公司几乎都热衷于创造规模奇迹。中国基金总规模从

2005年底的4 797亿元猛增到2017年底的11.6万亿元人民币(公募基金)。近几年,一些基金公司在对不同基金产品进行销售宣传时,只顾收益宣传不顾风险提示,基金的过度营销已经显现越来越多的负面效应,甚至已让基民走向对基金公司的极端不信任。请结合上述案例分析基金营销中存在的风险,并讨论相关的风险管理策略。

第四篇
金融营销新发展

第十二章

金融企业CIS

在这个瞬息万变的时代,竞争已成为金融业随处可见的现象。金融企业之间的竞争,已经从最初的价格竞争、产品竞争,发展到现在的金融企业的整体形象竞争。为了在市场中占据一席之地,金融机构必须树立良好的企业整体形象。

本章主要介绍金融企业形象识别(CIS)的基本概念,分析金融企业形象识别系统的内容,并讨论金融企业如何导入与实施形象识别策略。

第一节 金融企业 CIS 概述

企业形象识别战略最早运用于企业,后来被引入到金融业,而这一理念的引入大大增强了金融机构的竞争力,具有重要的意义。

一、CIS 战略的含义

(一) CI 战略

CI 即企业识别,是英文 Corporate Identity 的缩写,指从文化、形象、传播的角度对企业的经营理念、文化素质、经营方针、产品开发、商品流通等有关企业经营的所有因素进行筛选,找出企业中存在的具有潜在的、美的价值,加以整合,使它在信息社会环境中转换为有效的标志。

CI 的设计起源于德国和英国的工业设计。培特·贝汉斯(Peper Berhens)是世界上第一个有意识地在一个企业导入 CI 的设计师。1907 年,德国 AEG 公司采用他设计的 AEG 三个字母作为公司徽标应用于系列产品和包装上,形成整体形象识别,从而开创了企业视觉识别系统的先河。

CI 正式应用开始于 20 世纪四五十年代的美国。在此期间,美国先后有三家企业采用了 CI 设计,它们分别是 CBS 公司、IBM 公司和西屋电气公司,其中以 IBM 公司的标志设计最为著名。因此,有人将当时 IBM 公司导入 CI 计划视为 CI 创立的标志。

（二）CIS战略

CIS是“企业识别系统”，是英文Corporate Identity System的缩写，它在CI基础之上发展而成，是企业文化的形象体现和外化，也是企业文化中最活泼、最有影响力的部分。

CIS理论把企业形象作为一个整体进行建设和发展，一个好的CIS将成为协助企业长期开拓市场的利器。CIS的导入使很多企业取得了良好的经营业绩，如克莱斯公司在20世纪60年代初，通过运用CIS战略一下子把市场占有率提高了18%；1970年可口可乐公司导入了CIS，改造了世界各地的可口可乐标志，结果在世界各地掀起了CIS的热潮。

日本紧随美国潮流，20世纪六七十年代引入并发展了CIS，它发展和强化了“理念识别”系统，不仅创造了具有自己特色的CIS实践，而且对CIS的理论作出了巨大贡献。

（三）CIS在金融业的导入

在企业引入CIS之后，一般金融机构也参照其做法，积极导入CIS战略。从历史上看，CIS进入金融业最初在日本。1971年，日本第一银行和劝业银行借助合并为日本第一劝业银行之机导入CI。当时它的存款量占日本第一位，其社会心理导向的设计是用“心”。心形的标志给人“温暖”“亲切”“做事很周到”等感觉。以红色为标准色更突出了这一效果。在第一劝业银行之后，三井银行也紧随其后进行了CIS方面的努力，逐渐使得CIS在金融业开展起来。

金融企业CIS，就是各个金融机构从本行业的实际情况出发，把企业的形象策划理论系统，全方位导入其经营管理的全过程。根据市场经济的要求，金融机构进行设计、塑造企业在社会公众面前的新形象，建立良好的人际关系、和谐的人际氛围以及最佳的社会舆论，用以赢得社会各界的了解、信任、好感和合作，从而争取良好的市场地位。

虽然，CIS是对于所有企业而言的，但是，由于金融业的特殊性，它表现出区别于其他行业的一些特点。

1. 金融业是以货币这种特殊商品与社会发生经济关系的，所以它的经营行为，会直接关系到客户的经济利益。基于这个原因，它的形象应该是拥有雄厚的资金实力。

2. 金融企业服务于社会公众，公众在金融企业进行的存款、投保、投资等各种行为，都希望得到稳定的回报。因此，金融企业应该树立起稳定、规范的企业形象。

3. 金融业属于服务类行业，金融企业的各种理念会通过日常的各种行为和员工的表现反映给公众。因此，金融企业应该树立良好的服务形象。

4. 金融企业服务不同于其他行业的实体产品，具有特殊性。因此，金融企业要树立起自身良好的社会形象，并且区别于其他同类企业，拥有自己独特的形象。

二、CIS 对金融业的意义

（一）提高企业知名度，在激烈竞争中取得优势

当前国内外市场竞争的激烈程度越来越严重。并且，随着市场经济的发展，商品和服务的品牌必然会更加多样化，划分更加细致，市场也由原来的“卖方市场”向“买方市场”转变。毋庸置疑，如今人们在选择商品和服务的提供时，会将企业形象考虑在内。一个良好的企业形象，会带给企业很多的收益。近年来，无论是在世界还是在中国，各种最具价值品牌的评选就说明了这一点。CIS 的作用就在于此，它将金融企业想要反映的群体意识，通过规范的行为识别和视觉识别，经过各种途径的综合整合，传达给社会公众，使得公众得到有用的信息，并且深刻感受到企业形象战略。相比于中国，早在 20 世纪六七十年代，西方金融界就已经意识到 CIS 的重要性，它们为了在激烈的市场竞争中求得生存和发展，非常重视自身的形象塑造，并将其视为无形资产。因此，我国金融企业要适应竞争，塑造本企业良好的形象，就需要运用起 CIS 这个塑造企业形象的有力工具。

（二）展现企业个性，适应竞争

金融企业同样是企业，作为企业，就一定会存在竞争。那么，CIS 无疑为金融企业提供了一个强有力的武器，金融企业可以用 CIS 来展现自己的个性，将自己想要表达的含义传达给社会公众，其中一种方法就是银行口号。如花旗银行的口号是：“做一个生根的银行”；汇丰银行的口号是：“环球金融，地方智慧”。这些口号的提出，意味着银行的基本定位是什么，基本理念是什么。每个口号不同，展现出不同的个性。而在中国，口号的作用似乎还没有这么明显。由此，我们可以认为，中国金融企业的个性化还没有很好地体现出来，还要下工夫。

（三）激励员工努力进取的精神

作为服务性行业，这就意味着金融企业不仅仅只是提供各种金融产品，还有各种金融服务。这里包括的金融服务范围很广泛，广义的金融服务，是指整个金融业发挥其多种功能以促进经济与社会的发展。各种服务，都离不开金融企业员工的工作，同样也离不开 CIS 的作用。因为 CIS 作用的对象，不仅是消费者和社会大众，同时也是企业内部的员工。从内部作用看，CIS 对于企业内部的员工给予特定的行为指导，使其符合一个金融企业、一个服务企业的要求，使得员工从观念上认同企业的文化，最大限度地调动员工的积极性，这对于现代金融企业来说非常重要。从外部作用看，CIS 在提升企业内部员工素质的同时，会将公司的理念通过员工的一言一行、日常行为传递给社会公众，从而建立起本机构在社会中独特的形象。

第二节　金融企业 CIS 的内容

金融企业识别系统的构成要素主要包括三个：一是企业的理念识别（Mind Identity，MI）；二是企业行为识别（Behavior Identity，BI）；三是企业视觉识别（Visual Identity，VI），本节主要对这三大要素进行介绍。

一、金融企业理念识别系统

（一）金融企业理念识别的含义

金融企业理念识别是得到社会普遍认同并且能够体现企业个性特征、促使并保持其正常运作和发展的经营意识的价值体系；也是由金融家积极倡导、全体员工自觉实践而形成的代表企业信念、激发企业活力、推动企业生产经营的团体精神和行为规范。金融企业的理念识别一般包括金融企业的经营信条、企业精神、座右铭、企业风格、经营战略策略、厂歌、员工的价值观等。

（二）金融企业理念识别分类

1. 抽象目标型。这一类型通常浓缩目标管理意识，提纲挈领地反映金融机构追求的精神境界或经营战略目标。

2. 团结创新型。这一类型提炼团结奋斗等传统思想精华或拼搏创新等群体意识。

3. 产品质量、技术开发型。它强调金融企业立足于某种品牌的产品或质量、开发新技术。

4. 市场经营型。这一类型注重外部环境，强调拓展市场，争创一流的经济效益。

5. 文明服务型。这一类型优化为顾客、为社会服务的群体意识。

（三）金融企业理念识别的具体内容

一般来说，金融企业理念识别策略主要从以下几个方面入手。

1. 金融企业的经营哲学。企业的经营思想也称为企业的经营哲学，是指企业在经营活动中对发生的各种关系的认识和态度的总和，是企业从事生产经营活动的基本指导思想，它是由一系列的观念所组成的。对于金融企业来说，它意味着企业对于企业自身与各种关系的认识和态度，包括本企业与其他企业之间，企业与员工之间以及企业和客户、社会公众之间的关系。无论金融机构本身是否已经认识到，客观上都存在着自己的经营理念。

2. 金融企业的精神文化和经营风格。每个金融企业在其自身的经营宗旨和经营理念的长期熏陶下，使得各自都有了不同的价值观念、道德规范和行为准则。正是由于这些理由，使得企业形成了自身的精神文化和经营风格。而此二者对于金融企业来说是很重要的，因为一个金融企业区别于其他企业的很重要的标志就在于此二者。

3. 金融企业的发展目标。这要求企业对未来的发展方向的规划有前瞻性、科学性以及可行性。

4. 金融企业的经营战略。经营战略是基于前几者的基础上形成的，用于指导企业行为的重要依据。经营战略必须具体、可行。

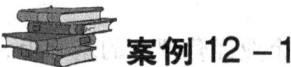

案例12－1

国卫保险公司的经营战略与经营理念

澳大利亚国卫保险公司在香港成功的原因之一，便是制定了切合实际的好的经营战略。1992年，国卫的研究人员发现，一段时期以来人寿市场对儿童保险很关注，一些父母尤其希望能有比较高的储蓄成分的保单，为自己的子女准备充足的资金去读书。尽管国卫已经有了一个儿童储蓄保险，但是由于它的保费偏高，在市场上不太受欢迎，因此需要推出一个新的险种去占领这块市场。

经过紧张地筹划后，国卫的“状元计划”被推向市场。这个计划适合从出生到11岁的儿童，分18岁供满和21岁供满两种。如果18岁供满，保费缴付至子女18岁为止，其子女除终身寿险保障外，还享有每年的现金红利。当子女18岁时，国卫保险公司会一次性支付他们相当于保额50%的现金。这一计划的另一个特点就是可以随时把一笔款项加入特设的教育基金，该教育基金可用作缴储保费之用，也可待其增值后随时提取用于子女教育或其他用途。

在香港这样一个注重子女教育的地方，国卫保险公司的状元计划无疑适合购买者的需求，因此一经推出便很畅销。经过几年的推销，它已成为国卫保险公司的“拳头产品”，提高了公司在香港公众心目中的地位。

另外，国卫良好的售后服务是其成功的重要一环。当客户向国卫购买了一张保单之后，就等于买了它的产品，国卫公司会把投保人的所有信息归档。寿险行政部门下属核保部、保单行政部、客户服务部、赔偿部等各负其责，目的是为客户提供完善的服务。每个部门都有专职人员，负责营业员、投保人的查询工作。同时，国卫保险的赔偿速度也令人称道。

从理论上说，企业的经营理念是企业的灵魂，是企业哲学、企业精神的集中表现。同时，也是整个企业识别系统的核心和依据。企业的经营理念要反映企业存在的社会价值、企业追求的目标以及企业的经营这些内容，通过尽可能用简明确切的、能为企业内外乐意接受的、易懂易记的语句来表达。

资料来源：彭秀钊. CIS理论和实务[M]. 济南：黄河出版社，1997.

二、金融企业行为识别系统

(一)行为识别系统的内容

金融企业行为识别的要旨是在金融企业对外交往中建立的一套规范性的行为准则。这种准则具体体现在全体员工上下一致的日常行为中。也就是说,员工的行为举止都应该是一种企业行为,能反映出企业的经营理念和价值取向,而不再是独立的随心所欲的个人行为。

金融企业行为识别,需要金融企业的员工在真正理解企业经营理念的基础上,把它变为发自内心的自觉行动。这样做的好处是,当一种行动已经成为自身的所有,它会自觉或者不自觉地在日常的各种行为中表现出来,比如,管理行为、销售行为、服务行为和公共关系行为等。

行为识别的贯彻,对内包括新产品开发、职责分配以及文明礼貌规范等,对外包括市场调研及商品促进、各种服务及公关准则,与金融企业上下游合作伙伴以及代理经销商的交往行为准则。

企业的行为识别几乎涵盖了整个企业的经营管理活动。不同的企业的行为识别在内涵上又有所不同。销售企业重视外观形象和市场形象,而银行业重视外观形象和社会形象。

在企业行为中能直接作用到公众,形成公众的印象与评价的因素,主要可分为7种形象24项因素,包括:

1. 技术形象:技术优良、研究开发精力旺盛、对新产品的开发热心。
2. 市场形象:认真考虑消费者问题、对顾客服务周到、善于广告宣传、销售网络完善、有很强的国际竞争力。
3. 公司风气形象:清洁、现代感、良好的风气、和蔼可亲。
4. 未来性形象:未来性、积极形象、合乎时代潮流。
5. 外观形象:信赖感稳定性高、企业规模大。
6. 经营者形象:经营者具有优秀的素质。
7. 综合形象:一流的企业、想购买此企业股票、希望自己或者子女在其公司工作。

(二)金融企业行为识别系统的具体策略

行为识别同样具备CIS系统中的两个基本要素,即识别的统一性和差别性。

所谓统一性,即金融企业的一切营销管理行为,不管是哪个部门、哪个层次,也不管是企业员工还是企业领导,都要在金融企业理念的统一指导下,围绕着企业的总体目标协调运作。所有员工都必须按照金融企业理念行动,做到步调一致,从而共同塑造出金融企业的美好形象。

所谓差异性(又称独特性),是指金融企业活动的策划与运作必须显示出与非金融企业以及其他金融企业所不同的个性，标识出本企业的独立精神和价值，以在众多企业中显示出自身的独特之处。行为识别的差异性与其统一性一样重要，二者缺一不可。

金融企业行为识别包括金融企业的经营管理、业务活动等。在具体运用过程中的策略主要包括以下几个方面。

1. 金融企业的对内行为识别。金融企业的对内行为识别包括企业内部环境的营造、员工教育培训以及其行为的规范等。

企业形象的重要代表就是企业的员工，企业依靠员工将其形象传递给外界。如果员工素质低下，工作态度不好，势必会使得公众对于该企业的形象大打折扣。金融企业导入 CIS 之后，通过对内部人员的教育，使得全体员工对本企业的理念认同达成共识，变成全体员工的共同信仰和价值观，使金融企业的行为规范、工作守则成为全体员工所共有并严格执行的行为指南，从而形成一种良好的风气。

在金融企业，如银行、保险公司和证券公司，每一个员工的一言一行，一举一动都体现着整个企业的素养，关系到整个企业的形象；而每个员工的性格、教养、素质又各不相同，要使每个员工的行为都有利于体现企业的整体素养的提高，反映企业的良好形象，必须有一个人人都要遵守的行为规范，使员工成为能够体现企业整体形象的代表，从而展现出金融企业的风采。

2. 金融企业的对外行为识别。金融企业的对外行为识别包括市场调研、产品规划、公共关系、服务活动、广告活动和促销活动等内容。

建立金融企业对外行为识别系统，就是通过规范各种经营活动，把金融企业的宗旨、企业文化精神渗透到业务领域中，让客户和社会公众在不知不觉中体会到该企业的可信赖度，把它作为自己理想的金融伙伴，从而树立良好的企业形象。对于金融企业来说，一个良好的对外形象可以为本企业争取到更多的机会。

金融企业对外行为识别系统主要包括以下策略。

（1）金融商品和服务项目的开发和不断创新。如果说过去是价格和质量的竞争，那么现今无疑是设计的竞争。新产品开发是企业的战略任务，也是金融企业的必然要求。金融企业如果要持久地占领市场，必须注意金融产品的创新和金融服务的完善。

（2）积极参加社会公益活动。具有远见的企业经营者都注意强化企业的社会形象，他们会积极关注所在地区的文化、体育、教育事业的发展，并投身于公益事业。这样做能够有效提高金融企业的知名度。

（3）做好对客户以及其他关系者的信息传递和协调工作。一个成功的企业不仅要得到客户的信赖，还要得到当地政府、股东、同业者和新闻媒体等的支持，因此必须重视开展公共关系和广告宣传活动，向本企业的客户和各类关系者不断输送企业形象信息。

三、金融企业视觉识别系统

(一)视觉识别系统概述

金融企业的视觉识别(VI)在CIS所有活动中,效果最直接,在短期内表现出的作用也最明显。统一的VI设计可以在企业对外宣传和企业识别上获得最有效最直接的具体效果。也正因为如此,很多人把视觉识别(VI)等同于CIS,甚至把VI等同于"企业形象"。

一般而言,企业的视觉识别要素分为基本要素和应用要素两类。

金融企业视觉识别的基本要素主要包括:该金融企业的名称、企业造型、企业标志(标准字、标准色、象征图案及其组合)、宣传标语和口号等。

金融企业视觉识别的应用要素主要包括:办公用品系列(公文纸、文件夹、笔记本、钢笔、信封、名片、信纸、职员工作证等);广告媒体系列(报纸、杂志、广播、电视、日历、礼品以及各类户外广告等);交通工具系列(交通车、工具车、送货造型以及色彩广告等);服饰系列(各类工作服、徽章和领带等);办公室设计(办公设备以及空间设计、各种办公用品等);包装系列(包装纸、包装袋等);外部标语(招牌、旗帜和建筑物外观等)。

(二)视觉识别系统的要求

一个良好的视觉设计应该具有以下特点。

1.要能反映金融企业理念识别(MI)的基本特征。视觉识别不是简单的符号,它的存在应基于金融企业的理念识别。也就是说,视觉识别是对理念识别内涵的生动表述。

2.能反映金融企业基本经营性质。正是因为视觉识别反映金融企业理念识别,因此,金融企业的视觉识别应该设计成能多角度、全方位地反映企业的经营理念。

3.视觉设计必须容易辨认与记忆,具有系统性及严格区别于其他同类金融企业。视觉设计的目的在于让公众对于该金融企业有深刻的印象,或者说,在看到标志后就知道是哪个企业。这首先要求设计的标志能够简单、易记;同时,要区别于其他同类金融企业,即标志具有特殊性。

4.视觉设计必须符合美感,赏心悦目,能被绝大多数人接受并能引起他们的好感。视觉识别的标志对金融企业来说无疑是重要代表,在很多地方都需要用到它。因此,不能只为了追求特殊性或者为了让公众印象深刻而忽略了美感的要求,对于一个没有美感的标志,人们从心底有抵触情绪,怎么能让他们接受该金融企业呢?

(三)视觉识别系统中的企业标志

金融企业以信誉、形象为立身之本,有了良好的企业信誉和企业形象,才能赢得客户的青睐。

1. 金融企业的徽志。金融企业在设计其标志时，要考虑如何将企业的理念传递给客户。而徽志是人们的第一直观感觉。好的徽志，可以让人们马上联想起相应的企业。

2. 金融企业的标准色。根据心理学家的研究调查，各种颜色对人们的感觉、注意力以及思维能力会产生不同的影响。因此，一个金融企业选择的标准色对企业的形象有很大的作用。比如，招商银行的红色系，民生银行的绿色系等。

3. 金融企业的其他应用性形象要素。企业视觉识别系统还要求金融企业对于所有暴露在外的形象的统一化。比如，员工的名片以及服饰、企业大楼的形象、营业厅的布局装饰，还有各种办公用品等都要一致。

总的来说，金融企业视觉识别系统是一种静态的识别形式，是企业识别系统中最外在、最直观的部分。金融机构可以通过行徽的设计与运用，达到表现自身实力和服务功能完善的视觉效果。办公环境的整洁、员工仪表的端庄以及统一的金融产品、建筑风格、环境风格和宣传模式，都传递着金融企业的最佳视觉信息。

案例 12－2

中国银行、中国建设银行 VI——徽志

徽志是金融企业的一个重要视觉要素，一个设计优秀的徽志可以给人留下深刻的印象，因此，各大银行都十分重视徽志的设计。目前，中国银行、中国建设银行的标识在设计界已被奉为经典之作（图 12－1）。

中国银行徽志　　中国建设银行徽志

图 12－1

中国银行是中国金融界的代表，要求体现中国特色。设计者采用了中国古钱与“中”字为基本形，古钱图形是圆与形的框线设计，中间方孔，上下加垂直线，成为“中”字形状，寓意天方地圆，经济为本，给人的感觉是简洁、稳重、易识别，寓意深刻，颇具中国风格。中国银行标志之所以能够给人留下如此深刻的印象，这主要还是得归功于一直以来人们对于象征财富的古代铜钱形象的根深蒂固的认识吧。

建设银行以古铜钱为基础的内方外圆图形，有着明确的银行属性，着重体现建设银行的"方圆"特性，方，代表着严格、规范、认真；圆，象征着饱满、亲和、融通。图形右上角的变化，形成重叠立体的效果，代表着"中国"与"建筑"英文缩写，即：两个C字母的重叠，寓意积累，象征建设银行在资金的积累过程中发展壮大，为中国经济建设提供服务。图形突破了封闭的圆形，象征古老文化与现代经营观念的融会贯通，寓意中国建设银行在全新的现代经济建设中，植根中国，面向世界。标准色为海蓝色，象征理性、包容、祥和、稳定，寓意中国建设银行像大海一样吸收容纳各方人才和资金。

资料来源：中国银行网站，中国建设银行网站。

第三节　金融企业 CIS 的导入与实施

由于 CIS 对金融企业的营销活动意义重大，因此，各家金融机构要认真导入与实施 CIS 战略，提高其整体形象。

一、金融企业 CIS 的导入

(一) CIS 导入的含义

CIS 导入是指结合金融企业的具体情况，开始推行或再次推行(对以前已实施的 CIS 进行修改和变动)的全过程。CIS 导入是实施 CIS 的基础，它确定了金融企业 CIS 的各项基本要素的内容，形成全面执行 CIS 的计划。CIS 导入一般要求在一定的计划时间内，保质保量按期完成。

(二) CIS 导入的内容和顺序

下面围绕金融企业的特点，详细介绍金融企业导入 CIS 的一般内容和顺序，企业应该遵循这个顺序进行。但同时，每个金融企业有其自身的特殊性，因此，可根据自身企业的实际情况进行调整。CIS 的导入是一项细致的工作，需要企业全体职工和所有部门的共同参与。

1. 确认金融企业 CIS 导入的"目的"和"计划"被批准，也就是说，企业内部经过多方面确定目的和计划，最终获得批准。

2. CIS 导入的组织落实。包括：①金融企业内部成立专门负责实施 CIS 的部门和领导机构；②与帮助实施 CIS 的公司签订合同；③确定在实施过程中各有关部门的权利和义务。

3. 在实施过程中，与 CIS 实施有关的所有部门和人员共同研究，确定实施的目的、目标、方针及有关事宜。

4. 金融企业最终制订导入计划，其中包括导入 CIS 的时间进度计划，及各个阶段的详细内容。

5. 在计划前，确定金融企业本身形象调查的内容、方法、对象，可以委托专业公司或者自行组织调查。

6. 金融企业实施必要的调查。

7. 再次确认本企业的经营战略、经营方针等。

8. 对调查内容进行统计分析。

9. 根据调查分析的有关资料，金融企业确定或再次确认本企业的经营理念，并将其以简要形式表达出来。

10. 将金融企业的理念以报告的形式交付有关部门，并与职工进行讨论。

11. 在金融企业内部调查和收集对“理念”的讨论结果。

12. 与金融企业最高领导确定用简要形式表现的企业理念。

13. 基于金融企业的理念，讨论行为识别（BI）和视觉识别（VI）实际的有关问题。

14. 金融企业应该交由专业设计单位和设计师进行视觉和行为设计。

15. 由设计者对视觉识别（VI）要素（金融企业名称、标志、标准色、标准字等）部分的一个或几个方案进行说明，并形成报告。

16. 将视觉识别（VI）要素的图案和报告，在金融企业内部进行展示和讨论。

17. 对设计进行事前实验，对看完展示的内外部有关人员进行问卷调查，并统计结果。

18. 金融企业 CIS 相关人员对结果进行总结，确定、修改或者重新设计。

19. 结合本金融企业的特点，确定视觉识别（VI）“应用设计”应包括的内容。

20. 对视觉要素设计进行确认，向设计者提供应用设计的内容、项目和要求。

21. 对行为识别（BI）设计者提供的设计和报告进行讨论、修改和确认。

22. 确定有关行为识别（BI）中有关要素的设计和策划的内容、项目和要求。

23. 对完成的全部设计进行审核和最后确定。

24. 将确定的 CIS 内容印刷成册。

25. 研究确定对金融企业内外的 CIS 传达、宣传计划。

26. 金融企业对 CIS 应用设计的有关内容进行制作。

27. 金融企业实施对内宣传计划，主要针对内部员工。

28. 金融企业通过多种渠道实施对外宣传计划。

29. 根据最初实施情况，进一步制订全面实施方案。

30. 对以上内容进行总结，全面实施 CIS。

以上内容和工作顺序金融企业应认真审核，并结合本企业实际情况加以修改、增减和完善。

二、金融企业 CIS 的实施

(一)金融企业 CIS 实施的含义

CIS 实施是指金融机构根据 CIS 导入阶段所制订的计划和内容,全面执行和推广的过程,它是具体实现 CIS 的阶段,也是 CIS 全面落实和获得效果的阶段,而且又是一个需要长时间严格管理的阶段。

(二)CIS 全面实施的内容

金融企业全面落实 CIS 需要较长时间、并要严格管理,主要包括以下工作。

1.金融企业管理理念和战略的实施。制定金融企业的理念与经营战略后,一项必不可少的重要工作就是让金融企业内外认识与了解本企业的理念与经营战略,这一点意义重大。它可以使金融企业内部员工与企业经营方向一致,并使得外部人员体会到企业的理念和经营战略。

全面实施的目的在于使金融企业内外的所有相关组织及人员都明白本企业在干什么和为什么而干,从而能够获得"认同",进而获得一种亲和力与心理上的共鸣,只有这样,企业的理念与战略才能真正发挥它应有的作用。

2.促进金融企业主体性的形成。CIS 全面实施,就是用理念真正促进金融企业主体性的形成,而不是停留在抽象的表现形式上。

真正的理念主体性、统一性的实现需要付出长期、艰苦的努力。理念统一性实现的一个重要特点是,它不仅要靠不断的灌输、教育,更重要的是靠具体的事实对抽象理念的"解释",靠人,尤其是金融企业管理者的身体力行逐步形成。当然,理念推广必须通过多种形式,而不是简单的教条式的说教形式。

3.将视觉识别全方位地应用。CIS 全面实施一开始的重要工作之一,就是将设计出的视觉识别(VI)全方位地加以应用。每个企业都有外部标志,但该企业是否已引进 CIS 的一个很大区别,就是系统的视觉识别(VI)是否全方位地应用。这里所谓的全方位,是指一切必须运用和可以利用的地方与场合,这对加强识别记忆有重要意义。

在 CIS 全面实施中,必须强调金融企业名称、标志、标准字、标准色等要素的使用标准和方法;必须严格按照计划实施,任何变形或特殊使用,都要经过严格的审批。

4.规范金融企业行为。这是金融企业主体性的外在表现,它是一个动态识别过程。在 CIS 全面实施中金融企业应做好以下几个方面的工作:①根据"行为识别原则"具体制定或修改完善金融企业的各项规章制度,并严格执行;②通过培训和教育,规范领导与员工的行为表现,使其符合金融企业的独特标准;③根据确定的计划完善金融企业内部的工作环境;④重新制定或修改企业员工的提拔与奖励制度、生活福利分配制度;⑤全面实施企业的经营战略、方针和政策;⑥重视金融企业经营管理水平和部门员工素质的提高；⑦重新制定或完善对客户利益保护的制度和措施；⑧规范金融企业与有关企业、机构及人员交往的态度和行为准则；⑨根据确定的计划完善服务环境；⑩保证金融企业日常的对外公共关系活动和广告活动的一致性；⑪加强对社会公益事业的支持；⑫认真策划和实施加强形象识别的重大公共关系活动、广告和促销活动等。

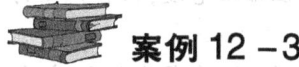

案例 12 -3

招商银行金葵花品牌的 CIS

"金葵花"是招商银行的行花与银行品牌象征，也是 CIS 策略在银行的成功运用案例。

在竞争日趋激烈的金融市场上，招商银行为了赢得广大客户的青睐，于 2002 年 10 月推出的"金葵花"（SUN FLOWER）品牌，在中国金融市场客户争夺战中谋求主动权。

在"金葵花"体系设计中，体现了视觉、知觉、感觉、寓意的完美结合。

在英文单词里，"SUN FLOWER"的意思是"向日葵"，表明该金融服务体系与用"葵花"作为卡面图样的招行"一卡通"同出一源，一脉相承；

"金"在中国传统文化里是一个代表富贵、尊贵的词，无论是在感觉上还是在视觉上，都给了客户一种尊重和美好的感觉，"金葵花"的"金"代表理财业务服务于"一卡通"个人客户当中的黄金客户；

"葵花"是花籽数量较多的一种植物，"金葵花"所表达的是招行人像葵花一样蕴含朝气和生机，希望黄金客户越来越多。

同时，"金葵花"理财第一次把服务体系引进到产品中来，"金葵花"的服务体系包括 7 个方面：一对一理财顾问，专享理财空间，定制理财信息，多种超值优惠，全国漫游服务，24 小时在线咨询，方便到家的服务渠道。

走进招行的客户会看到各个地方都有葵花。因为葵花总是向着太阳，而招行把客户当作自己的太阳，葵花围着太阳转，招行围着客户变，让很多客户有了选择招商银行的理由。

走进招商银行各个支行，明晰的功能分区、时尚的大厅摆设、温馨的服务、别具一格的设计……让每一个走进银行的客户都感受到一种与众不同和别样温馨。

而持有"金葵花"的客户进入贵宾服务区，仿佛进入一个优雅的会所。客户持"金葵花"卡刷卡进入后，可以在贵宾服务区休息，也可以向客户经理咨询或填写单据。小圆桌、白色绒布沙发、软软的地毯、一杯香味浓郁的现磨咖啡，外加触目可及的理财杂志，这些都是"金葵花"卡客户专享的。

为保持私密性，贵宾服务区的现金区被单独区分出来，并划分成两个隔离间。

除此之外，招行还为高端客户准备了一间特别贵宾室。其间，并不见有多少顾客，"一对一"理财顾问服务是招商银行"金葵花"理财的核心。进入贵宾区的每一个高端客户都能得到专职的客户经理服务，除了传统银行业务以外，客户经理可以为客户"量身定制"各种理财建议、理财产品组合，以及提供丰富的外汇、基金、证券专业投资资讯，还能够为客户进行中长期的专业理财规划。

光顾招商银行金葵花理财，让客户感觉就像去访问一位知心老友，让客户之行更像一次温馨写意的会所之旅。

近年来，招商银行向金葵花客户陆续推出多项增值服务：针对商旅人士，招行在全国范围提供贵宾登机、"出行易"酒店机票预订等服务；针对投资爱好者及致力于打理财富的全职太太，推出财富体检、资产配置等财富管理服务，定期组织客户召开投资策略报告会解读近期市场研究成果及投资策略；针对热衷生活体验的客户，定期举办"户外采摘""健康跑""红酒品鉴""读书会""服饰搭配"等沙龙活动；秉持"关注子女教育，就是关注金葵花客户的未来"的理念，招行连续多年举办"金葵花"杯全国少儿钢琴大赛（2018 年为第六届）、"金葵花"未来精英计划系列财商教育活动。

2012 年 7 月，招商银行还推出了金葵花指数，以"资产配置理论"为原则，通过招行专业团队的调研能力，根据不同的风险承受能力，将资产分为"稳健型"、"平衡型"及"进取型"三种类型，每季发布指数，给投资人投资分配提供参考依据。

2017 年，借着金葵花品牌成立 15 周年，招行整合多方资源，着力提升服务体系，打造金葵花品牌传播升级元年。

正是秉承着"因您而变"的信念，不断从客户的需求角度出发，通过成功的 CIS 策略，招商银行已将"金葵花"打造成国内知名品牌。当年，"金葵花"推出短短两个月，贵宾客户就达到 3.07 万户，增加了 21%，交易量占全行零售业务交易的比例超过了 60%；到 2017 年上半年，金葵花及以上客户达到 204.8 万户，管理资产 4.8 万亿元，较 2016 年末提高 6.17%，客户黏度大大增强。

资料来源：郭晓冰：遍地葵花遍地金——招商银行"金葵花"理财品牌与服务体系运作成功之道，中国营销传播网，2005 年 12 月 14 日；招商银行携手贵宾客户畅享"金葵花"服务，2018 年 1 月 23 日；招商银行 2017 半年度业绩会记录，2017 年 9 月 11 日。

名词解释

金融企业形象识别系统（CIS） 金融企业理念识别 金融企业行为识别 金融企业视觉识别 金融企业的经营哲学 CIS 导入 CIS 实施

☞ 思考题

1. 与其他企业相比，金融机构的 CIS 有何不同之处？
2. 请联系实际分析金融企业识别系统的构成要素。
3. 金融企业理念识别策略主要从哪几个方面入手？
4. 良好的金融机构视觉识别系统有哪几个特点？
5. 金融企业如何实施 CIS？

思考与分析

招商银行办公室主任秦季章在“中国金融品牌营销首脑风暴”中讲到，过去招商银行以分行为中心，形成诸侯经济，大家众口难调，各分行的行长都有自己的爱好，使用自己认可的形象、口号。后来，为了能让客户与社会公众增加对招商银行的品牌认知，招商银行强调“三个一”：一句话（“因您而变”）；一朵花（葵花）；一个人（请郎朗作为形象代言人）。请用本章所学的 CIS 理论分析招商银行的这一转变。

第十三章

全方位客户满意金融服务

金融行业日益激烈的竞争缩小了金融机构的赢利空间，提高了经营成本，但也给金融机构的发展带来了许多契机。目前，金融营销中强调全方位客户满意服务，以使金融机构更好地抓住机遇，吸引客户。

本章从客户满意(Customer Satisfaction，CS)的概念入手，介绍金融机构全方位客户满意金融服务的内容与意义，并就全方位客户满意金融服务系统的设计与质量管理进行分析，并讨论金融机构客户服务关系的维护与改进。

第一节　全方位客户满意金融服务概述

客户满意是金融机构必须注重的一个环节，向客户提供全方位客户满意金融服务含有丰富的内容。

一、客户满意

(一)客户满意的含义

按照菲利普·科特勒的观点，“满意”是指一个人通过对产品的可感知的效果(或结果)与他的期望值相比较后形成的感觉状态。也就是说，满意水平是可感知的效果和客户期望值之间的差异，用函数表示为：

$$客户满意 = f(客户期望 - 感知质量) \qquad (13-1)$$

客户满意的概念最早起源于20世纪60年代的美国，当时美国有人提出，客户有四项基本的权利，即：安全的权利、认知的权利、选择的权利和反馈的权利。因此，企业经营要站在客户立场考虑问题，把客户需要放在首位，“谁赢得了客户，谁就是赢家”。这一理论最初运用于西方的汽车行业，之后在家电、电脑、机械和旅游等多种行业迅速传播，并进入金融领域，成为许多金融机构营销管理的指导思想。

20世纪80年代后期，当金融机构引入CI战略后，新的管理理论——CS战略又开始在企业界得到应用。之后，金融机构也慢慢地领会到这一战略在营销中的重要作用：金融机构提供的产品与服务实际上都是有代价地提供给客户，其目的在于满足客户需要。因此,金融机构的客户同样享有保护资金安全的权利,有了解他们从金融机构获得的服务和产品的权利,有选择金融服务方式和产品的权利,以及对金融服务和产品提出意见的权利。客户市场是金融机构赖以生存的基础,只有金融机构顺应客户的需求,以“客户满意度”为方针,才能实现客户忠诚,取得利润和回报的增长。在发达国家,客户满意已经在金融领域得到广泛运用,它是留住老客户,获得新客户的基本策略。金融机构也以此作为服务质量体系中用来维护它与客户关系的核心指标。

(二)金融服务的客户满意度取决于服务质量

客户满意是人类社会的一种基本愿望,是人类永无止境的自我追求。因此,满足客户的需求和愿望也是组织永恒追求的目标。进入21世纪,越来越多的金融机构关注“客户满意”的战略意义。“满足客户的要求和期望”取代了纯粹追求质量合格或服务达标而成为企业所追求的最高目标。在这个竞争非常激烈的时代,只有把握住这种趋势和方向,正确确立“以客户为中心”的发展战略目标,才能在竞争中立于不败之地。

要实现客户满意战略,金融机构就必须建立一套衡量、评价、提高客户满意度的科学指标体系。这套体系至少应该具有三个功能:①测量和评价企业目前的客户满意度;②提供提高客户满意度的思路;③寻求实现客户满意度的具体方法。

金融机构服务的满意度由其服务质量决定,而衡量金融机构服务质量的标准有两个:一是适时,二是适度,即通常所说的要在客户最需要的时候提供最需要的服务。要达到以上两点,取决于以下四个因素:①金融机构提供服务的态度;②金融机构提供服务的工作效率;③金融机构提供服务的程序;④金融机构提供服务的环境。

若一家金融机构提供服务的态度热情、工作效率高、程序简单、环境良好,则说明该金融机构服务质量高,能使其客户获得更大的满意;反之,态度冷淡、工作效率低下,程序烦琐、环境缺少优雅,则说明该金融机构服务质量低。

(三)客户满意度测定标准的建立

客户满意度是一个难以量化的东西,不同行业有其各自不同的评价标准,也有很多市场营销专家或管理学者提出了很多大同小异的计量方法和标准。对金融机构而言,客户满意度主要包含七个变量:往来前的预期、往来后的感觉、差异程度、满意程度、抱怨行为、忠诚程度及抱怨处理。它们之间的结构关系模型如图13-1所示。

从图13-1可见,金融机构的“客户满意度”应从客户和客户行为的角度来考虑,并且可从以下几方面入手。

1. 客户满意程度调查。满意程度是一种对金融产品或服务的事前预期与感受到的实际表现之评估与比较的结果。当客户购买及使用了金融产品或接受了服务

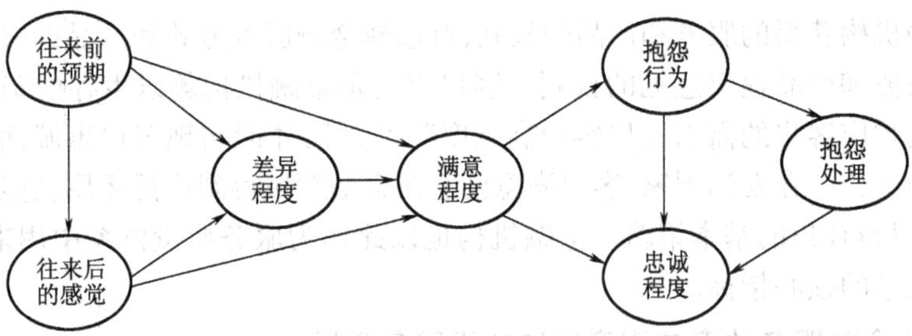

图 13-1 客户满意七个变量之间的结构关系

之后,如果感受到的实际表现能够符合或超过事前预期,则客户会感到满意;反之,若未能达到事前预期,则会产生不满意。例如,金融机构可以对细分产品的满意度进行调查,将金融产品和服务分为几个方面,分别请客户进行评价,评价结果将反映客户对哪些服务和产品满意,哪些服务和产品还需要改进。

消费者在购买某项产品或接受服务之前,会根据以往的经验、广告或口碑等对厂商所提供的产品或服务有所期望。消费者可能有四种不同的预期模式:理想型、一般预期型、最低容忍度型及欲求满足型。

感受表现被视为一种比较的标准,消费者依据购买前的所有消费经验,将会建立一种比较标准,在购买后会以感受到的实际表现与上述标准相比较。往来后的实际感受表现不仅对事前预期有影响,并且还可以影响满意度。

通过往来前的预期与往来后的感觉比较,客户评价可基本分为五类:①很满意,表现客户实际体验远远超出他的预期;②较满意,表现客户实际体验稍超出他的预期;③基本满意,表现客户实际体验刚达到他的预期;④不满意,表现客户实际体验没有达到他的预期;⑤极不满意,表现客户实际体验远远没有达到他的预期。

2. 投诉和建议制度。消费投诉是客户在接受金融服务和购买金融产品后,因一些因素而感到不满意,向金融机构进行抱怨和投诉的行为。金融机构如果没有及时处理和解决这些投诉和抱怨,消费者很有可能会放弃选用该企业的服务和产品,而选择其他金融机构,有时甚至会采用极端的"报复"方式来引起金融机构的注意。

案例 13-1

客户不满意招致的客户报复

"我们要办 500 张存折!"2013 年 8 月 26 日下午,杭州萧山人老傅和几个朋友,来到某银行北干支行窗口要求办理存折。银行柜台在办理了 70 多张存折后,觉得老傅有意为难，且影响了银行的正常秩序，决定中止办理。不过，老傅的态度很坚决，坚持要办完500张。

客户为啥要办500张存折来报复银行？

说起原因，老傅毫不掩饰自己的情绪，“我就是为了出一口气！”客户要想转账就得开户，而老傅认为银行强拉存款。为此，老傅多次找到银行，希望银行能给一个合理的解释。但相关负责人一直没有露面，导致老傅不得不选择用办500张存折的方式来报复银行。最后，经过协商，银行负责人向老傅当面道歉，老傅也同意不再无故办理存折了。

每个人都会与银行打交道，对银行服务质量的好与坏都有说话的权利。有许多银行的服务的确不如人意，比如：有银行拒收硬币、小纸票钱，因为数量多，花费时间长，耽误了银行工作人员的工作时间；服务窗口常只开一两个；提前一个小时停止办理业务；银行卫生间不让客户进入；离开柜台概不负责；银行收费不尽合理，公示不够透明；办理业务折腾客户，等等。

这一事件给银行的教训值得深思：作为公众服务部门，银行应该给广大客户提供最满意的服务，这不仅是行规更是银行部门的责任和担当。客户的报复是银行的耻辱，银行有关部门要深刻反思，要转变思想、认清形势、改进服务态度与服务方向，防止类似事件发生。

资料来源：钱江晚报：客户为啥要办500张存折报复银行，2013年8月28日。

3. 再次购买率。再次购买率也称回头客率，当客户第一次购买某金融机构的服务后，如果他从该企业获得的现实体验等于或大于他的期望，那么他将会再次购买该企业的服务。事实上，这些客户往往会成为金融机构的品牌忠诚者。

4. 神秘客户评估。它是指金融机构聘请专门人员以客户的身份对金融机构的服务进行实地考察，了解客户对企业服务的期望和意见，从而推动金融机构不断改善服务质量。该项工作与客户满意度调查有点类似，但侧重点和深度有很大不同。神秘客户评估工作应从客户容易着手的方面进行，保证神秘客户通过观察与工作人员简单沟通后即可获得相应数据，评估项目通常包括营销场所的环境设施、服务人员的行为规范、服务人员的业务水平以及同业相比情况等。

5. 客户保持率。它是客户保持的定量表述，反映了客户忠诚的程度，也是金融企业经营与管理的重要体现。用公式表述为：

$$客户保持率 = \frac{客户保持数}{客户人数} \times 100\% \tag{13-2}$$

或

$$1 - 客户流失率$$

客户忠诚度是客户在对某一产品或服务的满意度不断提高的基础上，重复购买该产品或服务以及向他人热情推荐该产品或服务的一种表现。培育客户忠诚度是金融机构开展客户满意度测评活动的长远目标。客户是否属于忠诚型客户，一般可以从以下情况界定：对本企业有明显的情感倾向性（而非随意性）；对本企业产品或服务在购买行为上有实际的重复反应（即购买的频次很高）；对本企业及其产品或服务在长期内有偏爱；对本机构新的产品或服务几乎无顾虑地首先购买；受忠诚客户的影响所形成的一个客户群体（忠诚客户推荐）能承受本企业有限的涨价，也能抵制竞争对手的降价或倾销。

6. 客户流失率。它是客户流失的定量表述，是判断客户流失的主要指标，用公式表示为：

$$客户流失率 = \frac{客户流失数}{消费人数} \times 100\% \quad (13-3)$$

它直接反映了金融企业经营与管理的现状。在市场竞争激烈的环境下，就算金融机构提供的产品和服务令客户感到十分满意，亦难保证满意的客户不会溜掉，转到别的企业。但是，金融机构如何对待客户的观念将会影响到客户的流失。如有些金融机构认为一个客户对待企业的态度不足以影响企业的形象，而所有客户对金融机构态度的总体感觉，才是决定其生存与发展的关键。事实上，客户满意度的观念可用“100 - 1 = 0”来表示，就是即使有100个客户对一家金融企业满意，但只要其中有1个客户对其持否定态度，企业的美誉就立即归零。同样，如果客户对金融企业整体服务中的一项不满意，那么，他可能会否定企业的所有服务。而这些个别的不良反应慢慢会形成一种“蝴蝶效应”，导致客户大量流失。因此，金融机构应该采用一些有效方法来衡量客户满意度，从而保证企业及时地更正自己的缺点和失误，提高自身的服务质量和产品质量。

7. 客户推荐率。客户推荐率是指客户消费金融产品或金融服务后介绍给他人消费的比例，它与客户流失率成反比，与客户保持率成正比。

8. 品质认知度。品质认知度是指消费者对某一品牌金融产品在其品质上的整体印象，是对其产品或服务质量的认可程度。品质认知度对于品牌的知名度和品牌忠诚度具有极其重要的作用，好的品牌产品一定具有高品质。品质认知度由产品的功能、特点、可信赖度、服务程度等方面所构成，缺一不可。

二、全方位客户满意金融服务的内容

（一）全方位客户满意金融服务的概念

全方位客户满意金融服务是全方位客户满意管理（Total Customer Satisfaction Management）在金融领域的运用，强调金融机构将“客户满意”作为向客户提供的“产品”。然而，金融机构能否顺利卖出这一产品则取决于客户对金融服务的认同，以及该产品的质量。金融机构通过各种努力使该“产品”被广大客户所接受。

（二）全方位客户满意金融服务的关键——服务质量

与一般金融产品相比，服务质量对客户的去留有更重要的影响，因为金融产品可以完全模仿,而服务不可能完全模仿。金融机构落实"客户满意"管理的思想,使客户感到满意,不仅要满足客户对服务的现实需求,还要满足客户对服务的潜在需求。

当然,要使客户对金融服务满意,服务质量是关键。服务质量包括服务结果的质量和服务过程的质量,前者主要是技术性的,后者主要是技巧性的。

金融服务质量具有评价的单向性、要素的综合性、过程的完整性、测定的复杂性和标准的相对性等特点。

1. 金融服务质量评价的单向性。金融服务质量的好坏应由客户说了算,质量的改进与提高应该以客户的需要为开始,以客户的感受为终结。

2. 金融服务质量要素的综合性。金融服务质量的好坏是由多种要素共同作用的。换言之,服务质量不仅反映在产品上,还反映在金融机构的各项活动中。例如,兴业银行推出的网银外拨业务就包括了网银客户初装调查、网银客户中奖通知等相关活动。

3. 金融服务质量过程的完整性。金融服务质量过程的完整性,是指保证和提高服务质量的每一个环节,这就需要全体员工的支持和参与。只有金融机构的全体员工认识到质量的重要性而且齐心协力地按照企业的要求去做,金融机构才能够给客户提供高质量的产品和服务。通过消除部门之间的隔阂,使员工成为一个紧密团结的团队,执行企业的核心业务流程并创造出企业要求的结果——全方位客户满意。"细节"决定成败,每个员工通过自己的工作使企业内外客户同时感到满意。如招商银行非常关注服务细节,强调服务过程中每一个细节的完美无缺,不出纰漏,把每一项服务都做成"精品"。由于服务的特点是生产与消费同时进行,不可分离,客户在消费金融服务时,同时也是金融产品的生产过程,客户在接受服务时和金融机构发生多方面的接触,正是通过这种接触点,即细节(如员工的动作、眼神、表情、语言及环境的色彩、整洁度),客户体会到金融机构的服务水准,形成了对一家金融机构的总体评价。

当然,金融服务质量的改进与提高也离不开高质量的合作伙伴。只有整个价值链的上下游企业(即:供应商和销售商)都能提供高质量的产品与服务,金融企业才能够向客户提供高质量产品与服务。因此,一个金融机构为了改进或提高产品质量,必须寻找到能够提供高质量分销产品和服务的分销商。

4. 金融服务质量测定的复杂性。与有形商品比较,组成服务的元素在许多情况下都是无形无质的,具有抽象、不可感知的特性,对其测定也就具有一定的复杂性。因此,金融机构可以借助服务过程中的各种有形要素把看不见、摸不着的服务尽可能地实体化、有形化,让金融服务产品的消费者感知到服务的存在,提高享用服务的利益。将无形产品有形化是现代服务业发展的重要走向,也是现代金融营销的重要策略。服务的有形化可以通过三个方面来实现。

(1)服务产品有形化。金融机构通过服务设施等硬件技术,如 ATM、POS、HB、

TB 和 FB 等技术来实现服务自动化和规范化,保证服务行为的前后一致性和服务质量的始终如一。通过能显示服务的某种证据,如各种票券、牌卡等代表消费者可能得到的服务利益,区分服务质量,变无形服务为有形服务,增强消费者对服务的感知能力。

(2)服务环境的有形化。服务环境是金融机构提供服务和消费者享受服务的具体场所和氛围,它虽不构成服务产品的核心内容,但它能给金融机构带来"先入为主"的效应,是服务产品存在的不可缺少的条件。

(3)服务提供者的"有形化"。服务提供者是直接与消费者接触的企业员工,其所具备的服务素质和性格、言行、仪表、举止以及与消费者接触的方式、方法和态度等,会直接影响到企业服务营销的实现。为了保证服务的有效性,金融机构应对员工进行服务标准化的培训,让他们了解企业提供服务的内容、特性和要求,掌握必备的技术和技巧,以保证他们所提供的服务与企业的服务目标相一致。

5. 金融服务质量标准的相对性。金融服务质量标准的相对性,是金融机构服务质量的不断改进和发展的动态过程。当金融机构的竞争策略、经营环境有所改变,企业则应随时评价指标体系的适用性,进行指标体系的改进。如 20 世纪七八十年代,消费者对银行的要求比较简单,满足生活生产的存款、取款、贷款就可以了,那时银行只要保证工作正确、服务热情基本就可以了。进入 21 世纪,人们生活越来越富裕,我国金融市场也逐步完善,消费者开始注重理财、投资、信托和租赁等金融产品,对银行的服务质量要求更高。同时,金融业竞争加剧,尤其是加入 WTO 后国外金融组织进入中国市场后,竞争在全方位展开,各金融机构都需树立品牌意识,建立自己的品牌,以增强竞争力。因此,我国金融机构也从简单的经营理念向全方位客户满意度转变,此时服务质量标准要求也变高了。

对于金融机构来说,仅有高质量的服务还不够,提高质量是企业为了满足需求多样化的客户的必然要求。但同时,高质量并不能保证金融企业获得绝对的优势,特别是当竞争对手也相应地提高了他们的产品与服务的质量。所以,质量的高低只是一个相对的概念,一个企业若想长久地拥有优于竞争对手的竞争优势,就不得不坚持不懈地去改进、提高服务质量,以便更好地满足客户。"客户满意"的营销思想就是努力在客户面前提高自己的企业形象以及产品、服务等方面的可信度,这无疑会给金融企业注入长久不衰的活力。

(三)全方位客户满意金融服务的要点

1. 全方位客户满意就是以客户全程体验为基础的满意度研究。全方位客户满意金融服务需要分析客户与金融机构在产品、服务等各个方面的接触点,以及客户的全程体验满意度。通过发现影响客户满意度的因素、客户满意度以及消费行为三者的关系,为金融机构提高客户满意度提供有效的决策支持,不断改进产品和服务质量,提升品牌形象与客户忠诚度,从而获得金融机构的竞争力。

由于人们生活的日益丰富,多数行业的竞争从单纯的产量、质量转移到高度重视客户满意度。客户在购买或使用产品的整个过程(包括购买前、购买、使用、咨询与售后服务等环节)中的体验决定了消费者的最终的态度与行为,这也就是为什么越来越多的金融机构开始重视全程客户体验(Total Customer Experience,TCE)的缘故。

全方位客户满意模型(Total Customer Satisfaction Model,TSCM)正是基于 TCE 的观点之上,为金融机构提供实现 TCE 的支持,该模型就是以客户全程体验为基础的满意度研究。金融机构通过分析客户与企业在各个方面的接触点以及客户的全程体验满意度,发现客户对服务的要求和期望,建立改进产品或服务的优先顺序,更有效合理地利用资源提高客户满意度,从而为金融机构制定全面的质量管理标准提供基础。同时,该模型也可以衡量金融机构和主要竞争对手在满足客户要求和期望上的表现,发现竞争优势和劣势。

2. 确定客户在服务体验过程的关键时刻。在客户满意度研究中有一个非常重要的观点叫作关键时刻或真实瞬间(Moment of Truth,MOT)研究。在以人为主的金融服务中也经常使用该技术进行满意度研究。MOT 是金融机构以客户为导向的服务的关键指标,因为对客户而言,他只会记住那些关键时刻。

20 世纪 80 年代,北欧航空卡尔森总裁提出:在接受其公司服务的过程中,平均每位客户会与 5 位服务人员接触;在平均每次接触的短短 15 秒内,就决定了整个公司在乘客心中的印象。因此,金融机构要想提高 MOT 的预期效益,有以下几方面要注意:①金融服务质量标准化:提升服务水平、减少服务纠纷;②训练高素质的员工:经由完整的 MOT 训练让员工发自内心地关怀客户并提升处理业务的能力;③强化人际关系:通过服务过程,员工对客户做好个人营销,可扩展个人人际关系;④提升工作效率:协助第一线员工在第一时间内对客户做好完整的答复及应对。

金融机构通过定性与定量分析,确定客户在各个环节的感受点。将定量调查结果通过探索性与验证性因素分析确定消费者的感受结构。从客户的角度出发,考虑客户的全程体验和关键时刻,为金融机构的服务和产品提供全面的建议。

由此可见,金融机构全方位客户满意服务的要点包括以下几方面:①站在客户的立场去研究市场和产品;②以客户为中心去构建自己的企业形象;③最大限度地使客户感到金融机构的服务最使人安心舒适;④请客户参与企业的经营决策和产品开发;⑤千方百计留住老客户;⑥使客户充分信任本企业和产品,在彼此之间建立忠诚友好的氛围;⑦分级授权,以最快的速度完成客户的服务要求。

三、全方位客户满意金融服务的意义

在科技发达、资讯爆炸与竞争激烈的市场经济下,客户对金融企业的选择更趋理性、多样性,更注重企业能给他们带来什么、他们能从服务中获得什么。金融机构想要从众多竞争对手中脱颖而出,其整个经营活动就要以客户满意度为目标,从客户的角度、用客户的观点来分析、考虑客户的需求。因此,全方位客户满意金融服务对金融机构有着重要的意义。

(一)以客户为中心的经营理念是金融机构生存和发展的根本

现代金融机构处于科学技术、消费行为、家庭生命周期、市场被不断细化的环境中。细化了的金融市场有利于满足客户日益变化的金融需求,导致专业的不断分化。金融机构间的竞争,已经从最初的产品竞争及价格竞争逐步向服务竞争转变。服务优劣对市场开发成败起关键作用,也是实现企业资产收益递增的重要基础。“以客户为中心”不是只停留在口头,而是必须真正把经营管理的重心放在客户的身上,站在客户的角度审视金融产品服务的优劣,树立品牌意识,以优质的服务,建立忠诚客户群。客户满意了,才能与金融机构继续保持合作,金融机构才能生存、发展下去。

(二)以客户满意为目标,获取客户的长期价值

金融机构在“以客户为中心”的经营理念下,把注意力从资金转向客户。根据客户的生命阶段,在不同的时点,确立不同的价值主张。金融机构通过全面把握客户不同时期的需求,将企业价值主张同客户对价值的理解相关联,并且同相关产品进行匹配,进而使客户能够持续被吸引,形成忠诚客户群。但是,世界上不存在永久忠实的客户群,服务跟不上,客户就很容易流失。因此,金融机构与客户签订合作协议后,必须加强服务流程管理,提高服务质量,提升品牌美誉度。要是客户满意地得到了他所需要的服务,那就犹如在客户的“账户”上存放了一大笔款,在可预见的将来,金融机构便可从他的“账户”中连本带利地提取。这样可以获取客户的长期价值,使客户资产价值最大。否则,客户每不满意一次,就是从“账户”中撤走一笔资金,长此以往最终将被客户拒绝。金融机构要求生存和发展,就必须高瞻远瞩,不仅要看到今天,还要看到明天,实施“今天－明天－后天”的营销战略。

(三)以客户满意为中心,获取竞争优势

客户是金融机构的重要资源,是金融机构的利润源泉。金融机构如果能广泛地赢得客户的信赖,获得公众支持,其信誉和形象便是它在市场竞争中的一柄利剑。随着金融市场的成熟和同业竞争的加强,给传统的金融机构经营观念带来了挑战,迫使金融机构一改过去只提供标准型产品供客户选择的服务方式,逐步向以客户为中心,提供全方位、一条龙式的综合性服务转变。同时,金融机构利用“客户满意度”这一决策诊断工具,可以迅速找到影响客户满意度的重要因素,进行产品定位以及市场细分,合理利用企业的资源,有效地提高服务的质量,提升品牌知名度。

当前,我国金融同业竞争日趋激烈,服务质量成为金融机构发展的重要竞争手段。为达到客户最大的满意,金融机构必须把客户的需求(包括潜在需求)作为企业的工作中心,站在客户的立场研究和设计服务环境和服务手段,顺应客户的需

求,创造出客户满意的服务载体,以达到提高竞争能力的目的。有了优质的"售前-售中-售后"服务的营销战略,才能保证金融机构长久立于不败之地。

(四)以客户满意为基础,树立良好的金融企业形象

客户认同金融产品和服务,就会乐意为金融企业推荐新客户;反之,若对服务不满,其负面影响难以估量。如同一家金融企业下的不同分支服务,可能会产生各分支服务质量优劣不等的差异性,由于这种差异性的存在,少数提供劣质服务的分支机构给整个金融机构带来的负面影响,将大大超过大多数优质服务的分支机构所形成的良好企业形象而产生的正面效应。社会学家曾进行过试验:每一个不满的客户会转告8~10人,产生群体效应,一个负面的印象需要12个正面印象来纠正。因此,从一定意义上讲,开发客户、营销产品固然重要,而提供客户满意的服务,维护与客户关系更为重要。

此外金融机构将客户满意度与企业内部绩效评估全面结合,可帮助企业建立稳定的客户群,提升客户忠诚度,从而使企业的销售保持稳定和增长。随着市场竞争的日趋激烈,金融机构越来越认识到争取市场、赢得并长期留住客户的重要性,不断提高客户满意度成为企业的竞争热点。客户满意度市场营销指标是衡量企业绩效的一个重要内容。金融机构可以基于客户全程体验的TCS,将企业的关键绩效指标KPI(Key Performance Indicator)与客户满意度结合。企业通过公正公平地评估每个职位、每位员工,通过了解员工、管理者如何理解客户满意,对所提供的产品、服务具有何种专业性的知识,企业会比较系统和完整地建立客户满意度评价的体系和具体指标;同时,通过客户保留率、市场占有率、客户再次购买率及客户关系的程度等一系列客户满意的指标结果的反馈,使企业更明确自身产品、服务等各个环节的优劣势,准确地把握客户的感受,不断提升服务质量和满意度,从而使客户达到完全满意,形成对企业的忠诚度。品牌忠诚度一旦形成,产品就会大幅增值,大大增加企业的收益。

第二节 全方位客户满意金融服务系统的构建与管理

在竞争日趋激烈的市场环境下,服务已经成为金融机构竞争的一种重要手段。如何构建全方位客户满意金融服务系统并对其进行有效的管理会关系到金融机构的营销活动乃至整个经营效果,本节就这些问题展开研究。

一、全方位客户满意金融服务系统的设计

如何建立起完善的服务系统、制定行之有效的服务策略,提高客户的忠诚度和满意度,是很多金融机构管理者非常关注的课题。在金融企业,保证客户满意是各个部门的重要责任,而不只是与客户直接有关部门的责任。客户满意应成为金融企业整

体规划中的一部分,也是每个经营计划的一个要素。

(一)全方位客户满意金融服务系统的概念

一个完整的服务系统必须具有开放性、先进性、前瞻性和可扩展性的特点。系统必须面向迅速发展中的业务需求,具有成熟和稳定的金融前台服务操作体系,能够实现与后台辅助体系相互协作,确保与多种后台业务处理系统和客户关系管理系统的整合。同时,金融企业内部服务系统与外部服务系统相配合,实现整个供应链服务系统的整合。

在金融机构服务体系中,客户可见部分称作前台服务操作体系,客户无法看见部分称作后台辅助体系。前台服务操作体系由服务人员和服务设施两部分组成。客户不仅会接触服务人员和服务环境,而且可能会接触其他客户。因此,金融机构管理人员应做好服务体系管理工作,各部门要相互配合共同优化服务体系,以便实现金融机构的"客户满意"营销战略。例如,人力资源开发部应为服务体系配备足够的训练有素的服务人员,激励人员做好服务工作。营销部门应保证整个营销体系的各项工作顺利进行,并要确保营销效果和经营效率。另外,前台服务体系与后台辅助体系要理解对方的想法,相互配合、协调一致,共同做好服务工作,提高经营效果和效率。

(二)全方位客户满意金融服务系统的内容

在整个服务系统中,增加客户满意度,同时在客户、供应商、分销商两端增加金融机构服务的价值是金融机构在全方位客户满意管理上的重要理念。

金融机构的服务流程是管理中相当重要的一个部分,它根据金融企业的需要不断进行改造,主要内容是通过分析客户需求和企业的现状,再结合外部相关供应商、分销商以及竞争者的信息,综合分析客户态度管理、客户数据管理、客户关系管理和金融企业组织结构等几方面内容。

1.客户态度管理。通过健全客户投诉和建议制度以及定期组织客户调查,将客户的书面、口头投诉和建议进行记录、整理,对调查结果进行统计、分析,可及早发现客户态度变化的倾向,为企业较早采取行动消除客户不满,巩固市场占有率提供早期预警。

(1)定期组织客户满意调查。随着金融市场行业壁垒的打破,中国的金融服务市场竞争日趋激烈。市场的边界、价格战的底线逐渐显现,而客户的需求却似乎永无止境。对获得的服务感到失望的消费者虽依然沉默,但却有机会选择别的金融机构。因此,金融机构在有针对性地确定提供哪些服务项目之前,必须先识别客户最重视的各项服务及其相对重要性,进行优先排序,根据"二八"原则,对重点和优良客户量身定做金融服务项目,避免在某些低层次服务项目上过度投入。金融机构进行定期客户满意调查旨在通过连续性的定量研究,获得消费者对特定服务的满意度、消费缺憾、再次购买率与推荐率等指标的评价。它能够对金融企业当前服务的质量进行量化的评估，并通过因素重要性推导模型判断服务中急需改进的因素，以此作为企业改善服务质量、维护并扩大现有客户群的基础。

（2）客户投诉和建议制度的建立。当消费者购买及使用了金融产品或接受了服务之后，可能对该产品或服务感到不满，进而产生抱怨行为。抱怨行为是客户在与金融机构交易活动过程中，有任何不满意时可能采取的行动（见图13－2）。

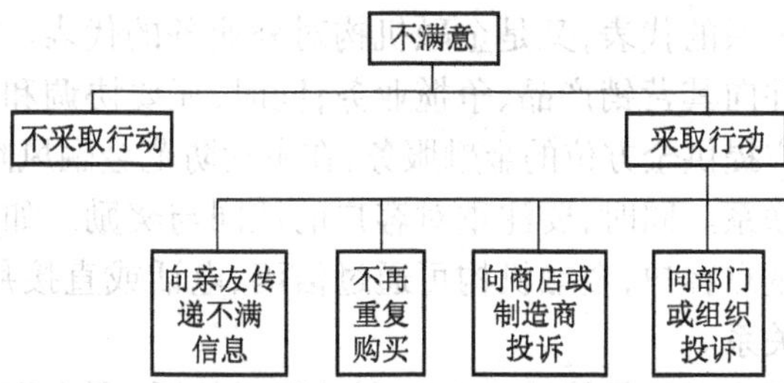

图13－2　不满意的客户可能采取的几种行动

当消费者对产品或服务感到不满，产生抱怨行为时，金融机构对于消费者抱怨的处理方式将会影响消费者的满意度与抱怨后的行为。金融机构要建立起客户投诉和建议的制度，便于客户抱怨申诉。一般情况下妥善处理和有效化解客户抱怨的要点有：高度重视、热情接待、耐心倾听、诚恳交谈、及时处理及恢复信心等。例如，开通服务热线，免费拨打；设立客户关系小组（CRG），针对特定客户（如大客户）的特定需求提供相应服务，也可针对特定客户的问题，找出问题根源，避免和消除问题的再次发生，类似QC小组；或者设立客户服务部门，客户服务部应该成为客户与金融机构之间沟通的桥梁，提高信息收集、处理、反馈效率，同时，也应该作为客户在金融机构的服务代理人，负责统筹、协调所有相关部门的工作。

2. 客户数据管理。客户导向型的金融企业认为客户是最宝贵的资源。金融机构必须像管理其他资源一样对客户进行管理，做到像了解企业产品一样了解客户。因此，金融机构通过运用计算机技术，将所有客户的有关信息储存起来，建立详细的客户数据库，并经常对信息进行整理与分析。客户数据库是金融机构营销活动的起点，其基本思想就是做到对客户了如指掌，不定期进行意见反馈，征求意见，从而针对每一个客户提供个性化服务。金融机构要准确规划、设计统一的客户信息管理中心，并实行资源共享。客户信息管理中心既可加深对客户的了解，便于彼此沟通，又能为未来营销决策提供依据，辅之营销模型和决策支持系统（DSS），可为企业决策者提供多种营销方案。

例如，建设银行建立个人信用信息基础数据库以来，对信贷资金的运用、风险的防范发挥了重要作用，促进了个人信贷业务的健康发展。申请贷款的借款人须信誉良好，如有不良记录，则拒绝放贷，从而控制了贷款风险。对于一些信誉良好的客户，建行会给予一定奖励，并放宽贷款额度。

3. 客户关系管理（CRM）。金融机构应建立新型客户关系，培育客户忠诚度。充分利用现有客户资源，创造一切机会，密切与客户的联系，简化客户与金融机构的接触程序，方便投诉和建议。当客户需要帮助时，能快捷地得到帮助。金融机构应“以客户为中心”全面整合内部资源，重组业务流程，扩大客户与企业的接触面。如对于金融机构的客户，可以设立相应的客户经理为其提供专门服务。客户经理既是金融机构与客户关系的代表，又是金融机构对外业务的代表。客户经理不仅要全面了解客户需求并向其营销产品、争揽业务；同时，还要协调和组织整个金融机构各有关部门为客户提供全方位的金融服务，在主动防范金融风险的前提下，建立与客户的长期密切联系。同时，要注重对客户的认同与奖励。如制订经常性消费者计划，对老客户、重点客户，金融机构可通过信函、电话或直接拜访等方式，建立起长期稳定的合作关系。

如果说上述内容更注重的是情感投入和利益回报的话，那么更为牢固的客户关系应该是建立战略联盟与伙伴关系，让服务成为金融机构与客户共同努力的结晶。例如，2005 年，瑞士联合银行集团提出的发展战略对此作出了很好的注脚，即：“同一个信念，同一个团队，同一个目标，同一个 UBS（One belief，One team，One focus，One UBS）”。从表面看，这只是瑞士联合银行集团的一个形象广告或品牌战略，它决定放弃过去花重金获得的华宝和普惠等品牌，而使用统一的 UBS 品牌。但是，通过对瑞士联合银行集团的发展历史进行分析，不难发现，“四个一工程”是瑞士联合银行集团加强联合、提升客户服务的重要举措，也是其成功之道。

案例 13－2

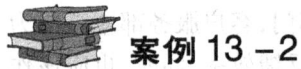

“以客户为中心”的生命人寿新一代核心业务系统

生命人寿保险股份有限公司成立于 2002 年 3 月 4 日，是一家总部设于深圳的全国性专业寿险公司，注册资本 84.5 亿元，是国内资本实力最强的寿险公司之一。

2012 年 12 月 26 日，随着生命人寿公司董事长张峻宣布“生命动力项目圆满成功”，由公司自主研发的“生命动力”——新一代核心业务系统正式上线启用，标志着生命人寿在打造“以客户为中心”的大后援运营和服务模式上迈出了实质性步伐。

对保险业而言，核心业务系统是基于公司核心数据库，支持日常业务经营的最关键性平台，它覆盖承保、核保、理赔、保全等各个环节，是所有与客户发生金融服务、信息管理、风险控制的业务系统的集合，已成为保险公司产品创新、服务创新及市场创新的重要举措。

据生命人寿相关负责人介绍，“生命动力”采用先进的技术架构和系统服务组件化方式进行开发，既保证了各业务模块功能相对独立，又便于服务组件整合和应用扩展，从而大大提升了开发效率，为今后进一步完善及电子商务领域新应用的快速开发奠定了良好的基础；业务数据模型基于保险要素和标准流程设计，基础代码全部采用行业标准；新系统搭建了高可靠运行的基础架构，采用双机双存储，确保主机和数据的双备份，建立了完善的中间件平台和网络双链路，实现了应用和网络负载均衡。系统设计上全面贯彻了“以客户为中心”的先进理念，有效地保证了每一个客户信息的完整性、准确性和唯一性，成功实现了新契约、理赔、保全、续收和收付费等主要业务模块标准化的全流程业务支持和可回溯的全过程业务记录。

该系统成功投入运营，既能大大促进生命人寿服务品质的提升，支持风险和成本的管控，实现信息服务共享、业务功能扩展和作业标准化，也将为生命人寿的客户提供更强大、更可靠和更快捷的服务。系统支持同一客户下多保单和多险种的承保理赔处理，支持一次申请即可受理同一客户下多保单多个保全项目，支持同一客户下多项收付费的合并转账、对账处理，让客户在享受保险服务的时候更加省时、省力又省钱。

业内人士评价称，拥有100%自主知识产权的“生命动力”的成功上线，体现了生命人寿对深圳市科技创新号召的积极响应，对提升深圳金融行业的竞争力和影响力作出了很大的贡献，对中国保险业自主创新提供了新的启迪，也充分体现了生命人寿对科技创新的高度重视和先进的信息化管理水平。

资料来源：生命人寿福建分公司办公室：生命人寿新一代核心业务系统成功上线，和讯网，2011年12月30日。

二、金融服务的全面质量管理

质量是金融服务的关键，因此，如何建立全面的质量管理（Total Quality Management，TQM）体系就成为全方位客户满意金融服务系统的核心。

（一）金融服务质量管理的要素

20世纪60年代，美国的质量管理专家戴明博士由于自己的全面质量管理理论在美国不被重视，带着一肚子怨气到日本讲学，没想到日本企业界很快接受了他的观点，并把他的观点应用到整个企业管理运作之中，这就是今天大家所熟悉的“全面质量管理”。在全面质量管理的指导下，日本企业的产品质量一跃而起，日本货几乎成了质量的代名词。相反，美国的产品却遭到了前所未有的冷遇。

美国公司为了缩小与日本公司的产品质量差距，在世界市场上与其他国家竞争，在质量管理的理论方面也进行了大量的探索，并且作出了很大的贡献。其中，最重要的一个贡献就是美国人把全面质量管理应用到市场营销上，赋予全面质量管理以新的内涵,这就是全面质量营销战略。而这一概念同样也被金融机构广泛运用于营销活动中,主要表现在全面质量管理的两个要素上,即技术性质量管理和功能性质量管理。

1. 技术性质量管理。技术性质量是指客户与金融机构之间交易后所得到的实质内容,即金融机构服务结果的质量。如银行提供的储蓄存款业务、保险公司提供的财产责任保险、证券公司提供的有价证券的买卖等。技术性质量是客户接受服务的整个过程中的一个组成部分,可以通过客观方式加以评估,并成为任何客户对某项服务评价的重要依据。金融机构能为客户提供什么样的服务,会影响客户对其服务质量的评估。通常,许多客户能比较客观地评估服务结果的技术性质量。

2. 功能性质量管理。功能性质量是指服务的技术性要素是如何被移交的,即服务过程的质量。由于金融服务过程与客户消费过程同时发生,而且服务的功能性要素有两项最重要构成,即过程和服务体系中的人。因此,服务过程的质量不仅与服务时间、服务地点、服务人员的仪态仪表、服务态度、服务方法、服务程序以及服务行为方式有关,而且与客户的个性特点、态度、知识和行为方式等因素有关。金融机构在处理这方面的问题时,应该注意以下几点:①认真挑选并训练服务人员;②内部营销;③确保服务行为的一致;④确保一致化的外观;⑤降低个人化接触的重要性;⑥加强服务人员的考核控制。

此外,客户对功能性质量的看法,也会受到其他客户消费行为的影响。相对于技术性质量而言,客户对功能性质量的评估是一种比较主观的判断。尽管功能性质量不易于进行客观的评估,但这却是客户对服务进行评价的重点。

(二)全面质量管理的环节

全面质量管理策略是在金融机构经营环境改变和客户保护意识强化的情况下提出的一种营销管理新观念,也是金融机构用以提高金融服务质量的重要举措。

1. 全面质量管理是金融机构以“客户满意”为中心的经营管理理念的体现。它使金融机构本身、员工和客户三者能充分沟通,以确保金融机构提供的产品与服务符合客户的需求与期望。由于全面质量管理强调全体员工在提高金融产品和服务质量中的重要作用,因此,在全面质量管理中,金融机构特别重视人力资源管理及人才培训,并注意加强部门间的合作,追求持续不断的改善经营管理。

2. 全面质量管理是一个不间断的管理过程。如图 13 - 3 所示,全面质量管理主要包括六个环节:①市场调查,以充分了解客户对金融产品和服务的需求;②有效领导,有一个强而有力的领导班子才能作出正确决策;③信息充分,要有一个健全的信息系统才能及时、全面地掌握各种有关信息,为领导决策提供依据;④人才管理,金融机构应加强对员工的培训,严格管理,使员工整体素质不断提高,能各负其责,忠于职守;⑤质量管理,将质量管理与客户满意统一起来;⑥持续改进,金融机构要根据客户需求变化和金融环境变动要求,不断改善服务。

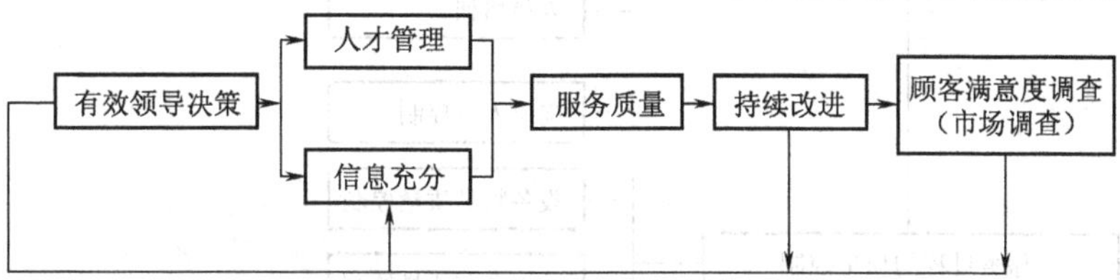

图 13-3　全面质量管理的六个环节

3. 全面质量管理中的现场管理和过程管理。

(1)服务现场是指服务的具体场所和具体服务过程。服务现场管理是金融服务质量得到最终体现的场所,金融机构必须加强服务现场的管理。服务现场管理的要点有:加强与客户的交流、控制服务标准、关注重点服务、寻找并处理客户投诉及做好人力的调度等。

(2)服务运作过程质量控制,是指采用一定的标准和措施来监督和衡量服务质量管理的实施和完成情况,并随时纠正服务质量管理过程中出现的差错,使既定目标得以实现。金融机构服务运作过程质量的控制有三个特点:①全方位,它是指金融机构中的每一个岗位都要参与服务质量管理;②全过程,它是指金融机构中每一岗位的每一项工作从开始到结束都要进行服务质量管理;③全体人员,它是指金融机构所有员工都要参与服务质量管理。金融机构服务运作过程质量控制的全过程如图 13-4 所示。

(三)全面质量管理缺口模式

1985 年,帕拉苏拉、泽登姆和贝利提出了著名的服务质量缺口模式(即 PBZ 模式),探讨了客户知觉的服务与期望之间的缺口及其原因。该模式揭示了若客户对服务质量的实际知觉低于其期望时,便会有明显的服务质量缺口。金融机构管理层了解服务中是否存在这些缺口,有利于其采取措施,消除这些缺口,让客户对金融机构服务感到满意。这一模式所展示的服务质量缺口有五种,如图 13-5 所示。

在该模式中各缺口的含义分别为:

1. 缺口 1:判断的误差。它是管理者对客户预期服务的感觉不准确,会出现认知落差。产生的原因有:对市场研究和需求分析的信息不准确;对期望的解释信息不准确,没有进行金融需求分析;从金融机构与客户联系的层次向管理者传递的信息失真或丧失。

2. 缺口 2:执行上的疏忽。它是指金融机构管理者对客户期望的知觉与服务质量规格之间的差距,即金融机构设计的服务与金融机构实际提供的服务之间的误差。通常出现在上下级关系上,有时部门间协作时也会出现这样的问题。产生

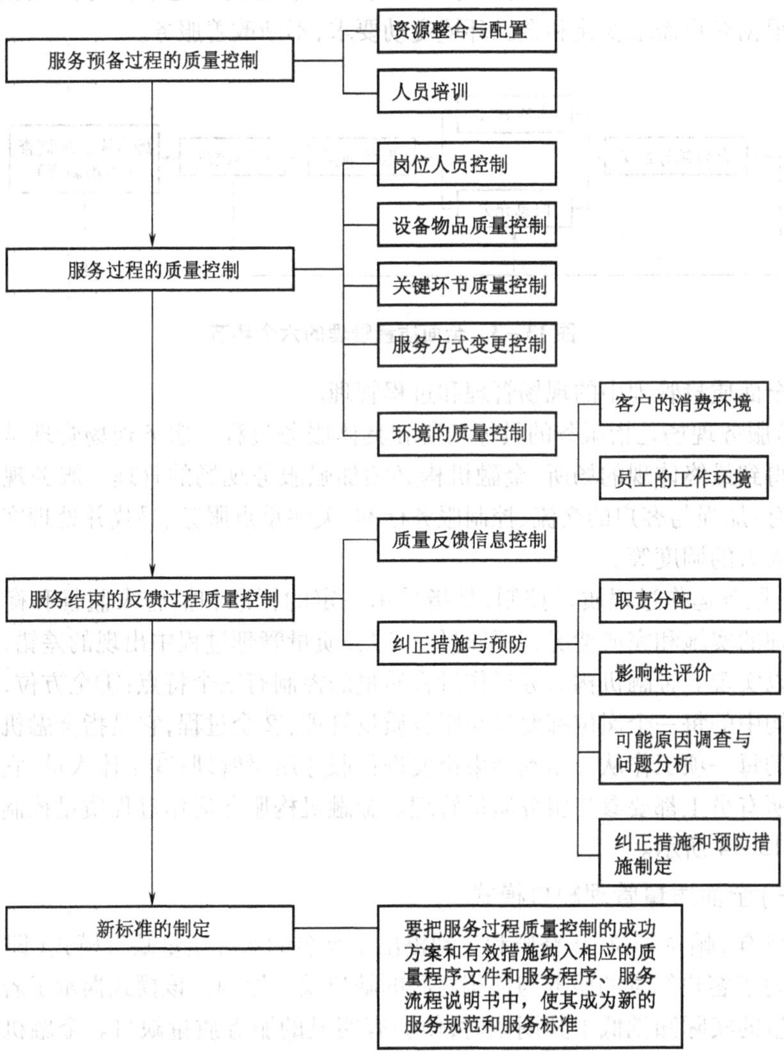

图 13－4　金融机构服务运作过程质量控制的全过程

的原因有：计划失误或计划过程不够充分；计划管理混乱；组织无明确目标；服务质量的计划得不到最高管理层的支持。

3. 缺口 3：传递过程的误差。它是指金融机构提供的服务与客户获得的服务之间的误差。产生的原因有：标准太复杂或太苛刻；员工对标准有不同的意见；标准与现有的企业文化发生冲突；技术或系统没有按标准为工作提供便利。

4. 缺口 4：整合上的困难。它是指金融机构服务与外部沟通之间的差距。金融机构为满足客户期望而设计的整体策略规划在落实到下面时，因各组成部分搭配不当而造成规划中的目标无法达到。具体有两种可能：一是整体结构不合理、资

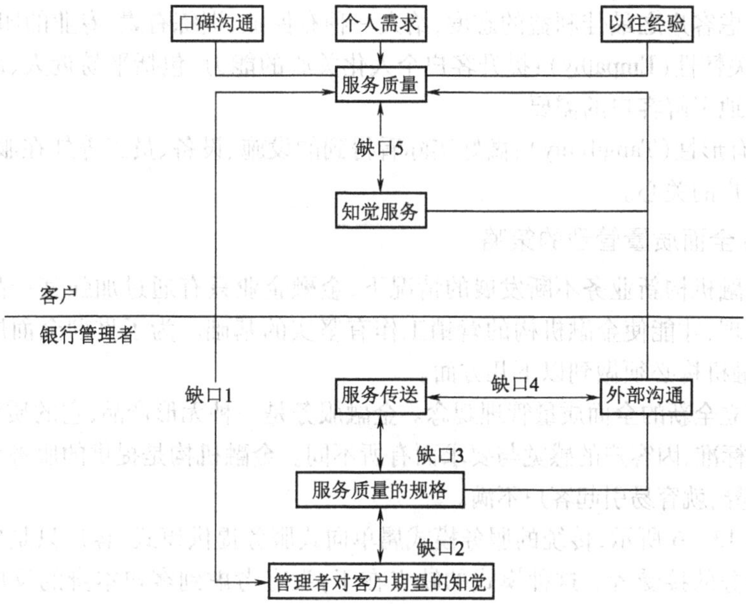

图 13－5　金融机构服务质量缺口模式

源分配比例不适当;二是部门之间、部门内部以及个人之间的沟通出现障碍,配合不默契。

5. 缺口 5:感受上的误差。它是指客户期望的服务质量与客户实际知觉的服务质量之间的误差。这会导致以下后果:消极的质量评价和质量“劣质”问题;口碑不佳;对公司形象的消极影响;丧失业务。

因此,金融机构在对自己的服务体系和服务项目进行测评时,要特别关注金融机构在内部管理和与客户沟通方面存在的问题。金融机构可以设计服务质量测评表格,对服务质量进行日常定期检查和测评。

PBZ 期望认知缺口模式被广泛应用于服务质量研究中,此模式所发展的五个服务质量缺口被用来比较认知与期望间的差距,并衡量服务质量。对金融机构而言,要保证服务质量必须注重以下几方面。

(1)可靠性(Reliability):可靠并正确地执行已承诺的服务,每一次都能准时地、一致地、无失误地完成服务工作。这是金融企业营销无形服务时的核心利益要素,可以提高整体外部营销效果并增加内部生产力和效率。

(2)回应性(Responsiveness):协助客户、提供立即服务,避免让客户等待而造成不必要的负面认知;当服务失败时,要迅速响应并恢复服务,否则可能造成非正面的质量认知。

(3)确实性(Assurance):注重员工的知识、仪表、工作态度以及传达信任与信心的能力，包括执行服务的能力、对客户应有的礼貌与尊重、与客户有效地沟通以及时时考虑客户之最佳利益的态度；给人一种有保证、训练有素、专业的印象。

(4)关怀性(Empathy)：提升客户个人化关心的能力，包括平易近人、敏感度高以及尽力地了解客户的需要。

(5)有形性(Tangibility)：做好实际看得到的设施、设备、员工等外在服务环节，显示对客户的关心。

(四)全面质量管理的策略

在金融机构新业务不断发展的情况下，金融企业只有通过加强其产品和服务的质量管理，才能使金融机构的营销工作有坚实的基础。为了贯彻全面质量管理策略，金融机构必须做到以下几方面。

1. 树立全新的全面质量管理观念。金融服务是一种无形产品，它的质量没有绝对的衡量标准，因客户的感觉与要求而有所不同。金融机构是提供的服务和客户的期望有差异，就容易引起客户不满。

如图 13－6 所示，传统的服务模式属单向式服务提供模式，客户只是单纯的金融机构服务的接受者。这种模式的缺点在于，没有考虑到客户本身的反应能对其他客户乃至整个金融机构服务过程产生重要影响。

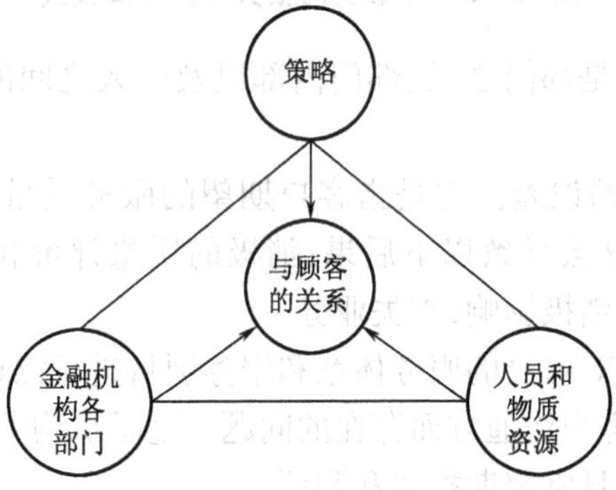

图 13－6　传统的单向式服务

现代服务质量观念要求金融机构必须重视客户本身在购买金融机构的产品与服务过程中的双重角色的重要作用，构建双向式服务三角框架，如图 13－7 所示。

因此，金融机构必须更新全面质量管理观念，做到让客户参与决策，并使客户本身对金融机构产生归属感与认同感；让金融机构各部门都投入到建立完整的服务网络的工作中，让金融服务渗透到社区、家庭、各行各业，使金融产品与服务有更高的效用；让员工调整观念，自觉投身于使客户满意的工作之中，这些都是金融机构实现全面质量管理观念的重要组成部分。

2. 加强全面质量管理的教育。金融机构让客户参与金融产品与服务产销过

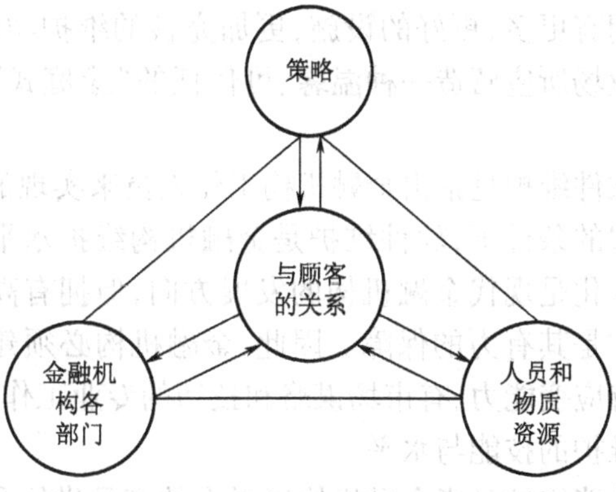

图 13－7　双向式服务

程，不是一蹴而就的，而需要通过教育和引导来实现。因为传统模式下的客户需求经常会受到抑制，久而久之，客户便产生一种逆来顺受的心态，习惯于接受服务，而金融机构无法根据自己的需要创造和提供服务。而对金融机构提供的服务，客户不敢也无法表达自己的真正需求和期望，只能委曲求全，或选择别的金融机构。

在双向式的金融服务模式中，金融机构要教育客户，引导客户，鼓励他们积极参与金融产品与服务的生产过程，给他们表达自己需求和期望的机会，让客户认识到他们在整个金融服务过程中的权利，并主动去争取属于自己的金融服务。例如，信用卡发卡银行组织卡友会，就是发挥客户在提供银行卡服务中生产者的角色。卡友会不仅对银行信用卡服务本身有广告效应，对银行推销信用卡有重要影响，而且通过卡友会，客户还可以向银行反映其要求，对银行信用卡业务提出改进意见。这时，卡友会就成了沟通客户与银行信用卡服务产销之间的桥梁。因此，客户在银行产品与服务产销过程中扮演着双重角色，既是银行产品与服务的接受者，同时又是提供者。

三、金融机构客户服务关系的维护与改进

（一）金融机构客户服务关系的维护方式

根据蒂娜·哈里森（2004）的观点，客户维护是指客户在服务方面使金融机构获得尽可能大的客户消费共享。这样做可以降低他们从别家金融机构购买类似产品的可能性，而且可以加强客户和机构之间的关系。因此，客户叛离的机会会减少，赢得客户忠诚。

金融机构客户关系维护的方法多种多样，归纳起来可以分为以下四种基本方式。

1. 硬件维护。硬件维护是由金融机构的设施来实现的，是一种物对人的维护。现代金融机构应该拥有更多、更好的设施，更加完善的维护功能，这样才更具吸引力。金融机构的营业场所应营造一种温馨、可信任的“家庭式”气氛，如设置沙发、盆景和壁灯等。

2. 软件维护。软件维护是指由金融机构工作人员来实现的人对人的维护。在硬件条件相同或相似的条件下，软件维护是金融机构维护水平的决定因素。软件维护的多样化和技术化是现代金融机构的发展方向，但拥有高素质和高技能的金融管理者和操作者才是其有力的保障。因此，金融机构必须建立起一支具有较高文化、有专业知识、有应变能力、有市场谋略和技巧的专业工作团队，并且不断地提高金融服务和客户维护的技能与水平。

3. 功能维护。功能维护是指金融机构以强大的产品供给和服务功能来实现客户关系维护的目标。客户总是带着具体的金融需求和实际问题来寻求金融机构的合作，而功能维护就是金融机构凭借自身强大的产品供给能力和优质的服务水平来帮助客户解决需求或实际问题的一种维护。

4. 心理维护。心理维护是指金融机构要想方设法让客户得到心理上的满足。因为，无论是企业客户还是个人客户，其消费行为都受到消费者心态的影响。

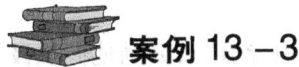

案例 13－3

太平人寿高端客户关系维护

2001 年 11 月，中国保险(控股)有限公司(2009 年 6 月更名为中国太平保险集团公司)以“太平人寿”名义，全面恢复经营国内人身保险业务。复业后的“太平人寿”是我国第六家全国性寿险公司，目前，公司注册资本金 37.3 亿元人民币。

据悉，太平人寿在寿险高端业务市场素有口碑。自 2005 年开始，在保证对一般业务持续开发、对大众客户的服务稳步提升的同时，太平人寿陆续推出针对高收入、高学历和高品位人群的“卓越人生”“财富领御”等理财保障计划，以产品为突破，占据着保险市场高端业务的制高点。几年来，太平人寿客户的件均保费一直名列市场前茅，高额保单不断涌现。然而，由于原有电子化管理手段及成本投入的诸多限制，在此之前，在服务体验方面，尤其是承保阶段，高端客户和普通客户的服务体验并无本质区别。在某些情况下，情况可能恰好相反，由于高端客户的投保额度较大，因此在承保时，手续可能会更为繁复。这和高端人群对服务体验的特殊要求有一定差距。太平人寿思考“在做好对所有客户服务的同时，如何逐步提升高端客户服务体验”这一问题时，认为很有必要打造一条高端业务专属的“绿色通道”。

太平人寿近几年努力打造了“客户服务体验式平台”，2012 开始，作为该平台重要支撑体系之一的太平人寿“高端业务运营支持体系”在全国各分支机构推广。该体系以一套与高端业务相匹配的运营服务模式，打造高端业务的“绿色通道”，为太平人寿高端客户带来全新的服务体验。

“高端业务运营支持体系”根据市场细分、服务细分的原则，为高端客户提供差异化的服务。针对高端业务，“高端业务运营支持体系”将现有核保规则重新进行了梳理，简化了高端客户的投保手续。它率先采用全新的差异化财务核保规则，综合考虑目前国内地区经济发展的不均衡性、客户不同的身份背景、保险代理人员业务品质档案的差异，以多层次的综合评估体系，确认高端客户的“高端”属性，最大程度放宽了高端客户的核保标准，以简化高端客户的投保手续。如核保阶段，现在以核实客户身份背景为主，审核客户收入、资产证明等财务资料不再为确认客户高端属性的首要途径。对一些限制也有大尺度的放开，如提高重大疾病保险的保险限额，放宽部分高端客户的体检要求，取消外籍人士的投保限额等。

契约访谈和体检是客户体验保险公司服务的重要环节。对高端客户，太平人寿对访谈人员、访谈时间、着装和礼仪作了明确的规范，建立了完善的契访质量控制方案。对高端客户的体检服务，太平人寿建立了一套标准专业化服务流程，确保高端客户体检医院的就检环境与医疗质量，并由公司内勤人员陪同客户体检。

“绿色通道”的“畅通无阻”来自电子化信息系统后台的强力支持。太平人寿在目前的业务系统中加载了“自动核保引擎”，将核保流程从人工联络、手工操作的原始服务方式中解放出来。系统对高端业务优先录入，大大节约了录入环节的等待时间。在核保环节，先进的核保作业智能分单系统可自动识别高端业务，将高端业务优先派工，指定分配给在岗的资深核保员，在分单管理层面大幅提高了高端业务核保服务的时效与品质。目前，太平人寿高端业务在一个工作日内即可完成首次核保，承保时效大幅缩短。

资料来源：和讯网：提升高端客户服务体验：太平人寿打造高端业务“绿色通道”，2012 年 1 月 20 日。

（二）金融机构客户服务关系的改进

为应对激烈的市场竞争，金融机构必须真正树立客户导向的经营理念，深入调研客户需求。与此同时，金融机构应保证组织结构合理、作业流程简便、产品设计符合需要、服务手段多样和沟通流畅，用金融机构的信誉稳定优质客户，减少金融机构人员变动引发的客户转移。随着互联网技术的发展，金融机构应积极借鉴客户关系管理（CRM）新方式，通过客户管理、客户服务和营销管理等多方面的功能，更完整地建立客户资源库，有针对性地了解客户需求，提供量身订制的个性化金融服务方案，建立金融机构与客户之间持久的相互信任关系。

1. 建立市场导向型金融机构服务体系必须相应调整内部组织架构。传统金字塔形的组织结构，是人员按专业职能划分所属部门，从最上层的领导者一直到最基层员工的逐层分级的组织形式，适应于较为静态和单纯的企业环境。随着“客户满意”思想和“客户满意”为中心战略的实施，金融机构必须以信息双向传递速率、信息流转损耗率和管理效率三大指标处于综合最优化为原则，改革组织结构。在横向上，按照充分服务客户的原则调整内部机构，分设客户部门，增大金融机构对客户的接触面和亲和力；在纵向上，减少企业过多的管理机构层次和管理人员层次，缩短管理链条，使企业的结构扁平化，决策快速化。

从金融机构服务流程来看，一线员工是接触客户的，而管理人员的职责是支援员工。真正了解客户的是直接面对他们的一线员工，应被充分授权，如果这些人没有权力根据客户需求及早采取行动，就不可能让客户满意。但是，为了保证一线员工正确地使用权力，金融机构要加强员工培训，管理层要由机械管理者转变为客户拥护者和教练，配合员工愉快地工作。

2. 对客户满意度进行追踪调查和评估是持续改善服务的关键。金融机构衡量客户满意度的方法很多，归纳起来主要有两方面：外部评估与内部检查相结合。外部评估主要是处理客户投诉和抱怨，但并非所有不满的客户都会投诉，对服务感到满意的客户几乎都不会有任何表示，因此有必要进行定期或不定期访问调查，全面衡量客户的满意度。内部评估主要从两方面入手：一是根据所建立的服务标准对服务过程进行检查，实行质量否决权制度，促进员工提高服务水准。二是进行隐蔽性调查，如：聘请社会服务监督员；或让其他员工佯装成客户，提出各种不同的问题和抱怨，看工作人员如何处理等。

3. 良好的营销后服务有利于提高客户满意度，建立客户忠诚度。营销后服务不仅包括投诉处理、定期或不定期访问等，还包括对现有客户的关系营销，包括建立客户资料库、加强客户接触、对客户满意度进行调查、信息反馈等，从而进一步改善服务和产品等多项内容。在目前激烈竞争的金融服务市场，金融机构普遍成功实施了市场营销和优质服务战略，但从目前的经营实践来看，金融营销和服务在产品研发、宣传、销售和售后服务中没有形成良性的、整体的服务循环，尤其是售后服务还没有引起足够的重视，重客户引进，轻客户培育；重一线服务，轻后台支撑；以现有金融产品为营销中心而非以客户需求为营销中心；缺乏危机处理意识等现象普遍存在。随着大量外资金融机构的涌入，其先进的服务理念、服务手段和服务效率必将对我国金融业带来强大的冲击。为此，我国金融业在普遍重视营销前、营销中服务的同时，必须高度重视和实施营销后服务，形成金融服务的良性循环。因为吸引客户不是金融机构服务的最终目标，培育客户忠诚度才是终极目标。

案例 13－4

招商银行的全方位客户服务

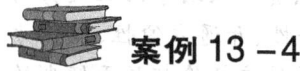

招商银行在经营过程中贯彻全方位客户服务，注重为客户服务的细节。

招行客户服务部厉朝阳副总经理针对服务细节引入了一个专门的概念——MOT，即关键时刻或真实瞬间、真实感觉。他认为，客户满意度就是由一个个的“MOT”积累形成的，从接触一个事物到做出一个判断就构成一个 MOT。人们在生活中所做出的大量的判断不是基于深刻的认识，而是基于在瞬间对事物做出的判断。

招行采取了“点线面”的方式来保证每一瞬间的满意、每一服务领域的满意，从而形成对整个招商银行的满意。

（一）点——重视 MOT

走进营业厅，门口摆放着鲜花。胸前挂着“导促员”牌子的工作人员走过来，热情地询问您。然后，你在号码机上拿一个号码，在沙发上休息等着喊号。无聊的话，顺便翻翻沙发旁边报刊架上的报刊，还有水和咖啡供你享用。当您走到柜台前，服务人员会微笑着站立为您服务。或许现在已经有很多银行这样做了，但招行最早引起人们关注就是从这样的服务开始的。

营业大厅的服务只是重视 MOT 的一部分。而当我们打进招行的客服电话时，就会听到一声悦耳的问候：“您好，招商银行信用卡中心，我姓 ×，很高兴为您服务”，它比起那些由机器冷冰冰地报号的热线更显人性化，更受客户欢迎。为了能让每一位服务人员 100% 做到，他们要求客服人员每一个班次上岗前都有一次 15 分钟的礼仪训练。

事实上，不管是大厅服务还是热线服务，只要是有可能与客户接触的界面和接触点，如客户来电查询、推广业务和客户访问网站等，都是招行提高服务满意度的着力点。为此，他们还提出了“一致性、完整性、稳定性”的要求，对这些业务环节的关键指标进行工作质量和效率控管。

其中客服热线就是他们关注的重要接触点。为此，他们专门针对客户服务中心量身定做了 20 多个指标，定期进行性能测试。这主要包括专注时效性的作业性指标：ACD 接听时效（15 秒内接通 S/L ≥85%）、电话挂断率（≤5%）、一线处理率（≥95%）和录音成功率（≥95%）等。除了外部接触点，这套品质确保体系还深入了内部客户的接触点。因为他们深知只有银行内部各部门的工作衔接顺畅，才能真正做到高效率地为客户服务。针对内部客户专注满意度的指标包括：电话服务评核、部门抱怨、服务整体满意度和教育训练满意度等。

现实中的服务招行细致入微，网上服务照样也不含糊。虽然不是最早推出网站，但却是第一个实现账务查询、股票投资、网上支付、费用缴纳等网上交易功能的银行。根据在北京地区的调查，其网上银行的安全性、开通方便性、操作方便性、资料记录准确及时性和网页速度方面，招商银行的用户评价都居于领先的位置。

(二)线——“一站式”授权

打热线电话最烦什么？曾经有个相声形象地揭示了“三怕”：一怕等待太久，浪费时间；二怕广告插播，推销很多；三怕逐层上报，一拖再拖。那么招行的“一站式”服务如何避免在整个流程的执行中出现部门推诿和推卸责任呢？

1. 弹性授权。他们首先规定了15秒内接通电话，并通过采取高度的一线查询授权和确立各层级处理客户争议弹性服务的授权，以落实“实时服务”的理念，避免大量问题都需要逐层升级而影响处理效率，大幅度提升了问题的一次性解决率。比如，对临时额度的调整，一线客户服务专员在线即可完成；授权一线服务人员调整客户因第一次没收到账单所产生的循环利息；授权一线客户服务专员有条件处理客户各项手续费用。

2. 二线追踪。一线员工遇到了解决不了的问题怎么办？根据统计，厉朝阳先生分析，客服中心大概只有5%的问题需要别的部门协助解决。招行开发的CSI系统(客户服务界面)具有强大的二线作业追踪机制，可以确保服务信息不会中途丢失。于是客服中心会把这些问题填单，详细写明问题、客户需求、应何时解决，配合严格的内控机制，使客户的每一项服务的要求都能得到准确及时的回复。另外，在该系统上，前手服务人员会将客户的问题和要求在系统内作特定的注记，后手(不同)的服务人员接到同一客户的电话时，界面上反映得一清二楚，保证了服务的准确性和连贯性。

3. 整合查询。通常情况下，一个客户的问题会涉及多方面，如果这些问题依靠人工查询也许需要几分钟，甚至十几分钟，那样客户肯定等得不耐烦了。为了提高效率，招行的CSI系统，将信用卡中心内部的多个子系统直观地集成在客服专员的操作电脑上，它几乎涵盖了信用卡业务的所有范围，包括申请进度、卡流、调扣、调额、账务和挂失等。这样大部分的问题都能在10秒之内解决，确保“一站式”服务的提供。

4. 技术优化。为了避免拨打热线时泄露密码和广告插播影响客户情绪，招行在开发CTI(电脑电话集成系统)和IVR(自动语音交互系统)时，采取了在客户设定密码的时候设计干扰音；将其语音查询密码和网上银行的查询密码通用；将广告设计为由客户自主决定听还是不听，避免强行插入等措施。

(三)面——“全流程”质保

要保证每一瞬间的感觉当然不是很容易的事情，更不能“头痛医头，脚痛医脚”。为此，招行信用卡中心还引入了全流程的品质确保管理机制，建立了一整套追踪服务品质及持续改善的管理体系，对服务全流程和所有工作环节的服务品质都实行监督和控制。

在具体服务项目上，除了一线客服专员直接面对客户外，二线服务组也通过各种措施确保服务的品质。他们会定期访问VIP客户，对新持卡户做拜访问候，对申请注销的客户进行挽留，对申诉案件进行及时的处理，从来电中抽取一定客户进行满意度访问，据此评判服务品质，及时提出改进的方向。

最终，招行的客服中心于2005年1月31日通过了《全国呼叫中心运营绩效标准》(CCCS－OP－2003)的五星级认证，被授予“五星级客户服务中心”称号。这一中国第一的称号经过了长达8个月时间的准备，接受了从领导能力、战略规划与部署、客户价值、绩效衡量与分析、现场管理、人员管理、流程管理和运营绩效结果八个范畴的全面而严格的审核，涉及五大类上百项详细的运营绩效指标。

资料来源：曾智辉．招行怎样拴牢千万富豪[J]．中国商业评论，2006(6)．

名词解释

金融客户满意　金融客户满意度　金融服务再次购买率　金融机构客户保持率　金融机构客户流失率　全方位客户满意金融服务　金融服务系统　金融服务的全面质量管理

思考题

1. 金融机构如何从客户角度来考虑“客户满意度”？
2. 金融服务质量是全方位客户满意金融服务的关键，它具有哪些特点？
3. 请联系实际分析金融机构如何实现全方位客户满意金融服务。
4. 全方位客户满意金融服务系统由哪些内容构成？
5. 金融机构如何进行服务的全面质量管理？

思考与分析

为监督和促进银行等金融机构改善服务，上海于2008年开始实行金融服务质量监测制度，依托于“金融服务质量监测体系”，结合银行网点监测和对市民的问卷调查，对金融机构服务进行全方位评价，反映银行服务存在的主要问题，研究提高银行服务质量的有效途径。根据2012年底一项对上海市区重点区域100个银行网点的调查显示，客户办理业务平均等候时间为52分钟左右。上海市金融工作委员会、上海市金融服务办公室先后制定了《上海市银行业窗口服务质量规范》《上海市银行业星级“优质服务网点”评定管理办法》《人身保险业窗口服务质量规范》，对窗口服务提出了189条规范性要求，推动各金融单位优化服务流程。请结合本章有关知识分析金融机构服务质量管理的意义，及如何改进服务质量管理。

第十四章

金融业网络营销

目前，计算机、手机和互联网已走进千家万户，网络的作用日益凸显，网络营销成为金融营销不可忽视的一个方面。

本章将介绍金融机构网络营销的概念、特点与优势，分析在网络营销中用到的自动服务系统，并探讨金融业网络营销中的一些策略。

第一节 金融业网络营销概述

随着现代生产力水平的不断提高和商品经济的发展，营销理论在金融营销实践中不断得到检验和完善。同时，随着消费者收入的日益增长，个性化需求的意识日趋强烈，金融企业之间的竞争也日趋激烈，陈旧的营销模式已无法满足金融企业的发展。网络营销便是网络新技术在金融营销领域的重要应用。

一、金融业网络营销的概念

传统的市场营销方式是以有形交易市场作为基础，为实现个人和组织的交易活动而规划和实施的创意、产品、服务观念、定价、促销和分销的过程。而网络营销以互联网为媒介，打破传统的时间和空间的观念，以全新的方式、方法和理念实施交易活动，更加有效地促成个人和组织交易活动的实现。对于金融业来说也是如此，金融企业在如今的社会里也需要在传统的营销方式之外进行互联网上的营销，同时，金融业的日常经营活动也已完全离不开互联网。

金融网络营销是指金融机构借助互联网这一信息传递手段，以金融市场为导向，通过创造令客户满意的产品和价值，并同人们进行交换以获取预期的营销目的。

理解这一概念有以下几个要点。

（一）金融业网络营销是金融营销的特殊表现形式

网络营销中的金融企业营销活动也必须追求以客户满意为中心，通过满足客户的需要，从而实现金融企业的经济效益和社会效益。金融企业的网络营销活动包括市场调研、产品设计和技术准备等环节。

(二)金融业网络营销以互联网为信息沟通手段

利用互联网这个无处不在的虚拟平台的好处是显而易见,它广泛存在,可以随时联系到世界各地的人们,可以随时掌握瞬息万变的信息,没有时间与地域的限制。

(三)金融业网络营销是建立在虚拟平台之上的营销方式

网络营销是看不见、摸不着的东西,它利用网络空间来展示自己的商品,构建服务平台,并且结合资料库提供各种客户需要的信息。这样一来,网络提供的信息远比传统方式提供得多,同时也可以完全随金融企业的意愿来改变,便于客户及时了解金融动态。

网络营销是现代知识经济和信息时代的产物,它是今后金融营销的重要形式。所以,金融机构要积极利用网络营销这一营销方式。

二、金融业网络营销的特点

金融业网络营销作为现代企业网络营销中的一种,有其自身的特点。

(一)虚拟无形性

在网络这个世界里,一切实物的东西都在网络上被虚拟化了,简单来说,就是你看得到而摸不着。具体的虚拟无形性可以从以下几个方面来体现。

1. 书写电子化,传递数据化。在网络营销中,一切事物都是在虚拟的网络中进行,不再有实质的纸张。比如,股票交易现在已经不需要像以前那样在交易所里办理,一台能上网的电脑可以做所有的事,同时所有的信息也都以数据形式保存在你的账户内。

2. 可以做到随时随地。金融企业在营销中采用网络营销的电子化方式,可以保证无论客户身处何方,或者何时方便,都可以最快最准确地获得想要获得的信息。

3. 金融产品以及金融服务的电子化。现在很多金融产品都在网络上虚拟存在,同样,现在每个金融企业都有自己的网络技术中心,用以解决网络方面的客户需求。

(二)形式标准化

金融企业在网络上进行营销活动的速度快,效率高,交易时间比较短,因此要求网络上的交易形式要比传统的营销方式更加标准化。

(三)营销个性化

由于金融企业的网络营销可以做到对客户一对一的个性化营销,也就是说,金融企业通过收集相关客户的资料数据,基于客户的年龄、现实状况等制定出满足客户需求并且能够给本企业带来赢利的产品和服务。或者说，提供不同层次的金融产品和服务，然后在网络上由客户根据自己的实际情况进行选择定位。这种个性化的方式无疑为客户考虑更多，并使得客户更好地选择金融产品和服务。

三、金融业网络营销与互联网金融

21世纪以来，以互联网为代表的现代信息科技，特别是移动支付、社交网络、搜索引擎和云计算等技术，对人类金融模式产生了颠覆性影响，互联网金融应运而生。

（一）互联网金融的兴起

关于互联网金融的定义，虽然当前业界和学术界尚无明确的、获得广泛认可的定义，但对互联网支付、P2P网贷、众筹融资等典型业态分类已有比较统一的认识。一般来说，互联网金融是互联网与金融的结合，是借助互联网和移动通信技术实现资金融通、支付和信息中介功能的新兴金融模式。中国人民银行在《中国金融稳定报告（2014）》中也对互联网金融作了广义和狭义上的区分。广义的互联网金融既包括作为非金融机构的互联网企业从事的金融业务，也包括金融机构通过互联网开展的业务；狭义的互联网金融仅指互联网企业开展的、基于互联网技术的金融业务。①

互联网金融的概念虽然在2012年就已经被提出，但真正引起大家关注的是2013年“余额宝”这一互联网基金产品的诞生。余额宝基于支付宝平台，仅仅一年的时间其规模就超过5 742亿元，用户数超过1亿，成为世界第4大货币市场基金②，规模及用户的增长速度令人瞠目结舌。余额宝通过改变大众账户余额的存放方式（购买货币基金），将它们汇集在一起，与商业银行进行重新议价，从而大幅提升了余额存款的利息收益。以余额宝为代表的互联网金融产品在市场上取得的极大成功，揭开了互联网金融发展的大幕。

互联网金融的兴起主要来源于两个方面的推动：一是互联网与电子商务的快速发展为互联网金融提供了技术支持和社会条件，随着互联网应用深入人们生活的各个方面，与之伴生的金融服务需求使得互联网金融存在一定的发展空间，比如电商平台的小微贷；二是传统金融机构由于商业模式等方面的限制存在某些金融服务供给上的缺失或者不足，需要有其他替代供给，使互联网金融获得发展空间，比如余额理财等。

---

① 资料来源：中国人民银行：《中国金融稳定报告（2014）》，2014年4月29日。

② 资料来源：余额宝一周年大数据报告，2014年7月8日。

（二）互联网金融的模式

软交所互联网金融实验室①梳理出了第三方支付、P2P 网贷、大数据金融、众筹、信息化金融机构、互联网金融门户等六大互联网金融模式。

1. 第三方支付。狭义的第三方支付（Third – Party Payment）是指具备一定实力和信誉保障的非银行机构，借助通信、计算机和信息安全技术，采用与各大银行签约的方式，在用户与银行支付结算系统间建立连接的电子支付模式。从广义上讲，第三方支付是指非金融机构作为收、付款人的支付中介所提供的网络支付、预付卡、银行卡收单以及中国人民银行确定的其他支付服务。第三方支付已不仅仅局限于最初的互联网支付，而是成为线上线下全面覆盖，应用场景更为丰富的综合支付工具。②

自 2011 年到 2018 年 2 月底，央行共发放了 271 张第三方支付牌照，注销了 28 张第三方支付牌照。目前，除了大家熟知的中国银联和支付宝外，具有代表性的第三方支付机构还有财付通、快钱支付、易宝支付、汇付天下等。

从发展路径与用户积累途径来看，市场上第三方支付公司的运营模式可以归为两大类：一类是以支付宝、财付通为首的依托于自有的 B2C、C2C 电子商务网站提供担保功能的第三方支付模式；另一类是独立的第三方支付模式，指第三方支付平台完全独立于电子商务网站，不负有担保功能，仅仅为用户提供支付产品和支付系统解决方案，以快钱、易宝支付、汇付天下、拉卡拉等为典型代表。

2. P2P 网络贷款平台。P2P（Peer – to – Peer Lending），即点对点信贷，是指通过第三方互联网平台进行资金借、贷双方的匹配，需要借贷的人群可以通过网站平台寻找到有出借能力并且愿意基于一定条件出借的人群，帮助贷款人通过和其他贷款人一起分担一笔借款额度来分散风险，也帮助借款人在充分比较的信息中选择有吸引力的利率条件。

P2P 平台的盈利主要是对借款人收取一次性费用以及向投资人收取评估和管理费用。贷款的利率确定是由放贷人竞标确定或者是由平台根据借款人的信誉情况和银行的利率水平提供参考利率。

3. 大数据金融。大数据金融是指集合海量非结构化数据，通过对其进行实时分析，为互联网金融机构提供客户全方位信息，通过分析和挖掘客户的交易和消费信息掌握客户的消费习惯，并准确预测客户行为，使金融机构和金融服务平台在营销和风控方面做到有的放矢。基于大数据的金融服务平台主要指拥有海量数据的电子商务企业开展的金融服务。应用大数据的关键是从大量数据中快速获取有用信息的能力，或者是从大数据资产中快速变现的能力，因此，大数据的信息处理往

① 该实验室从 2012 年开始，通过持续对互联网金融领域企业进行调研走访，深度解析互联网金融相关资讯，并对互联网金融创新产品、现象进行认真研究。

② 资料来源：中国人民银行：《非金融机构支付服务管理办法》，2010 年。

往以云计算为基础。

目前,大数据服务平台的运营模式可以分为以阿里小额信贷为代表的平台模式和京东、苏宁为代表的供应链金融模式。

4. 互联网众筹(债权和股权众筹)。众筹指通过互联网方式发布筹款项目并募集资金,也是互联网金融模式中金融属性最强,最为核心的模式。项目筹资人通过借入资金,按期偿还投资人本息的叫债权众筹;项目筹资人通过向投资人出让股权筹资的模式叫股权众筹。债权众筹有 P2P 和 P2B 两种模式:P2P 是个人对个人的融资模式,P2B 是个人对企业的融资模式。目前在我国,P2P 是债权众筹的主要力量,并已经进入了快速发展期,而 P2B 则还处于萌芽期。

相比于传统的融资方式,众筹的精髓就在于小额和大量,融资门槛低且不再以是否拥有商业价值作为唯一的评判标准。它为新型创业公司的融资开辟了一条新的路径,从此其融资渠道不再局限于银行、PE 和 VC。

5. 信息化金融机构。信息化金融机构,是指通过广泛运用以互联网为代表的信息技术,在互联网金融时代,对传统运营流程、服务产品进行改造或重构,实现经营、管理全面信息化的银行、证券和保险等金融机构。

互联网金融时代,信息化金融机构的运营模式相对于传统金融机构发生了很大的变化,目前信息化金融机构主要运营模式可分为以下三类:传统金融业务电子化模式、基于互联网的创新金融服务模式、金融电商模式。

传统金融业务电子化模式主要包括网上银行、手机银行、移动支付和网络证券等形式;基于互联网的创新金融服务模式包括直销银行、智能银行等形式以及银行、券商、保险等行业的创新型服务产品;金融电商模式就是以建行"善融商务"电子商务金融服务平台、泰康人寿保险电商平台为代表的各类传统金融机构的电商平台。

6. 互联网金融门户。互联网金融门户是指利用互联网提供金融产品、金融服务信息汇聚、搜索、比较及金融产品销售并为金融产品销售提供第三方服务的平台。

它的核心就是"搜索 + 比价"的模式,采用金融产品垂直比价的方式,将各家金融机构的产品放在平台上,用户通过对比挑选合适的金融产品。互联网金融门户多元化创新发展,形成了提供高端理财投资服务和理财产品的第三方理财机构,提供保险产品咨询、比价、购买服务的保险门户网站等。

当然,随着互联网金融领域的不断创新,以及社会对互联网金融的认识不断加深,互联网金融的模式会出现更多的种类。

(三)互联网金融对传统金融营销的冲击

互联网金融对金融营销产生了极大的影响,主要表现在以下几方面:

1. 互联网思维对传统金融营销理念产生了冲击。在互联网金融大行其道的背景下,用户追求的是灵活方便为主、简约极致的逻辑,这对传统的金融营销理念产生了冲击。同时,互联网使得金融机构获取客户信息和客户流量的能力大大增强,互联网客户的黏性也得到提高,必然改变金融客户的获得方式。

2. 互联网冲击了传统金融的时空模式。传统的金融服务渠道一般以实体网点与物理机构为主,而在互联网背景下,这被彻底改变。虚拟化的服务方式让金融业务变得便利、快捷与高效,客户不用在街上找银行网点,所有的操作都可在家里通过互联网完成;在任何时间、任何地点,可以以任何方式完成所需要的金融服务。

3. 大幅降低金融营销成本。互联网金融有着低廉的交易成本、有效的大数据分析以及双边平台作用的空前提升等多个优势,传统金融的四大成本(人工成本、物理成本、信息成本和风控成本)都大大降低。而这一结果将给客户与金融机构都带来好处,所以互联网金融具有普惠金融的特点,它开创了共生和竞合的新模式。

4. 互联网金融对传统的金融业务与金融产品将产生一定的影响。

(1)从支付业务来看,传统的支付结算是通过商业银行进行的社会结算,但从2013年以来,第三方支付越来越重要,尤其是像支付宝、财付通这些第三方支付成为线上支付的主流。在交易链条的重构过程中,客户的交易信息和消费信息被隔离开来,这对银行的结算产生巨大冲击。

(2)从负债端来看,互联网金融对银行的活期存款有了较大的冲击。在互联网产品高收益的吸引下,一些原来稳定于银行的资金流向了互联网金融机构,这在很大程度上加速了利率市场化进程,对商业银行有着深远的影响。

(3)从资产端来看,目前互联网金融的借贷平台主要还是从事个人消费信贷、小微金融业务,贷款客户绝大多数还是传统商业银行不能覆盖的客户,似乎冲击有限。但随着时间的推移,这种新型的网络借贷方式所覆盖的客户会与传统银行业的客户产生重叠,进而出现竞争。

由此可见,互联网金融背景下,金融机构更应借助网络渠道开展营销活动。

四、金融业网络营销的优势

金融机构开展网络营销可以发挥很大的优势,主要表现在以下几个方面。

(一)金融业网络营销能够降低成本

与户外进行大规模广告或者在各种媒体上进行滚动宣传相比,在互联网上发布新的金融产品和服务要便宜得多了。当金融企业的产品和服务延伸到网络之后,人们也许感觉身边的金融机构消失了,而事实上,它们却在更好地为你提供服务。

根据英国艾伦米尔顿国际管理顾问公司的调查,利用网络进行付款交易的每笔交易成本平均为 13 美分或者更低，而利用金融机构自身软件的个人电脑金融服务为 26 美分，电话服务为 54 美分，实体服务则高达 108 美分①。由此可见，金融企业进行网络营销是不可逆转的趋势，并且这个趋势将会越来越明显。

（二）金融业网络营销能够拓宽营销渠道

当一个金融企业投入相同的营销资金时，网络营销可以挖掘出更多的营销渠道。与金融业相比，没有哪个行业能掌握更多的关于客户的信息，而正确并且合理地使用这些信息是金融机构应当考虑的问题，通过利用这些信息，能找到拓宽其营销渠道的路子，并且丰富对客户的服务方式。

（三）金融业网络营销是获得客户的良好途径

中国是世界上信息通信业发展最快的国家之一。根据中国互联网络信息中心（CNNIC）的统计，1996 年底中国互联网用户数仅为 20 万，但到 2017 年 12 月，我国网民规模已达 7.72 亿，互联网普及率为 55.8%；我国手机网民规模达 7.53 亿，较 2016 年底增加 5 734 万人。网民中使用手机上网人群的占比由 2016 年的 95.1% 提升至 97.5%。另外，网民网上购物人数继续攀升，2013—2016 年全国网购用户年均复合增长率为 17%，中商产业研究院预计 2018 年我国网络购物用户规模将进一步突破 6 亿人。

如此庞大的网民人数意味着，金融企业的网络营销有着极大的市场，因为它具有潜在的大量客户群体，他们无疑能够给金融企业带来长期的利益。

客户可能因为各种原因进入金融企业的网站，特别是像银行、保险、基金以及证券等企业的网站。网站上内容的可读性是留住客户的关键，如果该金融企业的网站简明直接，便于客户获得相关信息，并且能够使客户很好地查询自己想要的相关信息，那么这个网站就是成功的。

互动是金融业网络营销很重要的一环，客户通过访问网站，应该能够得到金融企业提供的互动内容，联系电话和电子邮件地址是其中的两个方法。互动还包括对于网站上推出的每个项目的具体的介绍，而公众想要获得这些信息就要先注册，这样就会成为金融企业真正的客户。

（四）金融业网络营销可以提供优质服务

对于客户来说，肯定经历过与人打交道时受到“白眼”的待遇，即使在“客户是上帝”的年代，此情况也无法避免。相比而言，网络营销能够解决这个问题，在客户咨询以及购买金融产品的过程中，被提供的金融服务都是优质的服务。同时，金融机构还能够通过这个过程获得相关的信息，为客户提供更加个性化的产品和服务。

（五）金融业网络营销可以运用多媒体手段

在网络上，金融企业可以用更加多样化的手段来吸引客户，特别是运用声音、

① 资料来源：王方华，彭娟．金融营销［M］．上海：上海交通大学出版社，2005.

图像、动画等方式，使得内容更加吸引客户，并且可以更加具体地解释各种金融产品和服务。

案例 14－1

个性化的"我的美洲银行"

2001 年 11 月，全美领先的网上金融服务供应商美洲银行宣布，发布其基于宏道的一对一个性化平台的站点——"我的美洲银行"。这是该银行提供的一项新服务，为客户提供综合的访问账户信息的功能和相关工具、客户需要的内容和信息，以便客户可以更好地理财。

这项针对网上银行个人和企业用户的免费服务，有利于账户信息的综合，即保证客户用同一个用户名和密码就可以安全地访问网上的账户，还可以根据自己的特别需要对站点进行客户化设计。

美洲银行作为领先的网上金融服务供应商，拥有 2 500 万长期网上用户。美洲银行在保护客户隐私和信息安全的同时，为客户提供了创新的在线解决方案。

"我的美洲银行"不仅仅局限于提供个性化的特性和功能，而且让客户能够有一个全新的体验，使客户能够放心地将所有的金融业务搬到安全、可靠、简单易用的网上。用户一旦登记注册，"我的美洲银行"就可以自动地将该用户现有的网上银行账户与美洲银行的账户进行集成，使客户可以把上百个不同机构的银行账户、投资账户、信用卡账户、贷款、抵押贷款集中在一起，访问集成的网上信息和金融规划工具，并根据自己的需求和兴趣对站点进行定制，获取根据个人情况定制的股票行情、市场数据和企业研究报告等。

通过应用宏道的 InfoExchange Portal 和一对一个性化技术，"我的美洲银行"将不断加强其网站的个性化功能，为客户提供特定的产品、内容以及信息，以满足不同用户的需求。个性化功能同样能够增加网页流量，简化浏览过程，使网站和客户的关系更加紧密。

这说明，通过网络营销，金融企业进行个性化的行为已经在进行中。但是，在网络上，安全是非常重要的，更何况是与金钱有关的金融企业，因此，在这个过程中，网络安全需要得到足够的重视。

第二节　金融业自动服务系统

自 1973 年世界上首台自动柜员机面试以来，世界金融业步入了"分布式计算机时代"。此后，自动柜员机为人们提供了许多的方便，人们可以随时在有柜员机的地方取款，而不需要担心现金不够或者携带大量现金的问题。当然，自动柜员机只是金融业自动服务系统中的一种，本节主要介绍金融业的自动服务系统，主要是自助支付系统。

一、金融业自动服务系统概述

什么是自动服务系统？就金融业而言，它是指基于金融机构与客户建立的信息系统，为了方便客户而由金融企业推出的各种客户可以自行操作并且最终达到预期服务的系统。金融自动服务系统包括金融机构与企业客户建立的企业银行以及金融机构与社会大众建立电话银行、家庭银行，通过各类终端为客户提供周详、多样的金融服务。比如，美国联邦储备体系的资金转账系统（FEDWIRE）、日本银行金融网络系统（BOJ－NET）、美国清算所同业支付系统（CHIPS）、环球金融通信网（SWIFT）等，这些系统的建立既降低了交易成本，又加快了交易速度，还能为客户提供各种新的银行服务。

二、自动支付系统

在现实中最主要的自动服务系统是支付系统，下面具体介绍支付系统。

支付是指经济行为人之间由于商品交换和劳务关系所引起的债权、债务关系的清偿。而支付系统是金融企业为了解决清偿而提供的一系列服务，包括清算和结算。传统的支付方式包括：现金、支票、银行卡以及电子资金转移，与之对应的支付系统有现金支付系统、支票结算系统、信用卡授权结算系统和电子资金转账结算系统等。

电子支付系统是指消费者、商家和金融企业之间使用安全电子手段把支付信息通过信息网络安全地传送到银行或者相应的处理机构，以实现货币支付或资金流转的支付系统。

（一）电子支付系统的构成

1. 支付服务系统。它是指完成银行与客户间的支付与结算的系统，也就是联机采用分布式数据库的综合业务处理系统。传统的支付服务一般在银行柜台上完成，是银行为客户提供金融服务的窗口。我国的支付服务系统包括公司业务系统、储蓄业务系统和新型电子化服务三类系统。

2. 支付清算系统。这是一种跨行业务与资金清算系统，大多数的社会经济活动通过清算系统才能够最终完成，一般是由中央银行组织建设、运营和管理，各家商业银行和金融机构共同参加。支付清算系统涉及一个地区或者国家的所有银行和金融机构，系统庞大而复杂。

3. 支付信息管理系统。支付信息管理系统是连接金融综合业务的处理系统，对各子系统所产生的基础数据进行采集、加工、分析和处理，为管理者提供及时、准确、全面信息及信息分析工具的核心系统。它的建设和完善对提高金融业的经营管理水平具有重要作用,是金融现代化的重要标志。

(二)电子支付系统的分类

1. 按总的支付方式分类,有以下几种:

(1)直接支付。直接支付要求客户对以电子支付账单的每家公司进行签名授权,这种形式授权被指定的公司在特定的日期从客户的存款账户筹集资金。直接支付可以节省时间,并且能够准时支付。

对于直接支付来说,客户在授权公司享受到便捷的服务,就会有更多的公司希望加入被金融企业授权的范围中,这样金融企业可以扩展自己的业务触角,到达更加广阔的空间。

(2)电话付费支付。电话付费支付允许客户通过给按键电话输入关键信息进行支付。客户在电话支付服务中登记,当需要支付时,金融企业提供给客户支付额,客户输入适当的密码就可以进行支付。每个月金融企业都会给客户提供电子交易的清单。

电话付费支付也是金融企业对于自动服务系统的一个运用,最初,这种方式应用较普遍,给客户提供了很多便利。自从计算机以及互联网应用的日益增多,该种支付方式渐渐减少。

(3)个人网上银行。网上银行支付的应用范围非常广泛,它是指客户通过网络进行数字化货币的支付。随着网络技术的发展,网络支付工具越来越多,如电子现金、信用卡、IC卡以及电子支票等。在网上银行,客户能够通过个人电脑进行个人账户管理,如查询余额、在账户间转账、进行投资理财等。

在这个过程中,由于每个客户都能够浏览到自己的信息,同时也能够根据自己的情况选择投资产品,金融机构可以根据这一特点推出适合的产品,开展对客户的营销。

(4)银行卡支付。在客户持有银行卡的情况下,到有POS的商场消费是很方便的一件事,不用担心携带大量现金,也不用担心现金不够。在购物时,客户只需把卡提供给店主并且通过个人认证号码的使用授权支付。POS以电子方式进入客户的账户,客户直接接受收据,所需支付的金额会从客户账户扣除。

2. 金融企业需要完成支付与结算活动,必须以客户为中心,提供完善的自动服务系统。按客户和金融企业间的支付方式分类,有以下几种:

(1)ATM。ATM是Automated Teller Machine的缩写,意为自动柜员机。在很多地方都可以看到这种独立于银行存在的ATM,客户利用银行卡在自动存款机或者自动取款机上进行自助操作,执行存款、取款和转账查询等金融交易活动。ATM为客户提供了非常多的便利,不用再为存钱和取钱而在柜台排长队,不用为提不到现金而四处找银行。而且由于同一联盟的银行卡(如银联、VISA、MasterCard等)只需支付一定手续费就可以跨行提款,大大方便了持有银行卡的客户。

随着金融业务的发展及竞争的加剧,国外 ATM 的应用范围越来越广。除了基本功能外,ATM 还有许多扩展功能,比如:①上网,持卡人可以通过 ATM 登录 Internet,获取有关信息,并在银行间调度资金或支付账单;②兑换硬币,持卡人可在 ATM 上直接兑换各种面值的硬币或把零用钱存入 ATM(在日本很常见);③赠送优惠券,如 1999 年迪堡公司推出的 ATM 能馈赠商家的优惠券及非现金有价票券;④购买车票,如 2000 年迪堡公司推出的 ATM 可购买高速铁路火车票和巴士车票。

(2)POS。POS 是 Point of Sale 的缩写,即销售点终端。POS 通常安装在商场、宾馆、餐厅和超市等场所,与银行主机联网即可迅速完成消费结算。第一代 POS 是使用借记卡的专用系统;第二代 POS 可用借记卡和信用卡进行消费;第三代 POS 是集网上购物、网上支付和电子转账于一身的系统。POS 可以减少现金流通,加速资金周转,确保资金安全并且提供有用信息。

(3)家庭银行(HB)系统。即客户通过家里的电话、计算机等设备和相应的软件进行操作,而不用去金融机构就可以进行现金管理、资金划拨以及账单支付等服务。它一般使用银行卡账户进行支付。

(4)企业银行系统(CB)。自助银行系统的服务对象已经不局限于个人,而是包括大型公司或者政府机构在内的具有法人身份的电子银行系统,它与电子汇兑系统相结合。它的要求更高,如需要为客户提供方便的操作,可以批量处理信息等,综合地为企业提供资金财务管理、投资管理、商务信息管理等。

现在银行的自动服务系统,最完善的无疑就是支付系统了。整个支付系统还包括许多延伸功能,如管理、查询等。可以这样说,自动服务系统依靠现在的网络已变得越来越有用,客户每天的生活都不能离开它的服务。因此,金融企业的自动服务系统在网络营销中所起的作用非同小可。

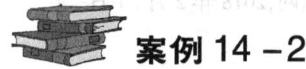

案例 14-2

光大银行:“一部手机”成就“一家银行”

金融和科技的结合,已成为银行业的发展方向。2018 年 1 月 23 日,中国光大银行在北京举行“一部手机、一家银行”——2018 中国光大银行新版手机银行发布会。本次发布的光大新版手机银行引入应用生物识别技术,新增定制资讯,并对各项业务流程进行了全面优化,有效提升客户体验。

光大银行新版手机银行在六大模块上实现了全面升级,打造出以新版手机银行为核心,以阳光银行、微信银行、电话银行、瑶瑶缴费、移动支付等服务渠道为重要组成部分的移动金融服务矩阵,为百姓移动金融生活插上科技的“翅膀”。

1. 采用 Fido 黑科技。光大银行新版手机银行采用了 Fido 生物识别安全技术，手机银行登录方式新增面部识别和指纹登录，简化客户操作，优化客户体验。在转账、缴费、充值三个功能中全面支持面部 ID 及指纹识别，实现小额便利、大额安全的认证方式，切实保障客户的资金安全。

2. 新增二维码取款功能。客户只需在光大银行自助设备上选择“无卡取款”项下的“二维码取款”，打开光大新版手机银行使用首页左上角的“扫一扫”功能，完成手机银行登录，并在自助设备上输入交易密码即可取钞，极大提升了客户的取款体验。同时，通过扫码功能还可以轻松完成手机支付、网银认证登录等功能，连通各类便捷服务。

3. 打造全新理财模块。光大新版手机银行为客户打造全新的金融理财模块，实现“一部手机、一家银行”的轻型化、智能化服务模式。全新界面覆盖理财、基金、贵金属、贷款、券商集合计划等主流金融服务，在“我的”栏目下，客户可以直观看到自己的所有资产及负债收益情况。

4. 构建用户画像。光大新版手机银行还通过大数据，实现对客户行为的分析，构建用户画像，并结合产品属性提升产品质量。此次光大“随心贷”业务也随新版手机银行全面上线，重点包括两大贷款业务：公积金消费贷及保险消费贷。两种贷款业务客户都可以在线申请，极速审批，快速到账。

5. 在线智能客服全覆盖。光大银行一直坚持“以客户为中心”的理念，以客户利益为导向，新版手机银行实现了在线智能客服全覆盖，客户通过点击任意功能模块右上角的在线客服图标，即可享受到随时随地的在线贴心服务。

作为最早涉足移动金融领域的商业银行之一，光大银行未来将继续加快信息技术应用的步伐，不断创新普惠金融产品和服务方式，持续助力金融便民惠民，打通金融服务的“最后一公里”，让金融科技深度融入人民的美好生活。

资料来源：光大银行：“一部手机” 成就 “一家银行”，广西新闻网，2018 年 2 月 24 日。

第三节　金融业网络营销策略

金融业的网络营销也是网络营销的一种，当然由于其行业特殊性，因而具有不同于一般网络营销的特点。下面从各种营销手段来考察其营销策略。

一、金融企业网络营销的定价策略

（一）提供免费服务

尽管金融企业的目的也在于获取利润，但是，在一些新兴服务推出的最初阶段，提供免费服务来吸引客户，是非常必要的一种营销手段。

比如，在一些金融企业的网站上，客户能够得到免费的信息分析以及咨询服务,或者在一定时间内得到免费的金融服务。这两种免费服务各有各的作用。前者是吸引客户能经常关注本金融企业的网站,使得企业的其他业务能获得更大的受众面,后者则让客户体验到方便快捷的服务,为以后此服务能够收取一定的费用做准备。

(二)提供低价或者折扣价的产品和服务

借助于网络,可以比真实世界中节约更多的管理费用和运营成本。因此,相应也可以采用低价或者折扣价的产品和服务来吸引客户。在电子商务市场上,全部销售额的94%来自回头客,其中低价以及折扣价是吸引客户回头的首要因素。但是相比于国外在网络这个平台上的延展,国内的金融企业目前的网络产品更多的只是传统柜台服务的延伸,因此,现在国内要实现低价或者折扣价的产品和服务的定价策略还需要进一步完善市场环境。

(三)提供一揽子产品的定价

一揽子产品也可认为是捆绑式服务,即将经济上互补的产品集中到一起,实现共同销售。无论是将传统金融企业的业务延展到网络,还是在网络上创造全新意义的金融产品,本质上都是对现有金融产品的一种补充。这种捆绑可以以两种形式存在:一是捆绑金融类产品,比如,一种存款与一种投资或者保险共同销售;二是捆绑非金融类产品,如玩具、电话卡以及各种宣传用的日用品,甚至可能是一次旅游。

以上的定价策略不能比较哪个更加有效,并且定价策略也不仅局限于此。金融企业应根据自身金融产品和服务的特性以及网上市场发展的状况来选择定价策略。不过采用何种策略,金融企业的定价策略都应与其他策略配合使用,以保证企业总体营销策略的实施。

二、金融企业网络营销的产品策略

传统的金融企业产品和服务营销区别于其他行业的特点有:一是金融产品的非差异性。由于一种金融产品推出之后,其他金融企业可以很容易进行模仿,所以,金融企业很难保持独树一帜的特性;二是通常金融产品和金融服务具有不可分割的特性。因为作为金融业这一特殊的行业,在提供了金融产品之后,金融服务是必不可少的,甚至可以说金融产品的销售就是为了提供金融服务;三是金融产品具有增值的特性。当客户购买某一种金融产品时,他的目的就是为了增值。

基于金融产品的这些特性,网络营销的产品策略具有自己的侧重点。

(一)现有产品的推广

1. 查询以及信息服务。这是金融企业在网络平台上提供的最基本的服务,也是与传统营销区别最明显的服务。在网络营销中,金融产品不再局限于单纯意义上的各种金融产品,还可以借助互联网,将这些金融服务延展开来,为客户提供综合、统一、安全、实时的服务,使客户在需要了解各种信息、办理各种业务时,可以方便快捷地得到,同时也可以进行投资理财咨询,即时了解最新经济动态。

2. 与客户的交流服务。现在的网络不再只是信息传播渠道,它还是与客户交流的平台。通过与客户的交流,金融企业能够知道本企业应该在哪些方面提高,同时也可以提供更好的金融产品。这包括提供相关联系方式、查询服务以及客户资料的定时更新。比如,客户可以通过银行网络登录自己的账户,从而查询个人账户的余额明细、账户交易历史记录、投资记录等。查询系统可以使金融企业了解客户在哪些方面存有疑惑,为信息发布提供参考。

3. 具体的交易服务。传统的金融服务也可以在网络上进行,当然在此过程中,安全是非常重要的。比如,证券的买卖,现在客户主要通过网络进行,这就大大方便了客户,使得众多客户不用天天待在证券公司,可以在家或者任何有网络的地方随时了解市场动态。

(二)新产品的开发

如果说金融企业在网络上的应用仅限于提供一些现有的服务,那么不能说它是一种成功的网络营销。

真正体现网上金融业务的是金融企业充分利用互联网的特点和优势而设计和开发的全新的产品,例如,B2B,B2C 等电子商务产品。

B2B 的网络支付方式包括电子支票、电子汇兑系统,国际电子支付系统 SWIFT 与 CHIPS,中国国家现代化支付系统 CNAPS、金融 EDI 和企业网络银行等。

电子支票是将传统支票的全部内容电子化和数字化,形成标准格式的电子版,借助计算机网络完成其在客户之间、银行与客户之间以及银行与银行之间的传递和处理,从而实现银行客户之间的资金支付结算。电子汇兑系统是客户利用电子报文的手段传递客户的跨机构资金支付、银行同业间各种资金往来和资金调拨作业系统。电子汇兑系统应用有 SWIFT,CHIPS,FEDWIRE 和 CHAPS 等。

B2C 的支付方式包括信用卡、智能卡、电子钱包、电子现金以及个人网络银行。

信用卡是银行或者其他财务机构签发给资信状况良好人士的一种特制卡片,是一种特殊的信用凭证。持卡人到发卡机构指定的商户购物和消费,也可以在指定的银行机构存取现金,它是集金融业务与电脑技术于一体的高科技产品。电子现金是电子货币的一种,而且是近几年研发出来的新型电子货币,具有货币价值、可分性、可交换性、不可重复性以及可储存性。电子现金网络支付模式的主要好处是客户与商家在运用电子现金支付结算过程中,基本无须银行的参与。电子现金网络支付的特点是匿名性、独立性与多功能性。

三、金融业网络营销的分销策略

(一)金融业网络营销渠道策略的功能

与传统营销渠道一样,以互联网作为支撑的网络营销渠道也应具备传统营销渠道的功能。营销渠道是指与提供产品或服务以供使用或消费这一过程有关的一整套相互依存的机构,它涉及信息沟通、资金转移和事物转移等。对于金融企业来说,一个完善的网上销售渠道应有以下功能。

1. 购买功能。金融产品不同于其他实物产品,许多都是虚拟产品,因此不可能有实物形态存在。所以,通过网络,客户能够了解到各种金融产品的相关信息,进行比较之后决定购买何者,不用再去传统的柜台进行操作,而可以通过互联网购买和投资。这样对于客户以及金融企业来说,都节约了时间和金钱。

2. 结算功能。在客户进行购买或者投资之后,有多种付款方式,互联网无疑提供了一种便捷的方式,如现在流行的信用卡、电子货币和网上划款等。金融企业利用网络进行的结算,功能非常强大,因为其本身就是资金转移的中介。对于客户而言,一种方便快捷的结算方式,也是吸引其购买金融产品的重要因素。

(二)金融业网络营销渠道策略的特点

在传统营销渠道中,中间商是其重要的组成部分,利用中间商能够在广泛提供产品和进入目标市场方面发挥最大的效益。在金融业中,我们经常可以看到,银行代理着一些保险公司的产品,它通常凭借其业务往来关系、经验、专业化和规模经营获取利润。但互联网的发展和商业应用,使得传统营销中间商凭借地缘原因获取的优势被互联网的虚拟性所取代,同时互联网的高效率的信息交换,改变着过去传统营销渠道的诸多环节,将错综复杂的关系简化为单一关系。

互联网的发展改变了营销渠道的结构。利用互联网的信息交互特点,网上营销得到大力发展,网络营销渠道可以分为两大类。

1. 网上直销。这是通过互联网实现的从金融产品提供者到客户的网络直接营销的渠道,这时传统中间商的职能发生了改变,变为直销渠道提供服务的中介机构,如提供货款网上结算服务的网上银行,网上直销渠道的建立,使得两者之间直接连接和沟通。

2. 网上间接营销。这是通过融入互联网技术后的中间商机构提供网络间接营销渠道。传统中间商由于融合了互联网技术,大大提高了中间商的交易效率、专门化程度和规模经济效益。同时,新兴的中间商也对传统中间商产生了冲击,基于互联网的新型网络间接营销渠道与传统间接分销渠道有很大不同,传统间接分销渠道可能有多个中间环节,而网络营销通常最多只需要一个中间商。

(三)金融业网络营销渠道的建设

由于网上销售对象不同,因此网上销售渠道有很大区别。一般来说,网上销售主要有两种方式，一种是B2B，即金融企业对金融企业的模式，这种模式每次交易量很大、交易次数较少，所以网上销售渠道的建设关键是建设好转账系统，以便实现付款简单化；第二种方式是B2C，即金融企业对客户模式，这种模式每次交易量小、交易次数多，而且客户非常分散，所以网上渠道建设的关键是购买系统和结算系统。

同时，由于金融企业的产品一般都易于数字化，可以直接通过互联网传输，一般通过理念化、数字化的电子渠道完成，这样的渠道称之为软性虚拟渠道。它包括：电脑网络服务、便利型分销网络以及店内、厂内金融机构。

总的来说，金融企业在营销渠道上，将由传统的柜台营销向全方位网络营销转变，在这过程中一定要很好地利用起现有的网点和网络优势。

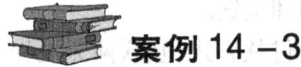

案例14－3

从互联网金融模式看直销银行发展

直销银行是互联网时代应运而生的一种新型银行运作模式，在这一经营模式下，银行没有营业网点，不发放实体银行卡，客户主要通过电脑、电子邮件、手机、电话等远程渠道获取银行产品和服务。

直销银行的目标客群重点在互联网客户，结合其"新潮、快节奏、追求精致生活"的特点，展开营销。随着"数字一代"的成长，国内开展直销银行的市场环境已具备，直销银行成为中国互联网金融浪潮下备受关注的新课题。

从国际来看，"直销银行"并非新生事物。1965年在法兰克福成立的"储蓄与财富银行(BSV)"，就是最早的直销银行之一。它一改传统的零售银行服务对分支行系统的依赖，代之以通过邮件、电话、微机、自动出纳机、双向有线电视等媒介直接向远距离顾客提供金融服务。但是，由于业务规模小，品牌影响力有限，多年来并未引起人们足够的重视。

在直销银行发展过程中，信息技术和客户行为是影响"直销银行"业务模式的最重要变量。随着互联网技术的日益成熟和电子商务模式被越来越多的人所接受，"直销银行"得以快速发展，市场份额迅速扩大，"直销银行"成为一个越来越受到重视的概念和业务模式。1995年，全球第一家网络银行——Security First Network Bank（SFNB）成立；1997年，荷兰国际集团（International Netherlands Groups）在加拿大首创直销银行ING Direct，大获成功，并在其后迅速在全球多个国家复制。以ING Direct为代表的直销银行模式，受到广泛关注。

2013年9月，中国民生银行、阿里巴巴集团、北京银行与ING Direct分别签署战略合作协议，在国内开展直销银行业务，2014年2月28日，中国民生银行推出纯线上的直销银行平台，首期主打"如意宝"余额理财产品与"随心存"储蓄产品。截至2016年末，上海银行和民生银行的直销银行用户数量均突破500万户大关。其中，上海银行直销银行用户更是达到800万户的高点。据不完全统计，截至2017年10月，中国采取独立直销银行App服务模式的银行已达113家，而中小银行成为设立直销银行的主力军，城商行和农商行或农信社达到98家，占总数的86.7%。

从国际直销银行的发展缘起和历程来看，虽然有商业银行降低成本的需求，但是互联网金融环境下竞合的生态才是直销银行得以快速发展的根本原因：一是数字一代的壮大、互联网的广泛应用推进了金融的普惠化；二是支付环境大大改善，监管环境也大为改善，银行间、银商间的竞合体系逐步完善，渠道竞争和渠道合作成为常规；三是电子商务特别是平台的开放，使得电子银行渠道可以适应商务的基本需求。

从当前国际直销银行的实践来看，直销银行主要有以下几种模式：

一是以SFNB(Security First Network Bank)为代表的纯粹网络银行。该银行是全球第一家纯网络银行，第一家获得联邦监管机构认证可以在万维网上营业的银行，也是第一家获得联邦保险的网络银行、第一家在美国全部50个州都有客户和账号的银行。但是，随着电子商务低谷的到来，1998年SFNB因巨额亏损被加拿大皇家银行收购，成为RBC的一个有机组成部分。除SFNB外，其他尚在运营的纯粹的网络银行还有Simple、SmartyPig等。

二是以ING Direct为代表的全球性直销银行。作为荷兰国际集团的全资直销子银行，ING Direct成立的目的就是要拓展海外零售业务。1997年，ING Direct在加拿大成立并大获成功，其后迅速在全球多个国家复制。经历2008年金融危机后，ING Direct逐步收缩，出售了在北美和英国等多处的直销银行业务，专注在欧洲的业务发展。ING Direct是独立于母公司的实体。这种构架允许ING Direct以更快的速度对资产与负债进行轧差。

三是作为子品牌的直销银行。依靠母公司集团，针对独立的客户群，建立独立的子公司和子品牌，通过电子渠道进行直接销售，这是目前欧洲国家比较多见的直销银行模式。如德意志银行集团下除德意志银行外，还有Postbank和Norisbank两个独立的银行品牌。其中Postbank中低端客户居多，大量依靠邮储的网点开展银行业务；Norisbank则是德意志银行集团的直销银行品牌，瞄准数字精英，曾经有过网点但已经关闭。与此类似的还有由西班牙Santander集团全资控股的Openbank、意大利第二大直销银行由Unicredit全资控股的Fineco银行(按客户数，排在ING Direct之后)。

四是以汇丰Direct为代表的作为事业部的直销银行。汇丰Direct作为客户的附属增值账户，关注能带来存款额的客户，强调模式创新和低成本，它主要关注存款指标，通过集团内部转移定价确认盈利水平。

从我国的监管政策和法律环境来看，目前银行要取得独立的直销银行牌照尚有困难,建立事业部模式更为现实。但从长期来讲,直销银行还是要发展为独立的子银行,针对独立的客户群,建设独立的品牌体系。2017 年 1 月 5 日,银监会批复同意中信银行与百度公司(福建百度博瑞网络科技有限公司)在北京市筹建中信百信银行,成为国内第一家采用独立法人运作模式的直销银行。

资料来源:巴曙松,吉猛. 从互联网金融模式看直销银行发展[J]. 中国外汇,2014(1). 互联网周刊:2017 中国直销银行排行榜,2017 年 8 月 1 日;中国电子银行网:2018,中小行的直销银行新玩儿法曝光,2018 年 1 月 12 日。

四、金融业网络营销的促销策略

在金融企业进行网络营销时,对网上营销活动的整体策划过程中,网上促销是极为重要的一项内容。网上促销(Cyber Sales Promotion)是指利用互联网等电子手段来组织促销活动,以辅助和促进客户对于金融产品或服务的购买和使用。

网上促销主要有以下一些形式。

(一)网上折价促销

网上折价促销就是打折销售,以此来吸引客户的购买。在网上可以进行打折销售的原因在于,由于网络降低了相关的费用,如管理费和经营费等。或者有时也采用变相网上折价促销,比如,在价格不变的情况下,获得更多的金融产品,利用增加商品附加值的促销方法则更为客户喜爱。

(二)网上赠品促销

这是现在非常流行的一种方式。比如,购买某种金融产品送一些纪念品,一般情况下,在新产品推出试用、产品更新、对抗竞争品牌、开辟新市场等情况下利用赠品促销可以达到比较好的促销效果。赠品促销的优点是:①可以提升品牌和网站的知名度;②鼓励人们经常访问网站以获得更多的优惠信息;③能根据消费者索取赠品的热情程度而总结、分析营销效果和产品本身的情况等。

(三)网上抽奖促销

抽奖促销是网上应用较广泛的促销形式之一,也是大部分金融企业乐于采用的促销方式。抽奖促销是以一个人或数人获得超出参加活动成本的奖品为手段进行商品或服务的促销。客户可以以各种方式参与抽奖活动,用以吸引客户的关注。

(四)积分促销

积分促销与平时消费量有很大关系。金融企业通过对一年中使用相关的金融产品来进行评价。比如,将信用卡的使用金额折算成相应积分,按照积分数可以兑换奖品,一定程度上激励客户使用金融产品,客户既可以提高自己的信用度,又可以获得纪念品。

（五）品牌促销

在非网络的实物世界里，金融业的各种品牌在概念上相当于“金字招牌”。而在网络的世界里，金融业的品牌成为一种企业无形资产，它代表着金融企业的商誉，由金融企业的产品品质、商标、企业标志、广告口号和公共关系等混合交织形成。

1. 金融企业网络域名的注册。网络域名可以说是一个金融企业符号标示的代表，如果一个企业其自身的缩写与网络域名不同，这不仅不方便客户的记忆，同时也会混淆客户的感觉。因此，金融企业应该使用对应的域名。比如，中国四大国有银行网站的域名分别是：中国银行（www. boc. cn）、中国工商银行（www. icbc. com. cn）、中国建设银行（www. ccb. com）、中国农业银行（www. abchina. com），基本都能通过域名加以分辨。所以，企业域名注册是非常重要的。

2. 金融企业网络品牌营销的广告效应。域名注册后，首先要让公众知道域名，可以通过线上或线下的广告进行宣传。金融企业通过各种途径传达出本企业的网址，比如，通过平面广告和各种媒体，同时，在各种办公用品以及户外都明确的标明自己的网址。由于公众只有在线上的时候才能看到相关广告，因此，就要求更多关注线下广告。

案例 14－4

互联网金融广告

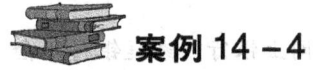

目前，全球范围内的互联网营销市场仍处于快速发展阶段，新的媒体类型、营销模式、技术手段不断涌现，相比传统的广告营销方式，互联网广告更有活力、增长更快。

互联网广告起源于美国。早在 1994 年，美国著名的《连线》杂志（Wired）推出的网络版 Hotwired 的主页上，14 个客户的横幅广告成为广告史上的一个里程碑。

进入 21 世纪，国外互联网广告业务已跨入成熟行业领域。根据统计，2012 年全球互联网广告市场规模达到 1 002 亿美元，同比增长 17%。2012 年全球广告市场规模为 4 757 亿美元，互联网广告占全球广告整体市场规模比重为 21%。近年来，全球互联网广告市场规模年增长率保持在 13% 左右，其增速显著高于全球广告市场规模增速。

美国是全球最大的互联网广告市场，近年来，其市场规模迅速扩大。根据美国交互广告署 IAB（Interactive Advertising Bureau）统计，2014 年互联网广告收入 495 亿美元，同比增长 15. 65%。2015 年，美国互联网广告支出占媒体广告总支出的 31. 8%，预计到 2019 年份额将增长至 41. 4%。其中移动广告增长至 125 亿美元，首次超越横幅广告，成为美国第二大广告媒体，仅次于搜索广告。

根据统计数据，中国的互联网广告市场为亚洲最大，全球第二，仅次于美国。2014年国内互联网广告总收入为166.2亿美元，到2019年预计将达到335.5亿美元。

作为积极拓展互联网应用的金融业，更应该在金融网络营销中全方位应用互联网广告，以提升促销效果。2013年至今，中国金融行业与互联网进一步融合，金融产品互联网化趋势明显。2014年中国金融行业互联网广告投放规模为45.4亿元，同比增长43.0%，其中，展示广告占比为55%，搜索广告为40%，其他广告形式为5%。广告的投放主体上看，以银行、基金等行业为代表的金融机构投放以展示广告为主，保险类和互联网金融类广告主更多偏重搜索广告。

今后，互联网金融广告将更加注重品牌与效果两者兼而有之，丰富网络营销渠道与营销方式，除了展示广告外，互动性和服务型强的网络营销手段将更加受到重视。

资料来源：艾瑞咨询：2018年中国金融行业互联网广告投放规模将超100亿元，2015年4月29日；中国报告网：《2017—2022年中国互联网金融产业现状分析及发展策略分析报告》，2017年6月30日。

名词解释

金融业网络营销　金融自动服务系统　电子支付　网上银行　家庭银行　金融业网上直销

☞思考题

1. 金融业网络营销与其他营销方式相比有何不同？
2. 金融业开展网络营销可以发挥什么优势？
3. 金融业电子支付系统的构成包括哪些部分？
4. 请联系实际分析金融机构开展网络营销的策略。
5. 金融机构可以采用哪些形式进行网上促销？

思考与分析

2005年，中国B2C电子商务的市场规模达到41.3亿元。2006年，京、沪、穗三地有超过400万人在网上购物，其中近290万人在淘宝网上有过购物经历，90余万人在易趣网有过购物经历，近30万人在拍拍网有过购物经历。B2C电子商务市场规模的扩大，一方面源于互联网用户数量的增加，使电子商务的用户基础有了明显扩大；另一方面，现有用户对电子商务的接纳与认可也在逐渐改善。而支付、物流和信用环节的逐步完善，也为B2C电子商务的发展提供了越来越好的产业环境。请结合上述情况谈谈这些现象对金融营销的影响，金融机构可以在电子商务业务中发挥什么作用。

参考文献

[1]ALEXANDER CHEMEV. The Marketing Plan Handbook[M]. Chicago, IL: Cerebellum Press, 2011.

[2] CAROL H AUDERSON, JULIAN W VINCZE. Strategic Marketing Management: Meeting the Global Marketing Challenge [M]. Boston, New York: Honghton Mifflin Company,2000.

[3]GILBERT A CHURCHILL JR,J PAUL PETER. Marketing: Creating Value for Customers[M]. McGraw – Hill Companies,Inc,1998.

[4] J PAUL PETER, JAMES H DONNELLY JR. Marketing management: knowledge and skills[M]. Boston,Mass. : Irwin/McGraw – Hill,2001.

[5]KIM HUAT GOH,ROBERT J KAUFFMAN. Firm Strategy and the Internet [J]. U.S. Commercial Banking,2014,10:9 –40.

[6] KOTLER, ARMSTRONG. Principles of Marketing [M]. Prentice – Hall, inc,2001.

[7]PAUL POSTMA. Marketing in the New Era[M]. McGraw – Hill Companies, Inc,1999.

[8]PERREAULT,MCCARTHY. Basic Marketing[M]. Richard D Irwin,1996.

[9]PHILIP KOTLER. Principles of Marketing[M]. Prentice – Hall,inc,2000.

[10]TIM BERRY,DOUG WILSON. On Target: The Book on Marketing Plans [M]. 2nd ed. Eugene, 2000.

[11]WARREN J KEEGAN. Global Marketing Management[M]. Prentice – Hall, inc,1995.

[12]白金枝.互联网金融发展及其对我国商业银行的影响研究[D].成都:西南财经大学,2014.

[13]陈放,王少杰.金融营销[M].北京:蓝天出版社,2005.

[14]陈勇.中国互联网研究报告[M].北京:中国经济出版社,2015.

[15]陈凌白,刘庆君,刘燕.我国银行业国际化进程分析[J].合作经济与科

技,2010(3).

[16]蒂娜·哈里森.金融服务营销[M].北京:机械工业出版社,2004.

[17]杜芹平,张洪营.商业银行服务营销[M].上海:上海财经大学出版社,2005.

[18]菲利普·科特勒.营销管理:分析、计划、执行和控制[M].11版.上海:上海人民出版社,1999.

[19]菲利普·科特勒,凯文·莱恩·凯勒.营销管理[M].15版.上海:格致出版社,2016.

[20]冯娟娟.互联网金融背景下商业银行竞争策略研究[J].现代金融,2013(4).

[21]龚维新.现代金融企业营销[M].上海:立信会计出版社,1994.

[22]宫晓林.互联网金融模式对我国传统商业银行的影响[J].南方金融,2013(5).

[23]顾镜清,余秉钧.金融市场营销学[M].上海:上海科学普及出版社,1992.

[24]郭小萍.商业银行网点空间布局影响因素研究[D].合肥:安徽大学,2010.

[25]何冯虚.金融营销[M].北京:电子工业出版社,2009.

[26]洪珍玲,蒋兆岗.现代商业银行营销概论[M].北京:中国经济出版社,1999.

[27]纪宝成.市场营销学教程[M].北京:中国人民大学出版社,2002.

[28]康迎春.试论金融营销的发展趋势及对策[J].现代商业,2008(6).

[29]李山赓.金融营销理论与实务[M].北京:北京理工大学出版社,2016.

[30]李小丽,段晓华.金融营销实务[M].天津:天津大学出版社,2012.

[31]梁昭.金融产品营销与管理[M].北京:中国人民大学出版社,2015.

[32]梁一鹏.商业银行营业网点布局问题探讨[J].时代金融,2011(3).

[33]刘金宝.金融企业文化概论[M].上海:文汇出版社,1998.

[34]刘兴根.现代企业市场营销战略[M].北京:经济管理出版社,1997.

[35]刘永章,叶伟春.商业银行营销管理[M].上海:上海财经大学出版社,1998.

[36]陆剑清.金融营销管理[M].上海:立信会计出版社,2002.

[37]陆剑清,张均原,李建华.金融营销学精讲[M].大连:东北财经大学出版社,2011.

[38]陆岷峰,刘凤.互联网金融背景下商业银行变与不变的选择[J].南方金融,2014(1).

[39]马丁·克里斯托弗,李宏明,李涌.关系营销[M].北京:中国经济出版社,1998.

[40]玛丽·安娜·佩苏略.银行家市场营销[M].北京:中国计划出版社,2001.

[41]米什金.货币、银行和金融市场经济学[M].北京:北京大学出版社,2002.

[42]米什金.货币金融学[M].11版.北京:中国人民大学出版社,2016.
[43]马胜祥,等.人才:现代商业银行的竞争焦点[J].河北金融,2000(4).
[44]聂俊峰.从招行卡"春晚秀"看金融营销[J].中国经济周刊,2008(7).
[45]卜微微.我国商业银行中间业务的发展研究[J].金卡工程:经济与法,2011(1).
[46]钱婷婷.金融企业营销中的品牌战略研究[J].产业与科技论坛,2016(5).
[47]沈蕾,邓丽梅.金融服务营销[M].上海:上海财经大学出版社,2003.
[48]盛江昌.金融产品市场营销战略的探讨[J].经济师,2000(4).
[49]史蒂夫·穆勒.零售银行轻松营销[M].北京:经济科学出版社,2007.
[50]宋凯.商业银行在互联网金融冲击下的金融营销策略分析[J].商场现代化,2016(9).
[51]孙浩,袁健红.谈我国金融营销的现状及发展对策[J].现代管理科学,2005(3).
[52]孙京桃.互联网金融冲击下银行基金营销策略研究[J].现代经济信息,2015(3).
[53]谭俊华.金融营销的新形势及商业银行的关系营销[J].现代企业,2006(9).
[54]唐汉良.现代金融企业营销管理[M].北京:企业管理出版社,1998.
[55]万后芬.金融营销学[M].北京:中国金融出版社,2003.
[56]汪琪.互联网金融化背景下城市商业银行业务发展策略研究[D].合肥:安徽大学,2013.
[57]王德发.商业银行经营与管理探索[M].北京:中国金融出版社,2000.
[58]王方华,彭娟.金融营销[M].上海:上海交通大学出版社,2005.
[59]王炜.金融品牌营销方兴未艾[J].银行家,2007(9).
[60]王先玉.现代商业银行战略管理与营销管理[M].北京:中国金融出版社,1999.
[61]魏阳.浅议金融营销的有效实现[J].时代金融,2006(11).
[62]筱磷.商业银行营销实务[M].北京:中国金融出版社,1998.
[63]谢治春.互联网金融与我国商业银行零售金融业务营销渠道的变革[J].西安电子科技大学学报,2015(6).
[64]熊大信.西方金融营销理论的发展和启示[J].江西社会科学,2002(10).
[65]闫国庆.国际市场营销学[M].北京:清华大学出版社,2004.
[66]阎庆民,杨爽.互联网+银行变革与监管[M].北京:中信出版社,2015.
[67]亚瑟·梅丹.金融服务营销学[M].北京:中国金融出版社,2000.
[68]杨米沙.金融营销[M].北京:中国人民大学出版社,2011.

[69]杨明生.商业银行营销实例与评析[M].北京:中国金融出版社,2006.

[70]杨舜尧.现代商业银行业务创新与经营管理[M].北京:经济管理出版社,1996.

[71]叶芬芬.互联网金融的发展对我国商业银行的影响[D].开封:河南大学,2014.

[72]叶望春.商业银行市场营销[M].北京:中国财政经济出版社,2004.

[73]应斌.西方金融营销思想的演变及新发展[J].中南财经政法大学学报,2002(1).

[74]余淙.互联网金融对商业银行的影响及对策研究[J].经济研究导刊,2015(3).

[75]张春民,俞金鸣.商业银行客户经理制理论与实践[M].北京:工商出版社,2001.

[76]张晋光,黄国辉.市场营销[M].北京:机械工业出版社,2007.

[77]张连君.关于金融营销的思考[J].东北财经大学学报,2002(5).

[78]张先云.市场营销学[M].北京:机械工业出版社,2007.

[79]张学陶.商业银行市场营销[M].北京:中国金融出版社,2005.

[80]张雪兰,黄彬.金融营销学[M].北京:中国财政经济出版社,2009.

[81]张雪兰, 黄彬.金融营销学[M].北京:中国财经出版社,2011.

[82]张玉兰.银行营销概论[M].北京:中国金融出版社,1996.

[83]张云翔.金融营销领域大数据应用研究[J].特区经济,2017(5).

[84]章金萍.WTO与我国金融营销创新[J].经济师,2002(6).

[85]章丽琼.互联网金融冲击下的商业银行金融营销策略研究[J].时代金融,2017(8).

[86]章连标,杨小渊.互联网金融对我国商业银行的影响及应对策略研究[J].浙江金融,2013(10).

[87]赵占波.金融营销学[M].北京:北京大学出版社,2014.

[88]周大中.现代金融学[M].增订本.北京:北京大学出版社,2000.

[89]周慧.互联网金融背景下商业银行的发展策略[J].青海金融,2013(12).

[90]周剑.我国金融营销现状分析[J].时代金融,2016(10).

[91]周建波,刘志梅.金融服务营销学[M].北京:中国金融出版社,2004.

[92]左鹏,史天林.浅议金融营销哲学[J].山西财经大学学报,2003(1).